從自由到壟斷

中國貨幣經濟兩千年 下

朱嘉明 著

目　錄　　下卷

第四章

中斷

計劃經濟和國民財富的「去」貨幣化（一九四九—一九七八年）

一九四九年，中國貨幣經濟的大分流。

臺灣的中華民國政府繼承了一九三五年法幣改革的傳統，以貴金屬和外匯為基礎，建立了新臺幣體系。

中國大陸的中華人民共和國則是徹底摧毀自由經濟傳統，剝奪民眾的貴金屬，取消外匯流通，國家壟斷一切物質財富和生產要素，建立公有制和計畫經濟，縮小貨幣經濟和貨幣財富範圍，限制貨幣經濟功能。

這是中國貨幣經濟兩千年未有之巨變，根深柢固的私有經濟遭到斲傷，
自晚清至民國的貨幣經濟現代化濟轉型為之中斷，
中國千年以上的私人信用體系、數百年的錢莊、上百年的私人銀行，
以及與之相聯繫的經營網路、國際關係、金融文化與人才也隨之飄逝。
一九七八年，中國大陸啟動改革開放。然而，要重新恢復中國在一九四
九年之前貨幣金融體系所達到的歷史水準，談何容易？

「錢這個東西是很討厭的，可是我拿它也沒有辦法，現在誰拿它也沒有辦法，列寧也沒辦法，總歸還得有。」

——毛澤東，《毛澤東遺物事典》

在一九四九年至一九七〇年代末，中國建立了以公有制為基礎，計劃取代市場的經濟制度，強行中斷了自晚清至民國的貨幣經濟現代化轉型的進程。國民經濟「去」貨幣化，基本經濟部門、產業、行業、生產要素、以及社會財富大面積「非貨幣化」，脫離貨幣流通。此時，貨幣只是一種會計手段，一種計劃經濟符號，喪失其本來功能。國民經濟在「準貨幣化」甚至「非」貨幣化的狀態下運行，國民財富萎縮，造成毫無生機的「短缺經濟」，拖住了中國現代化的腳步。

「去」貨幣化和國民財富萎縮

「國民財富」指透過貨幣顯現的一個國家在某個特定時點所擁有的自然資源、人造資產和人力資本的存量價值總和。自然物質財富，自然資源（如土地資產、森林資產、礦產資產、水資產和非資產性自然資源）；人造物質資產（如國民資產負債表中的固定資產、存貨、珍貴物品、無形資產、對國外的淨金融債權等）；人力資本（如「自然人」所具有的知識、健康、技能與能力等素質的總和等）。國民財富的重要組成部分是社會產品，社會產品可能是有形的、物質的，也可能是無形的、非物質的。在貨幣經濟之下，社會產品與社會商品是同一個概念，理論上沒有不允許或不可能透過市場交易的產品，商品的價格取決於市場的供需關係。所以，市場經濟、商品經濟和貨幣經濟是不可分割的。

一九四九年以前：中國處於貨幣化過程

中國自十九世紀末、二十世紀初向現代經濟轉型之後，發生了生產要素、經濟活動、產業部門、企業的貨幣化過程，導致國民財富在產業部門和地域上，在微觀和宏觀經濟層次的全方位膨脹。

至於如何計量貨幣化水準，研究者做了一些假設和嘗試。比如，用貨幣流通量占國內市場商品值的比重來表示。中國在抗日戰爭之前的貨幣化水準在二〇%左右。以一九三六年為例，按當年價格，國內市場商品值（包括農業、手工製造業、近代工廠、冶金業和進口洋貨）為一六八・〇七億元，同年的貨幣流通量為三二・七五億元，貨幣流通量占國內市場商品值的比重是一九・四八%。[1] 在邏輯上，因為國內市場商品值不包括運輸業，服務業和其他產業，所以它勢必低於實際的 GDP。

一九四九年，國民黨蔣介石失去江山去臺；共產黨毛澤東奪取天下進京。海峽兩岸，中華民國在東南臺灣島延續舊制；中華人民共和國在大陸新生政權。一條血脈，兩樣歷

國民財富的貨幣化模式

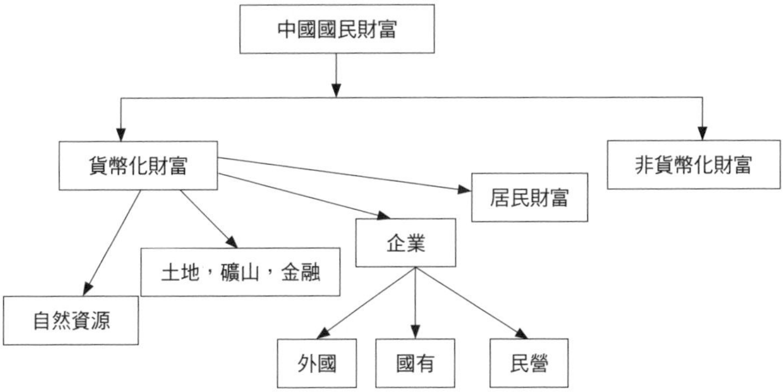

史。本章以大陸為研究對象。

一九五〇年代：貨幣化過程的逆轉和「非貨幣」經濟的形成

一九四九年，共產黨取得政權，私有經濟、市場經濟和商品經濟有過一段「好時光」。[2]貨幣經濟依然展現極強的生命力。但是，在隨後的七，八年時間裡，特別是一九五六年完成了對個體農業、資本主義工商業的社會主義改造之後，標誌著中國進入社會主義社會。建立計劃經濟制度，穩定公有制，徹底剷除私有經濟。國家完成了對國民財富和一切生產要素的無償佔有，成為國民財富的實際所有者，貨幣經濟的根基被「連根拔掉」。中國建立了以公有制為基礎的計劃經濟，「其基本症狀是經濟的迴圈流轉表現為非市場性的實物運動，無論是交換領域還是分配領域均實行由行政或計劃操縱的實物配額——調撥制；企業物資的流出入服從於政府的調撥計劃，滿足居民生活基本需要的消費品也普遍實行實物配給，即定量供應的辦法。雖然有貨幣，但它在產供銷及分配活動中基本被作為「計算籌碼」或「核算工具」來使用，只起所謂「消極作用」。這種體制就其本質來說是排斥市場機制的，價格的高低，支付貨幣的多少，並不構成選擇的基礎；掌握了貨幣購買力，並沒有相應的權利要求獲得資源。所以，實物運動在這種體制的經濟流程中始終起著決定性作用。[3]國民財富中相當的部分發生了向「非商品化」轉化，失去商品性質，退出市場，被「去」貨幣化。[4]「在非常廣泛的領域——首先在企業部

去貨幣化過程

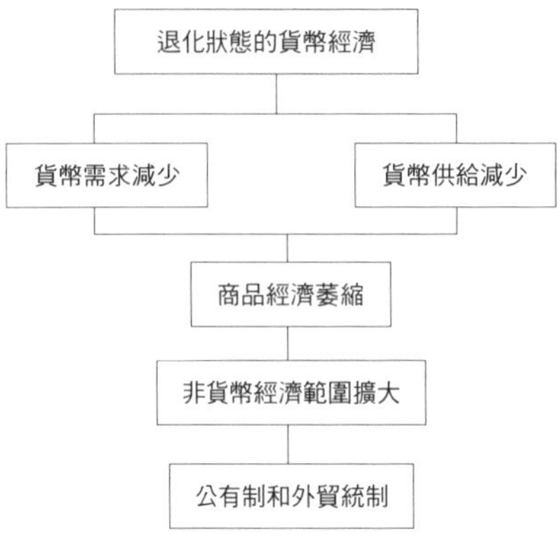

門——貨幣只是一種會計手段，而不是行動的積極推動者。」[5]

貨幣經濟和非貨幣經濟的比較

一九四九年之前的中國大陸有著悠久的貨幣經濟歷史。和一個貨幣經濟體相比，非貨幣經濟社會的社會財富窠臼由哪些構成？它少了多少？如果我們用 SW 表示社會總財富（Social Wealth），用Ti分別表示土地、勞動力、資本、企業、產業部門、居民財物；以pi表示各要素價格，那麼，民國時期的社會財富可以表示為：

$$SW_{民國} = \sum_{i=1}^{6} T_i \cdot pi$$

（其中：T1＝土地，p1＝土地價格；T2＝勞動力，p2＝勞動力價格；T3＝資本，p3＝資本價格；T4＝企業，p4＝企業價格；T5＝產業結構，p5＝產業結構價格；T6＝居民財富，p6＝居民財富價格）。

一九四九年之後，中國轉變為非貨幣經濟，國民財富的形態變成：

$$SW_{中國} = \sum_{j=1}^{2} = Pj \cdot pj$$

（其中：P1＝生產資料產品，p1＝生產資料產品價格；P2＝消費資料產品，p2＝消費資料產品價格。）

$SW_{民國}$ 與 $SW_{中國}$ 中國相比較，中國的貨幣化財富大大減少，第一，有貨幣價值的部門減少，只剩下簡單的生產和生活資料兩項。第二，價格尺度變了，不再是白銀或法幣，而是人民幣。人民幣既不是貴金屬，也不是具有「含金量」的可兌現「貨幣」。如果按照實際購買力，人民幣代表的產品價格，特別是農產品價格是跌落的。

這是二十世紀以來對貨幣經濟現代化的一種「反動」或「逆向運動」，貨幣經濟不僅沒有得到成長和發育，反而發生了「去」貨幣化過程。因此，中國的貨幣化在「面積」和「質量」、從廣度到深度全面萎縮。在國有化（亦即去貨幣化）的過程中，社會財富的蒸發或消失量可以表示為：

$$SW_{去貨幣化} = SW_{民國} - SW_{中國}$$

由於非貨幣化的作用，中國在計劃經濟時期的貨幣化程度甚至低於抗戰之前。

公有制：去貨幣化的歷史前提

中國自古以來，國民財富和貨幣財富以私有制為基礎，所有

中國在一九五二－一九七七年間的「貨幣化」率[6]

年份	GDP	各項存款	現金發行	各項存款加現金發行	現金加存款占 GDP 比重	現金發行占 GDP 比重
1952	679.0	93.3	27.5	120.8	17.79	4.05
1953	824.0	107.6	39.4	147.0	17.84	4.78
1957	1068.0	165.5	52.8	218.3	20.44	4.94
1967	1773.9	575.1	121.9	697.0	39.29	6.87
1977	3201.9	1063.8	195.4	1259.2	39.33	6.10

單位：億元

者可以改變，私有制度不可以改變，保護「恆產」是根深蒂固的經濟傳統。既然私有制度不可改變，維護與之相應的市場經濟和貨幣經濟，自然是天經地義。中國歷史上改朝換代頻繁，包括一九一一年之後的中華民國，從未觸動過這個傳統。共產黨奉行的「社會主義」是以產權（財產）的公有制為前提的。共產黨取得政權不久，立即著手消滅私有制、建立公有制，建立單一公有制。公有制意味著國民財富只有一個所有者，不再需要市場、商品和貨幣。

公有制的法律意義

一九四九年九月二十九日，共產黨組織並主導了中國人民政治協商會議第一屆全體會議，通過「共同綱領」。其中第二十八條明確規定：「凡屬有關國家經濟命脈和足以操縱國計民生的事業，均應由國家統一經營。」從此共產黨建立公有制具有了「合法性」。中國經濟制度後來的演變，是那些當時贊同共同綱領的人所始料不及的。五年之後，一九五四年，《中華人民共和國憲法》，即五四憲法誕生。「第六條，國營經濟是全民所有制的社會主義經濟，是國民經濟中的領導力量和國家實現社會主義改造的物質基礎。國家保證優先發展國營經濟。礦藏、水流、由法律規定為國有的森林、荒地和其他資源，都屬於全民所有。」

一九五六年，毛澤東《論十大關係》[7]有這樣一段話：「我曾經說過，我們一為『窮』，二為『白』。『窮』就是沒有多少工業，農業也不發達。『白』就是一張白紙，文化水準、科學水準都不高。」從此，共產黨是在「一窮二白」的基礎上建立新中國的說法，國民黨留給共產黨的是一個「爛攤子」的說法，相當深入人心。直到二〇一一年，還有新書繼續說，「一九四九年中國共產黨從國民黨手中接過來的中國可謂滿目瘡痍、百廢待興，整個經濟處於極端落後的狀態：市場上商品嚴重匱乏，大多數人民的溫飽問題還沒有解決。」「新中國的經濟，就是在國民黨政府留下的經濟基礎極端薄弱、財政經濟瀕臨崩潰、物價上漲完全失控、投機活動異常猖獗的爛攤子上艱難起步的。」[8]

歷史事實不是如此。一九四九年的新政權決不是一個沒有財富基礎的政權。儘管國民黨政府從大陸將相當數額的硬通貨運往臺灣。[9]但是，它畢竟沒有可能將大陸的土地和自然資源、現代工業體系、工礦企業、銀行、商店、以及基礎設施運離大陸，留下了完整的國土資源，遍佈中國的近現代工業基礎，東北重工業基地，公路網和交通體系，教育和文化設施，以及深厚的民間財富。如果用貨幣衡量這一切，無疑是「天價」。而且，一九四九年的中國，已經沒有軍閥，沒有外患，沒有租界，擁有數量眾多的科學家、工程技術人才、各學科的知識份子，這些「非物質」的價值，已經無法用貨幣來衡量。

國土資源公有化

中國在一九四九年以前，一切國土資源，土地、山丘、林木、草場、湖泊、礦產，都具有清晰的產權，而私有產權占主體地位。土地最具有代表性。從上海南京路、北京前門大柵欄，一直到邊城小鎮，每一個鄉村，沒有一片土地是無主的，大體都是私有財產。因為土地的私有產權，就有土地買賣。建立在私有產權基礎上的土地，都有價格，價格由市場決定，這些要素都已經貨幣化了，都可以交易。只要有錢，有需求，就可以購買。如本書上卷所述，自春秋戰國直至民國，土地的買賣和交易向來都很重要。這也是中國傳統貨幣經濟較之西歐貨幣經濟更發達之處。土地的所有者可以不斷更換，但是，土地私有產權幾乎沒有本質變更。

一九四九年新政權建立，在國家強力的參與下，從鄉村到城鎮土地資源的公有制是在瞬間完成的。政府只要宣佈土地公有，土地私有產權就「灰飛煙滅」了。根據相關法律，實行土地的社會主義公有制，即全民所有制和勞動群眾集體所有制。城市市區的土地屬於國家所有。農村和城市郊區的土地，除法律規定屬於國家所有的以外，屬於農民集體所有；宅基地和自留地、自留山，屬於農民集體所有。礦產資源屬於國家所有。地表或地下的礦產資源的國家所有權，不因其所依附的土地的所有權或者使用權的不同而改變。[10]

從一九四九年到一九五〇年代初，究竟有多大面積的原有私有土地被「國有化」或「集體化」，已經無法統計。但是可以做一個簡單推算：被「國有化」的土地面積大體等於當時全國農田和城鎮面積總和。以這個總面積乘以當時的最低價格，得出其貨幣價值。這是一筆何等巨大的國民財富。當這部分財富喪失了價格，不再是商品，不可以買賣之後，貨幣經濟規模勢必空前萎縮。

伴隨著國家整體國土資源的「公有制」和「非市場化」，土地資源完成了向非商品化和非貨幣化的轉換。

農村集體化

費正清認為，中國的經濟作為一種體系，甚至到了二十世紀中葉，仍未能跨入現代行列。一九四九年以前的中國經濟是由一個龐大的農業（或農村）部門和一個很小的非農業（或城市）部門構成的。總人口中有近七五%是在農業部門。[11]農業部門最重要的生產資料就是土地。

一九四九年，中國耕地面積為一四．八一三億畝，一九五三年為一六．二七九億畝。[12]即使按照抗日戰爭之前的土地價格加以估算，中國整個耕地的價值數額是巨大的。中國農地「公有化」的前提是剝奪地主和富民的耕地。一，在土地改革之前，農業人口大約四．五億，地主總人口占五％，即兩千兩百五十萬，擁有耕地在五億畝左右。[13]二，「富農」是共產黨自史達林的俄國引進的「概念」，是為了證明農村存在新資產階級。「在中國不僅雇工者未必是富農，就是富民也未必雇工。」[14]新政權建立之後，富農人口也是五％，也是兩千兩百五十萬左右。富農經濟得以短暫保存，隨後也被剝奪。地主和富農人口的數量總計四千五百萬上下，幾乎接近一九四九年全國農村人口的十分之一，相當接近中共中央所希望的比例。[15]經過急風暴雨的「土改」，結束了中國具有豐厚歷史基礎的地主所有制，在其過程中，不僅地主富農的土地被剝奪，而且很多人也失去生命。例如，在一九四七年的「暴力土改」中，「被消滅的地主、富農，還有一部分中農，約有二十五萬人。」[16]在一九五〇年前後的土改，「廣東全省農村不算被打死槍斃的，光自殺的就死了一萬七千人之多。」[17]透過成千上萬的地主和富農失去生命，實現對他們的土地和財產的剝奪，是殘忍的，卻是最快且最徹底的。

經過「土地改革」，農村人口的成分，除了作為剝削階級的地主、富農之外，還劃分成雇農、貧農、中農。[18]後者成為受益者，分得了土地。但是，由於中國農村私有制和貨幣經濟的深厚基礎，在土改完成不久，出現了所謂的「中農化趨勢」、「土地買賣現象」和「貧富分化苗頭」。「富裕的和生產率較高的農民開始向貧窮、生產率低的農民放債。在一些情況下，債務人被迫將自己的土地出售給債權人。」[19]這些情況是為新政權所不容的。在毛澤東的推動之下，提前推行農業「合作化」和「集體化」。剛分到土地的農民得而復失，自耕農經濟也不復存在，以此「根絕資本主義來源」。[20]農民「耕者有其田」和以家庭農業為主的「美好時光」極為短暫，總共不過三、四年光景。農業生產資料，除了土地之外，還有大牲畜、農具、水井和生產用房。這些生產資料原本有主有價，構成中國農村和農民財富的組成部分，[21]隨著集體化都被充公了。值得注意的，在「合作化」和「集體化」期間，政府對比較先進的合作社提供貸款，說明當時的中國農村還有貨幣經濟關係。[22]

在農村，土地資源的「公有」過程，不是一步到位，而是「集體化」的程度不斷提高，從土改之後的互助組、初級農業生產合作社（簡稱初級社）、高級農業生產合作社（簡稱高級社），直至人民公社，最終完成。

一九五八年，人民公社運動席捲全國。[23]合作社經濟隨之消亡。全部農業經濟生產要素，包括土地、農具、農民本身，都屬於人民公社。農民成了沒有土地、沒有農業生產資料，只能依附於集體經濟的「社員」。人民公社的本質是「一大二公」，一大，是指規模大。將原來一兩百戶合作社合併成數千乃至上萬戶的人民公社，二公是公有化程度高，農戶一切財產上交公社，意味著「去」貨幣化。[24]一九五八年八月，《中共中央關於在農村建立人民公社問題的決議》肯定人民公社「使原有的集體所有制擴大了和提高了，並且帶上了若干全民所有制的成分。」而「全民所有制比集體所有制更進步，因為全民所有制的生產資料和產品，可以直接由代表全體人民的國家按照整個國民經濟的需要作統一的合理的分配。」所以，透過積極運用人民公社的形式，「摸索出一條過渡到共產主義的具體途徑。」共產主義在中國的實現，已經不是什麼遙遠未來的事情了。[25]因為人民公社制度的建立，中國農業生產要素的價值形態——特別是耕地——被掩蓋起來，農業經濟的全部價值有多大，很少有人做充分的估算，即使僅計算當時的耕地和各類農業生產資料，同樣是巨大的財富。

中國這個農業國在工業化過程中，土地是最稀缺、最重要的生產要素。城鄉土地的國有化，從根本上影響了中國貨幣經濟的供需關係。

企業國有化

中國自洋務運動始，逐漸出現了具有市場價格的現代企業。一九四九年以前的中國共產黨，幾乎不可能擁有任何現代企業。這種情況在新政權建立的幾年之內徹底改變：國民黨的官僚資本企業被無條件地收歸國有；以英美代表的主要西方國家在中國資產被新政權凍結。[26]之後，透過「贖買政策」完成了原來的資本主義工商業的國有化。經過這個過程，中國各種類型的私有制企業為國有企業所替代，企業不再是獨立的市場主體，喪失了市場價格，喪失了交易可能性。

沒收官僚資本。一九四九年四月二十五日，共產黨發佈《中國人民解放軍佈告》：「凡屬國民黨反動政府和大官僚公司所經營的工廠、商店、銀行、倉庫、船船、碼頭、鐵路、郵政、電報、電話、自來水和農場、牧場等，均由人民政府接管。」[27]人民解放軍所到之處，立即把官僚資本收歸國家所有。[28]

國營經濟的主要基礎[30]

項　目	資產價值（百萬元）	%
工　礦	700	15.81
鐵　道	1772	40.04
公　路	374	8.45
航　運	264	5.96
空　運	72	1.63
郵　電	284	6.42
漁　林	100	2.26
公共工程	713	16.11
金銀外匯	147	3.32
總　計	4426	100.00

官僚資本究竟有多大？一種比較簡單的算法是：從清末張之洞創辦近代工業算起，包括中國民族資產階級興辦的企業和日本統治時期在東北興辦的企業在內，全部固定資產的價值約兩百億元左右。而所謂官僚資本的比重占七五—八〇％，那麼這些官僚資本大約在一百五十億元左右，相當於四十億美元。至於無形資產，就無法估算了。由於所謂官僚資本占當時中國工業資本的三分之二，占工礦、交通運輸業固定資產的八〇％，占全國銅鐵的九〇％，煤的三三％，電力的六七％，水泥的四五％，紡織業紡綻的三八％，布機的六〇％，占輪船噸位的四四％，所以，沒收官僚資本就意味著有效控制了國家的重要生產部門，即所謂的主要經濟命脈。[29]

事實上，這個數目是偏低的，有許多重要的專案沒有列入，例如，共產黨接收的鐵路兩萬多公里，機車四千多台，客車四千多輛，貨車四萬七千多輛，鐵路車輛和船舶修造工廠三十多個；各種船舶二十多萬噸，中央航空公司十二架飛機。[31]這還不包括沒收來的官僚私人財產。一九五一年六月至一九五二年年底，新政府對國營企業的固定資產和流動資金重新清理登記，並按一九五一年六月底的人民幣價格重新估價，結果是：「國營企業（不包括文委、軍委、軍工及地方國營企業）固定資產原值為二百二十三・六億元，折舊後為一百五十八・九億元，流動資金原有十五億元，經核定一九五二計劃定額為八・六億元。」[32]「這一巨大價值的財富收歸國家所有，構成了建國初期國營經濟物質技術基礎的最主要部分。」[33]而國有企業的絕大部分，都是來自沒收的官僚資本。

管制、徵用、代管、徵購外資企業。從一九五〇年末至一九五二年末，政府「通過管制、徵用、代管、轉讓等方式，使有關國計民生和帶有壟斷性的外資企業」全部轉歸國有。從一九四九年到一九五三年，外資在華企業已由建國時的一千一百九十二個減至五百六十三個，所屬職工由十二・六萬人減至二・三萬人，擁有資產由十二・一億元減至四・五億元。」[34]這個數字與一九四八年西方國家在華總投資額的三〇・九八億美元相較，下降了八〇%以上。[35] 雖然外資企業對形成當時國有經濟作用有限，但是其中不乏關係國計民生的產業和企業。[36] 隨著西方在中國投資企業的消亡，由此聯結的經濟關係和市場關係也告完結。

接管蘇聯政府移交的財產。一九五〇年至一九五二年，蘇聯政府將在東北地區的地產、公共建築、工廠、電力和通訊、鐵路和其他基礎設施，移交給中國。

黨政機關、部隊、團體所辦的企業收歸國有。這是指戰爭期間中國共產黨在行政機關、軍隊、團體系統內的工業、農業、商業、建築業、交通運輸業的企業。[37]

對資本主義工商業的改造和「贖買」。一九四九年，全部私營工業（指四人以上的商戶，三人以下者劃為個體戶）有一二・三一六五萬家，職工一六四・三八三二萬人，資產淨值二〇・〇八億元（人民幣），總資產六八・二八億元（人民幣）。據推算，一九四九年十人以上私營工廠有一・四七八萬家，職工九二・五四七七萬人，資產淨值一四・〇五六億元（人民幣），折戰前法幣五億六千兩百四十四萬元，總產值四六・六三五億元（人民幣），折戰前法幣十八億六千五百四十一萬元。

根據「一九五六年清產核資的結果，中國全國範圍內的公私合營企業的私股投資總額為二四・二億元，其中工業為一六・九億元，商業和飲食

一九四八－四九年私營企業基本情況[38]

	私營工業企業數	職工數	資產淨值	總資產
1948 年	12.3 萬戶（4 人以上）	164.38 萬人	20.08 億元人民幣	68.28 億元人民幣
1949 年	1.478 萬戶（10 人以上）	92.55 萬人	14.056 億元人民幣 折合法幣 5.624 億元	46.63 億元人民幣 折合法幣 18.65 億元

業為五・九億元，服務業為〇・三六億元，交通運輸業為一・〇二億元。」[39]

一九五一年，政府發動了旨在反對執政黨內部的貪汙、浪費和官僚主義的「三反」運動，不久，整個運動演變成針對資本家的反行賄、反偷稅漏稅、反盜竊國家財產、反偷工減料和反盜竊經濟情報的「五反」運動。三反、五反根本惡化了勞資關係，是對資產階級所造成的近乎毀滅性打擊。出於恐懼和經營危機，各地資本家紛紛要求公私合營，抵廠還債。[40]但是，這時的共產黨並沒有做好全面取代私人資本主義工商業的準備。一九五二年，毛澤東提出「過渡時期總路線」，設想經過十至十五年，透過公私合營[41]，私人資本公營化，最終轉變為公有制企業。[42]進入一九五三年，政府透過改造和贖賣的方式，大力推行「公私合營」進程，為國有化準備條件。深受三反、五反運動刺激的工商界資本家爭先恐後，甚至敲鑼打鼓，把自己的企業送給政府。

從一九四九年至一九五六年，國家控制市場的方法是「加工訂貨」，國營單位在私營企業產品生產出來之前，就同它們訂了合同。私營企業的生產就這樣被納入計劃軌道之中。市場交易不存在了。[43]加工訂貨對於政府在一定程度上掌握與操縱

一九五六年全國公私合營私股總額二四・二億元的構成

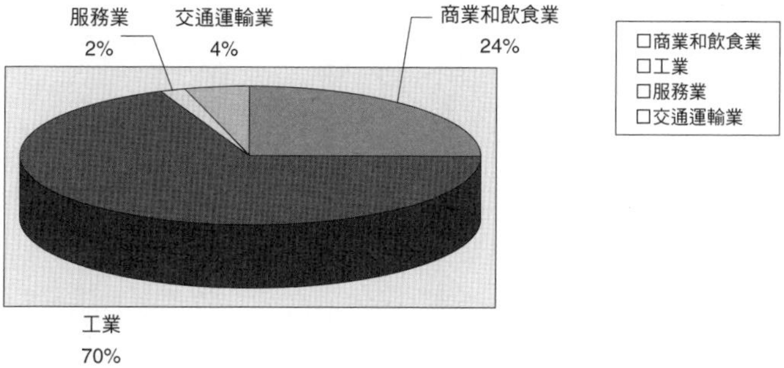

企業內部具體運作，完成社會主義改造發揮了重要作用。[44] 國家控制市場範圍愈大，透過自由的市場交易能獲得的經濟資源愈少，個別私有企業就愈依賴與國家的加工訂貨關係，以獲得自己所需的原料、設備、銷售管道等資源。[45] 到了一九五六年，私有企業在市場中的交易份額由一九四九年的九〇%下降到一．六%。

新政權在實行上述經濟手段的同時，政治運動也發揮了重要的配合作用。一九五二年開展的「五反」運動針對資本主義工商業者，加速了工商業者階層的潰散和消亡。[46] 一九五五年九月，上海等大城市開始出現了全行業公私合營，年底公私合營的高潮形成，很快就蔓延全國。原計劃的十年至十五年對資本主義工商業的改造，到一九五六年基本完成。

在中國的官方正史中，實現對資本主義工商業的改造，是社會主義的偉大勝利，是中國歷史上最深刻、最徹底的變革。但是，歷史已經證明，這場對「資本主義工商業的改造」的前提是國家的權力，「在這個社會主義改造過程中，強大的國家的存在使得資本家行動的自由喪失無遺。這裡面的關鍵問題在於，國家技術遊戲的參與者，又是遊戲規則的制定人」。國家在使用暴力的同時，更多是運用間接的、隱蔽的權力手段。資本家在物質和精神層面的處境，以及政治和社會地位每況愈下，不再是社會精英，而是「剝削他人為生的寄生蟲」，很快陷入「無路可走的困境」。再過幾十年，人們會認識到發生在一九五〇年代的那場所謂的「社會主義改造」是中國代經濟史中的黑暗篇章。中國經過洋務運動以來，甚至明、清以來所建立的本土資本主義基礎、私有制和市場經濟傳統遭到徹底摧毀，幾代實業家、金融家、銀行家的財富積累遭到徹底掠劫。一九八〇年代，當中國再次回歸市場經濟和容許私有經濟的時候，幾乎是從頭開始。

一九四九年到一九五六年，整個中國都在圍繞著產權的「公有化」上頭作文章，先後在工業、手工業、商業、金融業、交通業、服務業等行業中實行了公有制，國家成為企業的最終所有者。

一九五六年同一九五二年相比，全民所有制經濟比重由一九・一％上升到三三・二％，集體所有制經濟由一・五％上升到五三・四％，公私合營經濟由〇・七％上升到七・三％，私營經濟則由六・九％下降到〇・一％以下，個體經濟由七一・八％下降到七・一％。前三種社會主義公有制經濟已達九三％。一九五六年同一九五二年相比，國營商業由六〇・五％上升到八二％，合作商業由二・七％上升到一五・二％。在鐵路、公路和水運貨物周轉量中，一九五六年同一九五二年相比，私營經濟從原有的三五％下降到零，國營經濟由九五・八％上升到九九・三％。[47]不僅如此，小手工業者和小商小販也紛紛要求被「改造」，建立「合作社」。一九五六年一月，首先是北京，接著上海，以及其他各大城市紛紛宣告進入社會主義。中國自清代後期形成的工商資產階級及其創建的實業成了歷史。此後二十餘年，中國完全沒有私有經濟。

不論是稱為公私合營，還是社會主義改造，實質就是改變生產資料所有權和企業產權。根據所謂的「贖買政策」，原有的資本家和股東只能獲得國家支付的固定股息，所持有的股票則變成今後領取固定股息的憑證。從性質上說，此時的股票與債券無異，「股東與企業的關係也因此改變成了債權債務關係。」[48]定息是「按資分配」的殘餘，但是，資本家每年所得的定息，在整個國民收入中所占比重極小，對於按勞分配原則的作用，影響不大，而且它的存在的時間也不長。在實行全業合營和定息制度之後，在經濟方面，資產階級基本上是被消滅了。[49]至於私股年息和支付年限，「從一九五六年起，定息七年不變」，一厘至六厘，「根據不同地區、行業的具體情況，起碼定為一厘、最高不超過六厘。」[50]一九五三年到一九五六年，每年付息，大體正常。從一九五六年起，定息按年利率五％計算。一九六六年，「文化大革命」發生前後，利息支付大體停止，絕大多數投資者，對於本金是否收回，已經不敢問津，政府承諾的「贖買政策」成為歷史。

新建國有企業。中國在實行計劃經濟之後，固定資產投資是擴大國有經濟的主要手段。經過三年國民經濟恢復時期，實施第一個五年計劃（一九五三—一九五七）。以蘇聯援建的「一百五十六」個建設專案為核心，以九百餘個大中型專案（限額以上專案）為重點，國有企業在能源、機械、原材料等重工業行業得到了加強和擴張，形成以國有企業為基礎的工業體系。從一九五〇年到一九八五年，中國用於全民所有制單位的固定資產投資達一兆四千四百九十九億元，建成投產大中型基本建設專案四千多個，小型專案幾十萬個，並對一大批現有企業進行了技術改造；施工各類房屋建築面積約二十八億平方米。[51] 一九七八年全民所有制企業年底固定資產淨值三，二〇一．四億元。

企業公有化和國有化過程，就是企業的非市場化、非貨幣化的過程，有預算「軟約束」，沒有預算「硬約束」。[52] 企業功能萎縮，喪失自主權，有名無實，成為從事生產的「工廠」，且生產什麼、生產多少、生產成本和價格，以及職工人數，工資總額都要納入國家計劃。企業只有非金融資產，且屬於國家；企業的流動資金由財政部門按定額撥付；利潤和折舊基金全部上繳；所需基本建設投資，固定資產更新和技術改造基金、新產品試製費和零星固定資產購置費等，全由國家財政撥款解決。中國因此不再有任何意義上的「現代企業」。在一九五〇年代至一九七〇年代，建立在公有制基礎的「企業」，效率低下，中央政府也試圖對這樣的「企業制度」有所改革。一九五六年毛澤東在《論十大關係》中就提到擴大地方和企業自主權的問題。「改革」的思路是在既有的國有和計劃制度框架下，圍繞放權和收權，結果是一放就亂，一收就死。

從貨幣經濟的角度而言，「現代企業」是有價值和價格的，並可以交易和買賣。其市場價值不僅取決於有形資產，也取決於無形資產，它的經營現狀和發展前景。股票市場是上市企業的交易場所。與貨幣經濟和市場經濟相反，計劃經濟下「企業」的國有性質具有「排他性」，與貨幣經濟分離，不可以買賣，沒有價格。會計史學家沃爾夫說，有什麼樣的會計，便有什麼樣的經濟；而有什麼樣的經濟，就必然有什麼樣的會計。[53]如果從會計的角度比較在市場經濟下的企業和在計劃經濟下的企業，有明顯的差別：在市場經濟和貨幣經濟的環境下，企業的會計制度以「資產負債表」為基礎，資產、負債和所有者權益關係清晰；計劃經濟下的企業沒有資產負債表，不採用借貸記賬法，它的會計物件被定義為「社會主義再生產過程中的資金運動」，採用資金平衡表計賬，不需要諸如在資產、負債和所有者權益等概念。

如今估算因為一九五〇年代的中國企業國有化，企業喪失其市場價值對中國貨幣經濟的負面影響，在方法和資料方面的困難極大。中國重新建立現代企業制度，企業開始為企業恢復自身價格，那是一九九〇年代之後的事了。

產業部門的國有化和「非貨幣化」

在產業結構上，也有一個劇烈的非貨幣化過程。高度集權的計劃經濟，只承認有物質產品產出的產業，不承認服務業。體現在國民經濟核算體系上，採用的是「物質產品平衡表體系」，即 MPS 體系（The system of material product Balance）。MPS 體系是中央計劃經濟制度的國家包括前蘇聯，原經互會成員國所使用的國民經濟核算工具。

一九五六年，中國國家統計局對前蘇聯國民經濟核算工作進行了全面考察，隨後在中國全面推行MPS體系，其核心是「工農業總產值」。並根據MPS體系，編制了社會產品生產、積累和消費平衡表；社會產品和國民收入生產、分配、再分配平衡表；勞動力資源和分配平衡表。MPS對生產的定義只限於物質產品的生產和生產性勞務，把工業、農業、建築業、貨物運輸業和商業統稱為五大物質生產部門。五大物質生產部門的成果，就是MPS的社會產品價值核算內容。而其他部門，如文化教育、醫療衛生、公用事業、生活服務等，被稱為非物質生產部門。這些部門所提供的服務活動，無論是為生產服務的，還是為其他部門或居民服務的，都不計算產值，只作為物質生產部門的創造價值的再分配處理。其中的「公用事業」部門，像城市的供水、供電部門，電力、通信、郵電和交通部門，也都實行國有化，退出貨幣經濟範疇。

在這樣的經濟體系之下，相當多的國民經濟活動沒有會計記載，不能獨立核算。服務業產品價格也是在國家控制之下，服務業企業沒有自主權。同時，服務業因為不是生產物質性產品，不被列入國民經濟核算體系。例如，銀行業不是企業，是政府系列中的一部分，在國民財富中沒有應有的位置。而在貨幣經濟下，銀行業的地位舉足輕重，是服務業重要的組成部分，在GDP中有很大的份額。再者，一切文化設施：電影院、劇場、體育館等都改造成文化體育事業單位，非企業經營。至於隱含的與企業和政府相關的產業和服務業對國民經濟的貢獻，都被徹底忽略了。

銀行和金融機構國有化

中國現代金融業的產生是由私有經濟主導的。一八八四年，中國金融資本中還沒有官僚資本；一九一一年官僚資本僅占六・三％；一九二〇年占一六％。國民黨在南京建政後，官僚資本在全國金融資本的比例逐漸上升，到一九三六年達到五八・九％。抗日戰爭之後的一九四七—四八年，增至八八．九％。[54]共產黨取得政權，立即沒收了官僚資本的金融機構，輕易控制至少九〇％的金融資源。

新政權對於官商合辦的金融企業，沒收其官股；對於官僚資本銀行全部裁併，只保留中國銀行和交通銀行，並改造成中國人民銀行領導下的專業銀行。一九五〇年下半年，新華銀行、中國實業銀行、中國通商銀行、四明銀行等四家原官商合辦銀行官股收歸國有，成為一九四九年後最早的公私合營銀行。[55]對於私人銀錢業，採取逐漸淘汰的辦法。一九四八年十月，中共中央頒佈了《對私營銀錢業的政策規定》。根據這項規定，私營銀錢業喪失發行貨幣權，不准買賣金銀外匯，不准經營投機貿易；規定私營銀行和銀號的最低儲備金，並將一部分貯存於國家銀行。[56]以後對私營銀錢業的重新登記、資本金、資金運用及存款準備金作了具體規定，凡資本額低於銀錢業管理辦法的要限期補足，未經批准登記的停業清理，因而淘汰了一批資力小、信用差的私營行莊。[57]

一九五〇年九月，中財委《關於全國金融情況向毛主席並中央的綜合報告》中提出，「一九四九年底，金融業中公私力量的對比已發生了變化，國家銀行控制存款占總額的九〇％，放款占九七．七％，從而取得了鞏固的領導地位。」[58]以上海

一九四九—五三年上海金融企業所有制結構的變化[59]

所有制類型		1949	1950	1951	1952	1953
存款	國營銀行	26.8	35.8	60.1	84.2	86.7
	公私合營銀行	10.2	20.0	16.5	15.2	13.3
	私營銀行、錢莊	62.9	44.2	23.4	0.6	—
	總計	100.0	100.0	100.0	100.0	100.0
放款	國營銀行	19.9	9.4	23.1	61.4	52.0
	公私合營銀行	12.6	30.8	36.3	36.7	48.0
	私營銀行、錢莊	67.5	59.8	40.6	1.9	—
	總計	100.0	100.0	100.0	100.0	100.0

單位：%

為例，私營銀行和錢莊存款額占全部存款數的比重，一九四九年是六二·九％，一九五二年下降到〇·六％；放款額占全部放款數的比重一九四九年是六七·五％，一九五二年下降到一·九％。

到了一九五〇年代中期，新政權完成對整個私營金融業的接管，最終實現金融機構和系統的完全國有化，國家完全掌控全社會的金融資源和信貸管道。

從此，中國千年以上的私人信用體系、數百年的錢莊、上百年的私人銀行，以及與之相聯繫的經營網路、國際關係、有中國特色的金融文化和銀行金融界的濟濟人才也隨之飄逝。[60] 一九七八年以後的發展證明，重新恢復中國在一九四九年之前貨幣金融體系所達到的歷史水準談何容易，至少要經過兩、三代人。

不動產「產權」的國有化

國有化席捲所有領域。房地產業消失，城鄉的主要不動產的產權隸屬「國家」或「集體」。農村居民住房，雖然屬於個人財產，但是並不具備市場交易的可能性。在城鎮，從一九五〇年代至一九八〇年代，甚至一九九〇年代，建設了相當規模的居民住房，卻不是商品，不能買賣，是分配給國家機關工作人員和職工的一種實物性的福利。在文革之前的城鎮，還有少數私人擁有包括居民住房、商鋪和作坊式的生產場所之類的「私產」，可以自用，可以租給他人。但是，這些建築物下面的土地，早已悄然轉到國家手中，完成了「非私有」和「非貨幣化」。這是為什麼在那個時代的中國人可以輕易放棄房屋產權的根本原因。

這種情況也發生在其他發展中國家和前共產主義國家。有的經濟學家將這類沒有價格和貨幣化的「不動產」或「房產」稱為「僵化資本」。中國在一九九〇年代興起的住房商品化和房地產業，最初就是「啟動」這些「僵化資本」。[61]一九八〇年代改革開放之後，土地的價值首先透過城市化，以及城市化過程中的房地產業復興得以顯現。但是，在土地的所有權方面，並沒有任何實質的改變。人們可以擁有建築的使用權，卻不可能獲得支撐建築的土地所有權。換句話說，國家讓渡的是土地的使用權，土地的使用權可以在市場買賣和交易。而不是土地的所有權。

剝奪民間金融財富

中國是一個有「藏富於民」傳統的國家。直到一九四九年，中國歷經改朝換代，連年戰爭，民不聊生，生靈塗炭，貧富輪迴替換，但是，民間並沒有完全處於一貧如洗，無產化狀態。在二十世紀上半葉，民間財富還增加了銀行存款、外匯、海外僑匯。共產黨取得政權之後，全面收繳民間金融貨幣財富，在兩至三年時間，民間所積累的財富幾乎被政府吸納殆盡，民間財富最終為國家所有，構成新政權的財政基礎。

這種做法，中外都有先例。在「土地革命戰爭時期」（一九二七—三七），共產黨的財政資源主要來自民間和「戰爭繳獲」。在蘇俄，一九二二年二月，共產黨透過沒收教會珍寶改善國家財政。對此，列寧提出，「我們務必要用最堅決、最迅速的方式去沒收教會的珍寶，這樣我們才能獲得幾億盧布的基金（應該記得某些修道院和大寺院的巨大財富）。沒有這筆基金，任何國家工作，尤其是經濟建設都完全不可能進行。」於是，在蘇俄的主要城市掀起大規模的沒收教會珍寶運動，蘇俄政府的國庫充實了鉅額珍寶，為蘇俄經濟建設提供了經費支撐。[62]與俄國布爾什維克不同的是，中國宗教部門的財富有限，共產黨剝奪民間金融財富的主要對象完全是沒有組織的個人。

民間財富規模估計

以銀元為例，中國在一九三五年幣制改革之前的民間貨幣存量至少高於三十億元。[63]後來國民政府實行「白銀國有化」，部分兌換美元，加之抗日戰爭期間的白銀外流，中國民間的白銀儲量還是不可低估。日本人在一九三七年佔領上海時，也發生了銀元投機風潮。日本人從東京運來五噸黃金，一次拋下市場，想用經濟手段壓下去，結果也很快被市場所吞沒，一點作用也沒起。[64]可見，上海的白銀基礎是何等深厚。即使經過抗日戰爭，國共內戰，民間銀元存量依然十分巨大。至於一九四九年前後，對於民間財富的規模，從來沒有定論。據中國銀行估計，一九四九年以前留在民間的黃金約有五百萬兩，白銀（包括銀元）五億兩。[65]事實證明這個估計是保守的。「據中財委估計，全國黃金僅上海一地即約有一千萬兩，天津約二百萬兩，銀幣和銀塊全國公約七億六千萬。」[66]邏輯上，中國民間散落的銀元至少在五至十億元之間。所以，從抗戰勝利到共產黨新政權建立初期，各種銀元重新出現在各地市場，甚至成為搶購對象。此外，中國民間財富包括金條、外匯、股票、債券，以及和金銀玉器用品和首飾。

剝奪民間金融財富的手段

「低價兌收」銀元。民間貨幣財富主要體現為銀元。收繳民間財富，首先是取締銀元買賣和嚴禁金銀計價流通，透過人民銀行掛牌收兌金銀。初期方案是「以銀元制服銀元，即用經濟辦法解決問題，集中大量銀元拿到黑市上拋售，先把價格壓下去，再宣佈禁止流通。」這個辦法的實質就是「低價兌收」銀元。[67]到一九四九年底，上海收兌銀元一百零八萬多枚，北京收兌二十二萬多枚。一九五〇年，廣東省共收兌黃金七四五．五萬兩（其中下半年收兌的占七一．一％），銀元一〇一·二萬枚（其中下半年收兌的占七三·七％），純銀五，三二三·六萬兩（其中下半年收兌的占九八·二％）。[68] 無從得到全國各地的資料，但是，確知收兌金銀的時間不止一年，邏輯推理可以肯定，政府所收兌民間流通金銀的數量相當巨大。中國當時的銀元分佈很不均衡。廣東民間金融財富多，和海外僑匯有關。在中國的西南和少數民族地區，白銀貨幣根子深，與那裡的歷史背景和民國幣制改革的區域局限性有關。相較於城市，農村和農民保存更多的金屬貨幣。中國以白銀為主體的傳統貨幣經濟的「香火」，在中國的南方地區（特別是農村）一直延續到二十世紀中期。根據一些資料，到了一九六〇年代初期，銀元還殘留於民間，一枚銀元可以換四個雞蛋。

「硬性凍結」和「強行沒收」銀元。一九五〇年，在西南，還有人在使用銀元，所以中共西南當局為防止銀元兌換增大人民幣發行量，對銀元不再實行低價兌換，而是採取了硬性凍結方針。即在市場上金銀貨幣「嚴格禁止流通買賣」，也不准攜帶，只允許個人保存。[69]

由於「禁銀」，「低價兌收」，人民幣缺乏信用和物資短缺，在一些城市發生銀元投機，上海最為嚴重。從一九四九年五月十七日到六月九日短短二十三天中，黃金價格上漲二·一倍，銀元的價格上漲十九倍，市場物價指數上升二十七倍。上海市人民政府曾於六月五日拋售銀元十萬枚，立即被投機資本吞沒，未能達到預期目的。因為市場上銀元存量大，據估計，上海市民手裡的銀元至少有兩百萬枚，而且流量快，新政府沒有足夠的銀元儲備拋售以左右市場銀元價格。所以，上海市人民政府採取措施。六月十日，查封了上海市金銀投機的大本營「證券大樓」，逮捕懲辦了兩百三十八名首要投機犯罪分子。根據上海經驗，其他城市也同時採取了行動，武漢市人民政府逮捕了銀元投機販子二百餘人，查封兩家專門從事金融投機的大錢莊。廣州市人民政府查獲和封閉了地下錢莊一百七十家、「梯刀門楣」（街頭銀元兌換店）四百九十八檔。[70]

在這場「消滅銀元投機的人民戰爭」，新政權動員由工人和學生組成了宣傳隊走上街頭，也動用公安局、警衛旅和軍管會金融處幹警等國家機器。[71]用「群眾運動」等政治手段解決貨幣問題，在中國歷史上還是第一次。新政府最後透過政治和經濟的雙重辦法，銀元才基本上從市面銷聲匿跡。打擊銀元黑市所得，一般被沒收。在上海究竟以「打擊銀元投機」名義沒收多少銀元沒有直接資料，但是，有些地區還是保留了歷史資料。例如，在一九五〇年上半年，西南區就收繳黃金一二一．九五九五萬兩，白銀五六七．六九三萬兩，銀元一三一．九九三萬元，美金一百萬元。[72]

取消外匯流通。在一九四〇年代末，由於國民政府的貨幣信用崩潰，美元、港幣等外幣成為流通領域的主要計價手段之一。美元主要流通於北平、天津、上海、武漢等大中城市，以上海為最多；港幣則主要流通於華南地區，廣東、福建等地。一九四九年新政府建立，立即制定外匯管理辦法：嚴禁一切外國貨幣在中國市場上流通。[73]同時還規定：無論中國人還是外國僑民，凡持有外國貨幣者，必須在限期內，按規定牌價到中國人民銀行或指定機構兌成人民幣，或作為外幣存款換取外匯存單；因公務或旅行進入中國國境者所持有的外幣和票據；必須在中國人民銀行設在邊境的兌換機構兌成人民幣或作為外幣存款；一切外匯業務，包括國際貿易結算、國際匯兌、外匯買賣，都必須由中國銀行辦理或在其監督下由指定的銀行經營。[74]

收兌外幣，大致分為兩個階段。一九四九年初北京和天津解放到建國前為第一階段。這個階段的主要工作是收兌華北、華東、中南等大中城市中的外幣，以美鈔為主；一九四九年十月廣州解放到一九五〇年底為第二階段，這個階段的主要工作是收兌廣泛流通於華南城鄉和西南邊疆地區的外幣。在第一階段，人民政府一方面嚴厲取締外幣黑市買賣，另一方面則採取折實存款的辦法，吸收外幣存款，行政手段和經濟槓桿雙管齊下。在天津，到一九四九年底，兌入一〇三萬美元、九十七萬港元、其他外幣折合一百二十萬美元；在上海，至一九四九年年底，半年時間共收兌美元七百五十八萬元，港幣一百四十九萬元，吸收各種外匯、外匯存款計一千二百四十二萬美元，五百七十二萬港幣，六十五萬英鎊。[75]在第二階段，以驅逐和收兌港幣為主的禁止外幣流通工作更為艱巨。在廣州，從一九四九年十月至一九五〇年二月，為了把港幣迅速逐出市場，採取了堅決肅清、排擠為主、兌換為輔的方針（因港幣數量巨大，如大量收兌將會引起物價暴漲），將港幣打入黑市，以促使其回流香港和海外。一九四九年十一月十八日，廣州市軍管會宣佈：人民幣為合法貨幣，凡完糧納稅以及一切公私款項收付、物價計算、賬務票據契約，均須以人民幣為計算及清償本位，嚴禁外幣流通使用，但是由於港幣流通普遍、深入農村，兌換尚需時日，暫准按人民銀行的牌價使用，把港幣與人民幣的黑市比價由十二月四日的一比三萬三千三百三十九元壓低到十二月十日的一比一千五百四十元（同期人民銀行牌價為一比一千五百元）。至一九五〇年二月以後，由於人民幣流通範圍擴大，同時交通的恢復也使政府掌握了較多的物資，基本具備了禁止港幣流通的條件。廣州市軍管會宣佈：禁止港幣流通使用。光是一九五〇年一年，廣東省收兌港幣九，二一一．三萬元、美元一七一．六五萬元。廣州市，三月中旬以後每日的港幣收兌量比三月中旬以前每日最高量增加一百倍。[76]

折實儲蓄。從一九四九年起，因為軍事和行政開支劇增，財政赤字上升，貨幣發行迅速增加。「一九四九年，財政收入相當於糧食三〇三億斤，而財政支出卻達五六七億斤，赤字二六四億斤，赤字占總支出的四六．五六％。關內財政赤字更高達占全部支出的六五．九七％，一半以上中央財政支出只能透過發行貨幣解決。」[77]「一九四八年十二月，人民幣初始額計一百八十五億元，「一九四九年一年內通貨增加了一百六十倍，至一九五〇年二月更增加到二百七十倍。」[78]由此再次出現人民幣貶值和前所未有的通貨膨脹。「全國十五個大中城市二十五種商品批發物價指數，如以一九四九年十二月為一百，到一九五〇年一月升至一二六・六，二月升為二〇三・三，到三月則上漲為二二六・三。」[79]在這樣背景下，中央政府除了實施拋售物資，凍結存款之外，從一九四九年至一九五二年，在全國範圍內推行「折實儲蓄」，即按折實單位價格（麵粉、玉米、布等基本生活用品）折合人民幣存入和支付的一種儲蓄存款。這種「折實儲蓄」似乎是一種變相的「保值存款」，其實是有效地將民眾生活納入人民幣體系。

中國自古以來有「藏富於民」還是「藏富於國」的爭論。主流看法從來是否定「國富民窮」，主張「藏富於民」。這種爭論在一九四九年之後不復存在。在一九五〇年前後，民眾擁有的舊中國貨幣、股票、有價證券，因為政權更替被迫「作廢」。無法兌現的國民政府公債和企業債券的價值不計其數。加上政府對民間金融貨幣財富的收繳，隨之而來的土改、鎮反等一系列政治運動，民眾不僅不會有多少黃金白銀，甚至基本上不再有任何之前的私人財物了。之後的「文化大革命」，武力抄家和「破四舊」，擁有房地產的城市居民最終在法律意義或事實上放棄其產權；小業主、房產主、殘餘的個人財產徹底剝奪；社會主義改造時期承諾的利息停付；居民把稍有價值的個人財產自行毀滅或低價拋售，「空前絕後」地剝奪民眾個人財產。

至此，中國的民眾生存完全依賴工資或工分收入，除了國家發行的人民幣紙幣，沒有任何其他金融資產的境地，「無產階級化」，貧窮化。中國徹底成了「國『富』民窮」的國家。

計劃經濟：即實物經濟和非貨幣經濟

一九五一年初，共產黨在推進國有化和公有制的同時，提出「三年準備，十年計劃經濟建設」的目標。一九五三年五月二十日，中共中央最後確定的「第一個五年計劃」方案原則，其依據就是以蘇聯國家計委關於中國「第一個五年計劃」的意見書。[80] 一九五三—五七年，中國實施第一個五年計劃，這是中國確立計劃經濟的里程碑。到一九七八年經濟改革之前，中國共實施過四次完整的「五年計劃」。在四分之一的世紀中，中國的國民經濟被納入「有計劃、按比例」的發展模式：以重工業為重心，以高速度為目標，依賴基本建設投資實現經濟增長。第五次「五年計劃」（一九七六—八〇）期間，中國啟動改革。計劃經濟的本質是排斥商品、市場和貨幣的。因為計劃經濟，貨幣經濟在中國這樣一個人口眾多的大國消亡速度之快，程度之徹底，古今中外，大概空前絕後。

計劃經濟是實物資源管理經濟

蘇聯是世界上最早建立公有制和計劃經濟的國家，其計劃經濟是以排斥商品、市場和貨幣為前提的。在十月革命之後，列寧就肯定了「消滅貨幣」的理想，只是，要消滅貨幣，「需要很多技術上的成就。」「必須建立億萬人的產品分配組織」，不是一下子就可以廢除的，是很多年的事情。[81] 這樣，「在社會主義經濟中，貨幣是計劃經濟的經濟工具，是計劃和監督商品生產和商品流通的工具。」[82]

蘇聯的第一個五年計劃開始於一九二八年，一九三二年提前一年完成。有三個因素對蘇聯計劃體系的形成有決定性的影響：一，經典作家關於社會主義計劃在理論上的設想；二，由於現實的經濟的和外部政治的狀況，面臨強行工業化的任務；三，以史達林為首的官僚統治體制。第三個因素「阻礙分權化和商品貨幣工具的利用」。[83]

這三個因素同樣影響了中國在一九五〇年代選擇計劃經濟。一九四九年之後，中國師承蘇聯。[84]蘇聯不僅協助中國編制「第一個五年計劃」，而且起了關鍵作用。[85]為了編制和組織計劃經濟而組建的國家計劃委員會，成為整個計劃經濟時代的國民經濟中樞。一九五〇年代初，中國選擇計劃經濟還有朝鮮戰爭的背景，物質資料資源緊缺狀況突現，原有經濟體制下的生產趕不上投資需求，唯有計劃經濟，依靠國家和行政系統，徹底改變資源供需狀況及其配置方式，增加國家的經濟實力。

經過第一個五年計劃，中國的計劃經濟體系的組成包括計劃體制、工業體制、財政體制、基本建設體制、物資體制、勞動工資體制、商業體制、物價體制、外貿體制。這是一種「集中管理的實物計劃資源配置體制」。[86]在這樣的體制下，政府計劃部門的任務是確定產出目標，以及為滿足生產每一單位產品所需要的各項投入（土地、勞動、資本和中間產品）數量，「對每種要素投入和中間產品來說，生產產品所需要的數量、需求，必須等於可能取得的數量（供給）。如果兩者之間平衡不存在，那就必須採取行政手段減少需求或擴大供給。」[87]

如果說，國民經濟運行中還有貨幣的位置，也是被動和消極的。貨幣流通不再是整體性的，而是被分割為「每個部門或是可以『被貼上標籤』的有限領域。財政制度將用來支付工資的貨幣同企業其他方面的貨幣分開來；將當前生產使用的貨幣與投資使用的貨幣分開來。至於銀行系統，則負責監督是否遵守規定。企業的活動「是在與可用貨幣供給無關的多極決策過程中決定的」。[88]

生產要素的「非」貨幣化

「商品」古已有之，在計劃經濟下，卻被貼上了「意識形態」的標籤。「社會主義僅僅是計劃經濟，而不是商品經濟。」[89]計劃經濟「是生產資料屬整個社會所有，勞動是全社會範圍內的聯合勞動的必然結果和客觀要求。」[90]計劃經濟和商品經濟是互相排斥的。要麼是商品經濟，要麼是計劃經濟，二者必居其一。社會主義經濟的本質特徵只能是計劃經濟。[91]計劃經濟取代市場經濟，商品經濟和市場經濟「消亡」，貨幣經濟被「釜底抽薪」。國民經濟的非貨幣化是必然的，且集中表現在市場要素。

土地脫離「地租」。土地公有制，國家或集體成了土地資源的所有者。在集體所有制下，土地所有權還具有法律意義，事實上，這種土地所有權已經廢止。所以，不再存在土地所有權的交易，土地退出市場，不可買賣。土地自然沒有貨幣形態。土地的非貨幣化體現在所謂的級差地租和絕對地租權的消亡。

一九六〇年三月十四日，《人民日報》發表題為〈充分發揮人民公社的優越性加速窮隊趕上富隊〉的社論：在中國雖然存在著土地好壞、耕地多少、無霜期長短、運輸距離遠近、有無水利和水害、多種經營還是單一經營，在各地區各單位收入水準的差別是存在的，但是「在我們社會主義國家中，已經不存在所謂級差地租，和城市附近地價高等等問題了。」[92]在這種話語的背後是，級差地租是資本主義限度內的經濟範疇，社會主義沒有級差地租。同理，社會主義的計劃經濟，土地屬於集體經濟，國家計劃規定農產品價格，不存在資本主義社會不同部門之間資本的競爭和自由轉移，「土地所有權並不與土地使用權分離，經營土地的收入全歸公社自己所有，土地所有權無需另外在經濟上以地租形式表現自己，當然就沒有絕對地租問題。」[93]

因為不存在土地的級差地租和絕對地租，中國的農業稅的計徵標準是「常年產量」。所謂「常年產量」就是根據土地的自然條件、當地的一般經營條件和種植習慣，在正常年景下所能獲得的產量。「常年產量」評定之後，在一定時間內不予變動。農業稅的條例規定：全國平均稅率為常年產量的一五．五％；根據全國平均稅率結合各地區不同情況，由國務院分別規定各省市自治區的平均稅率。省所屬各地區的稅率，由省和縣根據上級規定的平均稅率分別加以規定。地方規定的農業稅率，最高不得超過常年產量的二五％。

94 「資金」取代「資本」。Capital 在中文中譯成「資本」，是精確的翻譯，自古以來有「本金」概念，是指能夠產生利息的貨幣，也是用於尋求回報的貨幣投資。因為馬克思《資本論》傳播最廣，也因為與「資本主義」、「資本家」的聯繫，「資本」這個辭彙不見容於共產黨政權。

下圖代表社會總商品資金，W代表企業原墊支的商品資金，代表商品形態的剩餘產品價值，和代表用於消費的商品，代表社會總貨幣資金，G代表企業原墊支的貨幣資金，代表追加的企業貨幣資金，g代表貨幣形態的剩餘產品價值，和代表科學文教等部門和國家專政機關的經費收入。A代表工資基金，代表追加的工資基金，代表生產資料，代表追加的生產資

社會主義制度下，社會總資金的運動 95

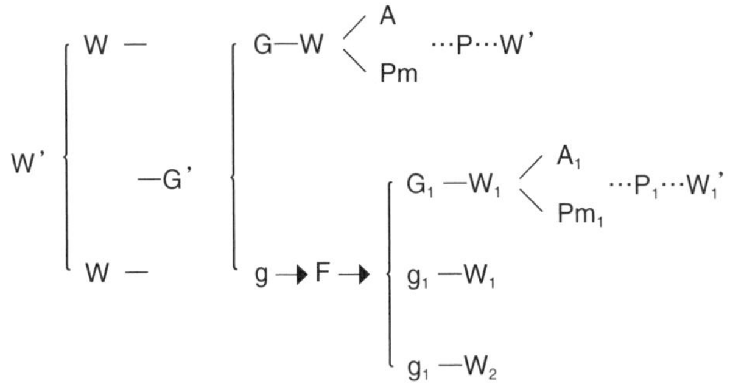

料。P代表生產資金，代表追加的生產資金。F代表財政資金。——代表流通過程，↓代表分配過程，⋮代表生產過程。從圖中可見，社會主義財政是社會再生產的一個環節，屬分配環節，它不僅為保證國家政權機構的消費而分配，為滿足社會「共同需要」而分配；而且直接為組織社會再生產而分配。在社會主義者看來，這樣的財政分配範圍比資本主義財政大許多。[96]

中國在一九五〇年代之後，「資本」的概念很快被清除。「經濟學家」負責為新政權的各項政策措施在馬克思、恩格斯等經典作家的書中尋章摘句，強詞奪理地論證其正確性、可行性。「資本」被「資金」所替代。「資金」和「資本」的根本區別表現在：一，資本以資本主義生產關係為前提，資金是以社會主義生產關係為前提。生產資料的社會主義公有制決定了企業和社會的資金歸全民所有和勞動者集體所有。二，資本是以雇工勞動為基礎，以勞動力成為商品為前提。在社會主義社會，勞動力不是商品，資金不可能作為資本去購買勞動力去從事剝削。三，資金是墊支的價值、周轉的價值。而價值是社會勞動的凝結，具有社會屬性。資金的增值所形成的盈利，是勞動者為社會的勞動創造的部分價值，歸國家和勞動者集體所有。用於社會主義擴大再生產和提高人民物質生活的需要。完全不同於資本的增值所形成的剩餘價值的性質及其後果。四，社會主義的資金運動具有計劃性，不同於處在無政府狀態和經濟危機中的資本運動。[97]

既然計劃經濟只有「資金」，沒有「資本」，錢不能生錢，資本市場就沒有存在的理由。政府徹底關閉了一切相關的貨幣市場、資本市場。一九四九年六月，華東軍事管制委員會為了穩定上海金融秩序，封閉了上海證券交易所。一九四九年一月天津解放，天津軍管會接收和清理了原國民黨時期的證券交易所，並在此基礎上成立了天津證券交易所，該所於一九四九年六月正式營業，成為新中國的第一個證券交易所。一九五〇年二月一日北京證券交易所成立。這兩家交易所在解放初期對融通社會資金，對經濟恢復起過積極作用。一九五二年「三反」、「五反」運動之後，天津和北京的兩個證交所宣佈停業清理，繼而被關閉。一九五二年底開始醞釀的過渡時期總路線和為實施「一五」計劃而加強計劃管理，徹底削弱多種經濟成份並存和市場經濟基礎，使得再也沒人敢提起興辦和發展投資公司，培育長期資金市場的設想和念頭。[98] 離開舊中國時間不長，人們的價值觀念和心理卻發生了很大變化，作為資產階級或股票持有者不僅不榮耀，反而可恥，它成為剝削階級的代名詞，是無產階級的敵人，隨時有被專政的可能。

在中國農村，一九四九年之後曾經有過有助於農村經濟發展的民間借貸活動。但是，在集體化程度迅速提高的情況下，也銷聲匿跡了。

在非貨幣經濟下的投資模式，「資本」的概念被徹底擯棄，投入經濟活動的「資金」，不計回報率，資金使用效率的低下，不利於各種資源和資金的節約，以及企業自身的積累，國民經濟勢必處於高投入和低產出的狀態。這也是後來經濟改革的重要原因之一。

國家壟斷勞動力資源。中國至少從宋朝開始，勞動力市場就已經出現。進入二十世紀以後，隨著工業化加快，城鄉界限弱化，農民成為中國工業服務業的勞動力資源，勞動力市場發育加快。雖然勞動力價格整體來說極為廉價，但是已經呈現緩慢上升的趨勢。

一九四九年以後，中國的勞動力市場迅速消亡。勞動力的供需不再是市場行為，而是政府行為；勞動力不再是商品，也沒有價格。按照當時的「正統」理論：在社會主義社會，勞動力所有制的性質起了本質變化，勞動力屬於社會公有，即勞動力公有制，表現在兩個方面：一，全社會的勞動力在國民經濟各部門間的分配是由國家或一定的集體經濟組織有計劃進行的；二，在勞動過程中對勞動力的支配和使用服從於整個社會或一定的集體利益。勞動者的社會地位發生根本改變。也就是說，因為生產資料公有制，勞動者和生產資料直接結合，為公眾的勞動權提供了現實的經濟基礎，從根本上消除了雇傭勞動，勞動者為自己、為社會勞動。社會產品的絕大部分是由全民所有制的國營經濟和集體所有制的合作社經濟的勞動者所創造的。也有學者認為，即使是在社會主義社會，勞動力也屬於個人所有。但是更多的人相信勞動力屬於個人所有是舊社會的痕跡。[99]

按照上述理論，勞動力是社會的，國家代表全社會，國家就有權壟斷勞動力資源。國家勞動力資源的前提是改變就業模式，民眾被劃分為城市居民和鄉村農民，並透過戶口和所謂的「商品糧」體系將這種劃分固定下來。城市和鄉村的勞動力資源彼此隔絕，沒有橫向聯繫。城鎮和非農產業對勞動力需求，不是透過勞動力市場，而是透過國家行政調配完成。

在農村，政府則透過農業集體所有制，將農民固定在土地上，控制在農村地域中，成為變相的「農奴」。在城市，政府透過消滅私有經濟，就業機構單一化，實行對國有企業和集體企業職工的控制，使得城市居民唯有依賴於國有經濟或集體經濟才得以生存。一九五七年，全國私有經濟的就業人數微乎其微。

按照社會主義的教條：其分配製度是「按勞分配」。事實上，不論是工資、工分，甚至實物，勞動者的所得並沒有和他的勞動貢獻相聯繫。城市的工資制度和農村的工分制度，沒有通常的只升不降的「剛性」特徵，

按經濟類型分的職工年末人數（萬人）[100]

年份	合計	國營	公司合營	合作社營	私營
1950	1023.9	653.5	13.1	25.6	331.7
1953	1825.6	1302.9	28.0	127.8	366.9
1956	2423.0	1879.4	352.6	188.2	2.8
1957	2450.6	1921.9	345.7	180.5	2.5

而是長期停滯，多年凍結，甚至下降。農民幹了一年活，倒欠集體和國家錢的現象，中國的農民勞動力竟然處於負值狀態。一九四九年以前，中國農民當雇工、貧下中農、自耕農，正常情況下，也能透過勞動生存和繁衍後代。也就是說，他們的勞動力價值是正數。人民公社以後一直到改革前的二十年，究竟有多少中國農民成年累月的勞動，其工分值持續是負數，不得而知。

國家控制經濟物資

計劃經濟是實物經濟。在「集中管理的實物計劃資源配置體制」下，物資平衡計劃是計劃經濟的內在平衡關係中最重要的平衡。國民經濟計劃的物資平衡方法曾經被廣泛地使用於蘇聯、東歐和中國。「物資」成為可以覆蓋與生產和生活資料有關產品的新概念。國家實行物資平衡的基礎必須是對經濟物資的絕對控制。物資局和物資部，就是組織、分配、調撥、調劑各種生產、生活物資的行政系統。弗里德曼曾經在回憶錄中寫過這樣一件事：一位要前往美國考察經濟的物資部副部長問他的第一個問題，就把他和夫人嚇了一跳：「在美國誰負責物資分配？」弗里德曼先建議他參觀芝加哥商業交易所，繼而努力解釋「在美國沒有一個人，甚至沒有一個委員會的人，負責物資分配。美國有商務部和內務部，但是以完全不同的方式關注物資的生產與分配。中國或蘇聯那種意義上的『負責物資分配』的人或政治團體在美國是沒有的。」[101]

根據社會主義經濟理論：計劃經濟只承認消費資料是商品，主要為個人與企業之間進行消費資料交換服務的現金是貨幣。企業之間的物資流轉，生產資料不再以「商品」，而是以「物資」的形式進入國家的物資管理系統，基本上都是在國營企業之間進行的，不改變物資的國有屬性，不屬於商品交易範疇，因而為這種物資流轉清算價款和在機關、團體等單位之間劃撥資金的轉賬結算，及其依託的銀行相關存款，不能算作貨幣，與貨幣經濟沒有相關性。

在一九五〇年代，新政權建立之初，國家使用戰時統治經濟的辦法，降低商品交易流通，全面壓縮自由市場空間，迅速完成對經濟物資的控制，為過渡到中央集權的計劃經濟創造了條件。

控制工業物資。一九五一年五月財政部決定對酒和捲煙用紙實行專賣。在一九五二年到一九五六年間，繞過市場交易而直接由政府調撥的商品數從二十八種增加到兩百種以上。[102] 一九四九—五六年間，透過市場進行資源配置的重要工農業產品所占的比重逐年縮小，透過實物分配形式進行資源配置的物資範圍不斷擴大。國家迅速控制和掌握了大部分工業品的貨源。到一九五五年，鋼材、燒鹼、水泥、膠鞋、棉紗、棉布、火柴、捲煙、麵粉、熱水瓶等主要建設材料和人民生活的重要日用品已經全部為國家所掌握，其他如紙、生鐵、電動機、金屬切削機床等也控制了私營工業全部銷售量的百分之七、八十。與此同時，私營工業使用的煤、鐵、鋼材、銅、硫酸、燒鹼、橡膠、棉紗等主要原料也完全由國家供應了；與此同時，生產資料由國家統一分配的種類和範圍增加速度加快，計劃分配逐步制度化。主要物資由國家直接分配的範圍逐步擴大。

統購統銷。農業經濟與市場向來就有聯繫。農民透過市場出售自己生產的農產品、手工業品，換回所需要的各種生產資料和生活資料，其中糧食在市場上佔有主要份額。各級糧食市場承擔著調劑農民生產、生活需求，供應城鎮需要，調節各地豐歉，補充糧食儲備等各項功能。自一九四九年至一九五三年，由於實行糧食自由貿易制度，農村市場包

全國分配物資的變化圖 [103]

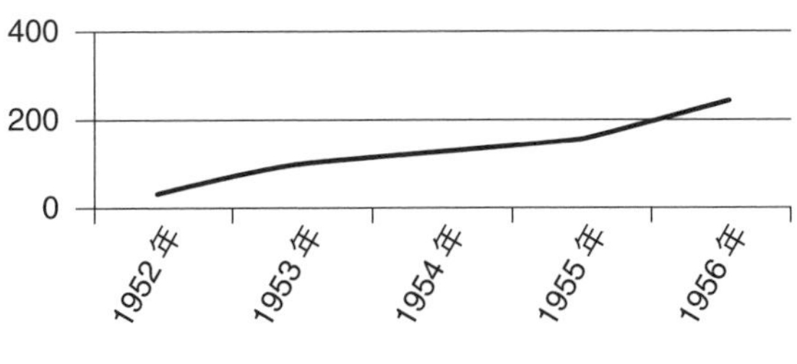

括各級糧食市場得以逐漸恢復。據二十二個省市的初步統計，到一九五三年已恢復的農村糧食自由市場（包括縣市市場與集鎮市場）約一萬六千七百九十七個。[104]

一九五三年之後，中國實行計劃經濟，必須徹底摧毀自由市場經濟基礎。國家在控制工業產品的同時，也能夠控制農業產品。因為糧食是中國國民經濟綜合平衡的主要物資。為此，需要割斷農產品和工業品的市場交換關係，還要切斷農村市場和城市市場的聯繫。使得農民的生存與發展不再依靠市場，只能依靠國家。

一九五三年十一月二十三日，中央人民政府政務院頒佈了《關於實行糧食的計劃收購和計劃供應的命令》，全國從十二月開始實施糧食統購統銷。[105]從此，農民對自己的勞動成果喪失了自主權，即使餘糧，也不能再拿到市場上出賣。對餘糧戶的餘糧，國家規定，一般統購八〇—九〇%，剩下的一〇—二〇%用於口糧、種籽和飼料。國家嚴禁私商自由經營糧食，即使各種小雜糧（當地非主食雜糧），原則上也由國家統一經營；糧食加工必須在國家糧食部門的監督和管理之下進行。在對糧食和食用油實行統購統銷之後，一九五四年九月，又對棉花實行統購，對棉布實行統購統銷。這樣，農村農副產品的商品量就有七〇%左右為國家所掌握。隨後，生豬、蛋品、皮革、烤煙等也都列入計劃收購的範圍，後來演變為派購制度。[106]在當時，國家保證供應糧食的人口總數接近兩億，超過當時全國人口總數的三分之一，城市實行購糧證，憑證購買，後來發行糧票，購糧證和糧票同時使用。

實行統購統銷制度，使中國農村市場幾乎消失，標誌著國內貿易的自由傳統徹底完結，是國家，是行政系統，而不是市場決定糧食等農產品的包括收購和銷售價格。國家嚴格控制糧食市場和中央對糧食實行統一管理，計劃收購、計劃供應。國家是農村農民的買主，又是城鄉居民的賣主，消費者與國家之間是分配關係。小農經濟納入國家計劃經濟體系，成為農村合作社和人民公社的前提，也是農民接受互助合作社，接受集體化經濟的根本原因。

中央政府針對因為統購統銷所造成的農村市場蕭條，曾經試圖建立一種新型的國家糧食市場，由國家控制，排除私商參加，使農民在完成統購任務後，能利用糧食市場調劑餘缺，互換有無。在國家糧食市場上，存在牌價與市價，市價隨著供需關係變化而變動。但是，由於能夠上市的糧食量已經大大減少，糧食大批發商已經被取締，糧食市價又受到牌價制約，價格對於供需的調節作用也相應減低。這個「國家糧食市場」僅存在了四年，在一九五七年關閉。從此，糧食市場作用已經不是重要與否的問題，而是蕩然無存。107

伴隨統購統銷制度而出現的另一個問題是：工農業產品價格剪刀差，即工業品計劃價格高於市場合理價格，而農產品計劃價格低於市場合理價格。也就是說，國家壓低收購農業品價格；再抬高工業品價格賣給農民。二者之間的剪刀差收入，被國家拿來作為積累資金，發展重工業。

中國在一九五〇—七〇年代工業化的原始資本積累，主要來自「剪刀差」。「據估計，農業部門每創造一百元價值，透過價格機制轉移到工商部門實現的價值：一九五二年一七·九元，一九五七年二十三元，一九七八年二十五·五元，一九八四年十元。」108根據國務院農村發展研究中心的推算，一九五三年至一九七八年的計劃經濟的二十五年間，中央政府透過工農業產品價格的剪刀差，獲取的總額在六千億至八千億元。其中，光是一九五二年一年，從農民那裡剝奪的剪刀差就達到二四·五六億元。而一九七八年時的國家工業固定資產總計不過九千億元。

一九五三年，在開始實行農產品統購統銷的時候，人們以為統購統銷不過是政務院的命令，是短期的經濟手段。然而，統購統銷是一種經濟制度，整整實行了三十二年，直到一九八五年才廢止。因為統購統銷制度，城市與鄉村，工業和農業被「分而論之」，徹底割裂。是計劃經濟時代「去」貨幣化最重要的事件，對中國經濟制度和人民生活方式產生了廣泛而深刻的影響。

國家控制商業組織

在計劃經濟制度下，國民經濟的運行和分配方式改變了，國營企業創造的社會總產品首先在企業範圍內進行初次分配。另一部分以稅收和利潤的方式上繳國家，集體經濟大體相同。[109] 國有企業之間的經濟往來，產品交換，不屬於商品經濟；國有企業和集體經濟之間的經濟往來，產品交換，大體也不屬於商品經濟。這些交換沒有發生任何「所有權」的轉換。[110] 計劃和物資部門按計劃將這些生產資料分配給生產單位，這種分配方式稱為「物資調撥」。

至於「商品」是指國家計劃部門按照計劃安排，由商業部門供給生產單位（輕工業、手工業）和消費者的那部分生產資料以及絕大部分消費品，其分配方式稱為「市場供應」。具體地說，經過商業組織的產品分配有兩種類型：一，在國有企業和集體經濟之間交換的那部分生產資料；二，工業、農業、交通和服務業中的部分產品，透過市場賣給消費者，消費者支付貨幣現金。在人民公社內的生產，有自給性和商品性兩種。屬於商品性質的農產品，其交換過程也並不完全是市場行為，國家的作用很大。

工農業剪刀差示意圖

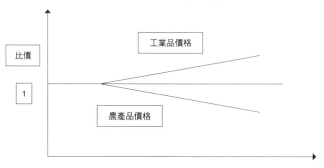

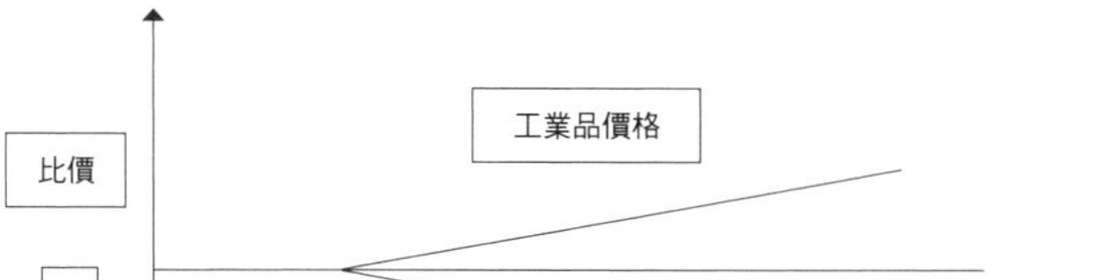

對於計劃經濟，即使透過市場管道分配的生產資料和個人消費品，也必須加以控制。為此，必須透過公有制的商業組織壟斷批發市場和零售市場。「國家是透過商品流通的形式來進行個人生活消費品的分配的。」[111]

一九四九年，社會主義經濟還很薄弱，國營批發商業在全國批發額中只占二三・二%，國營商業、供銷合作社在商業零售額中只占一一・六%。[112]後來，資本主義和私人批發商因為無法得到國營商業所掌握和壟斷的主要工農業產品貨源，在批發市場中的比重持續下降。一九五〇年，私營批發商在全國批發額的比重是七六・一%，一九五五年下降到四・四%，同期，國營、合作社從二三・八%上升到九四・八%。從一九五三年開始，「政府通過一系列行政性措施，首先限制私營批發商的經營活動。至一九五四年，政府為解決商品供應的不足，從商品收購與供應兩個方面採取措施，擴大計劃供應與收購品種。這樣導致國營商業開始取代私營批發商。」其結果是，不論是大城市的私營批發商，還是集鎮的私商，因失去貨源、銷售管道和市場，「最終，私營批發商在國家政治力量與經濟力量的共同排擠下，不得不完全退出批發領域。」[113]在批發環節被國營商業控制之後，私營零售商的貨源別無選擇，只能依靠國有與集體的商業部門。國家進而借助於經銷、代銷等形式，實現對進貨銷貨等過程的控制，私營零售網納入計劃經濟商業的軌道。一九五〇年，私營商業控制全中國零售額的八三・五%，國營合作社控制一六・四%，到了一九五五年，私營零售額的比重下降到一七・八%，國營合作社上升到六七・六%，公私合營商業占一四・六%。[114]一九五七年，在全社會商品零售額中，國營商業、合作社經營商業和各種國家資本主義形式的商業已經占到九四%。[115]

國家壟斷商業組織，市場體系必然全面退化。自明、清、民國就形成的包括流通樞紐城市、中等商業城鎮、農村集市三大層級的全國市場網路，以及「商路網路」都遭到根本性的破壞。例如，農村集市、城鎮市場、區域市場、販運貿易、邊境貿易，從衰落走向消亡。農村首當其衝，在「大躍進」時期，「正常的農產品貿易被任意平調所代替。農副產品派購、徵購、統購，品種增加到一〇九種之多，占農副產品收購總額的七七．九％。」同時，「商業系統在城市、工礦區的網點，一九五七年一百萬個，一九七八年只有十八萬個」，「商業網點由『多、密、小』，變成『少、稀、大』。」此外，按照行政區劃設置商業批發網，切斷了地區間聯繫。[116]

「商人」階層不復存，也是國家壟斷商業組織的另一個必然結果。中國自春秋戰國以來就有官商，向來容忍私商並存。一九五〇年代中期以後，不僅有規模的批發商沒有了，私人零售商的比重下降到微不足道的地步，只剩下一些個體小商小販。之後，商販「走街串巷遊鄉」，遭到取締。到了文革期間，各類殘存的個體小商小販徹底消失。直到一九七八年改革開放以後，個體商販得以再生，其最初形式都是個體商販，靠地區差價、肩挑手提賺錢。

值得指出的是，在計劃經濟制度下，消費品的分配並非完全經過市場，有很大部分的消費品實物配給還是由政府部門按全社會統一的標準（如按區域、戶頭和人口定量）加以實現，全社會被看成一個「大工廠」、「大家庭」。而現在的實物定量配給管道卻是雙重的；政府配給和「單位」（企業和機關）配給並存。[117]總之，從一九五〇年代開始至一九七八年，計劃經濟不僅不斷壓縮商品交換的空間，而且透過壟斷商業組織，控制本來已經萎縮的市場範疇，這也是國民財富非貨幣化的重要方面。

一九四九年，東西方的「冷戰」悄然開始。中國曾是「以蘇聯為首的社會主義陣營」的成員，中國經濟與國際經濟，中國市場與國際市場，特別是西方市場開始分離，持續了三十年左右。[118] 期間的一九五〇—五三年發生韓戰。中國和蘇聯在軍事、外交和經濟合作方面相得益彰。中國國民經濟恢復與韓戰同步。中國經濟與世界經濟的分離，表現在西方在中國的投資和企業迅速消失，基本上沒有利用外資，以及國家統制對外貿易。國家對外貿的統制，進出口完全納入計劃經濟體系之中，結果國家直接控制了外匯收入。

抑制和取消私營貿易。一九五〇—五二年，進出口貿易額公私企業比重劇烈變化，國營比重一九五〇年為六六．五三%，一九五二年為九三．〇二%；私營比重一九五〇年為三三．四七%，一九五二年為六．九八%。[119]「在一九五三年下半年，政府開始對一些重要出口物資進行統購或由國家單獨經營。之後，又緊縮對私營商業批匯，規定進口物資全部由自營公司收購。一九五四年初，進一步規定私商停止自營一般進口業務。這些措施實質上把私營商業排擠出進出口領域。」[120] 一九五五年，國營已上升到九九．二%，私營下降為〇．八%；到了一九五六年初，私營進出口企業已實行了全行業的公私合營。[121]

基本停止與西方國家的貿易。例如，戰後，美國已經是中國的主要貿易夥伴，一九四六—四八年，美國在中國進出口總額中的比重分別是二七%和五一%，即使一九四九年，也分別達到一三．七%和二四%。一九五〇—五一年急劇下降，直至完全停止。[122] 與資本主義國家和地區的貿易，主要依賴兩個管道：透過香港，另外就是自一九五七年起的每年春節和秋季在廣州舉辦的「中國出口商品交易會」。與此同時，中國提高與蘇聯和其他社會主義國家的貿易，加強與當時所謂的「社會主義陣營」的貿易。在一九五〇年，對蘇聯和其他社會主義國家的貿易，只占全部對外貿易總額的三三%；到了一九五三年達到七七・一%；一九五五年八二・一%；一九五六年七五・一%。這種情況說明中國的對外貿易，是在與蘇東社會主義國家貿易中發展起來的。[123]

國際貿易實行國家統制，國營對外貿易企業控制進出口業務。中國的對外貿易進入長達三十年的緩慢發展期，其占 GDP 的比重幾乎靜止，而進出口淨值甚至出現了「負增長」。[124]

中國經濟與世界的貨幣金融體系脫軌。在一九五〇、六〇年代，中國主要與前蘇聯存在債務和貿易關係。按中國官方的說法是：一九五〇年至一九五五年間，蘇聯向中國貸款十一筆，總計金額為五六・六億舊盧布，主要用於經濟建設、抗美援朝和償付蘇聯移交物資等方面。「除一九五〇年貸款三億美元外，一九五一至一九五五年中蘇兩國政府又簽訂了十項貸款協定，其中一筆為無息，九筆年息二%，償還期二至十年。」但其統計的貸款總金額略少一些。但是也有學者提出：在一九五〇年代和六〇年代，蘇聯給中國的貸款應為十三筆，總金額是六十六億舊盧布。如果計算蘇聯給中國的全部貸款，還要包括一九六一年的蔗糖貸款，金額是三・二九六億新盧布。在要求中國償還貸款方面，蘇聯提出了令中國領導人耿耿於懷的苛刻條件。[125]

中國由於外匯短缺，實物還款比重很大，不僅如此，大部分實物的價格大幅低於國際市場價格。「在一九五四年至一九五九年間，中方向蘇方提供鎢砂十六萬噸、銅十一萬噸、銻三萬噸、橡膠九萬噸等戰略物資，作為對蘇聯援建專案補償的一部分。」[126]「到一九六四年，中國提前一年還清了上世紀五十年代蘇聯的全部貸款和利息，一九六五年十月以前又還清了蔗糖貸款和貿易欠款。至此，中國還清了所欠蘇聯的全部債務。」同年十二月三日，外交部長陳毅接見日本記者時宣稱，中國已經成為一個沒有任何外債的國家。中國人民當時的驕傲和喜悅心情是可以理解的。[127]需要提及的是：一九六〇年時蘇聯並未要求中國提前還債，而是中國主動向蘇聯提出，用對蘇貿易的順差額中的一部分來提前還清全部債務。此時的毛澤東強調自力更生，提出「要勒緊褲腰帶，爭取五年內把債務還清。」這很符合毛澤東的性格。[128]

基本沒有、甚至拒絕利用外資。從一九四九年到一九五九年，中國在利用外資方面尚屬主動積極，而外資主要來自前蘇聯等社會主義國家。一九四九年十二月十六日，毛澤東率領中國代表團訪問前蘇聯，揭開了中國利用外資的序幕。一九五〇年二月，中蘇簽訂了中蘇友好同盟條約及低利息貸款、通商等協定。根據協定，前蘇聯向中國貸款三億美元，年息一％，援建一百五十六個大中型專案。此後又與前蘇聯、東歐社會主義等國家共同創辦了一批合資企業：一九五〇年三月，建立了中蘇石油股份公司、中蘇有色金屬公司，七月建立中蘇造船股份公司；一九五一年中國與波蘭建立了中波輪船股份公司；後來又與捷克建立了中捷國際海洋遠航運輸股份公司。

五〇年代，中國從原蘇聯獲得了一四．二七億美元的貸款，從一九五二年六月又開展中日民間貿易，「一五」期間，波、匈、捷、保、羅等東歐國家援建了六十八項建設工業專案；透過各種形式引進外資達六三．四億美元。在當時的歷史條件下，中國除了可能利用前蘇東社會主義國家資金外，還有有限的僑資。但是，當時中國大陸所吸收僑資不及香港地區的二％。[129]為了有效吸引華僑投資，國務院制定了《華僑投資興辦學校辦法》和《華僑投資於國營華僑公司的優待辦法》等文件。使華僑回國投資形勢好轉，在沿海舉辦了一些學校、醫院等企、事業單位。[130]

從一九六〇年代初到一九七八年期間，中國在看待和利用外資方面，發生向「左」的徹底轉向。一九七二年，中國政府明確表示：中華人民共和國不允許外國人在中國投資，中國也不向外國輸出資本。導致這種局面的原因是複雜的，因素是多方面的，主要體現在幾個方面：一，前蘇聯背信棄義行為的影響。毛澤東改變了對外資的看法，突出強調要「獨立自主，自力更生」。二，意識形態的影響和「左」傾思想的影響。一九七四年，中國外貿部申明「社會主義國家根本不會引進外國資本，或同外國共同開發本國或其他國家的資源，根本不會同外國搞聯合經營，根本不會低三下四地乞求外國的貸款。」三，「大國」意識的影響。[131]從一九六〇年代中後期到一九七〇年代，中國用延期付款方式和利用中國銀行的外匯存款等方式，引進的機械設備僅價值四二・四億美元。

「國家化」的人民幣

在歷史上，政權更迭不意味著廢除「舊錢」和「舊貨幣」。遠的不說，民國代清，南京政府取代北洋政府，基本如此。俄國一九一七年布爾什維克在獲得政權之後，在一九四五年至一九五〇年前後建立社會主義制度的東歐國家，都沒有立即廢止舊貨幣。中國共產黨政權很特殊，不僅靠「槍桿子」，還靠「錢票子」。中國共產黨在奪取政權之前的一九四八年，正式發行人民幣，實施「貨幣政策」國家化；在奪取政權之後，人民幣成為中國的唯一「合法貨幣」，共產黨的國家成為貨幣財富的真正所有者，透過對貨幣財富壟斷，再支撐國家權力。正如哈耶克所說：「貨幣的壟斷支撐著政府的權力。」[132]貨幣國家化，不是共產黨創造的，一九三五年的法幣改革開中國貨幣國家化之先河。只是，計劃經濟、非民主制度與國家的貨幣壟斷相結合是中國歷史上的第一次。

人民幣的演變過程

人民幣是一種與政治、戰爭有著不解之緣的特殊貨幣。人民幣的前身可以追溯到中國土地革命時期（一九二七—三七）共產黨控制地區的貨幣，這種貨幣與歷史上農民起義軍所發行的貨幣，或與當時的軍閥和地方政權所發行的貨幣，本質上沒有太大差別，其目的是為了有效控制這些地區的經濟活動，增加財政收入。在抗日戰爭期間，又發行和流通了「抗幣」。

一九四七年下半年，中國共產黨軍隊轉入「戰略反攻」階段，中共中央決策集團已經將籌劃組建「中央銀行，發行統一的貨幣」的工作提上議事日程。形成統一銀行和貨幣的想法。一九四七年十月八日，中共中央在批覆華北財經辦事處的報告中指出：「目前建立統一的銀行有點過早，進行準備工作是必要的，至於銀行名稱，可以用中國人民銀行。」一九四七年十一月，華北財經辦事處確定由南漢宸負責組織中國人民銀行籌備處。經過一年的調研、協商、準備，一九四八年十二月一日，由華北銀行、北海銀行和西北農民銀行合併組成的中國人民銀行宣告成立，發行統一的人民幣，定為華北、華東、西北三區的本位貨幣，統一流通。華北人民政府公告，所有公私款項收付及一切交易，均以人民幣為本位貨幣。此時中國共產黨尚未奪取政權，人民幣的發行和流通以人民解放軍控制的解放區為界。中國人民銀行的成立和人民幣的發行，是中國貨幣經濟歷史上的大事。

人民幣的「戰時本位貨幣」時期

一九四八年至一九五〇年，人民幣處於「戰時本位貨幣」階段，或說人民幣「成為新中國戰時的本位貨幣」。[134]「人民幣的發行和管理，是經濟行為，但要有行之有效的政治行為加以保護。沒有強有力的政治措施保障，加強對流通市場的監管，人民幣的信譽度就難以在短時間內得到提高。」[135]作為「戰時本位貨幣」的人民幣，其功能可以概括如下：

依靠軍事和政治實力推行人民幣。中國共產黨在獲得政權之前所創造和業已發行、流通的人民幣既沒有含金量，也沒有與銀元有任何比價，更不可能與國際上的主要外匯掛鈎，自然對於民眾、商界和海外沒有任何信用基礎。此外，中國民眾剛剛經歷過通貨膨脹的教訓，普遍有重物輕幣和抵制紙幣的心理。對於這個問題，新政府是明白的。在人民幣尚未建立信譽的情況下，又要在短時間內實現人民幣成為中國境內的唯一獨佔市場的「合法貨幣」，必須完成金屬貨幣、外匯和紙幣兌換人民幣。為此，同時使用軍事和政治實力兩個手段。「隨著共產黨向全國進軍，人民幣也隨之通行全國，並在強大的政治、軍事力量的保護下，普遍推行開來。」[136]

對於中國共產黨及其軍隊「新解放」的大面積的城鄉民眾接受人民幣，不能說明民眾和商界對人民幣有信心，實在是別無選擇。主要因為：一，金屬貨幣和外匯被禁止流通；二，人為地加速國民政府貨幣貶值，提高人民幣兌換率；三，國民政府的貨幣流通區域和部門縮小；四，國民政府的貨幣被宣佈為「非法貨幣」。至於人民幣在少數民族地區的推銷，幾乎主要依靠的是軍事和政治實力。西藏原有的地方政府貨幣的廢除就是突出事例。[137]

實行行政的、非市場的「牌價」政策。新政權決定人民幣和金屬貨幣、外匯和紙幣的兌換率。在初期，盡可能壓低金屬貨幣、外匯和包括南京國民政府在內紙幣的兌換率，即人民銀行的兌換牌價低於所謂「黑市價格」。[138]

共產黨在天津、北平建政時，大體實行「排擠為主，收兌為輔」的方針，同時鼓勵人民群眾把金圓券運到國統區換回物資。隨著金圓券迅速貶值，人民政府在新解放區也將兌換比價不斷調低，收兌期限也愈來愈短。一九四九年夏天開始，隨著解放軍在軍事上節節勝利。新政權在南京的兌換比價為一比兩千五百，期限為十天；在上海，新政府立即宣佈金圓券作廢，人民幣為合法貨幣，並公佈了一比十萬的比價，即用十萬金圓券兌換一元人民幣。

一九四九年五月二十七日，人民解放軍攻佔上海，與解放軍一起進城的還有四十輛美國道奇卡車，車上滿載著由東北、華北、華東印鈔廠印製的四億元人民幣。[140]自新政權控制上海之後，金圓券已無處排擠，新政權不得不採取迅速、全面、無限制收兌的方針。[141]從一九四九年五月三十日，上海一切物價必須依照公佈的兌換率、折合人民幣計算，不得再以黃金、白銀、外幣為基礎，銀行帳目也要以人民幣計數。原計劃六月十五日停止使用金圓券，實際上只用了七天。「共收兌金圓券三十六萬億元，占國民黨政府金圓券發行總量的五三%。」[142]到了一九四九年七月，中國共產黨明令宣佈國民政府的貨幣為非法貨幣，禁止使用。新華社發表評論，對於

一九四九—一九五一年人民幣演化過程 133

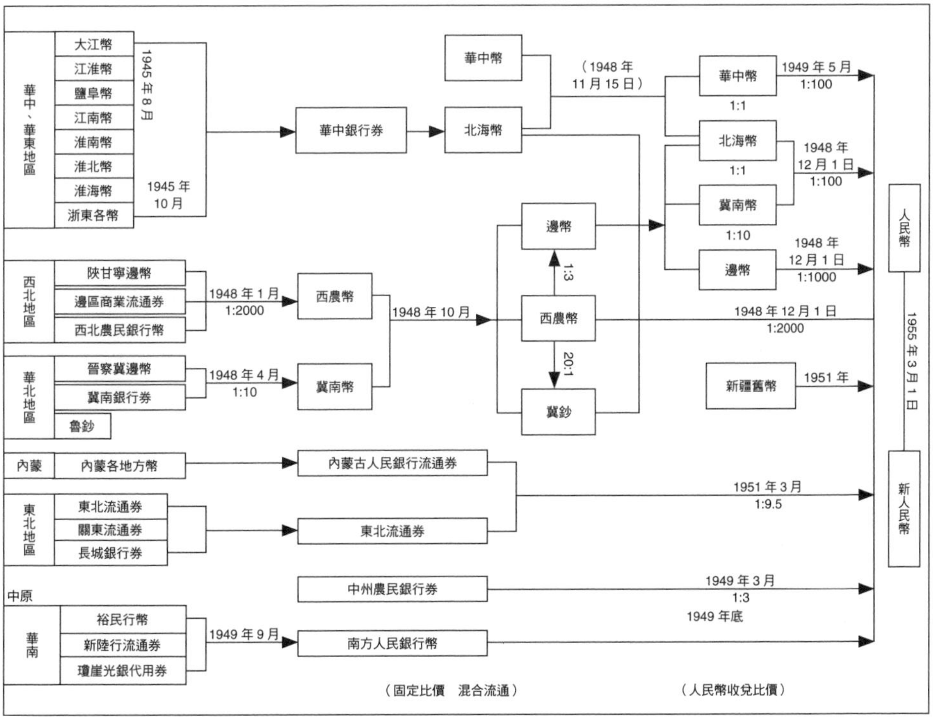

銀元券以及國民黨地方政府所發行的紙幣，「不負兌換責任」。[143]

新政權提高兌換率和人民幣幣值，重要的原因是以此積累社會財富，還有一個原因是因為當時社會上金銀較多，過大和過快的兌換會增加市場上的人民幣，加劇通貨膨脹。當然，這種低價也不是低到不合理的程度，不可能完全不顧兌換者的利益，隨著物價上漲，幾次調高兌換牌價。一九五〇年三月物價趨於穩定以後，國家適當提高了人民幣和金銀兌換比價。例如，一九五〇年代中期幣制改革後，一元人民幣可兌換一個銀元。這是一種在當時人民幣與其他貨幣的比價基礎。因為，人民幣和金銀兌換比價的提高，刺激了富人和一般民眾將過去保存的金銀換成人民幣，國家收兌的金銀數量明顯增加。

實行財政和軍事性通貨膨脹政策。新政權成立之後，最突出的困難和壓力之一，就是物價飛漲，市場劇烈動蕩，嚴重衝擊著社會生產和人民的生活。一九四九年一年之內，物價指數平均上漲十九倍。[144]如此嚴重通貨膨脹的成因複雜，包括：戰爭軍費膨脹，人民解放軍佔領區域擴大，強制推行人民幣，政權行政開支增長，農業生產和旺季需要，人民幣下鄉，物資商品不足，工商恢復等等。[145]但是，最主要原因是人民幣發行量的擴張。對於新政權來說，人民幣發行量膨脹，就是繼續通貨膨脹政策，透過人民幣的貶值，再次最大限度地控制和再分配當時社會的有限物資和商品。一九五〇年，在「關內」經濟形勢穩定後，中央政府回收「東北

一九四九年天津等四個主要城市收兌金圓券的情況[139]

地點	收兌日期（1949 年）	人民幣 1 元兌金圓券元數
天津	1 月 21 日至 2 月 19 日	6
北京	2 月 5 日至 2 月 22 日	10
南京	4 月 29 日至 5 月 8 日	2500
上海	5 月 30 日至 6 月 5 日	100000

幣」，標誌著中國以人民幣實現貨幣統一。[146]

人民幣推廣到農村。一九五〇年三月之後，人民幣流通的重心開始逐漸轉移到農村。負責新政權經濟工作的陳雲[147]提出：「過江以前，解放戰爭一般是先解放鄉村包圍大中城市，然後解放之，這樣金融貿易上就先在鄉村生了根，城市一解放，我幣佔領市場，恢復城鄉交流是比較容易的（如瀋陽、平津）。過江以後，情形不同了，先占城市，後占鄉村，城鄉均是銀元市場，推廣我幣增加了困難。」[148]「政府促使人民幣下鄉的經濟措施主要有以下三種：其一，稅收，即政府在鄉村徵收的各種稅費，除公糧外，一律徵收人民幣，以促使人民幣的流通。其二，透過農貸和押匯（埠際押匯和進出口押匯），使人民幣深入農村。其三，透過大力開展城鄉物資交流，即鼓勵工業品下鄉和大量收購農副產品，使人民幣取代銀元和實物交換，佔領農村市場。經過一九五〇至一九五一年的上述財政、金融、貿易三大經濟手段的促進，銀元基本退出市場，以物易物的比重也大為縮小，人民幣終於深入到農村。據個別調查，一九五〇年三月統一財經以前，人民幣尚未佔領新解放區農村，老解放區農村的流通量也很有限；而到一九五二年底據人民銀行總行估算，農村持有的人民幣已達十一萬億元，占當時人民幣流通總量的四〇．四％。」[149]

總之，「戰時本位貨幣」是「雙刃劍」，有助於共產黨奪取政權，一旦通貨膨脹失控，又會威脅新政權。共產黨是幸運的，不僅克服了「戰時本位貨幣」時期的通貨膨脹，而且實現了人民幣對全國的佔領，推動人民幣深入社會的日常生活、生產和商業活動。透過人民幣，新政權完成了從「一無所有」到實現壟斷整個社會貨幣財富的過渡，實現了對社會財富的再分配，從根本上摧毀了中國數千年沈澱於民間的金融財產，把數千年來在民間的社會財富連根拔掉。

人民幣的「糧食本位」和「物資本位」

在中國貨幣史上，有過三次重要的紙幣發行。一，元朝。元朝紙幣是單純的國家紙幣，在元朝的前半葉還能重視穩定幣值，設立以銀為本的發行儲備金，建立各路平值庫，幣值降低時，即出銀鈔，以維持元代交鈔購買力的穩定。只是這種發行自備金制度在元朝中期以後逐漸廢置。二，明朝。明朝發行「寶鈔」，沒有足夠的準備金，但是，政府畢竟同時發行了銅錢，而且沒有收繳民間的金屬貨幣。明朝中後期，「寶鈔」從名存實亡到徹底退出歷史舞臺，白銀成了主體貨幣。三，一九三五年的幣制改革。國民政府發行的法幣，以貴金屬、美元和其他外匯作為準備金，包含了某些現代信用制度的因素，但是「法幣」是「外匯本位」，在法律上是可以兌換的，與美元、英鎊存在「固定匯率」。共產黨發行的人民幣，就是中國貨幣經濟歷史上的第四次紙幣發行。

與前三次紙幣比較，人民幣是真正意義上的所謂「法定貨幣」（fiat money）：人民幣是與生俱來的不可兌換的紙幣，沒有黃金儲備、沒有其他外匯儲備的支持、沒有現代信用制度的保證、沒有任何內在價值（intrinsic value）。這樣的紙幣，在中國貨幣經濟史上也是第一次；在二十世紀中葉的世界各國，很可能也是不多見的。人民幣的「不兌換貨幣」性質，是由「中央賦予某個機構具有壟斷發行貨幣的法律特權開始的。」150 也就是說，人民幣所依靠的是政府的法令，以及民眾相信人民幣可以維持一定的購買力。新政權不僅創造了人民幣，壟斷了人民幣的發行權，而且建立了支持人民幣的政治環境。對於當時的中國民眾而言，接受和使用「橫空出世」的人民幣是唯一的選擇。而一旦民眾被迫接受人民幣，人民幣的法定貨幣的功能自然發生。此時此刻，新政權可以透過發行人民幣的「鑄幣稅」而獲得源源不斷的財政收入，甚至可以認為，在新政府缺乏有組織、有效率的稅收系統之前，發行和流通人民幣就是創造財政收入的活動，一度是財政收入的最主要來源。這個過程是中國共產黨在江西蘇區、在陝甘寧邊區、在其抗日根據地和解放前透過強制發行沒有價值基礎的紙幣創造財政收入的全國性放大。人民幣和新政權形成了相互依存的關係。不理解這一點，是無法解釋新政權的財政基礎的。

但是，人民幣的價值基礎畢竟是不可迴避的。在一九五〇年代，在如何看待人民幣的本位基礎方面，如何支持人民幣的「幣值」方面，涉及三個主要問題：

否定人民幣「含金量」。在蘇聯建國初期，世界還在普遍實行「金本位」，所以，蘇維埃國家不得不承認黃金是一般等價物，一九二二—二四年的幣制改革從法律上規定了盧布的含金量，之後實行用間接辦法確定盧布的含金量制度。起先是按蘇聯盧布對法郎的匯率折算，以後改為按蘇聯盧布對美元的匯率折算。一九五〇年，由於盧布的購買力提高，美元和其他資本主義國家貨幣的購買力下降，蘇維埃國家直接規定盧布的含金量為〇．二二二一六八克黃金。根據盧布的含金量提高了盧布對外幣的匯率。[151]

同樣是共產黨和實行社會主義的中國，從建國初期就否定了在法律上規定人民幣「含金量」的可能性。以陳雲為代表的主流意見認為：確認人民幣「含金量」還「為時過早」。一九五四年十二月二十日中共中央指示：「新幣在開始發行時，決定暫不規定含金量。因貨幣規定含金量的實際作用，乃是為了規定對外幣的比價，並把這一比價固定起來。……新幣發行後，如果覺得規定含金量有必要有好處時，再規定公佈也不遲。」[152]事實上，這麼一天從沒到來。到了一九八〇年代後，中國改革人民幣的外匯制度，因為人民幣與美元和其他西方國家貨幣之間存在匯率關係，因而人民幣與黃金之間形成間接聯繫。

人們通常解釋說，人民幣之所以沒有「含金量」，是因為新政權沒有足夠黃金儲備，不具備黃金「含量」。有的學者以中國在一九四九年以後的黃金年產量和存量，以證明共產黨建立全國政權初期從民間收繳的貨幣財富「有限」，各省收繳的黃金也是在數千兩到數萬兩不等，全國在「一九五〇年黃金收兌量不超過一百萬兩。」以一九四九年接管國民黨國庫時收到的數字為依據，「新政府的黃金儲備只有六千多兩。」不足五十萬盎司的黃金儲備，顯然不足以支撐人民幣「含金量」。[153]

這種結論並無說服力。新政府的黃金儲備，應不限於渡江後接收到的國庫存金，還應該包括解放區的存底。北平是和平解放的，東北則是解放最早的主解放區。說新中國擁有數萬至十幾萬兩黃金儲備，也不是不可能。到了一九五〇年年底，中國的黃金儲備低於四十六萬盎司（四五．二萬兩）。[154]共產黨在一九四九年取得政權之前，還是有一定金融資源的。例如，上海的一個地下金庫在關閉時，約合黃金十二萬兩，其他固定資產折價一千萬美元，其來源之一是在山東解放區繳獲的黃金、美鈔和法幣。[155]再以黃金為例，一九五四年比一九五〇年增加了十倍以上。[156]近來披露的一些史料也佐證了一九四九年之後的新政權所擁有的貴金屬儲備是可觀的。一九六一年，中國面臨嚴重的「大饑荒」，決定從國外購買了五百八十多萬噸糧食。為此需要四億美元的外匯，加上購買古巴糖約需一億美元，計約五億美元，這在當時占當年國家進口總額三成多。而一九六〇年的國家外匯儲備僅一．〇二億美元。為了籌措外匯，支援糧食進口，國家大量出售黃金和白銀。從一九六〇年十二月，中央政府先後批准出售白銀八千萬兩值（值七千兩百萬美元），還要出售黃金四十萬兩和白銀六千萬兩（共值六千八百萬美元）；以上收支相抵，還差五千萬美元。一九六一年一月，中央政府進一步決定，由原計劃出口「黃金四十一萬兩，再增加四十萬兩，共出口八十一萬兩。」統計顯示，中國的黃金儲備由一九五九年的四百萬盎司，下降到一九六二年的三百萬盎司。一九六一年一月十九日，陳雲在中共中央工作會議上講話時透露，為了進口糧食「人民銀行把存的首飾銀器等等交到冶煉廠煉成銀塊出口，還拿了相當大量的黃金出口。」此外，為了集中使用外匯於糧食進口，中央認為原來的地方外匯分成辦法很難執行，決定「暫時停止（地方外匯）分成。」一九六一年，中國政府還利用延期付款的方式來進口糧食。一般是四〇％現款，六〇％延期付款一至兩年，有的延期付款部分達到七五％。延期付款雖然要支付利息，但為國家短期內進口大量糧食救急創造了條件。[157]

人民幣「糧食本位」。無論如何，新政權需要穩定人民幣幣值。在沒有黃金和外匯儲備的情況下，人民幣發行的最初一、兩年，以「糧本位貨幣」為核算體系的基礎，小米成為支撐早期人民幣的價值基礎。在一九五〇年秋季前後，人民幣幣值與各地主糧價格硬性掛鈎，令「糧本位貨幣」的硬通貨概念融入人民幣的信用中。糧食畢竟是生活必需品，幾乎沒有彈性，只有剛性。糧食本位就是薛慕橋所代表的「物資本位」理論的一種形式。一九四八年十二月七日新華社一篇題為《中國人民銀行發行貨幣》的社論，其中的一段話是：「解放區人民並不愛好金銀。我們愛好的是糧食、布、棉以及其他生活資料和生產資料。所以解放區雖然有著豐富的金礦，年產黃金數千兩，並擁有大量的白銀和銀幣，但我們用作貨幣保證的卻不是金銀，而是比金銀更可靠的糧食、布、棉以及其他生產和生活所必需的重要物資。」[158] 糧食在所有的生活和生產資料中地位最高。因為，當時中央政府財政收入的七〇％源於農業稅（俗稱「交公糧」），老百姓普遍存在著「重物輕幣」的心理和習慣。

一九五〇年二月一日，陳雲在起草給中央的一則財經旬報中指出：「自人民幣發行以來，到目前為止，共發四兆一千億元。每月發行的新鈔票依當時的物價計算，總值是兩百一十四億斤小米。這四兆一千億元鈔票，因為貶值，現在只值四十九億斤小米。也就是說，在通貨貶值中，人民損失了一百六十五億斤小米，等於抗戰前銀洋八億兩千五百萬元。為時只有一年就損失這麼多，是一個極大的數位。這是人民生活水準降低的一個具體材料。這樣下去人民幣很難支援。」[159]陳雲這段話包含的信息量很大，最重要的一點就是用小米價格的波動來衡量人民幣價值。而糧食存量的多少，可以影響人民幣價值。決策者清楚地知道：必須掌握大量物資，特別是糧食。政府規定糧食批發價以國營公司牌價為準，以保證人民幣的幣值。不僅如此，透過糧食物價指數反映人民幣的幣值，由此在技術上大體形成人民幣相對於金屬貨幣、外匯和其他物資產品的兌換率。

在人民幣流通初期，除了人們熟知的和用於民眾生產和生活的第一版人民幣之外，還有一種「糧本位貨幣」，即供給制軍政糧票，主要為各級軍政機關（官方）使用。[160]「糧食」成為折實的貨幣核算單位，形成「糧本位貨幣」核算的財務管理體系。這段期間，機關幹部的薪資是按「小米」核定的。例如，根據一九五〇年政務院發佈的工資制度，一級最高，工資米數是三千四百斤，二十七級最低，工資米數是一百二十斤。最高和最低的級差是二十八倍以上。[161]公職人員再依據當地人民政府當月通知的經黃米價標準折算成人民幣收入。一九四九年十二月，政府決定發行「人民勝利折實公債」，間接反映了當時人民幣的「糧食本位」特徵。[162]「糧本位貨幣」結算體系佔據著主導地位的時期，始於第一套人民幣誕生，止於一九五一年上半年；自一九五一年下半年起，「雙重貨幣結算體系」或以「糧本位」為代表的「折實貨幣結算體系」逐漸引退，國家財政開始轉為以「人民幣為本位的貨幣結算體系」居主導地位。至此，「糧本位貨幣」完成其歷史任務了。

人民幣「物資本位」。共產黨在戰時就積累了以「物資」作為紙幣「本位」的經驗：「物資本位」：物資上漲，出售物資，回籠貨幣。反之，增加購存。這種「物資本位」，「比饑不能食，寒不能衣的金銀優越得多。」[163]隨著共產黨政權走向鞏固，人民幣成為國家財政「第一貨幣核算體系」，人民幣實現了從「糧食本位」到「物資本位」的過渡。人民幣是以集中在國家手中並按照固定的價格投入流轉過程中的大量商品作為保證的。[164] 要實現「物資本位」，新政權需要最大限度掌握和控制主要的生活和生產物資。所以，自一九五〇年三月國家實行財經統一的政策開始，政府持續採取多種方法，大量收購棉紗、棉布、糧食、煤炭、鐵和鋼製品，形成國家對關係國計民生物資的足夠儲備。至此，我們可以勾畫出人民幣幣值的演化過程：

共產黨從「根據地」到「解放區」所積累的管理紙幣幣值的經驗，用在新中國，就是實行人民幣「糧食本位」和「物資本位」。人民幣成為政府的一種特殊的壟斷。實行計劃經濟體制和廢止中央銀行制度之後的近三十年，人民幣的壟斷和政府追求的目標一體化。這種情況延續六十年，未有改變。

人民幣幣值和匯率

在第二次世界大戰後的世界貨幣體系下，貨幣的匯率是不可能與「含金量」完全分割的。中國沒有規定人民幣的「含金量」，意味著人民幣事實上與西方國家沒有「匯率」關係。但是，對外貿易和僑匯的存在，人民幣不得不與美元有「外匯牌價」。實行人民幣新幣之前是兩萬六千元兌換一美元。在如何計算人民幣幣值以確定人民幣匯率方面，主要涉及兩個辦法。當然，在這種

人民幣幣值形成過程

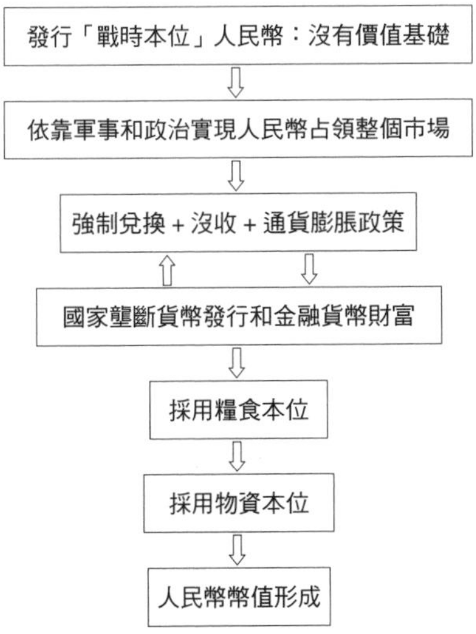

辦法之下的「外匯牌價」，沒有經過市場，也不會為西方國家接受。

「法幣參照系」法。從理論上說，貨幣只能由具有內在價值的商品來承擔，本身沒有價值的東西不能用來衡量價值；紙幣所以能用來計價，只是因為它代表著一定數量的貨幣商品。人民幣與舊中國的貨幣符號有歷史延續關係，「人民幣↓法幣↓美元、英鎊↓黃金」，中國歷史上的貨幣商品一直是白銀，抗日戰爭前夕，則逐步從白銀過渡到黃金，並與世界上採用黃金作為貨幣商品的各種貨幣符號發生聯繫。

抗日戰爭之前的「法幣」可以作為人民幣幣值的一種「參照系」。「即人民幣新幣一元大體與一九三六年的法幣一元相當，而法幣的價值又以金銀、外匯（特別是美元）的比值作為參照。陳雲認為，按金銀、外匯作為衡量貨幣價值的習慣標準來看，一九三六年上海金價每市兩合法幣一百一十餘元，而目前國際、國內人民幣的金價約上漲八千餘倍至一萬一千餘倍。從銀元的市價來看，目前一元銀元約值人民幣一萬元至一萬二千五百元，比抗戰前上漲一萬至一萬二千五百餘倍。從法幣與美元比值來看，抗戰前法幣與美元之比為三比一，而按目前人民幣與美元的牌價計算，美元市價約上漲八千餘倍。因此，陳雲提出「新舊幣比值定為一比一萬，是接近於戰前的幣值水準的。」[165]《中共中央關於發行新幣的指示》中說：「新幣與現行人民幣的比價，確定為新幣一元等於現行人民幣一萬元。理由是：（一）現在國內黃金、銀元和外匯價格與抗戰前的價格比較，各約上漲八千倍到一萬倍左右。新舊幣比價定為一比一萬，是較接近於戰前幣值的。（二）現在流通的人民幣，實際上是以一萬元券為主，相當於新幣一元券，而流通中最小的票面一般是一百元，恰合新幣最小單位一分……新幣一元比現行人民幣一萬元，是符合國內經濟情況和流通習慣的。（三）新幣與現行人民幣比價定為一比一萬的整數，可以便利群眾折算，省去許多麻煩。」[166]

這種理論和方法，在「文化大革命」期間依然有影響力。一九七二年上海出版的《社會主義政治經濟學》教科書就稱人民幣「是一種紙幣，它代表著一定的金量」。因為，人民幣「同其他規定含金量的主要外幣保持一定的兌換比例，因此人民幣的含金量可以間接地從這一兌換比例中表現出來。」[167]

盧布「匯率」法。前蘇聯與中國在幣制方面大不相同，盧布承襲了沙皇時代的「含金量」傳統。一九一八年的俄國革命過後，緊跟而來的是比美國獨立戰爭時的通貨膨脹強度更大的惡性通貨膨脹。[168]一九二四年通貨膨脹結束，一種新的貨幣發行時，一個新盧布（稱為「切爾逢涅茨」）要兌換五百億個舊盧布，這些舊盧布就是新成立的蘇維埃政府發行的。與此同時，蘇維埃仍然存在舊沙皇時代的紙幣盧布。因為民間還存有一點小小的期望，期望沙皇會回來清償保證發行的沙皇盧布，沙皇盧布仍然作為替代貨幣為人們所接受，而且繼續保持著購買力。沙皇紙幣之所以能嚴格保持著原有的價值，是因為並沒有出現新的沙皇盧布，因此流通中使用的量是固定的。史達林在關於《政治經濟學教科書》的談話中，強調貨幣是黃金的符號，並為盧布規定含金量，這是因為蘇聯盛產黃金，約占世界產量的五分之二。蘇聯盧布含金量定得很高，遠遠超過盧布的實際購買力。一九五〇年三月一日法定的盧布含金量為〇．二二二一六八克。前蘇聯於一九六一年一月一日發行新盧布，盧布的含金量提高到〇．九八七四一二克，對美元的匯價確定為一美元兌〇．九〇盧布。[169]於是在理論上，人民幣由於與盧布有「匯率」，而盧布與美元有「匯率」，人民幣自然與西方國家的貨幣有間接的「匯率」。

人民幣與史達林統治下的蘇聯的「匯率」，存在著法定的匯率。根據一九五〇年中國與蘇聯簽訂議定書，在相當的時期內，五千人民幣（舊幣）等於一盧布。[170]但是，蘇聯曾經大幅提高盧布兌美元匯率，間接使得人民幣被動貶值。這樣，中國也沒有必要完全遵守整個約定。中國政府在一九五〇年末，連續四次降低美元匯率，即從一美元兌換三萬零四百一十元（舊幣）降到一萬一千八百九十元（舊幣）。人民幣升值幅度達六〇．九％。由於盧布與人民幣比值是按美元計算，所以美元匯率的降低直接導致盧布兌換人民幣的匯率下降，即從一盧布相當於七千五百元降低到五千七百二十元。當時的蘇聯駐中國使館認為，根據美元計算的盧布和人民幣的匯率，比按黃金計算的匯率低大約二〇％。史達林對於盧布和人民幣匯率問題頗為計較，當時的外交部長因為處理失當，受到嚴厲懲罰。171

人民幣發行量

按照蘇聯政治經濟學教科書中所說，在社會主義經濟中，貨幣的流通數量是按照經濟規律進行的。根據這種經濟規律，商品流通所需的貨幣量決定於流通商品的價格總額和貨幣的周轉速度。商品流通過程中所實行的非現金結算，減少貨幣的需要量。社會主義經濟中的貨幣流通量，決定於用現金買賣的商品的價格總和、貨幣單位的周轉速度和日常現金支付總額。國家銀行每一次增發貨幣，必須根據政府的決定。國家銀行發行的現金大部分是按照計劃用來支付工資，按勞動日付給貨幣報酬，向莊園收購和採購農產品。172

在計劃經濟下，「國民經濟中對貨幣的需求量，不決定於貨幣本身，而是決定於物資流通的需要。貨幣流通是否正常，首先要看貨幣的投放是否適應物資流通的需要。貨幣投放過多，會造成物資供不應求；物資投放過少，會造成物資供過於求。可見檢驗貨幣流通正常與否的不是貨幣本身，而是物資的供需。就財政信貸收支來看，財政信貸的貨幣收入代表一定量的物資。財政信貸的貨幣支出，最終要形成社會購買力。因此，財政信貸收支的平衡關係，最後要歸結為物資平衡的供需關係。而物資供需的平衡，又是衡量財政信貸是否真正平衡的根本標誌。可見，物資供需平衡是財政信貸平衡的核心和實質。」[173]關於貨幣流通量，一方面有加大的因素：工農生產不斷發展，基本建設投資逐年增大，國家採納農產品的數量逐年增加等；另一方面，存在著一些可以節省貨幣流通量的因素：國家銀行從一九五〇年起實行的現金管理；國家機關、國營企業和合作社企業間的非現金結算，減少了對現金的需要；國家對農業的社會主義改造的勝利，為農村市場節省貨幣流通量，提供了有利條件。[174]

貨幣流通和供給的數量取決於現金運動，而不包括非現金結算，其他範疇的貨幣供給在第一個五年計劃前後，都逐漸退出了貨幣供應量的範疇，而與之對應的僅僅剩下商品零售額，諸如生產資料和服務業都被排斥於貨幣需求範疇。換句話說，人民幣的供給與需求均被壓縮到極小的範圍。現金流通和非現金結算在性質上是有差別的。貨幣流通就是指現金流通。非現金流通的規模取決於生產資料的規模。現金流通取決於生活資料的供應，國家向農民採購農副產品，農民購買工業品，國家對職工支付工資，職工購買消費品，集市貿易都屬於貨幣流通的範圍。

計劃經濟的本質是要實現「綜合平衡」，即財政、物資、信貸和外匯自身平衡以及四者之間的平衡。[175]與貨幣供給和需求有關的信貸平衡，必須服務於物資和財政的平衡，或受制於物資和財政收支平衡情況。說到底，貨幣發行數量要與現有物資基礎平衡，否則稱之為「非正常發行」。[176]值得提及的是，經濟學家孫治方在一九六二年時已經認識到：貨幣發行量過多與否，不是相對於「商品供給量」說的，而只能是相對於「整個市場的商品流通量」說的。遺憾的是，孫治方如此深刻的看法，並沒有得到人們的理解。[177]

商品流通所必需的貨幣數量，由流通的商品價格總額和貨幣周轉速度決定。政府對人民幣的流通數量，進行有計劃調節，使之適應商品流通的需要。[178] 貨幣發行準備的商品主要包括市場貨源和商品庫存。在人民幣投入和物資之間，要找到一個「合理比率」，其計算方法是：[179] 市場貨幣需求量＝商品銷售總額／貨幣流通次數

很長的一段時間，政府將貨幣流通量同商品零售額的標準比例確定為一比八，並以此來控制貨幣的發行，自認為取得了較好的效果。在單一的計劃經濟下，商品流轉額可以準確掌握，貨幣和商品流通範圍也基本穩定，結合對物價變動的觀察，就能大體上掌握市場貨幣流通情況。[180] 從計劃經濟時期的統計資料看，一比八是一個理想比例。一九六一年貨幣流通量和社會商品零售額的比例為五．五元，一九六二年為五．九元，一九六三年為七．三元。由此可以看出，流通中的貨幣在逐漸減少，市場供應的商品在逐漸增多。同時，市場貨幣流通量和商業部門庫存的比例，一九六一年為一比二．九七，一九六三年為一比四．三四，也高於第一個五年計劃時期的水準。[181]

因為貨幣供給就等於現金供給，生產流通中資金緊張的矛盾最終轉移到銀行方面，貨幣回籠的程度成為測定貨幣發行量的最

一九五二－一九八〇年計劃經濟時期的社會商品零售總額、市場貨幣流通量 [182]

	社會商品零售總額（A）	年末市場貨幣流量（B）	（A）／（B）
1952	276.8	27.5	10.06
1957	472.2	52.8	9.94
1962	604.0	106.5	5.67
1965	670.3	90.8	7.38
1970	858	123.6	6.94
1975	1271.1	182.6	6.96
1980	2140	346.2	6.18

單位：億元

終尺度。計劃經濟關注人民幣與物資的關係，投放與回籠的過程。如果說中國計劃經濟時代還有「貨幣政策」的話，貨幣回籠就是這個「貨幣政策」的中心目標。

人民幣的發行與流通和信貸計劃關係重大。因為信貸計劃、信貸差額關係著現金計劃。信貸計劃決定著貨幣投放或回籠的基本方向和增減幅度；現金計劃則在規定的發行限額中，安排貨幣投放和貨幣回籠管道、核算本期中的現金收支。

在一九六〇年代，中央政府不斷強化對銀行的集權管理，包括嚴格控制貨幣發行、嚴格信貸管理嚴格劃清銀行信貸資金財政資金的界限、嚴格現金管理等。[184]「一九六二年，針對包括嚴重財政赤字在內的國民經濟困境，中央政府的最先動作就是做出《關於切實加強銀行工作的集中統一，嚴格控制貨幣發行的決定》，即歷史上著名的「銀行『六條』。」[185]一九七七年，中國貨幣供給不足的情況惡化，現金需求難以抑制，出現了「白條」頂替現金，轉賬支票套取現金，出借賬戶套取現金，單位之間互借現金等情況。國務院發佈《關於實行現金管理的決定》，以期實現「不僅不增發票子，還要想辦法回籠一些票證」的目標，但是效果有限。直到一九七九年，人們才開始質疑簡單化的「回籠貨幣」方針。「根據貨幣流通規律的要求，貨幣流通量（發行量）應該與商品流通的需要量相適應，過多是通貨膨脹，過少叫通貨緊縮，對流通和生產都是不利的。」如果「把『回籠貨幣』當作方針，執行的結果，必然會使工商企業周轉不靈」，甚至形成嚴重的通貨緊縮。[186]

人民幣功能

在社會主義制度下，貨幣不同於資本主義國家的不兌現紙幣，也不同於一般的銀行券，是具有社會主義性質的信用貨幣。[187]根據貨幣在計劃經濟中「功能」的經典說法是：在社會主義經濟中，貨幣是計劃國民經濟的經濟工具，是計算和監督商品生產和商品流通的工具。貨幣執行價值尺度、流通手段、支付手段、社會主義積累和儲蓄手段的職能。蘇維埃貨幣不僅由黃金儲備來保證，首先是由集中在國家手中的、按國家計劃價格出售的大量商品來保證的。188

社會主義社會貨幣的主要作用包括：勞動者以「工資形式」獲得社會分配消費品的一種權利憑證；各個生產企業間轉移其產品與勞務的流通手段；共同的價值尺度，用作經濟核算的工具；實行國民收入的分配與再分配的工具，用於繳稅、上繳利潤、預算撥款等；信貸體系的槓桿。189

在那個時代，經濟學高度「意識形態化」，理論界爭論的焦點集中於貨幣反映的是什麼樣的社會關係、貨幣有沒有階級性這個問題上190，人民幣有無階級性是其中最有悖常識的爭論。認為貨幣有階級性的理由是：貨幣在不同社會中反映不同的社會關係，在階級社會中貨

人民幣發行與流通的關係 183

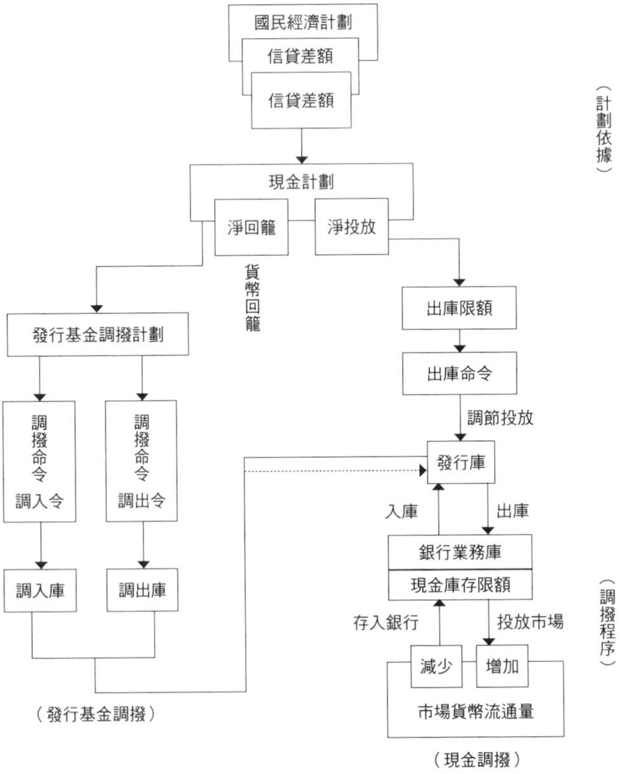

幣可以轉化為地租、資本、利潤，貨幣是生產關係階級關係的物化；認為人民幣沒有階級性的理由是人民幣也是一般等價物。[191]一九四九年以後的中國，「社會主義改造事業的發展與深入，富農經濟被打垮了；城市資本主義工商業則納入國家資本主義，特別是國家資本主義高級形式——公私合營的軌道，這樣，貨幣被作為資本的範圍，就愈來愈縮小了。在全行業實現公私合營和推行定息制度以後，貨幣作為資本的可能性基本上消失了；而社會主義經濟在國民經濟中的比重則不斷地在擴大、在加強，這樣，貨幣就不是為資本主義經濟服務，而成為社會主義經濟服務的工具了。……貨幣主要是國家為人民謀福利的經濟建設工具，是國家計劃國民經濟的經濟工具，是國家計算和監督商品生產和商品流通的手段。貨幣的這種性質和作用，跟著社會主義建設和社會主義改造事業的發展，而不斷地在擴大。」[192]或者說，人民幣是國家為人民謀福利的經濟建設工具，是國家計劃國民經濟的經濟工具，是國家計算和監督商品生產和商品流通的手段。[193]

關於人民幣價值基礎問題討論

從一九五〇年代到一九八〇年代，包括文革期間，關於人民幣的貨幣性質，價值基礎等方面爭論斷斷續續，有高潮和低潮，沒有停止，有些問題最終看法基本趨向一致，有些問題則始終沒有結論。雖然，這些討論的思想水準與西方當代成熟的貨幣理論比較，差距甚大，但是卻具有馬克思政治經濟學，以及計劃經濟現實的強烈特徵，且對那個時代的計劃經濟發生過重大影響。在各類爭論中，關於人民幣價值基礎問題討論有更大的現實意義。到一九八〇年代，中國絕大多數人認為「人民幣是貨幣的紙幣形態，是若干量貨幣商品（銀或金）的代表。」[194]關於人民幣的價值基礎，始終存在有三種不同的觀點：

第一種意見：黃金符號說。人民幣是黃金的代表，其價值基礎是一定數量的黃金。根據這種意見，只有本身具有價值的貨幣，才能執行價值尺度（計量單位）的任務。如果貨幣同黃金脫離關係，貨幣的價格就沒有客觀的標準了。此說的代表人物是中國人民大學的黃達。

第二種意見：勞動證券說。人民幣是勞動券憑證。「社會主義國家的貨幣」代表著一定數量的價值，主要是一定數量的社會必要勞動。人民幣所代表的價值是商品總價值的等分值，或認為實質是勞動時間，即「勞動證券」。其主要論據是：國營企業之間產品的運動不改變所有權，不存在商品交換關係，國營企業與職工之間也不存在勞動力的買賣，所以，人民幣也就不再是或不完全是本來意義的貨幣。

在當代中國經濟思想史中佔有重要位置的顧准說：「社會主義的國家銀行也有黃金貯藏，作為對外支付之用，那麼，貨幣不還是與黃金聯繫著，因而紙幣不過是黃金的代表嗎？這是不對的。」「社會主義貨幣的價值，直接代表一定量的勞動時間，但它不可能固定在一定量的勞動時間上。」在單一的全民所有制的社會主義社會，貨幣的主要功能「是社會分配消費品於勞動者的一種權利憑證。」[195] 這種意見帶有「空想社會主義」和「浪漫主義」，少有可行性。在理論上，人民幣的價值可以直接代表一定量的勞動時間，但是在實踐上，卻不可能固定在一定量的勞動時間上。「因為勞動生產力經常在變化，一定量勞動時間所生產的有用物資的量，是在不斷變化著的。」[196] 此說的代表人物是中國科學院經濟研究所的駱耕漠。[197]

第三種意見：使用價值說，或「百物本位」論。貨幣不主要代表一定數量的價值，而主要代表一定數量的使用價值（社會產品）。計劃中按不變價格計算的產值指標，實際上就是代表著一定數量的使用價值，而並不代表一定數量的價值。所以，服從計劃工作需要的貨幣，也應當代表一定數量的使用價值，而不需要同一定數量的價值保持固定的聯繫。[198]人民幣的購買力靠國家所掌握的大量物資來保證，因而它所代表的價值是基本的生活資料和生產資料。人民幣與黃金不存在什麼聯繫，主要理由是，人民幣與黃金並無法定聯繫，黃金作為貨幣商品只是存在於國際經濟聯繫中，在中國國內黃金已無貨幣作用，即使是在國際聯繫中，黃金非貨幣化的趨勢也已非常明顯。在歷史上，這種看法被稱之為「百物本位」或者「使用價值論」。人民幣代表各種商品的價值。人民幣「它從誕生第一天起就打破了幾千年來對金銀拜物教的習慣，而使人民幣建立在百物本位的基礎上」。[199]此說的代表人物是曾任國家計劃經濟委員會副主任的薛暮橋。

第四種意見：不存在價值基礎論。紙幣幣值的物資保證與作為貨幣價值基礎的幣材價值是不同的概念。紙幣沒有價值，人民幣是紙幣，其本身沒有價值。

由於第三種意見具有可操作性，自然成為主流。這種意見的代表人物薛暮橋認為：人民幣同資本主義國家的貨幣應該是有本質上的區別，可以不受資本主義國家的舊概念的束縛。社會主義國家直接掌握著絕大部分社會產品，各類產品的價格大都是由國家規定，而不是在市場上自發形成的。國家完全可以不依靠金銀而保持物價的穩定。人民幣不用全國人民不急需的黃金來作保證，而用人民最需要的幾倍於貨幣發行量的各種產品來作保證。「多年來，我們一直根據許多種主要產品的綜合物價指數來作調整物價和決定貨幣發行數量的標準，從而保持幣值和物價的穩定。不用黃金一種商品的價格，而用多種產品的價格（綜合物價指數）來作檢查幣值高低的標準，是貨幣制度的新的發展。人們持有人民幣，並不考慮它能夠換回多少金銀，他們關心的是能夠換回多少糧食、棉布等各類重要生活資料。」[200]

此外，也有折衷觀點，即肯定物資商品的重要性，又不否定貴金屬的作用：「人民幣的穩定性是以如下的條件作為基礎的：一，人民幣是以集中在國家手中並按照固定的價格投入流轉過程中的大量商品作為保證的；二，除了大量的商品之外，人民幣還擁有相當數量的貴金屬作為必要的準備。[201]

計劃經濟制度下的銀行和金融

從一九四九年到一九七八年之間，中國儘管依然存在「銀行」、存款、貸款和利息，國家也發行過各種公債，人民幣與國際主要貨幣維持著「匯率」，但是這些都屬於計劃經濟體系的組成部分，或者說，是一種殘缺的貨幣金融制度。

銀行的性質和功能

中國在一九五〇年後，進入全面「學蘇聯」的階段，引進蘇聯社會主義貨幣銀行和信用理論。據初步統計，從一九四九至一九七八年的三十年間，中國先後翻譯或介紹有關蘇聯金融經濟建設和理論的書籍達七十多部，成為當時金融理論研究的主流，大專院校相應開設「資本主義國家的貨幣流通與信用」與「社會主義的貨幣流通與信用」兩門課。當時比較一致的認識是，銀行從屬於財政，財政從屬於計劃。必須嚴格區分財政資金與信貸資金的界限；銀行信貸資金不能用作財政開支或長期基本建設開支；信貸資金的發放必須與物資保證的增減相適應。[202]按照蘇聯《社會主義政治經濟學教科書》：銀行在社會主義制度下雖然保存舊的形式，但內容已經改變，它獲得了不同於資本主義銀行的新職能。銀行在社會主義社會中是有計劃地動員暫時閒置的貨幣資金，並把這些資金用來發展社會主義經濟的國家機關。信用是透過銀行系統實現的。[203]一九四九年之後，中共建國，一方面，廢棄現代銀行制度和體系，另一方面，移植蘇聯的銀行體制到中國。銀行成為國家機關的一部分，執行國家管理的職能。銀行的職能是全國信貸中心、現金出納中心和結算中心。[204]中央銀行名存實亡，商業銀行消亡。

中國人民銀行的功能。一九四九年，在中國人民政治協商會議通過《中華人民共和國中央人民政府組織法》，中國人民銀行被定為政務院直屬單位，接受財政經濟委員會指導和財政部保持密切聯繫。[205]「必須滿足貨幣需求的體制的內在因素。」[206]

一九五〇年，中國人民銀行的主要功能是現金管理。中央政府為統一國家財政收支，決定建立中央金庫制度。在《中央金庫條例》中規定，中央人民政府設立中央總金庫，各大行政區設立中央區金庫，各省（市）設立中央分金庫，各縣（市）設立中央支金庫。各級金庫均由中國人民銀行代理，金庫主任由各級中國人民銀行行長兼任。代理中央金庫成為國家銀行的主要任務之一。中央金庫制度的建立保證了國家財政收支和調度的統一。中國人民銀行還與貿易部、鐵道部、燃料工業部、重工業部等部門建立了代理金庫與調撥合同，以保證現金及時回籠，現金收支平衡。

在計劃經濟制度建立之後，中國人民銀行政企合一，一身兩任，集發行貨幣，又兼營存貸、外匯等銀行業務於一身。作為管理國家金融發行貨幣的機關，中國人民銀行要服從所謂的加快社會主義經濟建設，執行國民經濟發展計劃，其營存、放貸、外匯等銀行業務，都是國民經濟計劃的內容。信貸計劃指標、現金計劃指標，以國民經濟計劃為依據，並根據國民經濟計劃的完成情況加以調整。中國人民銀行透過對信貸計劃指標、現金計劃指標的管理，來達到金融調控的目標。金融管理就是銀行體系內部的管理，是以指標管理為手段的，從總行到分行，直至基層行，層層分配指標和層層控制指標，這種行政式的金融管理，確實易於操作，可以做到令行禁止。但是，這種管理的指標本身沒有彈性，目標的設計是數位化的，而沒有區間差別。只考慮當前信貸、現金計劃，而不考慮未來。在整個計劃經濟時代，中國不需要一個獨立的貨幣金融體系和運行機制，更沒有獨立的貨幣政策。所以，從一九五〇年代初到一九七〇年代末的三十年時間內，中國人民銀行的幾任行長，從來沒有多少獨立操作空間。

所謂的「四大銀行」分工。從一九五〇年代到一九七〇年代，中國的銀行系統多次改變，只有中國人民銀行、建設銀行、中國銀行、農業銀行四大銀行，內外有別，城鄉有別：四大銀行之間有一定的橫向聯繫，但很不密切。四大銀行的名稱與分工是計劃經濟模式的典型反映：中國銀行對外聯繫，負責管理外匯收支、吸收外幣存款並小量經營外幣貸款。中國農業銀行是針對農村金融機構，主管農村中的儲蓄存款，發放支援農業的貸款，隨著農產品的收購和銷售而發放和回收商業部門所需要的流

銀行的功能[207]

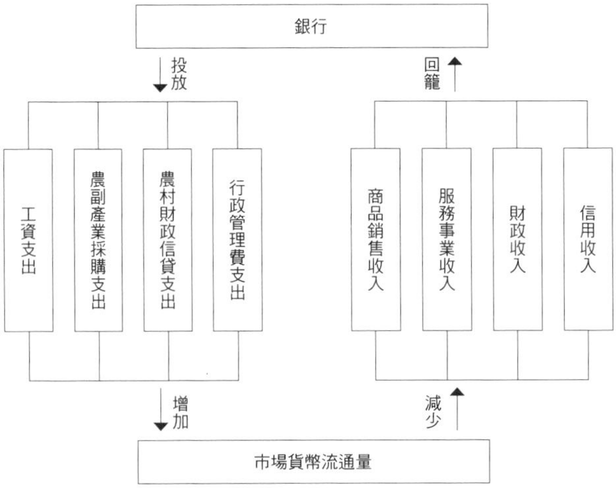

動資金。建設銀行（早期一度只是人民銀行的一個部門）負責國家基礎建設的。這些銀行部門都是政治、商業、經濟因素的混合產物，是各級政府的出納機構。此外，地方專業銀行缺乏自主經營的權力和責任。

「大財政小銀行」的格局。

一九五〇年代至一九七〇年代，在法律和政府編制上銀行獨立於財政系統。在實際上，國家財政是社會產品分配的中心，是計劃經濟體系的核心部門，在國民經濟「綜合平衡」中起關鍵作用，銀行信貸只是對財政的補充和配合作用。金融機構附屬於國家財政，形成「大財政小銀行」的格局。

所謂的財政信貸綜合平衡

社會主義財政參與社會產品分配圖 [208]

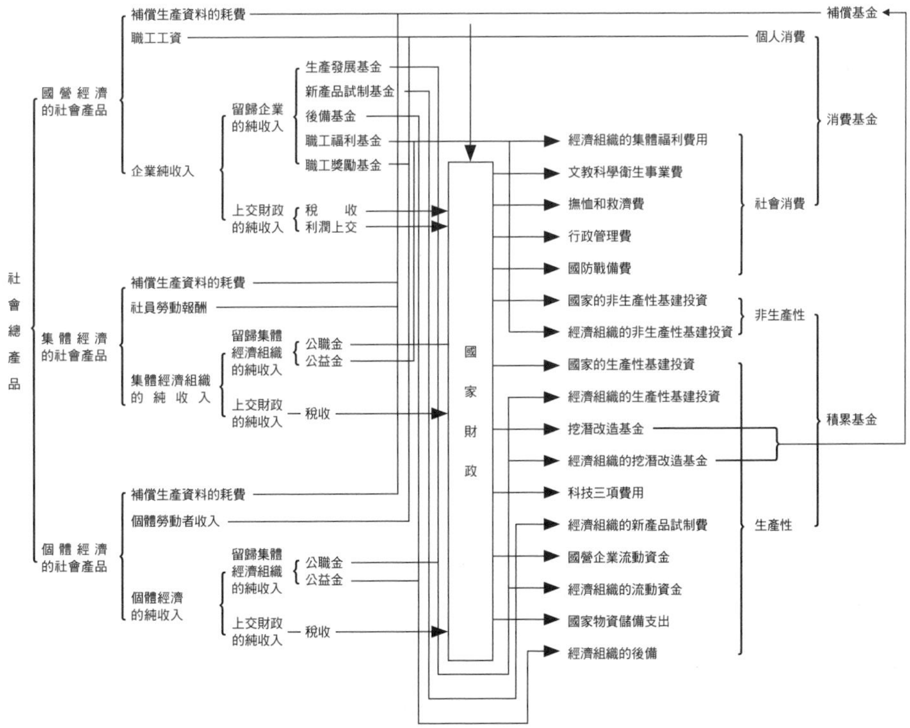

是計劃經濟中最重要的一種平衡。按照陳雲的觀點：財政收支和銀行信貸必須平衡。只要財政收支和信貸是平衡的，就全部來說，社會主義購買力和物資供應之間也是平衡的。也就是說，財政信貸綜合平衡——包括財政收支平衡、信貸收支平衡和物資供需平衡——的核心問題是財政收支信貸平衡。[209] 財政經濟和貨幣經濟不可分割。[210] 財政活動需要依賴貨幣資金運動過程中所形成的經濟關係。財政和銀行之間的主要資金來源的關係：存款關係、借款關係、投資關係、交利和納稅關係、發行關係、貸放關係。[211]

所以，在確立計劃經濟制度後，銀行作為財政部所屬機構的身份更加明確，甚至有「財政部出納」之稱。一九五八年，「銀行機構多數被精簡、合併或撤銷。」[212] 一九六二年六月十三日中共中央、國務院就改變人民銀行在國家組織中的地位發出通知，決定中國人民銀行總行由國務院直屬機構改為部委級機構。在文革期間，中國人民銀行一度被正式併入財政部，合署辦公，成為該部主管貨幣發行和存貸款業務的司局。[213] 例如在一九七一年，中國人民銀行上海市分行、區辦事處和縣支行先後與市、區、縣財政局合併，市分行原有的各專業處一律撤銷，只剩下一個銀行業務組，配備十幾個工作人員，其餘人員都到奉賢「五七」幹校勞動。[214] 這種沒有現代銀行的情況，是中國貨幣經濟幾近絕跡的證明。

存款、貸款和利息

計劃經濟的本質是實物經濟，是非貨幣經濟。但是，只要貨幣沒有被徹底消滅，銀行還沒有消亡，就會發生存款和貸款，進而利息是不可避免的。在國家貨幣信貸管理上，實行的是統存統貸的管理體制，各級銀行吸收的存款，全部上繳中國人民銀行總行；各級銀行發放的貸款，再由總行統一核定計劃指標，逐漸下達分配，存款、貸款全部實行指標管理。存款必須完成，貸款指標未經批准不得突破。對利率水準進行長期的人為壓抑；銀行借貸職能僅僅限於為企業提供季節性的非定額流動資金的貸款。

存款或儲蓄。計劃經濟的存款和儲蓄具有強烈的強制性。共產黨建政之後，為了應付通貨膨脹、投機活動、恢復戰後經濟，政府主導下的強制儲蓄系統應運而生，且被延續下來。政府主導的強制儲蓄經歷了三個步驟：一，壓低生產要素價格（低於市場均衡價格），確保政府計劃部門所偏好的產業獲取廉價的要素投入和超額利潤。二，推廣工商企業中的公有制改造，確保國有工商企業利稅，甚至折舊基金上繳中央財政。三，中央財政預算收入構成了新的資源配置計劃的金融基礎。在這種中央財政主導的強制儲蓄制度下，中央財政不僅基本控制了創業融資，而且控制了擴大生產的再投資。計劃經濟的強制性儲蓄的特點是：低利率、檔次少、水準低、利益小。不僅如此，國家對於儲蓄有絕對權力。必要時，可以對某些部門存款實行「凍結」。例如，一九六〇年，國務院發佈《關於凍結、清理機關團體在銀行存款和企業專項存款的指示》，實行

一九五二——一九八〇存款餘額及比重[215]　　**單位：億元**

	城鄉存款年末餘額（1）	城鎮存款餘額（2）	企業存款餘額（3）	城鎮和企業存款占鄉村存款餘額比重 $\frac{(2)+(3)}{(1)}$
1952	93.3	8.6	33	44.6%
1957	165.5	35.2	39.7	45.3%
1962	409.6	41.4	152.3	47.3%
1965	481.0	65.2	181.9	51.4%
1970	704.3	79.5	226.1	43.4%
1975	975.1	149.6	362.7	52.5%
1980	1661.2	399.5	563.3	58%

暫時凍結。這種情況並沒有經常出現，但是國家有清理、查處、凍結的最終權力。

在整個計劃經濟時期，存款的結構特徵是財政性存款比重，長期高於城鎮存款加企業存款。這是因為國有企業利稅和折舊基金幾乎全部上繳財政，居民收入低下所致。城鎮和企業存款占城鄉存款年末餘額的比重在四五％至五〇％區間，一九八〇年，經濟改革全面啟動，這個比重上升到近五八％。

對於民眾而言，逐步實行生產資料公有化以後，民眾微薄的貨幣財富只有儲蓄存款和手持現金兩種形式，別無選擇。民眾除了少量儲蓄存款的利息收入之外，幾乎沒有財產收入。216

貸款。在現代社會，貨幣本身就是信用。商業信用、銀行信用和國家信用是相輔相成的。貸款是貨幣信用的主要體現。但是，在計劃經濟時期的中國，有人民幣貨幣，而沒有貨幣經濟，所以，貸款不是貨幣行為，是計劃經濟工具。政府根據國民經濟計劃集中配置資源，銀行部門的功能是成為國有企業的資金供給部門。所有基本建設投資都實行財政撥款，連定額流動資金也靠財政撥款，銀行只負擔產品周轉中所需流動資金的貸款，銀行還代管財政收支款項。

一九五〇年代，金融信貸規模的存款增長速度都保持在九％以上。在第一個五年計劃期間，固定資產投資和經濟增長都是前所未有的。217而財政收入不可能大量增加，居民儲蓄水平有限，國際貸款資源短缺，只有蘇聯總額八億美元的貸款，全部的國外貸款只占財政總收入的二·七％。218為了增加積累，完成固定資產投資額的增長率，只有舉國之力，強化計劃財政制度。在實際經濟生活中，計劃經濟難以徹底消除貨幣經濟的影響，所以嚴格控制信貸並非易事。一九五六年，農業貸款計劃是一一·二億元，執行結果增加了二〇·三億元；手工業、公私合營企業計劃貸款是二·九億元，執行結果增加了九·四億元，大幅突破計劃指標。219中央政府試行「全額貸款」辦法：國有企業、地方國營企業和已經實行定息的公私合營企業所需要的流動資金，改由中國人民銀行按信貸方式統一供應，並進行統一管理。國有企業、地方國營企業應當將自有流動資金，全部轉交給當地人民銀行，作為人民銀行的貸款，統一計算利息。從理論上說，這次試驗的目的是希望加強銀行在通融資金方面的作用，恢復銀行部分功能，但是因為發生了所謂「亂貸亂放」的情況，基本建設擴大，財政和銀行矛盾激化，全額貸款辦法只實行了兩年就被迫停止執行了。[220]一旦發生貸款突破計劃控制指標，而儲蓄增長過慢和停滯，其後果只能用增發貨幣以彌補「信貸差額」。在一九六〇和七〇年代中期，貸款的大趨勢是收縮。[221]

利率。社會主義經濟中的利息在性質上根本不同於資本主義的利息。社會主義國家銀行和信用合作社，對國營企業、集體所有制單位的貸款所收取的利息，是這些企業單位純收入的一部分，是勞動者為社會勞動所創造的剩餘產品價值的一種轉化形式。銀行和信用合作社，對企業存款所支付的利息是社會主義積累在社會主義經濟單位內部的再分配。銀行對居民儲蓄、存款，也要支付利息。居民儲蓄是對社會主義建設的支援。總之，當時非常強調社會主義利息不具有剝削性質。[222]

從土地改革到全面實現農業集體化期間，中國農村一度存在私人借貸，甚至高利貸。農村私人信貸成本低，金額不大，靈活方便，與當時農業生產力水準、農民生產、生活的相對分散相適應。國家曾一度容忍農村的私人信貸。最終制定利率標準，將其廢止。[223]一九五二年至一九五六年，為了促進農業合作化和農業生產，人民銀行系統發放規模可觀的「低息農貸」。光是一九五六年，各種農貸總合為三十億元，月息在〇．六—一．五%之間。同時，還發放了「無息預購定金。」[224]一九五八年，建立人民公社制度，人民銀行不直接對農戶貸款，只有信用社為農戶提供少量貸款。這年，信用社對農戶貸款餘額達到一一．一億元高峰，次年即減少為六．九億元，直到一九六六年才恢復到一一·四億元。此後到一九八〇年，一直在十一億元左右徘徊。[225]如果以十一億元為基數，除以這個時期至少五億至六億的農村人口，平均每位農民獲得的貸款不會高於兩元。

在優先發展重工業的戰略下，為了保證以較低的建設成本實現高積累率，就必須降低資本價格，實行高度管制的利率體制和維持低利率。銀行和企業都屬於國有，企業活動服從國家計劃指標，利潤上繳國家，虧損由財政負擔。利息的高低與銀行和企業的直接利益沒有關係。從一九四九年至一九七八年，中國的利率體系經歷了三個主要時期。

第一個時期，一九四九年至一九五二年，是過渡時期利率，一度有過高利率。一九五〇年五月，規定的是一個月定期存款月息降為千分之十五，貸款利率也相應降為不超過千分之三十；一九五二年六月，一個月定期存款利率降至千分之七·五，一年期的也有一二%。[226]此外，統一了關內各區行的利率。同時，中國人民銀行採取了一些其他措施：折實存款；對私營銀錢業的管理；對農村信用社存貸款利率比照國家銀行利率，按存貸款兩種原則適當調整；允許私人借貸，利率由雙方協定，不加限制。由於現實情況複雜，利率調整頻繁、幅度也很大。

第二個時期，一九五三年至一九五七年，即第一個五年計劃時期，利率政策從兩方面進行調整：其一，全面降低了放款、存款、儲蓄利率。國營工業貸款，由月息千分之六至千分之九·九調低為定額內千分之四·五，超定額千分之四·八，國營商業貸款月息千分之十至千分之十二。農業貸款年息一〇·八—一二%，公債年息為四%。二，按企業性質不同實行差別利率。國營企業貸款利率低於公私合營，公私合營貸款利率又低於私營企業。結息方式由原來的半年結息改為按季結息。一九五七年年底，對差別利率政策作適當調整，取消了繁雜的利率檔次，簡化和統一利率標準。[227]毫無疑問，政策優惠於國營企業，不利於私營企業。

第三個時期，一九五八年至一九七八年，是否定利率的不正常階段。不斷取消一些存款利率檔次，簡化為半年、一年和活期三種檔次，這實質上也是降息乃至免息的一種形式。在貸款利率上，把結算貸款利率、農工商貸款利率、信用社對個人貸款利率全都統一為月息六%。在整個計劃經濟時期，中國的利率是低下而僵化的。

利率管制制度產生了三個後果：一，各地方銀行的存款向上繳，貸款向上要，不積極吸收存款，而積極發放貸款，影響信貸收支平衡。二，造成了生產要素的扭曲，損害企業進行比較成本的條件。三，金融與貨幣資源的集中控制與分散的微觀決策相悖，導致經濟資源浪費，成本上升，不利於經濟的持續增長。

單一化的信用制度

中國在一九四九年以前，商業信用廣泛應用於生產和流通企業，既有傳統掛帳信用、口頭信用，也有票據化商業信用。[229] 中國實行計劃經濟，就要學習蘇聯經驗，廢除商業信用。一九三〇年代，蘇聯實行信用改

一九五三—一九七九年中國存款和貸款利率 [228]

年份	存款利率（%）		貸款利率（%）				
	活期	定期（一年）	國有工業企業	國有商業企業	農業合作社和國有機構	農村信貸機構	農民個人
1953	5.40	14.40	5.40-5.76	8.28	9.00	14.40	9.00
1955				7.20	7.20	10.80	9.00
1958	2.88	9.72	7.20	7.20	5.76	6.12	8.64
1959	2.16	4.80-6.12	7.20		7.20		7.20
1961			7.20	7.20	5.76		5.76
1965	2.16	3.96					
1971	2.16	3.24					
1972			5.40-5.76	7.20	4.32-5.76		
1979	2.16	3.96					

註：年度利率數依據月度利率資料乘以十二得出。

革，禁止商業信用，認為信用應集中於國家銀行，國家應以直接的銀行信用形式貸款給各企業。這種改革的根據是：在資本主義社會，商業信用是整個資本主義信用的基礎。在社會主義社會，商業信用的本質和功能與計劃經濟體系不相容。社會主義企業間的商業信用，是在國家分配資金的計劃之外，自發地再分配流動資金，擴大佔用了國家的流動資金，掩蓋了企業經營管理上的缺點，並使所核定的流動資金額失去作用。[230]此外，商業信用訴諸提前付款或延期付款的結算方式，債權債務關係不透過國家銀行，會引起資金運動和物資運動的脫節，不利用物資供需平衡，會掩蓋企業加強經濟核算，弱化國家對企業的管理和監督。[231]所以，在社會主義社會中，銀行信用是基本形式，商業信用受到嚴格限制。

中共執政之後，採取兩種方法解決商業信用問題。一，在國民經濟恢復時期和「過渡時期」，國家對非國營經濟發生的商業信用既利用又限制，力圖將其納入國家銀行監督管理之下。二，一九五〇年十二月，中國人民銀行頒佈《貨幣管理實施辦法》，規定國營經濟不得發展商業信用。實行劃撥清算。「根據劃撥清算，各企業單位之間的一切交易往來均應透過人民銀行結算債權債務關係，清除各單位商業信用行為以及使用現金結算的習慣。」實施計劃經濟，必須用行政手段管理結算和票據，限制和取消具有市場性質的結算工具的運用，支票功能已經改變，只是單純的結算工具。「在這種制度下，根本不需要專門的票據制度，而只需要在有關銀行結算制度中對支票做出一些重要的規定即可。」[232]一九五二年起，禁止個人使用支票，限制企業和其他單位使用支票。

一九五四年，國家從信貸、結算等方面制定了取消國營經濟商業信用的措施。強調產品與貨幣直接換位、堅持錢貨兩清。一九五五年，國家大規模清理和實施取消自營經濟的商業信用，禁止國營經濟單位的商業信用。一九五九年九月中國人民銀行制定了《中國人民銀行非現金結算辦法》。

根據這些規定和辦法，傳統的商業信用不復存在，關於非現金方面，國家對支票和限額支票的使用辦法也有嚴格的規定。[233] 一九六三年十二月六日國務院又要求國營企業堅決貫徹執行「錢貨兩清」的原則，不得預收、預付貨款，不得賒銷商品。

由於經濟運行的客觀需要，國家有關部門在一再重申取消商業信用政策的同時，不得不根據實際情況允許某些領域，某些形式的商業信用「合法」存在。比如預付農副產品預購定金，允許某些預收、預付貨款繼續存在等。一九五八年發生了例外，出現了「商業信用」的回潮。[234] 即使在十年文革期間，國營經濟的商業信用一直或明或暗地存在。像預付農副產品定金、允許某些預收、預付貨款。[235]

信用制度走向單一化，信用制度的功能受到抑制，甚至禁用商業信用，嚴重阻滯了社會資金的正常運行，銀行信用萎縮，最終只剩下了所謂的國家信用。國家信用主要用於公債發行。一九四九年十二月三十日，中央政府決定發行人民勝利折實公債。為了解決經濟建設不足，一九五四年至一九五八年，先後共發行了三五．五四億元的公債。到一九六八年國家內外債全部還清。這幾次發行經濟建設公債的收入，一般占當年經濟建設的四—七%。[236] 一九六九年停止發行全國性國債。原公私合營時代劃定的私股，也於一九六六年八月停止支付股息，實際上名存實亡。[237]

借外債於一九五八年停止，並在一九六五年前償還了全部的蘇聯借款。一九六九年五月十一日，《人民日報》宣佈中國成為世界上第一個既無內債、又無外債的國家，認為既無外債又無內債是「社會主義制度的優越性」。此種情況持續到一九七八年。

外匯專營和管制匯率

人民幣來自解放區，本無任何價值基礎，與任何國際上主要通貨都沒有歷史淵源。一九四九年，新政權也立即肅清了外幣流通，取消外國銀行壟斷外匯市場的特權，著手建立了國家銀行外匯專營制度，[238]足見中共對外匯管制的重視程度。

外匯統制體制。一九四九年四月七日，華北人民政府頒佈《華北區外匯管理暫行辦法》；六月中旬，上海取締金銀外匯「非法」買賣；九月《中國人民政治協商會議共同綱領》明確規定：「外匯外幣和金銀的買賣，應由國家銀行經理。」從此，禁止外匯在市場買賣和流通；取消外國金融機構的外匯和其他金融特權；國家集中外匯收入和壟斷金融資源。

一九五三年之後，配合整體計劃經濟體系運行，形成外匯統制體制。外匯業務由中國銀行統一管理和經營：一，建立外匯的供匯和結匯制度；二，對外匯收支實行全面的指令性計劃管理，需用外匯由國家按計劃分配或批給；三，對貿易外匯高度集中管理；四，對非貿易外匯嚴格控制；五，實行外匯指定銀行制度；六，嚴格禁止私自攜帶人民幣、外匯和金銀出境。

外匯來源和支出主要透過外貿部門，對外貿的管理與對外匯管理不可分割。一九六四年起，對一部分進口商品採取了「進出統算，以進貼出」的辦法，由國家外貿系統為用貨部門的進口商品作價，按進口成本加價一〇三%，以進口盈利彌補出口虧損，不需要再用匯率來調節進出口貿易。在這種條件下，人民幣匯率主要用於非貿易外匯兌換的結算上，按國內外消費物價對比，匯率包括考慮適當照顧僑匯和其他非貿易收入。

「集中管理、統一經營」。一九四九年之後，國家壟斷了外匯金融資源，並不意味著可以完全駕馭外匯市場。因為外匯市場有其歷史形成的慣性，且受到國內外物價波動的相互作用。從計價結算原則看，中國外匯人民幣對外只作為計價、結算的工具，只用於賬面收付，不得在國際上流通，即使在港澳地區，也只以人民幣支票往來。外匯人民幣從來不從屬於某一貨幣集團，也不依附於某一外國貨幣。人民幣匯價的調整和變動，不是人民幣本身幣值變動的結果，主要是由於資本主義國家貨幣匯價的變化而引進的。

一九五三年至一九七二年，人民幣匯率基本根據換匯成本定價，表明上是盯住英鎊的制度，實際屬於單一盯住美元的匯率體系。人民幣兌美元匯率，直到一九七一年美元大幅貶值，始終維持二・四六一八人民幣兌一美元。人民幣兌英鎊，直到一九六七年十一月英鎊發生一四・三%的貶值，始終維持六・八九三人民幣兌一英鎊。人民幣與盧布的匯率主要根據盧布含金量，長期穩定在一百人民幣兌四十五盧布。

239

人民幣對資本主義國家貨幣的匯價，經歷過四個時期：第一個時期：一九四九年至一九五〇年。「獎出限入，照顧僑匯」的匯價政策，其特點是以人民幣所表現的外幣匯價不斷提高；第二個時期：一九五〇年至一九五三年。「兼顧進出口有利，照顧僑匯」的匯價政策，特點是以人民幣所表現的外幣匯價不斷調低；一九五〇年至一九五三年，政府曾經試行人民幣「議價制」，時間不長，就改成全國統一的人民幣匯率，由中國人民銀行總行掛牌公佈，機動調整。第三個時期：一九五三年到一九六七年，人民幣匯價政策相對穩定。第四個時期：一九六八年到一九八〇年。一九六八年，中國試圖推行人民幣計價結算。一九七二年九月十日，人民幣重新以美元匯率掛牌，一・四八八〇人民幣兌一美元，升值幅度達七〇%。其國際背景是一九七一年八月。布林頓森林會議所確立的固定匯率制度為浮動匯率制度所取代。因為世界貨幣體系調整，石油危機，中國不得不改變人民幣匯率穩定不變的做法，實行「一籃子貨幣」計算方法，即選擇中國對外貿易中經常使用的若干貨幣，按其重要度確定權重，並參考這些貨幣在國際市場上的升降幅度，加權計算出人民幣比價。

這種辦法因幣種選擇和權數確定客觀依據不足，使匯率水準的合理性失去基礎。同時，國際市場價格和國內市場價格嚴重背離，匯率不再是經濟槓桿，只不過是一種外貿會計核算的標準。一九七五年，中國將人民幣匯率定在美元集團和馬克集團貨幣匯率的中間線上。但是，因為中國選擇「一籃子貨幣」主要依據其對外貿易份額較大的國家幣種，此外，還包括中國的對外政策這樣的非經濟因素，籃子中的幣種和權重會不斷調整。一九七八年這一年，人民幣兌美元匯率就調整了六十一次之多。240

總體來說，一九四九年至一九七八年，人民幣不僅不可能被世界經濟主流市場所接受，甚至幾乎不為外界所瞭解。這個時期的所謂匯率，只是為國家壟斷的外貿服務。因此原則上，人民幣匯率實在沒有變動的需要。但是這種僵化情況絕不是人們所說的「固定匯率」。

「文化大革命」期間，國民經濟陷於艱難境地，為了政治需要，中國對外推行人民幣計價結算，人為拉高人民幣「匯率」，一次升值七〇％，無任何依據。從一九七一年至一九七八年，人民幣對美元「匯率」有所下調，一九七八年的官方「匯率」是一．六八三六人民幣兌一美元。顯然，人民幣價值嚴重高估。其直接後果是影響中國出口。不合理的「匯率」最終導致貿易和非

一九五四－一九七九年人民幣與美元匯率 241

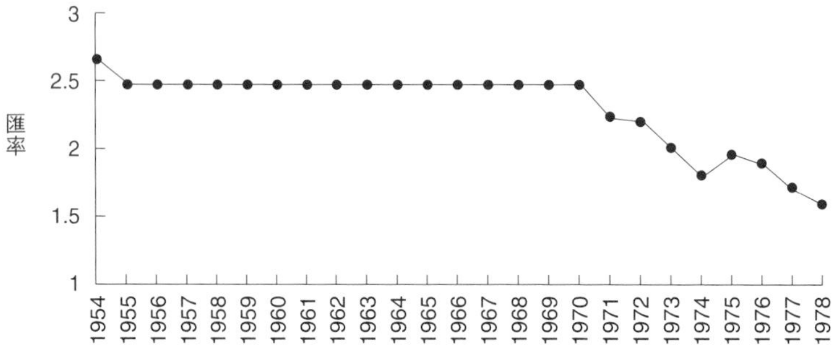

貿易價格與世界市場拉大，貿易部門與非貿易部門矛盾加劇，阻礙對外貿易的發展。

計劃價格和「抑制型」通貨膨脹

根據馬克思主義的理論，計劃經濟制度，可以實現國民經濟的均衡發展，避免經濟危機。「通貨膨脹已隨著它的階級內容的消滅而永遠的消滅了。」[242]社會主義可以採用抑制性措施來克服通膨問題，這是資本主義辦不到的。[243]計劃經濟的歷史已經證明，在計劃經濟制度下，依然存在通貨膨脹或通貨緊縮，甚至經濟危機。一九五〇年代至一九七〇年代是中國的計劃經濟時代。人們通常的印象是：這個時期的中國經濟大體上維持比較高的經濟增長率，通貨膨脹率很低，物價長期穩定，實現了「高增長」和「低物價」。[244]這樣的印象和結論並不符合當代中國經濟歷史。如果承認中國在這個時期處於短缺經濟狀態，長期存在「隱性」和「顯性」交替的通貨膨脹，所謂經濟增長確實高於通貨膨脹率就失去了任何積極的意義。

計劃價格

理解計劃經濟需要理解計劃價格，否則無法想像計劃經濟的制定和運行。由國家統一制定的價格為計劃價格，根據統一領導、分級管理的原則，計劃價格由中央行政部門和各級地方行政部門分別規定、調整和管理，可分中央計劃價格和地方計劃價格。計劃經濟和計劃價格相互依存，彼此「皮之不存，毛將焉附」。計劃價格是排斥市場價格和市場經濟的，其「價格」需要透過貨幣表現，但是，貨幣的功能僅僅是符號而已。計劃價格是由國家各級行政部門制定的價格，包括三個

「百分之百」：一，近百分之百的產品價格決定於政府定價；二，近百分之百的產品價格長期少有變化和波動；三，近百分之百的產品價格背離世界市場價格體系。與這種指令性的價格體制向聯繫，還有所謂的「價格政策」，以及各級政府的價格機構。

凡屬於關係國計民生的生產資料和消費資料的價格，如重要工業品生產資料的出廠價格、重要農產品的收購價格、重要消費品的零售價格、重要的交通運輸價格和重要的非商品收費等，都需要由國家物價部門和生產主管部門統一制定和規定價格，各地區、企業及管理部門必須貫徹執行指令性計劃價格。當這些產品的價格需要變動時，必須按照價格管理分工權限，國家嚴格控制著最高價格，由訂價部門調整，當某些商品供不應求時，其他任何部門和企業無權變動。一般來說，國家對計劃價格實行統一領導下的分級管理，中央、省（自治區、直轄市）、市及縣級以上政府都有各自的管理範圍。管理許可權的劃分，主要依據商品的流通範圍、資源的分佈狀況及對國民經濟和人民生活的影響程度等。

在一九五〇年至一九五三年，自由市場制度在中國還有一定的生命力。政府對市場價格進行控制的最初方式是實行市價與牌價並存制度。市價是自由市場的成交價格，是由市場供需變動形成的。牌價是國營商業執行的、用掛牌方式公佈的國家計劃價格。國家利用牌價指導市價，使兩種市場和兩種性質的價格並存。這個時期的通貨膨脹還存在其自然特徵和合理性。但是，政府很快透過行政和非行政的限制，改變和扭曲了作為自由市場重要構成部分的價格體系，實現了對市場價格的操縱。一九五三年至一九五七年，中國實施第一個五年計劃期間，自由市場消亡，全面實行公有制，自由市場與私有權是資本主義的兩個基石不復存在。中國完成了向計劃經濟制度的過渡，並建立了一個完整的「計劃價格」體制。毛澤東說過：「計劃第一，價格第二」，集中反映了計劃經濟下的價格本質。[246]一九四九年至一九七八年，中國價格管理大體上經歷了六個階段[247]：

第一階段是國民經濟恢復時期（一九四九—五二），新政權在短時期內實現了穩定物價，調整主要商品牌價，實行必要的地區、季節和批零差價政策。當時，政府只管兩白（麵粉、紗布）、一黑（煤炭），以後擴大到食鹽、煤油、生豬和主要經濟作物以及大宗工業品。

第二個階段是第一個五年計劃時期（一九五三—五七），商業部和全國供銷合作總社分別管理城鄉市場物價，初步建立了統一領導，分級管理的計劃價格體制。國家管理的價格佔社會商品購銷總額的三分之二以上，小宗工農業品價格仍然由市場形成。一九五三年實行糧食統購價格，國家以強制手段對農產品，主要是糧食市場實行壟斷，計劃價格制度的建立有了堅實基礎。後來，國家在不得已的情況下有過幾次提價：一九六一年提價二五%。這主要是因為「大躍進」的錯誤，導致農業危機，餓死人。提價以緩和矛盾；一九七九年，統購部分提價二〇%，超購加價由二〇%擴大到五〇%。[248]此時，經濟改革在農村已經開始啟動，需要調動農民積極性，兼顧農民利益。兩次調價都是政府行為，最多是政府對被壓抑的市場要求的一種「認可」。統購統銷制度的廢除，計劃價格才基本上退出歷史舞臺。

第三階段是「大躍進」時期（一九五八—六〇），國家計劃委員會和國務院財辦對重工業品與市場物價分工管理的體制。剛開始許可權下放，後來又收回。大宗商品價格變動不大，集市貿易上的農產品價格成倍或幾倍上漲。

第四階段是經濟調整時期（一九六一—六六），大幅提高糧食價格，穩定了十八種人民生活必需品的零售價格。對糖果、糕點等商品實行高價銷售，以回籠市場上過多的貨幣。一九六二年，中央決定成立全國物價委員會，力求透過提高重工業產品價格，以解決煤炭、木材、鋼鐵等重工業企業約有三分之一處於虧損狀態。其實，根本出路是降低成本。一、二類農產品和統配工業品的價格都由國家統管，地方不得變動。

第五階段是「文化大革命」時期（一九六七—七六），物價運行失常，出現混亂。一九六七年，中共中央、國務院發佈《關於進一步實行節約鬧革命，控制社會集團購買力，加強資金、物資和物價管理的若干規定》，基本上凍結物價。一九七〇年國家物資委員會併入國家計委。統計局編制的零售物價指數是下降的（一九七六年比一九六五下降一．七％），許多商品緊缺，憑證供應。一九七三年，國家管理價格的商品約占市場零售總額的九三％。

第六階段是「文革」後兩年（一九七六—七八），中國的整體物價工作仍在計劃價格的框架內徘徊。一九七八年，中國社會商品零售總額中政府定價比重為九七％，工業生產資料銷售收入總額中政府控制部分所占份額為一〇〇％，農副產品收購總額中政府控制部分所占份額為九二．六％。

國家替代市場，政府決定幾乎所有的物質產品，生產和消費產品和服務的價格。計劃價格和「抑制型」通貨膨脹，相互依存，不可分割。一方面對價格實行計劃控制，另一方面抑制貨幣功能，貨幣作用是被動而消極的，貨幣的供給和需求不能直接影響價格，於是，價格可能長期處於僵化狀態。企業對「非價格的，或者說是數量的信號」反映強烈，而對「價格的反映很弱」。「計劃價格」在中國持續了三十餘年，直到一九八〇年代中期，大體終結。

計劃經濟時期的「顯性」通貨膨脹

透過計劃價格制度有效壓抑了「貨幣經濟」，緩和了短缺經濟的壓力。但是，依然沒有可能徹底避免通貨膨脹。這方面的系統數字極少，只有集市貿易和全國零售物價總指數方面的零散資料。

其間，發生過四次「顯性」通貨膨脹，每次大約在兩年時間左右，呈現出清晰的週期性。這四次「顯性」通貨膨脹的時間和直接原因如下：

第一次，從一九四九年春至一九五〇年初，因為政權更替，韓戰爆發，軍事預算膨脹，政府行政費用上升，物資短缺，投機嚴重，補財政赤字加大，一九五二年比較一九五〇年，全國零售物價總指數為一一一・八%；一九五七年比較一九五二年，全國零售物價指數上升八・五%。政府的貨幣擴張政策一直延續到一九五五年。以上海為例，一九五二年至一九五五年，銀行現金支出持續大於現金收入，現金淨投放額保持正數。

為了緩和此時的通貨膨脹，一九五五年，中國實行了建國以來唯一的一次幣制改革。其實，這次貨幣改革是一次大規模的「通貨緊縮」。因為，第一版人民幣的一萬元兌換新版一元錢，所以百元以下的幣種，就只能以毫釐計算，造成一般民眾的損失。[251]不僅如此，在這個時期，戰爭造成物資緊張，商人以囤積居奇來保值或獲利，成了實行「統購統銷」經濟管制和城鄉分隔社會管制制度的直接原因之一，加快了私營經濟的社會主義改造的步伐。

第二次，一九六〇年代初期，集中在一九六一年至一九六二年。[252]在整個「大躍進」時期，基本建設投資三年間增長了一・七一倍，年均增長四〇%，經濟增長速度一九五八年達到二一・三%，造成國家財政連續三年出現鉅額赤字，赤字累計是一百七十億元。在「大躍進」中，「銀行原來

一九五二—一九五五年上海市貨幣投放情況表[250]　　單位：新人民幣萬元

年份	銀行現金收入	銀行現金支出	淨投放額
1952	157733	176481	18748
1953	236289	258482	22193
1954	257679	268616	10937
1955	249932	260664	10732

一些行之有效的規章制度被棄置一旁，管理流動資金的原則被視作教條。」在信貸資金實際使用上，奉行「需要多少貸多少，哪裡需要哪裡貸，什麼時候需要什麼時候貸」等所謂革新措施。不講效果，不講監督，助長了工業企業的盲目生產，商業企業盲目收購，造成大量物資積壓和浪費。有的甚至把貸款應有的申請、調查、審核、批准等手續都省略了，由信貸員當場「拍板」決定便可。更有甚者，則是一接到企業借款電話，立刻由信貸員代辦借款手續，乾脆「送貸上門」。由於借款這樣方便，許多企業挪用流動資金搞基本建設，把銀行貸款乾脆作財政開支之用。一九五八年至一九六一年間，信貸投放膨脹，貸款額由二七七·五億元驟增至八〇三·五億元，遠遠超過存款增加額。除了自有資金墊補之外，只有大肆增加貨幣發行，貨幣增長也開始「大躍進」，以每年平均二五%的速度猛增，貨幣流通量從一九五七年的五二·八億元增加到一九六一年的一二五·七億元。

一九四九年以後的第二次通貨膨脹就是不可避免的了。居民消費價格指數，一九五八年為負一·一%，一九五九年為〇·三%，一九六一年上升到一六·一%。儘管物價受控制，一九六一年零售物價指數仍猛升一六·二%。後來中共中央指出當時的嚴重情況是「貨幣發行過多，商品嚴重不足，部分物價上漲」，據全國八十五個農村集市的調查材料，一九六一年集市價格高於國營牌價二二〇%，一九六二年高於一七〇%；在第二個五年計劃期間（一九五八—六二），全國零售物價指數上升一四·五五%，其中一九六〇年至一九六二年就上升了大約一〇%，平均每年上升超過三%。農產品收購價格在一九六一、一九六二年提高了二〇%以上。

於是，中央政府不得不對國民經濟進行大調整，大規模壓縮投資規模，節儉財政支出，控制貨幣供給和回籠貨幣，從一九六一年到一九六三年，廣義貨幣量M_2由一九六一年的四三九·八億元降到一九六四年的四三四·七億元，加之所謂的三年「自然災害」，經濟增長速度一九六一年比上年下降二七．三％，遏制住了通貨膨脹。但是，代價是發生了一九四九年以來的第一次通貨緊縮。[254]

第三次，一九六五年到一九六八年。其間，每年平均新增貨幣五十六億，每年增長速度為一四％，一九六八年達到六六六．九億元，通貨膨脹發生。一九六九年到一九七〇年「調整，鞏固，提高」，出現第二次通貨緊縮。在文革期間（一九六六—七六），集市貿易價格上漲四〇％。在一九七〇年代，人們強烈感受到供需矛盾異常尖銳。

第四次，一九七〇年到一九七九年。這次通貨膨脹持續時間較長，但是，顯現的比較溫和。其間，每年平均新增貨幣九十多億元，增長速度一五％左右，增長量保持在百億元之內，增長速度控制在二〇％以內。其間，一九七七、一九七八年這兩年為了追求新的大躍進，基本建設規模顯著膨脹，一九七八年建設規模比一九七七年增長了三一％，經濟增長速度達到一一．七％，使國家財政在一九七九年、一九八〇年連續兩年出現了赤字，銀行信貸投放過多，一九八〇年物價上漲七．五％。

「顯性」通貨膨脹和貨幣現象

中國的計劃經濟時代是「非貨幣經濟時代」，但是期間的通貨膨脹無疑也是一種貨幣現象。從一九五三年至一九七八年，貨幣流通量始終高於國民經濟的增長速度。

貨幣流通量同國民收入增長速度的比較[255]

年份	貨幣流通量年平均增長速度	國民收入年平均增長速度	貨幣流通量同國民收入增長之比（以國民收入為 1）
1953-1978	9.3	6.0	1:1.55
1979-1985	22.8	8.9	1:2.56
1953-1985	12.0	6.6	1:1.82

人們都知道這樣的常識：通貨膨脹都是貨幣供給過多的結果。但是，這個常識是有經濟制度前提的。在計劃經濟制度下與在市場經濟制度下，貨幣的影響模式是很不同的。

在中國貨幣經濟史上，政府作用有時大，有時小，只要市場經濟和私有制存在，有相對獨立的中央銀行，有財政政策和貨幣政策，可以限制政府對貨幣經濟的全面控制，即使在實行法幣改革的一九三〇年代，中國貨幣供給主要受「內生因素」和「內生變數」的影響。一九五〇年代之後，在計劃經濟下，銀行附屬於財政，中央銀行喪失其應有的功能，不存在真正的貨幣政策，只有以增長為目標的國民經濟計劃，貨幣投放量只是計劃增長的組成部分。原則上說，社會主義制度下的銀行並不能擴大信用或創造信用，不存在信用膨脹問題。因為計劃經濟的需要，可能發生派生存款和信用膨脹。[257]價格和收入這兩個可以影響貨幣供給的「內生變數」也在政府的控制之內，其方法是計劃價格和工資總額。人民幣不過是「物物交換」之間的媒介，人民幣的需求關係與市場逐漸脫離，成為不需要透過市場，也沒有市場的

一九五〇－一九八〇年中國零售價格、貨幣供給、國民收入、名義工資波動[256]

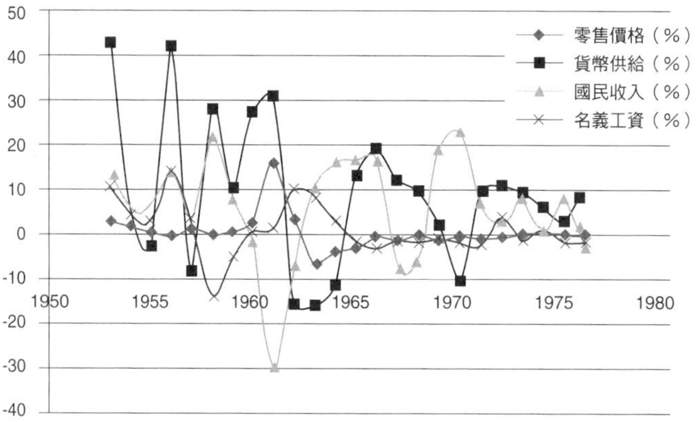

「貨幣」。在計劃經濟的框架之中，人民幣完全由「外生因素」和「外生變數」所控制，最終表現為一種「外生因素」和「外生變數」。所以，中國在這個時期的物價波動是財政現象，而不是貨幣現象，貨幣供給和物價變動，沒有明顯的相關性。

具體分析：由於低就業，低工資，導致中國居民的儲蓄水平長年處於低水準狀態。低水準的居民儲蓄，當然不能支撐中國高經濟增長對資本需求的目標。所以，支援中國高增長的資本來源，只能依賴中央財政的能力，而中央財政又主要依賴於國有企業、集體企業的上繳利潤，以及強制銀行增加貨幣投放。一九四九年至一九七〇年代末，中國經濟始終以高度集中的財政管理體制為基本特徵，投資模式的本質是財政行為，國家是唯一的投資主體，即國家是一個基本核算單位，各省市和各地區的政府部門實際上是中央政府的派出機構。

在「國家決定一切」的財政制度下，各地區和各部門都是在國家這個大核算單位下的「車間和班組」，商品交換只是在形式上存在，具有外殼意義，真正的收益比較是體現在國家帳面上的。又由於這種財政制度是以公有制為前提，地方行政長官是中央任命的，他們必然奉行所謂「局部服從全域，地方服從中央」的原則，強化行政決定財政的機制。

中央政府的財政目標是集中財力，不僅用於行政開支和國防開支，更重要的是用於基本建設。總之，在整個計劃經濟時期，中國的財政體制屬於單一制的財政體制。在經濟實現途徑上，國家利益和國家需要至高無上，不僅個人利益，企業利益即使沒有被完全否定，也是被壓抑到盡可能低的程度。

一般而言，企業沒有自主投資的能力和可能性。所有企業的利潤上繳國家財政部門，財政部門將上繳的利潤和其他稅收來源作為整體，分為所謂的「積累」和「消費」基金，而積累基金主要用於投資，以物質生產性產業為主。不僅如此，只要是非貨幣經濟，所有的企業形成經濟和生產能力之後，其本身的價值是沒有辦法由市場衡量的。因為企業既不存在破產，也不會被買賣，當然也不可能發行股票。剩下的只有所謂的資產價值，即投資之後形成的資產減去折舊。

投資的規模取決於積累的絕對量以及預算中的比重。以第一個五年計劃為例，財政收入為一，三五四．八八億元，總支出為一，三四五．六八億元，其中五八八．四七億元用於基本建設投資。[258]在第一個五年計劃的實施過程中，不需要考慮利息問題，甚至流通資金問題，因為「國家財政又增撥了一〇二．五二億元的流動資金」，至於現值和機會成本問題，則無從談起。非貨幣經濟下的投資模式需要一個前提，即國家所有制，國家向國有企業投資，就是自己給自己投資，是徹底的政府行為，沒有、也不需要市場機制的介入。

計劃經濟時代也不可能擺脫財政赤字的「陰影」，解決財政赤字的辦法主要是增發人民幣。一九五六年，由於財政、信貸雙雙出現差額，迫使銀行多發了一些貨幣，「同一九五五年相比，一九五六年底市場貨幣流通量增加了一六．九億元。」[259]之後，從一九五八年至一九六〇年，中國進入了「大躍進」時期，銀行信貸再次失衡，迫使銀行大量發行貨幣，透支總額達五十二億元。[260]

與此同時，國民經濟管理混亂引起的資金大量流失，最終需要向國家財政報銷，財政在已經赤字的情況下，自然要求銀行增發貨幣。一九六一年國家財政赤字一〇．九億元，銀行信貸逆差三十億元，是靠發票彌補的。此外，政府還動用市場商品周轉庫存二十億元；動用黃金、白銀儲蓄一．七億元。[261]

有些經濟學家已經察覺到計劃經濟和通貨膨脹的內在關係。在一九五八年前後，中國經濟學界有過關於生產資料價格的討論，有一種觀點是為了避免通貨膨脹，實現低物價狀態，需要實現生產資料產品價格的持續下降。[262] 一九六二年，孫治方提出：如果要有效實現貨幣回籠，「在一個條件下是有可能的，那就是有計劃地降低物價，即國家貶價拋售工業品。」[263] 在計劃經濟的運行中，沒有可能拋售工業產品，也沒有可能不斷降低生產資料產品的價格，因此，難以實現貨幣回籠貨幣，通貨膨脹控制自然不可避免。

控制總需求：不充分就業和抑制消費

在市場經濟模式下，增加福利是社會的基礎，所以，實現充分就業是增長的基本目標。典型經濟增長與就業、工資、儲蓄這個鏈條緊密聯繫，投資的資本等於儲蓄。當就業發生問題，失業率上升，工資停滯的時候，導致儲蓄總額的下降，利率的上升，自然投資減少，經濟增長下降。古典經濟學認為，失業現象來自工資的剛性和勞動的不流動性。消除這種剛性和創造勞動的流動性就可以實現充分就業，但是，追求充分就業，必然伴隨工資絕對量的增長，而工資收入的上升，使得通貨膨脹成為不可避免的。當然，在實際經濟生活中，經常出現的情況是不能充分就業，失業現象總是存在的。所以，西方國家的工業化道路是與高就業、高工資、高物價、高增長的經濟發展模式聯繫在一起，一方面，通貨膨脹是充分就業和工資增長的結果；另一方面，它又與經濟增長不可分割。

在計劃經濟制度下，短缺經濟和供給不足是經濟生活的常態。生產品和服務的需求大於供給，自然導致生產品和服務的價格上升。但是，實行計劃價格，供給不足、需求增大，並不意味著價格上浮，也不意味著政府一定要增加貨幣投放，透過通貨膨脹緩和供需矛盾。

中國在計劃經濟時代是以國家實力的增長，而不是居民福利的增長作為經濟發展的首要目標。經濟、政治和社會都無法承受高通貨膨脹。為了沖銷、減緩、抑制短缺經濟和通貨膨脹壓力，所訴諸的主要解決辦法不是增加總供給，而是壓制和控制社會總需求，以緩和短缺經濟壓力，沖減和抵消因為投資擴張導致的貨幣投放過多所造成的通貨膨脹。壓制和控制總需求的最經典手段就是實現「不充分」就業，控制工資總額，讓民眾長期處於貧窮狀態。在這個意義上說，計劃經濟時代的中國在社會管制方面，比前蘇聯國家嚴密得多。

建立城鄉的分離制度。一九五〇年代，中國人口、特別是城市人口膨脹。城市人口從一九四五年的五千七百萬增加到一九五七年的一億人，大量農民湧進城市，加之城市人口自然增加，失業和半失業的城市人口很快到了不容忽視的地步。所以，「一九五七年下半年開始的大規模下放工作，在一定程度上就是為了緩和城市裡日益嚴重的失業問題。」「中國更正統的經濟計劃者在制定第二個五年計劃時，承認今後的失業率會愈來愈高，每年失業人口可能達到五百萬人。」[264]在這樣的背景下，中國選擇實施嚴格的「戶籍制度」，分割城鄉，將中國過剩的農村人口固定在農村和農業範圍。為此，政府實行糧食的非貨幣的分配制度，嚴格控制口糧即基本生活資料。農村人口失去吃「商品糧」的可能性。[265]

中國農民長期處於低收入，甚至極度貧窮狀態。一，農村實行人民公社制度之後，土地由村生產大隊和底下的生產小隊經營，人力資源（即農民）由生產隊組織調配。人民公社實行工分制，其本質上是非貨幣的分配方式，農民長期處於溫飽水準線上下，甚至沒有基本生活保障。人民公社實行「工分制」，工分不是按勞動貢獻計算，而是按「人」的工作進程（出勤時間），性別等加以計算。在勞動產出不變的前提下，增加總工分數，意味著工分價值的減少。平時計工分，年底根據生產隊收入情況進行決算，按年度累計工分進行分配。有些地區的農民幹了一年活兒，工分值可能是負數。表面上看。農村公共產品主要是人民公社提供的，事實上，是農民自己提供農村公共產品。

公積金和公益金都是來自農民。

二，農民的很多勞動付出，例如，人民公社時代的大量農田基本建設，沒有體現為貨幣收入，沒有構成GDP。[266] 三，工農業產品剪刀差，迫使農民接受工農業產品之間的不合理交換關係。其四，農民負債累累，有國家稅收和集體提留，公開的和隱蔽的。由於農民向國家交納的「明稅和暗稅」被用於國家的工業化建設，並未用於農村公共產品的供給，甚至未用於一些全國性公共產品的供給，說明農民與國家之間處於不等價的交換地位。

總之，從一九五三年至一九七〇代末，中國工業和農業的二元結構不是趨於一元化，而是受到強化，廣大農民和農村勞動力完全被排斥在社會就業體系之外，城鄉人口隔離，再也沒有勞動力自由流動，不存在勞動力市場，廣大農村人口的需求遭到持續的壓抑。

減少城鎮人口。一九六〇年五月二十一日至六月二日，中共中央在北京舉行工作會議，陳雲發表了《動員城市人口下鄉》的講話：解決面臨的糧食緊張問題，有兩條路要我們選擇：「一個是繼續挖農民的口糧；一個是城市人口下鄉。兩條路必須選一條，沒有什麼別的路可走。我認為只能走壓縮城市人口這條路。」這次會議採納了陳雲的意見，制定了關於減少城鎮人口和壓縮城鎮糧食銷售量的幾條辦法。規定在一九六〇年底一．二九億城鎮人口的基礎上，三年內減少兩千萬人以上，年內減少一千萬人。當時計算，如果全國城鎮人口減少一千萬人，一年可減少供應城鎮商品糧三十億到四十億斤，國家工資少支出二十多億元。剛剛執政十年的共產黨，以極大決心和強制措施，實現了到一九六一年底，城鎮職工減少了八百七十二萬人，城鎮人口減少一千萬人左右的目標。[267] 進入一九六二年，中共中央決定進一步精簡職工和城鎮人口，當時的指標是：在一九六二年和一九六三年兩年內，減少城鎮人口兩千萬人，精簡職工一千萬人以上。[268] 一九六三年全國城市中沒有得到安置的勞動力有二百萬人之多，其中八五%以上是青壯年。共產黨開始每年動員城鎮人口下鄉三十萬人。「這樣做，確實了緩和了城市糧食供應緊張的局面，有利於農業休養生息。」在文革期間，累計有一千五百萬知識青年「上山下鄉」，國家公職人員下放到各類「幹校」，其實也具有相同的功能。期間，城市從農村招工一千三百萬人，出現了建國以來第一次城鄉大對流。[269]

控制就業人數。透過自覺、制度化的「有限就業」或「不充分就業」，或「低就業」，可以實現對控制社會總需求，特別是全社會貨幣需求的控制。從一九五〇至一九七〇年代，共產黨政府多次透過行政、強迫和命令手段，對基本建設專案，對正在建設或已經投產的工廠和企業實行關、停、併、轉，人為地「破壞」、「消滅」、「收縮」和「抑制」生產力，以壓縮社會的總需求。所以在計劃經濟之下，根本不存在所謂的工資剛性問題。

根據陳雲一九五九年的建議，從一九六〇年至一九六二年，國有工業企業由九．六萬個減為五．三萬個；重點加強輕紡、化纖、石油、和支農工業。[270]在文革期間的一九七二年，中國出現了所謂的「三個突破」：職工人數、工資總額、糧食銷售量「突破」了國民經濟計劃的安排，此外，貨幣發行過多。於是，再次訴諸壓縮基本建設規模，以求控制「三個突破」，減緩「票子過多」。[271]一九七〇年代末，中國政府面對「財政性貨幣發行」和物價上漲，對國民經濟實行「調整」、「整頓」、「提高」的方針，其中重要手段依然是壓縮基本建設規模。

在這樣的過程中，國家對其職工實行非自願或強制性失業，減少就業和精簡職工可以收到「立竿見影」的效果。一九五八年到一九六〇年期間，全民所有制單位職工激增，超過一九五七年職工人數的總和，其中從農村中招收了一千四百三十萬人，占新增職工人數的五五%，占同期農村新成長勞動力的七二%。共產黨不得不在全國範圍內精減職工，壓縮城鎮人口。從一九六一年至一九六三年，共減下兩千萬職工，扣除這幾年必須安排和增加的職工，三年淨減一千七百五十一萬人。文革期間的一九七〇—七二年，三年淨增職工一千兩百七十五萬人，平均每年增加四百二十多萬人，超過以往每年平均增加的一倍左右。一九七三年、一九七四年兩年內，不得不再次精減職工約一百七十萬人（主要是來自農村的人員）。在計劃經濟下，幾乎沒有任何關於失業的統計和報告，更沒有可能記錄這樣的「強制性失業」。

控制工資水準和總額。為了控制社會總需求，避免需求拉動，就要控制工資總額。而控制工資總額，無非是兩個辦法，一個是穩定甚至減少就業人數，另一個就是實施低工資和低收入為特徵的分配體制，也就是透過低就業率和低工資，最終控制工資總額。

一九五八—八〇年，按人均國民收入每年遞增四·三%，社會勞動生產率每年遞增三·七%，工業全員勞動生產率每年遞增二·八%，而職工的平均工資每年只增加一%。如果考慮城鎮生活費用指數上升的因素，則一九五八年以後，職工實際平均工資一直低於一九五七年水準，直到一九八〇年才稍有增加，比一九五七年多了四元。[272]職工的贍養人口在一九五二年為三·六人，一九五七年下降到三·二九人，一九八〇年再下降到一·八三人；每一供養人口的年平均收入一九五二年為一百二十四元，一九五七年為一百九十四元，一九八〇年增加到四百三十九元，一九八〇年比一九五二年增長了二·五倍。一九七六年的全國職工實際工資與一九五七年比較下降了一四%。如果加上物價上漲的因素，實際工資水準則下降更多。全國全民制單位職工的平均工資一九八〇年為八〇三元，比一九五二年的四百四十六元提高了八〇%，二十八年平均每年遞增二·一%。同期的職工生活費用價格指數上升了三七·二%，扣除物價上漲的因素之外，職工工資二十八年提高了三一·二%，年遞增率一%。一九八〇年職工生活指數，包括國營牌價、議價和集市貿易價，比一九五八年大約提高了五八．八％，每年遞增一．一％。在一九六〇—六二年，職工的實際工資平均每年遞減一．五％；文革期間，平均實際工資每年遞減五．七％。[273]

從一九五六年至一九七七年的二十年間，工資水準基本上沒有變化，處於凍結狀態，只有三次小範圍的調整，主要是給少數工資很低的職工提了級，絕大多數職工工資長期沒有調整。[274]這段期間基本生活消費品的價格也是凍結的。從表面來看，在工資和物價「雙凍結」面前，人人平等，同樣失去了增長工資的機會。但實際上長期的工資凍結對不同代人的收入分配效應是不同的，它造成代際的不平等，形成了對年輕一代不利的收入分配格局。[275]此外，在這分配制度下，拿「鐵飯碗」，吃「大鍋飯」。只要成為全民所有制單位的職工，不管勞動態度好壞和勞動貢獻大小，都能按月領到一份標準工資。人們既不關心勞動的成果如何，更不為此承擔社會責任，結果就是犧牲效率。

沒有勞動市場，沒有勞動力自由流動，在城市和農村，民眾的收入，只能用於購買必要的生活消費品，很難積累為個人財富。對於國有經濟的職工工資，不論是相對水準還是絕對量，沒有出現過只能上升不能下降的剛性壓力，有力地抑制了通貨膨脹。菲力普斯曲線在那時的中國完全失效。

當然，在這種分配制度中，一方面，起主導作用是平均主義的分配體制和政策，收入差距較小；另一方面，在平均主義分配體制背後，隱藏著嚴重的不平等。例如，實物收入的分配和補貼帶有等級性；基本消費品補貼只涵蓋了城鎮居民，遺漏了占人口八〇％左右、平均收入水準較低的農村居民；一些特殊消費品（如住房、電話、汽車等）的實物分配又是和級別聯繫的，與一般民眾少有關係。

票證管理和「以物易物」

配給票證原本是在特定的背景下，例如戰爭或天災人禍，用單純抑制需求來適應針對物資短缺和低供給水準的一種措施。古今中外多有採用。[276] 二十世紀，在實行社會主義的計劃經濟國家，都有票證制度化的歷史，民眾需要貨幣現金和票證，方可得到對應的商品。

從一九五〇至八〇年代，中國廣泛發行和使用票證。其種類之多，時空跨度之大，在世界經濟史上罕見。一九五〇年二月，政務院對享受供給制的機關工作人員、解放軍官兵和部分企業職工的糧食定量標準作出規定，隨即印發糧票（大米票、馬料票、柴票、馬草票），這就是建國後最早的票證。以票限供食油、糧食和布券的辦法。中國民眾的吃穿住行需要票證，始於一九五四年。這一年，國家發行購買棉布的布票。同時，全國開始實行以人定量，計劃發票。

一九五五年中央政府發佈的《市鎮糧食定量供應暫行辦法》，市鎮糧食統銷改為按人定量供應發行糧票。糧票將當時的中國民眾劃分為城市人口和農村人口，只有城市、含城鎮居民才有糧票。一九五五年九月，糧票在全國範圍內正式啟動。買糧食只憑現金是不夠的，還需有糧本和糧票。糧票在票證中地位最重要，並非只起輔助作用，甚至比錢還重要。糧票、布票的流通使用是計劃經濟和短缺經濟的產物，具有時代的被迫和無奈。但是，國家也能透過糧票瞭解和掌握社會重要戰略的流動量，掌控國民經濟發展的主動權和選擇權，所以，糧票曾在整個國民經濟中舉足輕重。[277]

在布票和糧票之後是的油票和肉票。「大躍進」之後的三年「災害」期間，一些大城市每戶居民發放的票證多達三十餘種；一九六一年則達到一百六十一種：工業品的六八％；副食品的九〇％。[278] 在一九六〇年代，北京憑票供應的商品為一百零二種，上海為九十二種。生活必需品幾乎都需要票證，大到自行車、縫紉機、收音機，小到手錶、一包香煙，一盒火柴、半塊肥皂，都須憑票、憑證供應。[279]到一九七〇年代，全國憑票供應的商品仍有七十三種。[280]

票證是經濟形勢的晴雨表。經濟下滑，物資緊缺，票證增多；經濟上揚，物資充裕、票證減少。票證對應的是數量，一斤糧食，或一輛自行車；人民幣對應的是價格。票證是前提，票證可以有效控制市場的供應量和需求量，因而實現對價格的控制。在短缺經濟時代，票證有效抑制了社會需求。在一些大城市，針對民眾對食品需求大於市場食品供給量的情況，政府採用高價出售高級點心方式來回收貨幣。「票證經濟」從正面管住了物價，從側面控制了物流。

物極必反。短缺經濟和票證制度的結合，催生了物資和票證的黑市交易，票證本身可具有價格，且有地區差價。例如，糧票的價格在中國各地不一，哪裡糧食短缺，糧票價格就高，其價格幅度從〇．二五／斤至〇．七〇／斤。貴州等地糧票價格高於河南；河南的糧票價格高於上海。所以，糧食的真實價格需要加上糧票的價格。此外，用錢買糧票風險極大，倒賣糧票犯法，達到一定數額要判刑。[281]到文革中後期，票證流通相當普遍。城市居民可以用糧票直接換副食品，如雞蛋之類，農民則可以用糧票加現金買一些不用糧本的糧食製品。某些票證可以兌換賣現金。人民幣在票證體系面前，是相當弱勢的，不再是一般的等價物，「有價無市」，交易過程需要有票證參與。需要指出，民眾有了票證，有了人民幣，並不等於可以得到所需要的用品和服務，排隊是司空見慣。即使排了半天的隊，也還是可能一無所獲。所以，票證可以緩和短缺，但是不可能解決短缺。

改革開放之後，許多票證悄然消失，但是糧票仍然存在。廢止糧票才真正標誌著中國票證時代的結束。一九八四年十一月，深圳率先取消票證。一九九三年四月，上海市城市居民購貨本和糧、油、肉、蛋票正式停止發放使用。之後是北京。到了一九九三年底，九三％以上的縣市完成了開放糧價改革。一九九四年和一九九五年在部分地區發生過糧食緊張的情況，一些地方政府有過重新發行糧票的安排。從深圳一九八四年取消票證到一九九三年，糧票徹底消失，整個過程持續了近十年之久。

對於當時票證的性質，主流看法是「把憑票、憑證供應與計劃供應等同起來，而與自由選購對立起來」，甚至認為票證是社會主義「計劃供應」的先進經驗。只有少數經濟學家指出，「憑票、憑證供應就是配給制。……它是生產衰退，物資不足的結果。」[282]

在短缺程度很高的經濟領域，以物易物是票證交易的一種補充。在一九六〇年代初經濟困難時期、文革後期，以及改革開放初期一度盛行。本來是一遇農產品採購中有困難，好像就只能採用「一斤化肥換一斤糧食」的公式，而把市場、貨幣、價格的作用放在一邊。[283]還有用鋼材換轎車，用汽油換彩電，用化肥換糧食和魚肉等。

「非正常」死亡

一九五九年至一九六一年，在中國共產黨官方歷史中，被稱作「三年自然災害」。城鄉普遍糧食供給不足和短缺，人們普遍因饑餓營養不良而水腫。因饑荒直接和間接的死亡人口龐大，發生了人口的災難性減少。

中國究竟有多少人死於饑餓，沒有定論。一九八三年國家統計局第一次公佈中國人口變動資料，一九五九—六一年的中國人口增長曲線呈現明顯凹部。國內外學者根據凹部背後的數位進行推算，中國死於饑餓的人數最少有兩千五百萬，最多的為八千萬，比較流行的說法是三千萬至四千萬。[284]在中國官方文獻中，對這個時期的「非正常」死亡數字，普遍持保守立場。即使如此，在《當代中國的人口》中不得不承認：「三年困難時期死亡人數超過平常兩、三倍。」《中國共產黨的七十年》承認：一九六〇年全國總人口比上年減少一千萬。[285]相對獨立的學者，對於「非正常」死亡人數估計，多數傾向是兩千萬人。但是，也有學者認為這個時期因饑餓死亡人數是三千二百五十萬。因饑荒死亡人口在不同地區的數量差別很大。山東、安徽、江蘇、河南、湖南、甘肅、四川、貴州、河北等十餘省，屬於死亡人數比較多的省份。四川的「非正常」死亡人口大約上千萬。[286]人口災難性減少是非人道主義的，但是對抑制中國社會的總需求，會產生顯著而迅速的作用。如果這個時期至少有三千萬人死於饑荒，假設人均一年的糧食消費量在一百五十公斤，每年減少大約四十五億公斤糧食的消費。這幾乎是天文數字，其中還沒有包括其他生活必需品需求量的減少。

對於是否可以稱這個時期為「三年自然災害」，向來是有爭議的。一九六二年，在共產黨內就有所謂「三分天災，七分人禍」的說法。近年來，更多資料表明，災難並非來自缺糧，中國還有相當的糧食儲備，但因為急需大量黃金外匯進口，而繼續糧食出口。到了一九六一年，中央政府不得不從國外進口了一些糧食，主要用於北京和上海市民。同時，中央政府承認農民土地承包，自主經營等各種自救行為，「三自一包」、「四大自由」一度具有合法性。「三自」即「自留地、自由市場、自負盈虧」，「一包」即「包產到戶」；「四大自由」是指允許農民有借貸、租佃、雇工、貿易的自由。「三自一包」、「四大自由」時期，貨幣經濟在農村出現了復甦。

「抑制型」通貨膨脹及其代價

在中國的計劃時代期間，發生「經典」和通常的通貨膨脹的時間占這個時期的三分之一。剩下三分之二的時間，「經典」的和通常的通貨膨脹被改變為「抑制型」通貨膨脹。在「抑制型」貨幣經濟或「半貨幣經濟」之下，中國形成了所謂的「低工資，低物價，低就業，高增長」模式，曾被人以為優於西方發達國家「高工資，高物價，高就業，高增長」的工業化模式。

實際上，與西方國家的「四高」模式相比，計劃經濟的「三低一高」，「抑制型」通貨膨脹，不過是將通貨膨脹控制在「不顯現」、「不積聚」、「不爆發」狀態，是一種斷裂模式。因為，即使「抑制型」通貨膨脹，依然是通貨膨脹，其對國民經濟的負面和害處，甚至超過傳統的、常規的通貨膨脹。因為：一，「抑制型」通貨膨脹背離充分就業，背離工資水準上升，直接影響儲蓄。而儲蓄是投資的前提。中國居民的無產化和這麼做的後果是居民僅僅成為生產者和消費者，不再可能是投資者和經營者。當居民的收入僅能維持生存需要的時候，社會的儲蓄率趨近於零。從居民整體而言，其投資產生的影響也微乎其微。二，「抑制型」通貨膨脹導致整個社會喪失利用價格信號引導資源分配的功能，造成資源浪費。三，「抑制型」通貨膨脹掩蓋真實的供需關係，加劇「短缺經濟」。四，「抑制型」通貨膨脹導致自我耗竭式的增長。

所謂限制「資產階級法權」

在中國的一九五八年前後和文革期間，都發生過從根本上否定貨幣和要求取消貨幣的思潮，並造成了一定的社會生活和經濟活動的後果，其重要的背景都是與限制「資產階級法權」的討論有關。

一九五八年：毛澤東關注「資產階級法權」問題

一八七五年，馬克思在《哥達綱領批判》中，最早提出了「資產階級法權」的概念。列寧曾經對此概念有所發展。[288]一九五八年，毛澤東在閱讀列寧《國家與革命》一書後，提出破除資產階級法權的想法。[289]這一年，在北戴河會議期間，毛澤東在幾次講話中都提到要破除「資產階級法權」，他把這個問題同現行的分配制度（工資制），人與人之間的關係聯繫在一起，並把它們納入資產階級法權範疇之中。毛澤東強調：所有制解決以後，資產階級法權制度還存在，如等級制度，領導與群眾的關係。要考慮取消薪水制、恢復供給制問題。過去搞軍隊，沒有薪水，沒有星期天，沒有八小時工作制，上下一致，官兵一致，軍民打成一片，成千上萬地調動起來，這種共產主義精神很好。過去實行供給制，過共產主義生活，二十二年戰爭都打勝了，為什麼建設共產主義不行呢？我們已相當地破壞了資產階級的法權制度，但還不徹底，要繼續搞。不要馬上提倡廢除工資制度，但是將來要取消。恢復供給制好像「倒退」。「倒退」就是進步，因為我們進城後後退了。現在要恢復進步，我們要把六億人民帶成共產主義作風等等。[290]因為，工資制意味著收入與貨幣、與商品不可分割的聯繫。

討論和後果

北戴河會議之後，張春橋撰寫〈破除資產階級的法權思想〉一文，一九五八年九月十六日先發表在上海的《解放》雜誌，一九五八年十月十三日，《人民日報》轉載[291]毛澤東為此文章專門撰寫了編者按，[292]由此引發中國很多學者參與關於「資產階級法權」的討論。[293]

資產階級法權討論和人民公社運動。此時的毛澤東高度重視人民公社運動，倡導在人民公社實行共產主義的分配原則——供給制。毛澤東說：「大概十年左右，可能產品非常豐富，道德非常高尚，我們就可以從吃飯、穿衣、住房子上實行共產主義。公共食堂，吃飯不要錢，就是共產主義。」對此，《人民日報》是這樣理解的：試圖把社員基本需求全包下來的「供給制當然還沒有達到共產主義的『各取所需』。但它完全衝破了『按勞取酬』的法權界限，適合於進一步發展的要求，在『公』的方面向前發展了，因此它應該屬於共產主義的範圍，是共產主義的萌芽。」當時人們狂熱地辦大社、辦公共食堂、搞按需分配，其重要緣由當在於此。[294]

在人民公社初期，實行工資制加供給制的分配制度。其中的供給制則可分為糧食供給制、伙食供給制和基本生活用品供給制。糧食供給制是按照一定的糧食供應標準，免費向全體社員供給口糧，即在公共食堂免費吃糧；伙食供給制就是對社員的糧、菜、油、鹽、燒柴等一切伙食費用實行包幹，免費供應；基本生活供給制，是根據經濟條件和社員的消費情況確定供給範圍，實行吃、穿、住等用品的無償供應，即各種各樣的所謂「包」。還有少數生產水準低、收入少的大公社，實行了糧食的半供給制，即一部分口糧實行供給制，另一部分口糧從工資中扣除。

這樣的分配制度不符合國情，脫離當時生產水準、收入水準並不相適應和農村消費水準，使公社內部產品直接分配的範圍擴大，農民生產的大部分農副產品作為自給性的產品，直接分給各戶或拿到食堂吃掉。農村副食品消費量的增加，上市量減少。例如，一九五八年，廣東番禺農副產品產量增加，但大部分產品被農民自己消費了，水果，過去上市量達八〇%，當時只有二〇—三〇%成為商品。[295]

在一九五八年，河北省徐水縣是實行供給制，推行共產主義的試點和典型。徐水縣一九五八年八月推出供給制，九月幹部就停發了薪金，降低了標準的津貼費；有的幹部未領到錢，只到公共食堂免費就餐。根據一九五八年九月二十日公佈在《中共徐水縣委員會關於人民公社實行供給制的試行草案》，全縣實現了「十五包」：吃、穿、住、鞋、襪、毛巾、肥皂、燈油、火柴、烤火費、洗澡、理髮、看電影、醫療、喪葬，全由縣裡統一包下來。十一月曾給社員發過一次工資及部分生活用品，用去五百五十萬元，當時全縣年財政收入不足兩千萬元，根本無力承擔供給制，只好挪用商業資金七百萬元。三個多月後，大食堂就關門了，近於鬧劇的徐水縣供給制便夭折了。[296]

但是，全國各地卻以徐水為榜樣，推出了種種類似的供給制。一九五八年十月底，在河南、山東、河北、遼寧、安徽五省五千兩百五十四個公社中。計劃實行糧食供給制的占二一%；實行伙食供給制的六一．三%：實行基本生活資料供給制的一五%；實行全供給制的二．七%。然而，一九五〇年代中國社會經濟的發展水準，無論什麼樣的供給制都是難以維持的。在接踵而來的經濟困難和饑荒的壓力下，這樣的分配制度被迫開始從供給制演變為按勞分配。

人民公社分配制度試驗的失敗，引起廣大農民的恐慌，各地農村普遍發生瞞產私分的現象。由此造成市場農產品供應緊張。吃飯不要錢，無償調用農民生產資料、勞動力、勞動產品，拉平生產隊之間的窮富差距，造成農民群眾與共產黨和政府的關係緊張。

資產階級法權討論和「按勞分配」。在所謂的「資產階級法權」的範疇中，「工資制」被視為重要內容，是對帶有軍事共產主義的供給制的倒退。一九五五年八月三十一日，國務院正式頒佈了國家機關工作人員全部實行工資制和改行貨幣工資制的命令，此後又頒佈新的工資標準。三十個級別，最高五百六十元，最低十八元。最高與最低工資差了三十一倍以上。國民政府戰後的文官薪給標準，三十七個級別，最高和最低之比是十四．五比一。講平等、平均的共產黨制定的級別及分配標準還高於並不講平等、平均的國民黨制定的級別及分配標準。至於無法從工資數位上反映出來的各種物質待遇，更是國民政府時期的文官薪給制所不能及的了。[297]

毛澤東對當時工資制的設計和問題，很少介入和表態，相當低調。一九五六年春，毛澤東出來講話：現在的工資標準把收入的差距拉得太大了。毛澤東從來強調供給制的好處。據說他在一九四七年就已經對當時的供給制的「衣分三色，食分五等」的標準很不以為然。相較於工資制，毛澤東更傾向供給制，主張恢復供給制，只是要適當保留工資者，保留一部分多勞多得而已。甚至一度贊同做部分恢復供給制的嘗試。[298]在毛澤東的壓力之下，中共中央在一九五九、六〇年兩度下令降低高級幹部的工資。毛澤東認為，「既有高薪階層，就一定有低薪階層」，而且後者一定占多數，因此，「這個社會裡的高薪階層是有危險性的。」經毛澤東親自修改審定的「九評」蘇共中央公開信中，就強調了這個觀點。

隨著時間的推移，毛澤東愈來愈認定，等級工資制度未必是進步。然而，毛澤東不可能找到更好的方法來改變這一切。他曾設想並推動過的「幹部參加勞動」、「五七」幹校，都不可能成為一種根本替代現有分配制度或阻遏等級制負面影響的有效辦法。毛澤東愈到晚年，愈懷念供給制的好處，相信「實行供給制，人還健康些。」這樣的困惑與遺憾一直持續到他生命最後一刻。[299]

在對資產階級法權的討論中，徹底否定了計件工資和獎勵制度的積極作用，生產獎勵制度被認為是「鈔票掛帥」、「資產階級法權殘餘」的產物而遭到取消，工人工資收入有所降低，出現了勞動紀律鬆弛、生產效率下降的現象。

資產階級法權討論和取消商品、貨幣。一九五〇年底，排斥商品和貨幣的思想是相當普遍的。一九五六年，在中國經濟學界有過關於社會主義是否需要貨幣的討論。當時一些有影響的經濟學家提出：商品經濟、價值規律以及由此必然引出的貨幣，都是私有制的產物。社會主義已經不再是商品經濟，中國的人民幣，特別是在全民所有制經濟內部流通的人民幣，實際上已經轉化為勞動券。[300]進而有人主張廢除貨幣和商品流通，實行產品全面調撥，在人民公社內部搞非現金結算。一九五八年十月，西安召開農業協作會議，有人明確提出取消商業、消滅貨幣的意見。[301]雖然這種設想沒有付諸實踐，但在這股思潮影響下，民眾誤以為國家要取消貨幣，擔心實行供給制之後「不准買東西了」，「存款要共產了」，紛紛搶購日用品，提取銀行存款，購置高級商品，干擾了社會的正常經濟秩序，商品流通出現異常。一九五八年，中國貨幣發行額與商品的比例為一比七．八六，市場處於供不應求的緊張狀態，致使一些城市發生搶購風潮，一度造成市場供應緊張和混亂。[302]在這個時期，否定商品，自然否定成本觀念，會計制度基本被廢止，眾多的企業出現「以單代賬」、「以表代賬」，「無人出納」、「無人發工資」，「旬報不出旬、月報不出月」等「無賬會計」現象。後來，否定商品和貨幣的觀念和行為一度有所糾正，當時的中共中央提出「企圖過早地取消商品生產和商品交換，過早地否定商品、價值、貨幣、價格的積極作用，這種想法是對社會主義建設不利的。」[303]

值得提及的是在一九五八年十二月，中國共產黨決定退賠人民公社運動對社隊和個人財務平調的損失，退賠期限是一九六〇年內或不遲於一九六一年春耕以前。為此，全國各省人民銀行自行設計印製「期票」，總額達到二十五億人民幣。「後來由於國家連續遭受嚴重自然災害和經濟困難，同時貨幣發行過多，物資供應不足等，此項『退賠償付』工作一直延續至一九六九年才全部兌付完畢。」[304]

毛澤東的個性並不喜歡錢，他說過他這一生從不摸錢。[305]但也不盡然。例如，一九二〇年，毛澤東去上海找章士釗，發動了社會各界名流捐款，一共籌集了兩萬銀元。一九六三年，毛澤東決定開始還他這筆欠了近五十年的債，一年還兩千元，十年還完兩萬。一九七三年春節過後不久，毛澤東又提出歸還過去五十年的利息。[306]

在關於資產階級法權的討論中，毛澤東的思想是矛盾的。一方面，他存在肯定破除資產階級法權是變革生產關係和促進生產力發展的重要舉措，將馬克思所指的資產階級法權內涵從經濟領域擴大到政治領域的傾向；另一方面，他沒有否定所謂社會主義社會商品生產和商品交換的必要性。

「文化大革命」期間的反對「資產階級法權」

雖然關於資產階級法權的討論為時很短，但是，其理念對中國經濟發展的影響是長遠的，在經濟領域，致使中國嚴重的平均主義分配格局難以突破，商品貨幣關係一直被看作是社會主義的異己力量。在政治領域，限制資產階級法權成為毛澤東自一九五八年後發動歷次政治運動的重要思想基礎，以及階級鬥爭理論和無產階級專政下繼續革命理論依據，而且成為在政治上發動「文化大革命」的思想和理論根源之一。

在文革中，主流和正統思潮是將貨幣與資產階級權利等同起來，對貨幣基本上持否定態度的思潮再現，直接把貨幣說成是滋生資本主義的溫床，並認為必須「在無產階級專政下」對它加以限制。於是，商品貨幣關係再次被看作是社會主義的異己力量，唯恐商品生產和商品交換的發展會導致資本主義。在「以階級鬥爭為綱」的背景下，民間正常的商業往來被視為「投機倒把」，是尖銳的階級鬥爭的體現，人為限制甚至企圖取消商品生產和商品交換。對資本主義的否定和批判不斷升級，即使城鄉個體經濟、甚至農民家庭副業都曾被作為「資本主義尾巴」而遭割掉，私營經濟幾乎絕滅。

毛澤東對中國未來社會的設想體現在他一九六六年五月七日的《五七指示》之中，各行各業、各個單位都要辦成大學校，每個大學校要一業為主，兼營他業。大學校裡工、農、學、兵俱全，唯獨排除了商業。[307]毛澤東對「工資制」的批評尤其嚴厲。一九七四年，毛澤東說過：廢棄供給制，實行工資制，是共產黨人為要遷就現實不得不做的讓步，但是必須認識到：「中國屬於社會主義國家，解放前跟資本主義差不多。現在還實行八級工資制，按勞分配、貨幣交換，這些跟舊社會沒有多少差別。所不同的是所有制變更了。」不論是商品貨幣經濟，還是工資制度的不平等，只能在無產階級專政下加以限制。[308]

「紅色高棉」和北韓的反「貨幣經濟」實踐

一九七五年，柬埔寨的波爾布特（或譯「波帕」）發動、領導了紅色高棉運動，建立由一黨專政的獨裁政府，不僅實踐，而且將毛澤東「限制資產階級法權」思想推向極致。在短短的幾年內，在波爾布特統治時期的柬埔寨，幾乎全體城市居民被強行驅趕至農村，毀滅城市，關閉市場，取消貨幣，全面合作化。至少三百萬人被處死或餓死，共產主義的理想並未實現，國家經濟全面崩潰，文明遭到破壞，重建經濟和社會，時間漫長，成本龐大。[309]

北韓是全世界幾乎唯一維持計劃經濟體制的國家，雖然沒有廢除貨幣，但堅持排除市場經濟和貨幣經濟。二〇〇九年十二月，北韓宣佈換幣，原來每張一百朝元的舊幣換為面值一朝元的新幣，且對換幣額度設定上限。二〇一〇年開始，外匯禁止在市面流通。這樣的貨幣改革，實質上是北韓當局剝奪一部分人財產，加強對社會控制，強化政府對貨幣管理，關閉自由市場的手段。[310]但是，北韓這次所謂貨幣改革很快失敗，為了轉移人民產生的不滿情緒，北韓當局將貨幣改革失敗責任推給朝鮮勞動黨前計劃財政部長朴南基，將之在平壤槍決。這在當代經濟歷史中，實屬罕見。[311]二〇一一年十二月十七日，即北韓宣布貨幣改革之後的兩週年，金正日病死。不少媒體指出，金正日之死是與這次貨幣改革的失敗，國民經濟急遽惡化有著直接的關係。

在二〇一〇年，世界上還有一個國家，政府任意對貨幣經濟進行干預，這個國家是委內瑞拉。年初，委內瑞拉政府突然宣佈新貨幣政策：三天後「玻幣」相對美元貶值一半，匯率從二·一五比一貶值到四·三比一；實行「石油美元」與「重要進口產品」雙軌制匯率，包括食品、藥品在內的必要進口產品仍然執行原來的匯率政策；同時宣佈管制商品價格。本幣貶值將很可能增加委內瑞拉政府以玻利瓦爾計算的原油出口收入，有利於國內出口企業，但會給進口產品物價再添壓力。匯率的突然調整造成了全國頓時湧動搶購潮，造成一些商店「有貨不賣」或「無貨可賣」的局面。致物價上漲、物資緊缺和回款緩慢，讓大多數小本生意人措手不及。委內瑞拉的新貨幣政策，是該國總統查韋斯提出建立二十一世紀社會主義，無視市場原則的集中反映，這種與歷史進步相悖的貨幣經濟制度是難以為繼的。查韋斯一旦病入膏肓，撒手人寰，勢必回歸到符合市場規律的貨幣經濟制度。

312

二十世紀毛澤東在中國創建的計劃經濟制度和非貨幣化經濟以失敗告終。柬埔寨的波爾布特，北韓的金正日，委內瑞拉的查韋斯，所推行的反貨幣經濟制度都是毛澤東在中國試驗的一種延續。因為他們所實行的貨幣經濟是以人民的名義掠奪人民。在進入二十一世紀十年之後，這種延續已經走到盡頭。

注釋

1. 許滌新、吳承明主編《中國資本主義發展史》第三卷，北京：人民出版社，頁七三，二二四。

2. 中國在一九五〇年下半年至一九五一年，私營工商業企業開業、復業戶數增加，產值和批發零售額實現高增長，經營穩定；官司合營銀行和錢莊金融業務回升；市場全面活躍，城鄉物資交流擴大。一九五二年是私營工商業的「黃金年」，是中國重建市場經濟和私有化的良機。但是，中國共產黨與這樣的歷史機會擦肩而過，最終選擇的是公有制和計劃經濟制度。
3. 趙人偉，〈市場化改革進程中的實物化傾向〉，載《紫竹探真——收入分配及其他》（上海：上海遠東出版社，二〇〇七年），頁二一。
4. 經濟學家駱耕漠系統闡述過「社會主義非商品論」，見其著作《社會主義商品貨幣問題的爭論和分析》總論第一分冊（北京：中國財政經濟出版社，一九八〇年）。
5. 科爾奈，《短缺經濟學》下冊（北京：經濟科學出版社，一九八六年），頁二四三。
6. 《中國金融統計：一九五二—一九九六》，國家統計局網站：http://www.pbc.sov.cn。黃達，《金融學》（北京：中國人民大學出版社，二〇〇三年），頁七五八—七五九。
7. 毛澤東，《論十大關係》，《毛澤東選集》卷五（北京：人民出版社，一九七七年）。
8. 謝春濤主編，《中國共產黨為什麼能》（北京：新世界出版社，二〇一一年）。
9. 一九四九年，南京政府在撤離大陸之前，從上海等不同地方多次運走數額巨大的財富，包括黃金、白銀、銀元，以及外幣、珠寶等去臺灣。關於每項的數目和總價值，從來存在爭議。其中，比較可信的估算是：黃金近四百萬兩；加上銀元、外匯折合黃金三百萬兩，總價值約七百萬兩黃金。吳興鏞，《黃金秘檔——一九四九年大陸黃金運台始末》（南京：江蘇人民出版社，二〇〇九年）。根據此書：蔣介石最後告訴中央銀行的人，要留下二萬兩黃金和一百萬塊銀元。最後湯恩伯只留六千兩黃金和三十萬塊銀元。
10. 《中華人民共和國土地管理法實施條例》，一九九八年；《中華人民共和國土地法》一九九九年一月一日實行。
11. 《劍橋中華民國史》（一九八三年），頁三三，四三。
12. 《中國資本主義發展史》第三卷，頁二六九。另據帕金斯估計：一九一三年中國耕地為一三．六億畝，一九三三年耕地為一四．七億畝，一九五七年耕地為一六．七八億畝。
13. 楊奎松，《中華人民共和國建國史研究》（南昌：江西人民出版社，二〇〇九年），頁一一六。
14. 前引書，頁一三一。
15. 前引書，頁一三七。
16. 前引書，頁九九。
17. 前引書，頁一五二。
18. 家中沒有土地，完全依靠打工為生者是雇農；家中有很少土地，靠打工為生即貧農；家中擁有土地，基本自給，不收取地租即中農。

19. 莫里斯・邁斯納，《毛澤東的中國及其後》（香港：中文大學出版社，二〇〇五年），頁一二二。

20. 鄭謙等，《毛澤東時代的中國》卷一（北京：中共黨史出版社，二〇〇三年），頁一九四—一九五，五一九。

21. 土地改革結束之時，合作化運動業已開始。到了一九五五年下半年，中國一・一億農戶中已有六〇%以上，即七千多萬農戶加入了「半社會主義的農業生產合作社」。進入一九五六年，僅幾個月的時間，合作化就驟然完成了。到一九五六年底，加入合作社的農戶達到全國農戶總數的九六・三%，其中參加高級社的農戶占全國農戶總數的八七・八%，建國初期預計十八年完成的農業合作化，提前了十一年，僅用七年的時間就完成了。

22. 《毛澤東的中國及其後》，頁一三三。

23. 僅僅兩年，到一九五八年九月，「全國共建起人民公社二三三八四個，加入農戶一一二一七四六五戶，占總農戶的九〇・四%，全國農村基本上實現了人民公社化。

24. 一大二公，出自一九五八年九月三日的人民日報社論《高舉人民公社的紅旗前進》。公是指人民公社比農村生產合作社更具社會主義化、集體化。

25. 活頁文選，《中共中央關於在農村建立人民公社問題的決議》（北京：人民出版社，一九五八年）。

26. 與英美相互凍結資產。一九五〇年末，美國和中國先後凍結對方資產，這年十二月十六日，美國國務院發表公報，宣布凍結中國在美資金，並禁止美國船隻開往中國港口。中國政務院在十二月二十八日發布了《關於管制美國在華資產、凍結美國在華存款的命令》。此時中國志願軍已經入朝，中美實際上處於交戰狀態。中國被美國凍結的財產有二千萬到三千萬；美國在中國的財產大約有一・三九二至兩億美元（碼頭、倉庫未計入）。不久，中國政府開始軍管和管制美國在華的銀行和企業。同年，對英國在中國大陸的企業采取了同樣措施。

27. 毛澤東，《毛澤東選集》第四卷（北京：人民出版社，一九九一年），頁一四五七。

28. 被接管企業大致有：金融方面，有國民黨政府國家銀行系統和省市地方銀行系統的銀行二千四百多家。工礦企業方面，有控制全國資源和重工業生產的資源委員會，以及其他國營、公營和大官僚經營的企業共二，八五八個，內發電廠一三八個，採煤、採油企業一二〇個，鐵錳礦十五個，有色金屬礦八十三個，煉鋼廠十九個，金屬加工廠五〇五個，化學加工廠一〇七個，造紙廠四十八個，紡織廠二四一個，食品企業八四四個。交通運輸方面，有鐵路二・一八萬公里，機車四千多台，客車約四千輛，貨車約四・六萬輛，鐵路車輛和船舶修造廠約三十個，各種船舶約二十多萬噸。原中國、中央兩航空公司被劫持到香港的十二架飛機，由於職工起義回歸祖國。商業方面，有復興、富華、中國茶葉、中國石油、中國鹽業、中國蠶絲、中國植物油料、孚中、中國進出口、金山、利泰、揚子建業、長江、中美實業等十多家壟斷性的貿易公司。

29. 趙志剛主編，《回顧與思考》（北京：經濟管理出版社，一九九九年），頁二二。

30. 汪敬虞，〈大陸解放前夕國民黨官營事業資產估計〉，《中國經濟史論壇》，二〇〇五年七月五日。
31. 柳隨年、吳群敢主編，《中國社會主義經濟簡史》（哈爾濱：黑龍江人民出版社，一九八五年），頁一九。
32. 中央財經領導小組辦公室編，《中國經濟發展五十年》（北京：人民出版社、北京：中共中央黨校出版社，一九九九年），頁三三。
33. 《毛澤東時代的中國》卷一，頁四〇。
34. 《中國社會主義經濟簡史》，頁四八。
35. 翟昌民，《回首建國初》（北京：中共中央黨校出版社，二〇〇五年），頁五七。
36. 蘇星，《新中國經濟史》（北京：中共中央黨校出版社，一九九九年），頁八九。
37. 前引書，頁九一—九三。
38. 《中國通史近代後編（一九一九—一九四九）》卷十二，第六章。
39. 《回顧與思考》，頁三四三—三四四。
40. 《中華人民共和國建國史研究》，頁四九〇—四九九。
41. 公私合營是指國家透過少量而必要的資金，以少量的公股（二五%、二〇%，甚至更少）實行對私有企業的實際控制。
42. 毛澤東，《黨在過渡時期的總路線》，《建國以來毛澤東文稿》第四冊（北京：中央文獻出版社，一九八九年），頁三〇一。
43. 《當代中國財政史》，頁六〇，九三。
44. 《私有產權的社會基礎》，頁一一二，一二六，一二八。
45. 同前引。
46. 三反運動是一九五一年在共產黨和國家機關內部的反貪污、反浪費、反官僚主義的運動。五反是一九五二年針對資本主義工商業者的反行賄、反偷稅漏稅、反盜竊國家財產、反偷工減料、反盜竊國家經濟情報的運動。
47. 《中國社會主義經濟簡史》，頁一四六，一四七。
48. 朱蔭貴，〈從老股票看一九五〇年代的股份制企業〉，《當代中國史研究》（二〇〇五年第三期，北京）。
49. 許滌新，《中國過渡時期國民經濟的分析（一九四九—一九五七）》（北京：人民出版社，一九六二年），頁一三九—一四一。
50. 《回顧與思考》，頁三四三—三四四。
51. 《中國固定資產投資統計資料一九五〇—一九八五》（北京：中國統計出版社，一九八七年）。
52. 《短缺經濟學》下冊，頁二二四—二二五。
53. 許家林等，〈新中國六十年會計變遷〉，《財會通訊》（二〇〇九年十二月，武漢）。
54. 許滌新、吳承明主編，《新民主主義革命時期的中國資本主義》第三卷（北京：人民出版社，一九九三年），頁一四。

55. 一九五二年十二月，中國人民銀行遵照指示精神，作出「徹底改造合營銀行，堅決淘汰私營行莊，在進行過程中適當照顧整個資產階級的影響以及我國在國外的公私合營銀行的影響」的決定，在上海率先實現整個金融業的公私合營。在天津、北平、上海三大城市，中國人民銀行共接管官僚資本銀行機構一二八個，接受銀行工作人員九五三〇人。

56. 《中國古近代金融史》，頁四二〇—四二一。

57. 「截至一九四九年，全國錢莊由一〇三二處減至八三三處；上海自六月至十二月，私營錢莊從二二一家減至一八三家，天津從解放後的一五一家減至一二二家。」據北京、天津、上海、武漢、廣州、重慶和西安七大城市的調查，一九四九年底共有私營行莊四四六家，一九五〇年六月減少為二一三家，倒閉數占原有總數的五二%。

58. 《中國經濟發展五十年》，頁二一。

59. 中共上海市委統戰部，《中國資本主義工商業的社會主義改造》（上海卷）（北京：中共黨史出版社，一九九三年），附表六。

60. 本書第三章提及的陳光甫就是其中的代表人物，這位一九二三年創建上海銀行的優秀金融家，私營銀行家代表人物，難以接受社會主義，一九四九年上海解放前夕，「因公出國」，即使毛澤東贈物予他，還有朋友的勸說，都無法阻止他的離去。而他創辦的上海銀行，一九四七年時的存款額為當時三〇七家私營銀行首位，一九四八年外匯資產總計六九二萬美元，於一九五一年七月走上公私合營的道路。陳光甫對此已無可奈何。陳光甫的出走代表二十世紀上半葉中國私人銀行業時代的結束。這之後的半個世紀，中國沒有再出現過對世界有影響的銀行家。

61. 僵化資本數額驚人：很大比例的城市居住者和農村居民的住房。「僵化的資本堆積如山，充斥了發展中國家和前共產主義國家的各個角落」，「其總體價值至少有九．三萬億美元。這是一個值得深入思考的數字。它大約是美國流通貨幣總量的兩倍，接近於全世界二十個最發達國家的主要股票市場（紐約、東京、倫敦、法蘭克福、巴黎、多倫多、米蘭納斯達克所有上市公司的總值）。他是自一九八九年以後的十年來所有第三世界和前共產主義國家獲得的全部國外投資總量二十倍以上，是在過去三十年裏，世界銀行的提供貸款的四十六倍，是同一時期第三世界獲得的所有發達國家發展援助總額的九十三倍」。（《資本的秘密》，頁二二—二三。）

62. 徐元功，〈中共誕生初期共產國際給了多大經費支持〉，《同舟共濟》（二〇一一年第四期，廣東）。

63. T. G. Rawski and L. M. Li ed, *Chinese History in Economic Perspective*; Yeh-chien Wang（王業鍵）, "Secular Trends of Rice Prices in the Yangtze Delta1638-1935", (California: University of California Press, 1992).

64. 鄧加榮，《開國第一任央行行長：南漢宸》（北京：中國金融出版社，二〇〇六年）。

65. 《中國古近代金融史》，頁四二四。

66. 中國社會科學院、中央檔案館編，《中華人民共和國經濟檔案資料彙編》金融卷（北京：中國物資出版社，一九八六年），頁二〇七。

67. 《回首建國初》，頁六〇—六一。

68. 武力，〈中華人民共和國成立前後的貨幣統一〉，《中國經濟史論壇》（二〇〇三年第六期，出版地）。

69. 王海光，〈民變與「匪變」：以中共接管貴州暨西南時的征糧為例〉，《領導者》第二十八期（二〇〇九年第六期，香港）。

70. 范守信，〈歷史回顧：解放初我黨如何打擊投機商人〉，《上海記者家園》，二〇〇五年四月二十三日。

71. 例如在上海，兩萬多大、中、小學學生和工人組成的一支支宣傳隊，高呼著「打倒銀元投機！」「銀元販子快覺醒，不要做危害人民的生意了！」的口號。同濟大學學生還編寫了一副輓聯高挑著，上聯是：「蔣介石陰魂不散」，下聯是：「袁大頭借尸還魂」，橫批是：「銀元千古」。有的學生唱著自己新編的歌：「四大家族完了蛋，完了蛋；留下陰魂還不散，還不散。指使那些銀元到處竄，呸，攪得那市場紛紛亂！」在菜市場裏安設了高音喇叭，工人學生出來作宣傳，號召家庭主婦不要再使用銀元，避為奸商和投機倒把分子所利用。交通大學的學生還畫了一幅大漫畫，畫面上有一個袁大頭，下面掛著米、煤、油，有一個奸商拉動底線，就把這些商品的價格高高抬起。學生們舉著漫畫高喊口號：「禁止銀元買賣，穩定市場物價！」「肅清銀元買賣，統一使用人民幣！」圍觀的群眾擠得水洩不透。碰到倒賣銀元的販子，當場就將其銀元沒收了，也抓了一批倒賣數量較大的投機販子。

72. 〈民變與「匪變」：以中共接管貴州暨西南時的征糧為例〉。

73. 《當代中國財政史》，頁五二。

74. 一九四九年十月廣州解放，為了把港幣迅速逐出市場，政府對港幣采取了堅決肅清、排擠為主、兌換為輔的方針（因港幣數量巨大，如大量收兌將會引起物價暴漲），將港幣打入黑市，以促使其回流香港和海外。一九五〇年二月以後，由於人民幣流通範圍擴大，加之交通的恢復也使政府掌握了較多的物資，基本具備了禁止港幣流通的條件。一九五〇年二月三日，廣州市軍管會宣布：禁止港幣流通使用。

75. 上海人民銀行上海分行金融研究所，《建國以來上海的銀行工作》（上海：上海金融學會，一九八六年），頁四九。

76. 〈中華人民共和國成立前後的貨幣統一〉。

77. 賀水金，〈試論建國初期的通貨膨脹及其成功治理〉，《中國現代史》（二〇〇九年第一期，北京：中國人民大學書報資料中心）。

78. 前引文。

79. 前引文。

80. 沈志華，《毛澤東，斯大林與朝鮮戰爭》（廣州：廣東人民出版社，二〇〇四年），頁四四七。

81. 列寧，〈論利用自由和平等的口號欺騙人民〉，《列寧全集》卷二四，頁三二九，三三八。

82. 蘇聯科學院經濟研究所編，《政治經濟學教科書》（北京：人民出版社，一九五五年），頁四八一。

83. 吉里．考斯塔，《社會主義的計劃經濟理論與實踐》（北京：中國社會科學出版社，一九八五年），頁一二，一三。

84. 早在一九三〇年代初，蘇聯的計劃經濟體制和實踐，對中國就產生過很大影響。鑒於蘇聯第一個五年計劃的完成，素以追求獨立和富強為己任的中國知識分子主張學習蘇聯，實行計劃經濟，優先發展重工業，以成為強大國家。為此，甚至不惜實行「獨裁政治」。那時，自由知識分子代表的胡適，也發表了不少稱讚蘇聯的政治體制，要求國民黨領袖學習蘇聯的言論。所以，一九四九年之後，中國實施五年計劃，在某種意義上說，還原了一九三〇年代的一種「夢想」，在思想和理念方面，不存在任何障礙，剩下的僅僅是技術層次的問題。

85. 一九五二年初，當時擔任中央財政經濟委員會領導的陳雲、李富春兩人負責準備，蒐集資料，提出中國第一個五年經濟的初步的設想。當年八月，以周恩來為團長，陳雲、李富春為副團長的代表團，到蘇聯洽談援建項目問題，學習蘇聯計劃工作的經驗。九月底，周恩來、陳雲先期回國，李富春繼續率代表團留在蘇聯，對援建項目逐一研究。之後，這個第一個五年計劃，歷時近四年，五易其稿，直到一九五五年七月，全國人大一屆二次會議審議並正式通過了「一五」計劃。其中蘇聯援建項目，逐步增為一五六項。它們是中國第一個五年計劃建設的骨幹項目。

86. 日本的石川滋（S. Ishikawa）教授的說法。

87. 保羅．格雷戈里、羅伯特．斯圖爾特，林志軍，劉平等譯，《比較經濟體制學》（上海：三聯書店），頁一六一。

88. 《私有產權的社會基礎》，頁一二〇。

89. 文通、瑞璞，〈全國黨校政治經濟學教學座談會〉，《人民日報》，一九八一年十月十六日，轉引自趙人偉，〈我國計劃和市場問題討論述評〉，載《紫竹探真——收入分配及其他》，頁二六五。

90. 鄧力群，〈正確處理計劃經濟和市場調節之間的關係〉，《經濟學周報》，一九八二年二月二十二日。

91. 陶大鏞，〈是計劃經濟，還是商品經濟？〉，《光明日報》，一九八二年六月二十六日，轉引自〈我國計劃和市場問題討論述評〉，頁二六五。

92. 〈充分發揮人民公社的優越性加速窮隊趕上富隊〉，《人民日報》，一八六〇年三月十四日。

93. 經濟研究編輯部，《建國以來社會主義經濟理論問題爭鳴一九四九——一九八四》（北京：中國財政經濟出版社，一九八五年），頁二五〇——二五一。

94. 安體富主編，《社會主義財政與信用》（北京：中國人民大學出版社，一九八四年），頁一二四——一二五。

95. 前引書。

96. 前引書，頁六八——六九。

97. 前引書，頁二，九。

98. 武力，〈建國初期的股市和建立長期資金市場的設想〉，《國際金融研究》（一九九四年第一期，北京）。
99. 《建國以來社會主義經濟理論問題爭鳴一九四九—一九八四》，頁二〇六。
100. 《中國勞動工資統計資料一九四九—一九八五》（北京：中國統計出版社，一九八七年頁八三。
101. 米爾頓．弗里德曼、羅斯．弗里德曼，《弗里德曼回憶錄》（北京：中信出版社，二〇〇四年），頁六六五。
102. 景池，《資本主義工商業的社會主義改造》（上海：上海人民出版社，一九七六年），頁五一—五二。
103. 徐建青，〈「一五」時期的投資與制度變革〉，《中國當代經濟史研究》（二〇〇五年第六期）。
104. 趙樹青，〈五〇年代農村國家糧食市場的建立與取消〉，《當代農史研究》（一九九八年第二期）。
105. 《回顧與思考》，頁二六四。
106. 汪海波，《中華人民共和國工業經濟史（一九四九年—一九九八年）》（太原：山西人民出版社，一九九八年），頁一二〇。
107. 徐建青，〈建國初期的市價與牌價〉，《中國經濟史研究》（二〇〇二年第二期，北京）。
108. 《回顧與思考》，頁二七九。
109. 《社會主義財政與信用》，頁六〇。
110. 中國科學院經濟研究所資料室編，《我國經濟學界關於社會主義制度下商品、價值和價格問題論文選集》第二集（北京：科學出版社，一九五九年）。
111. 前引書。
112. 季龍等，《社會主義價格問題研究》（北京：中國社會科學出版社，一九八二年），頁一〇七。
113. 《私有產權的社會基礎》，頁一二〇。
114. 中國社會科學院經濟研究所，《中國資本主義工商業的社會主義改造》（北京：人民出版社，一九七八年），頁一九七。
115. 〈「一五」時期的投資與制度變革〉。
116. 馬洪、孫尚清主編，《中國經濟結構問題研究》（北京：人民出版社，一九八二年），頁四四四—四五一。
117. 〈市場化改革進程中的實物化傾向〉，頁二七。
118. 一九五〇年十二月，美國政府宣布管制中國的全部公私財產，並禁止在美國注冊的船隻開往中國。一九五一年五月，聯合國非通過對中國實行禁運的決議。從那以後，美國等西方國家對中國實行嚴格的封鎖禁運，長達二十年之久。
119. 中國社會科學院中央檔案館編，《一九四九—一九五二中華人民共和國經濟檔案資料選編》（工商體制卷）（北京：中國社會科學出版社，一九九三年）。
120. 《私有產權的社會基礎》，頁一一九。
121. 黄有土，《中國對外貿易基礎知識》（福州：福建人民出版社，一九八一年），頁二九。

122. 《毛澤東，斯大林與朝鮮戰爭》，頁四二〇。

123. 《中國過渡時期國民經濟的分析（一九四九—一九五七）》，頁一九一。

124. John Gurley, *China's Economy and the Maoist Strategy* (New York/London: Monthly Review Press, 1976), pp.163.

125. 《毛澤東，斯大林與朝鮮戰爭》，頁三九三—三九四，四二三。

126. 前引書，頁四〇四—四〇五。

127. 沈志華，〈關於一九五〇年代蘇聯對華貸款的歷史考察〉，《中國經濟史研究》（二〇〇二年第三期，北京）。

128. 吳冷西，《十年論戰（一九五六—一九六六）——中蘇關係回憶錄》（北京：中央文獻出版社，一九九九年）。

129. 毛澤東指示廣東省委：「要有更積極的政策。港澳華僑拿外匯走。」「但有一條，錢怎麼用他們不要去管，由國家來計劃使用。股息多少，股息給不給外匯，這個問題可以研究。」一九五六年十二月二十七日，毛澤東在同民主建國會和工商聯負責人談話時更明白地指出：「華僑投資二十年、一百年不要沒收，可以開投資公司，還本付息。」

130. 卿定文，〈我國利用外資政策的演變和思考〉，《財經理論與實踐》（二〇〇三年第四期，長沙）。

131. 毛澤東等中共領導人的思維是，中國既然是一個「大國」，無需從外國引資，反而應多援助一些中小國家。所以，中國對外經濟援助的比例越來越高。一九六七年，中國對外援助支出為一九·九四億元，占國家財政支出比率的四·五％，一九七二年，對外援助支出達五十一億元，占國家財政支出的六·七％，一九七三年，則高達七·二％，而同期的中國則只利用中國銀行的外國存款引進了一些機器設備，至於吸收外商與外國政府直接投資與貸款等則幾乎等於零，這種做法給國家經濟加重了負擔，也不利於引進外資。

132. 哈耶克，《貨幣的非國家化》（北京：新星出版社，二〇〇七年）。

133. 《中國貨幣演變史》，頁二八八。

134. 《華北銀行總行關於發行中國人民銀行鈔票的指示》（北京：中國社會科學出版社，一九九三年），頁九八九。，

135. 張仁善，《一九四九中國社會》（北京：社會科學文獻出版社，二〇〇五年），頁九四—九五。

136. 同前引。

137. 一九五九年三月，在西藏政治危機之後的四個月，西藏自治區籌備委員於七月十五日頒佈關於在全區普遍發行使用人民幣的佈告，規定人民幣為法定本位幣。八月十日，鑒於藏鈔繼續流通弊多利少，西藏自治區籌備委員會又頒布了在全區廢除和收兌藏幣的布告（包括藏鈔、藏銀幣、藏銅幣）。行使人民幣和收兌藏幣的工作，拉開了西藏民主改革的序幕。民主改革之後，鑒於西藏人民對使用人民幣已經習慣和信任，西藏自治區籌備委員會於一九六二年五月十日頒布《西藏自治區金銀管理和禁止外幣、銀元流通辦法》。至此，終於實現。中國大陸貨幣統一。

138. 人民幣發行和流通，首先是從解放區開始。所以，解放區的民眾比較容易接受人民幣，因為他們原本主要使用的就是共產

黨政權發行的各種貨幣，而且人民幣和這類貨幣的兌換率基本合理，所以很快實現了解放區貨幣統一。

139. 陳元燮，〈新中國貨幣制度亡史的發展〉，《經濟周報》，卷一三第十五期。

140. 《回首建國初》，頁六〇—六一。

141. 《中國古近代金融史》，頁四二〇—四二一。

142. 〈中華人民共和國成立前後的貨幣統一〉。

143. 《新華日報》，一九四九年七月十五日。

144. 一九四九年四月到一九五〇年二月，在不到一年的時間內全國就出現了四次大的漲價風。其中，尤以一九四九年十月至十一月的一次為害最大。根據對一九四九年十月十日到十一月二十日四十天的統計：在天津，麵粉價格上漲二．四倍，大米上漲三倍，白布上漲三．六倍，紗上漲三．八倍；在西安，麵粉上漲三．六倍，大米上漲三倍，白布上漲二．五倍，紗上漲二．一倍；在上海，麵粉（至十一月十日）上漲一．五倍，大米上漲一．七倍，白布上漲二．六倍，紗上漲三．六倍；漢口：麵粉上漲二．一倍，大米上漲二倍，白布上漲二．三倍，紗上漲二．五倍。〈歷史回顧：解放初我黨如何打擊投機商人〉。

145. 《當代中國財政史》，頁五四—五五。

146. 高崗曾想保留東北幣。見《一九四九：新中國統一財經史末》，《東方瞭望周刊》（二〇〇九年第三十五期）。

147. 陳雲（一九〇五—一九九五），中國共產黨和中華人民共和國主要領導人之一，中國社會主義經濟建設的奠基人之一。一九四四年，主持中共中央陝甘寧邊區的財政經濟工作。抗日戰爭勝利後，曾任東北財政經濟委員會主任等職。一九四八年當選為中華全國總工會主席。中華人民共和國建立後，任中央人民政府委員、政務院副總理兼財政經濟委員會主任，主持全國的財政經濟工作。一九五四年任國務院副總理。先後兼任過商業部部長、國家基本建設委員會主任。一九五六年在中共八屆一中全會上，被選為中央政治局常委和中央委員會副主席。一九五七年擔任中共中央經濟工作五人小組組長。一九七八年中共十一屆三中全會上，當選中央委員會副主席和中央政治局常委，中央紀律檢查委員會第一書記。一九八七年中共十三大以後，退出中央領導工作，擔任中央顧問委員會主任。一九九二年中共十四大以後，過離休生活。一九九五年四月十日在北京逝世。主要著作有《陳雲文選》三卷。

148. 《回顧與思考》，頁六七。

149. 〈中華人民共和國成立前後的貨幣統一〉。

150 《貨幣制度理論》，懷特（中國人民大學出版社，二〇〇四年），頁一八。

151 《政治經濟學教科書》，蘇聯科學院經濟研究所編，（人民出版社，一九五五年），頁四八七。

152 〈陳雲與一九五五年人民幣新幣的發行〉，趙學軍，《中共黨史研究資料》（二〇〇五年，第四期）。

153. 〈烏龍數字：廣東省一九五〇年黃金收兌量被學者誇大百多倍〉，鈴蘭台，原載《強國論壇》。

154. 前引文。

155. 上海浙江中路一三七弄一號是一幢五層樓舊房。底層是一家老字號的珍珠泉浴室。樓上在解放前曾有個「富川商號」，為四川商人在滬上開設，主要業務是採購上海商品運往四川銷售。每天都有經紀人來此洽談生意，儼然是一個小小的市場。五十多年前，中共設在上海的地下經濟機構的名稱是華益公司，最先就設在這幢樓裡。這家公司的「老闆」是四川籍共產黨員蕭林和他的妻子王敏卿。原來，在山東解放區特定的經濟制度下，繳獲到手的黃金、美鈔並無多大用處，法幣更被人視若廢紙。正在膠東組織經濟工作的薛暮橋則認為，此地或為棄物，彼地即成寶物。「運到上海可是一筆不小的財富啊！」其時，中共代表團正在上海亟需大筆活動經費，經中共代表團駐滬辦事處與山東解放區工商局秘密約定，實施一項秘密運貨幣的計劃。因從山東運來的黃金，大都是一兩一個的小元寶，有的還蓋有「烟臺」字樣，在市面上交易容易引起警方的注意。於是，蕭林找到了專做黃金生意的經紀人尤敏生，把那些小元寶改鑄上海通行的十兩金條。一九四七年三月中共代表團從上海撤退時，尚有三千多兩黃金來不及轉移。一九四九年，解放戰爭的隆隆炮聲迎來了新中國的黎明。隨著北方各大城市的相繼解放，共產黨的經濟來源有了更多的保障，華益公司的使命事實上已經結束，上海除留下少量供日常開支的經費外，所有的流動資金全部都調往香港。「華益」等地下經濟機構在解放戰爭結束前後關閉，財產全部上繳中共中央。

156. 〈做好新人民幣的發行工作〉，《人民日報》社論，一九五五年三月一日。

157. 尚長風，〈三年困難時期中國糧食進口實情〉，《百年潮》（二〇一〇年第四期，北京）。

158. 《中國貨幣思想史》（下），頁一四七四。

159. 《回顧與思考》，頁一五。

160. 在「糧本位貨幣核算體系」在財政預算中占據主導地位時期，在嚴格控制之下，中央及各大區都曾經發行過少量的「糧本位貨幣」。其實物形態為中央人民政府及各大區軍政委員會發行的軍政糧票，該票均為有價證券（含全額購糧款），只許機關部隊使用，不准在民間使用，違者按貪污論處；在管理上非常嚴格，除小額票外，均不得循環使用，即使用一次後立即上繳銷毀。這是因為，第一，許多票面額較高，折合成當時的人民幣最高者可達數百萬元，而第一套人民幣中的最高面值僅為五萬元；第二，這些「糧本位貨幣」不受市場物價波動的影響，成了名副其實的紙質硬通貨。

161. 《中華人民共和國建國史研究》，頁四三二。

162. 《當代中國財政史》，頁六七。

163. 葉世昌等，《中國貨幣理論史》（廈門：廈門大學出版社，二〇〇三年），頁六三〇—六三一。

164. 《中國過渡時期國民經濟的分析（一九四九—一九五七）》，頁一五五。

165. 〈陳雲與一九五五年人民幣新幣的發行〉。

166. 前引文。

167. 《社會主義政治經濟學》（上海：上海人民出版社，一九七六年）。

168. 一般來說，戰爭和革命都會導致嚴重的、甚至是失控的通貨膨脹。美國獨立戰爭開始之後的四、五年內，發行了二．四一億美元大陸紙美元，幾乎沒有貴金屬作為儲備基礎，這在當時的美國是「天量」的貨幣投放，形成美國歷史上的第一次通貨膨脹。俄國一九一七年「十月革命」之後，因為物資短缺，國民經濟瀕於崩潰，物價暴漲。所以，美國獨立戰爭期間的通貨膨脹成因不盡相同於俄國在一九一八年「布爾什維克」掌握政權之後的通貨膨脹。

169. 一七〇四年，沙皇彼得一世首鑄盧布銀幣。一八九七年盧布金幣成為單一金屬幣制單位（一盧布紙幣含金量為〇．七七四二三五克）。一九一四年七月沙皇俄國取消金本位制，盧布紙幣停止兌換黃金。第一次世界大戰初期，金幣退出流通，只流通貶值的紙幣。沙皇俄國一八七六年鑄造的五盧布金幣。十月革命後，蘇俄政府數次改革貨幣，縮小紙幣面額。一九二一年發行新盧布，規定一新盧布兑一萬舊盧布。此後，蘇聯進行過多次幣制改革以調整其含金量。斯大林逝世後，東歐各國提出盧布定值過高，要求計算各國貨幣的實際購買力，改訂匯率，並退賠過去占的便宜。此舉連續進行數年之久。

170. 〈陳雲與一九五五年人民幣新幣的發行〉。

171. 《毛澤東，斯大林與朝鮮戰爭》，頁四二二—四二三。

172. 《政治經濟學教科書》，頁五七七，五七八。

173. 《社會主義財政與信用》，頁四三〇—四三二。

174. 《中國過渡時期國民經濟的分析（一九四九—一九五七）》，頁一六五。

175. 財政、物資、信貸和外匯的「四大平衡」來自陳雲在一九五六年一月十八日首先提出的財政、物資、信貸「三大平衡」，其中的第一個平衡就是財政收支和銀行信貸平衡。

176. 趙海寬，《趙海寬論文選集》（北京：中國金融出版社，二〇〇三年），頁一三一。

177. 孫冶方，〈對一個《報告》（草稿）的意見〉，《社會主義經濟的若干理論問題》（北京：人民出版社，一九七八年），頁一九四。

178. 《中國過渡時期國民經濟的分析（一九四九—一九五七）》。

179. 《趙海寬論文選集》，頁一三二。

180. 《中國貨幣思想史》（下），頁一五〇〇。

181. 《當代中國財政史》，頁三二〇。

182. 孟建華，《中國現代貨幣流通理論和實踐》（北京：中國金融出版社，二〇一〇年），頁三四九—四二五。

183. 《中國貨幣演變史》，頁二三五。

184.《當代中國財政史》，頁二八二—二八三。
185. 前引書，頁二八二—二八四。
186. 孫治方，《社會主義經濟的若干理論問題》（北京：人民出版社，一九七九年），頁一九四—一九七。
187. 還有另一種觀點：人民幣不是信用貨幣。因為人民幣已脫離了商業信用，完全以商品生產為基礎，以商品物資為保障，是依照國家財政計劃發行的國內惟一流通的紙幣。
188.《政治經濟學教科書》，頁四八九。
189. 張問敏、張卓元、吳敬璉，《建國以來社會主義商品生產和價值規律論文選》（上海：上海人民出版社，一九七九年）。
190. 蔣學模主編，《高級政治經濟學》（上海：復旦大學出版社，二〇〇一年第一版），頁三〇三。
191.《中國貨幣思想史》（近現代卷）。
192.《建國以來社會主義商品生產和價值規律論文選》，頁一九二。
193.《中國過渡時期國民經濟的分析（一九四九—一九五七）》，頁一六〇。
194.《建國以來社會主義經濟理論問題爭鳴一九四九—一九八四》。
195.《建國以來社會主義商品生產和價值規律論文選》，頁六六—七〇。
196. 同前引。
197.《建國以來社會主義經濟理論問題爭鳴一九四九—一九八四》，頁三〇〇—三〇五。
198. 薛暮橋，《薛暮橋選集》（太原：山西經濟出版社，一九八五年），頁一五八—一六九。
199. 陳元燮，〈新中國貨幣制度之史的發展〉，《新金融貿易論叢》（北京：工商出版社，一九五二年），頁一〇。
200. 薛暮橋，《中國社會主義經濟問題研究》（北京：人民出版社，一九八一年），頁一一七—一二〇。
201.《中國過渡時期國民經濟的分析（一九四九—一九五七）》，頁一六五—一六六。
202. 陳東琪，《中國經濟學史綱（一九九〇—二〇〇〇）》（北京：中國青年出版社，二〇〇四年），以及黃達，〈回顧一九五〇年之前「貨幣銀行學」學科的發展〉，《貨幣金融評論》（二〇〇八年第二、三期）。
203.《政治經濟學教科書》，頁五七五。
204.《社會主義財政與信用》，頁三九九。
205.《中國古近代金融史》，頁四二〇—四二一。
206.《短缺經濟學》下冊，頁二四三。
207.《社會主義財政與信用》，頁三三三。
208. 前引書，第二章附表。

209. 前引書，頁四二七。
210. 一九六〇年代，中國有過關於財政的實質問題的討論，有兩派意見：一種觀點認為財政是貨幣關係，另一種認為財政是分配關係。
211. 前引書，頁四五〇。
212. 《當代中國財政史》，頁二二三。
213. 在中國的行政體制下，司局級低於部級一個層次。
214. 劉鴻儒等，《變革》（北京：中國金融出版社，二〇〇九年），頁二九。
215. 《中國現代貨幣流通理論和實踐》，頁三四九—四二五。
216. 〈居民收入差距的來龍去脈〉，《紫竹探真——收入分配及其他》，頁一三八。
217. 《回首建國初》，頁二八八。
218. 前引書，頁二九八。
219. 《當代中國財政史》，頁一九七。
220. 前引書，頁二二三。
221. 周靖祥，〈金融信貸與經濟增長非線性關係檢驗：一九五二—二〇〇〇〉，《管理科學與統計決策》。
222. 《社會主義財政與信用》，頁二五八。
223. 蘇少之、常明明，〈建國前後人民政府對農村私人借貸政策演變的考察〉，《中國經濟史研究》（二〇〇五年第三期，北京）。
224. 《當代中國財政史》，頁一五三。
225. 《中國金融業的崛起》，頁一一九。
226. 一九四九年五月，中國人民銀行公布的利率表規定，六個月定期存款利率高達月息一五〇，六個月以上的可面議，活期存款利率是三〇—六〇，相應地，貸款利率高達九〇—二一〇。
227. 大幅度調低利率國營工業貸款由月息六—九．九調底為定額內四．五，超定額四．八，國營商業貸款由月息一〇—一二，農業貸款年息一〇．八%—一二%，公債年息為四%。
228. 《利率史》，頁六四九—六六〇。
229. 趙學軍，〈略論二十世紀五十年代中國的商業信用〉，《當代中國史研究》（二〇〇六年第三期，北京）。
230. 《中國過渡時期國民經濟的分析（一九四九—一九五七）》，頁二一二。
231. 《社會主義財政與信用》，頁二六二。
232. 胡德勝，《中國票據制度研究》（北京：北京大學出版社，二〇〇五年），頁八七—八九。

233. 同前引。

234. 一九五八年興起的「大躍進」，給了商業信用重建的機會，但是失之於混亂。此時期，商業部門實行「大購大銷」，為了完成「大購」任務，指山買石，指水買魚，指樹買果，指規劃買商品，預付了大筆貨款；為完成「大銷」任務，賒銷了大量商品。為糾正商業部門脫離國家計劃購銷商品行為，中央指示：「商品賒銷和預付貨款的辦法，必須堅決停止」。一九六三年十二月六日，國務院又要求國營企業堅決貫徹執行「錢貨兩清」的原則，不得預收、預付貨款，不得賒銷商品。此後，十年「文化大革命」期間，國營經濟的商業信用一直或明暗地存在。國家有關部門則一再重申取消商業信用的政策。一九七二年十一月國家計委、財政部發布《關於切實加強流動資金管理的通知》、一九七三年制定《中國人民銀行商業貸款辦法》、《關於外貿信貸管理若干規定》、《關於商業企業財務管理若干問題的規定》，都嚴禁賒銷商品、預付貨款。直到改革開始的前一年的一九七七年七月，中國人民銀行修訂《中國人民銀行國營工業企業貸款辦法》和《中國人民銀行結算辦法》，重申各單位不准相互拖欠，不准賒銷商品，未經國家批准，不准預收預付貨款。

235. 一九七二年十一月國家計委、財政部發布《關於切實加強流動資金管理的通知》、一九七三年制定《中國人民銀行商業貸款辦法》、《關於外貿信貸管理若干規定》、《關於商業企業財務管理若干問題的規定》，都嚴禁賒銷商品、預付貨款。到一九七七年七月中國人民銀行修訂《中國人民銀行國營工業企業貸款辦法》、在《中國人民銀行結算辦法》中，中國人民銀行要求各單位不准相互拖欠；不准賒銷商品；未經國家批准，不准預收預付貨款。

236. 《社會主義財政與信用》，頁一四二。

237. 《中國票據制度研究》，頁八七—八九。

238. 《新中國經濟史》，頁八五。

239. 最初，人民幣通過與美元的匯價套算對盧布的匯價，然後通過東歐和蒙古等國貨幣對盧布的匯價，套算出人民幣對這些國家貨幣的匯價。從一九五一年，人民幣對盧布的匯價不再通過美元套算，改按當時盧布含金量（一盧布為〇．二二二一六八克）和中國人民銀行對黃金的收購牌價（一兩黃金合九十五萬元舊人民幣）來計算確定，即一舊盧布等於六．七五四元舊人民幣。一九五五年，中國發行新版人民幣，確定一百元人民幣等於二百盧布。一九六一年，蘇聯實行貨幣改革，每盧布含金量由〇．二二二一六八克提高到〇．九八七四一二克，盧布的對外價值提高四．四倍，新匯率為一百盧布等於二二二．二二元人民幣。

240. 楊帆，〈人民幣匯率制度歷史回顧〉，《中國經濟史研究》（二〇〇五年第四期，北京）。

241. 在這個時期，對外貿易由外貿部所屬的外貿專業公司按照國家規定的計劃統一經營，採用的是進出統籌，以進補出的辦法。一九六四年起還採取了對一部分進口商品加成的辦法，即外貿為用貨部門的進口商品起價，按進口成本加價一〇三%，以進口盈利彌補出口虧損，不需要再用匯率來調節進出口貿易。在這種條件下，人民幣匯率主要用於非貿易外匯兌換結算上，按國內外消費物價對比，匯率已適當照顧匯和其他非貿易收入，也無調整必要。

242. 王守淦，〈對中華人民共和國的貨幣流通一書的幾點意見〉，《金融研究》（一九五八年第二期，北京）。

243. 駱耕漠，〈我國的通貨膨脹與西方的區別〉，《財貿經濟》（一九八二年第九期，北京）。

244. 中國官方的第一個 GDP 數據是一九五二年的六七九億元，以此推算，直到一九七八年的經濟增長率是七%。應該承認，在二十六年間，維持這樣的增長率是很可觀的。新華社，〈六組數據見證共和國經濟輝煌歷程〉，新華網，二〇〇七年九月三十日。根據《世界經濟二〇〇〇年回顧》（作者：安格斯．麥迪森），中國在一九五二—一九七六年期間，GDP 增長一六二%，人均 GDP 增長六二．二%。

245. 以廣東省為例：一九五七年五月。隨著計劃經濟體制建立，物價工作從省商業廳分出，成立廣東省物價局。同年十一月，廣東省政府頒發《廣東省物價統一管理辦法》從商業廳到物價局，物價工作向計劃價格體制過渡，走了相當長的路程，逐步建立了一套物價管理制度：價格由市場調節轉向由國家行政手段調節；建立「統一領導，分級管理」的物價管理體制；建立和完善作價制度；建立收費管理制度。

246. 毛澤東，《讀社會主義政治經濟學批注和談話》（北京：中華人民共和國史學會，一九九八年），頁四九四。

247. 成致平，《價格改革三十年（一九七七——二〇〇六）》（北京：中國市場出版社，二〇〇六年），頁六九三。

248. 《回顧與思考》，頁二七九。

249. 榮敬本等編，《短缺與改革》（哈爾濱：黑龍江人民出版社，一九八七年），頁一〇七—一〇八。

250. 《上海貨幣史》，頁三五二。

251. 中共中央於一九五四年十二月二十日發出《中共中央關於發行新幣的指示》，指出「由於解放前通貨膨脹的結果，遺留下來的貨幣，票面額甚大，而單位價值很低。現行的人民幣，名義上雖以元為單位，實際上一元的價值，在計算上已失去作用，對國際觀感上，對國內人民心理上均影響均不好。為進一步健全和鞏固我國的貨幣制度，整理貨幣流通，縮小票面額，便利計算和使用」，批准一九五五年發行新人民幣，考慮到一月正值春節期間和城鄉物資交流的旺季，故改為三月一日起發行新幣，同時收回第一套人民幣。第二套人民幣和第一套人民幣折合比率為一比一萬。

252. 《變革》，頁二九。

253. 《社會主義價格問題研究》，頁一一八，一二〇。

254. 房維中，〈記取歷史經驗，堅持穩步前進〉，人民網，二〇〇六年十一月十日。

255. 國家統計局國民經濟平衡統計司編，《國民收入統計資料彙編一九四九—一九八五》（北京：中國統計出版社，一九八七年），頁五九。

256. 〈中國內生貨幣供給理論函數與計量檢驗（一九二七—一九三五）〉。

257. 《建國以來社會主義經濟理論問題爭鳴一九四九—一九八四》，頁三三四。
258. 《當代中國財政史》，頁一九九—二〇一。
259. 前引書，頁一九七。
260. 前引書，頁二五六。
261. 前引書，頁二八二。
262. 《我國經濟學界關於社會主義制度下商品、價值和價格問題論文選集》（一九五八年），頁一二。
263. 《社會主義經濟的若干理論問題》（一九七八年），頁一九六。
264. 《毛澤東的中國及其後》，頁一九三。
265. 一九五七年三月至十二月，中共中央、國務院連續下發通知戶籍制規定國家只負責城市非農業戶口的糧油供應。農村人口幾乎沒有流動的可能，未經許可即離開鄉土、「盲目流入」城鎮的農民屬於「盲流」；堅決採取措施制止農民外流，把守交通要道，追捕，關押「盲流」；禁止城市糧食部門供應沒有城市戶口的人員糧食；農民不可能在城市獲得糧食。
266. 「文化大革命」中，河南林縣建設的紅旗渠，就沒有計算過成本和對GDP的貢獻：紅旗渠總長一，五二五．六公里的紅旗渠上，英雄的林縣人民削平山頭一，二五〇個，鑽了二一一個隧洞，架設渡槽一五二座，與建水庫四十八座，塘堰三六四座，修建各類設施一二，四〇八座，全縣共動用土石方二，二二九萬立方米，相當於一道從哈爾濱到廣州的高三米、寬二米的「萬里長城」。紅旗渠修成以後，形成了以紅旗渠為主體，南穀洞、引上水庫及其他引、蓄水工程作補充和調節，能引、能灌、能排、綜合利用的水利灌溉網，使全縣有效灌溉面積達到萬畝，全縣十四個鄉鎮四一〇個行政村受益，從而結束了林縣人民世代十年九旱、水貴如油的歷史。
267. 《中國社會主義經濟簡史》，頁二七九。
268. 《新中國經濟史》，頁五一五。
269. 《我國勞動工資問題講稿》，頁一一七。
270. 董志凱，〈工業化初期的固定資產投資與城鄉關係〉，《中國經濟史研究》（二〇〇七年第一期，北京）。
271. 《新中國經濟史》，頁五九八。
272. 《我國勞動工資問題講稿》，頁三〇。
273. 前引書，頁二七四—三三〇。
274. 李實、趙人偉，〈中國居民收入分配再研究〉，《經濟研究》（一九九九年第四期，北京）。
275. 〈居民收入差距的來龍去脈〉，頁一三九。
276. 〈市場化改革進程中的實物化傾向〉，頁二四。

277. 一九九三年四月一日，國務院發布《關於加快糧食流通體制改革的通知》，取消了糧票和油票。伴隨城鎮居民三十九年歷程的糧票、油票等各種票證退出了歷史舞臺。

278. 耿彩琴，〈作別票證〉，《北京日報》，二〇〇九年八月二十五日。

279. 除了糧票，布票之外，還有汽油票，食油票，煤油票，柴油票，化肥票，尿素票，蛋糖票，豆腐票，棉花票，肉票，煤票，麵票，理髮票，飲食券，代金券，工業品券，絮棉券，沐浴券，補助券，供應券，僑仁券以及各種專用票，專用券等，不一而足。

280. 姜波，〈票證的變遷〉，《經濟日報》，一九八七年十月十五日。

281. 當時的糧食定量非常低，如城鎮居民根據各地的不同情況，每月糧食定量為二十七斤至二十九斤不等，重體力勞動者最高也不過四十三斤。糧票的面額也愈來愈小，有半兩、一錢、二錢，可見糧食的寶貴。當時糧票有全國糧票和地方糧票之分，到外地出差或旅遊不帶全國糧票簡直寸步難行。

282. 孫治方，《社會主義經濟的若干理論問題》，頁一九四—一九七。

283. 〈市場化改革進程中的實物化傾向〉，頁三三。

284. 二〇〇四年版《大英百科全書》稱，中國「大躍進」饑荒導致了多達兩千萬人死亡。Coale 等人的研究認為非正常死亡人數約在三千萬人左右。二〇〇九年四月《廣州日報》採訪袁隆平：「三年困難時期，餓死了幾千萬人啊。「大躍進」把樹都砍了去煉鋼鐵，把生態破壞了，一九五九年大乾旱，一年基本上沒有收成，餓死了四五千萬人啊。我看到路上有五個餓殍，倒在田坎旁邊，倒在橋下和路邊，我親眼看見啊，那很淒慘的。」

285. 許滌新主編，《當代中國的人口》（北京：中國社會科學出版社，一九八八年），頁七四；胡繩主編，《中國共產黨的七十年》（北京：中國黨史出版社，一九九一年），頁三八一。

286. 林雪，〈廖伯康六二年入京反映四川大饑荒悲慘實情〉，《文摘周報》，二〇一一年四月十八日。

287. Maria Csanadi, *Self-Consuming Evolutions: A Model on the Structure, Self-reproduction, Self-destruction and Transformation of Party-States Systems tested in Romania, Hungary and China*, (2006). 中譯本：《自我耗竭式演進：政黨—國家體制的模型與驗證》（北京：中央編譯出版社，二〇〇六年）。

288. 英文是「the bourgeois rights」。

289. 陳晉，《毛澤東五十年代後期的探索思路和他讀幾本書的情形》，《黨的文獻》，一九九三年四月。

290. 羅平漢，《農村人民公社史》（福州：福建人民出版社，二〇〇六年），頁三七—四〇。

291. 張春橋（一九一七—二〇〇五）山東荷澤人。時任上海市委宣傳部長。一九七五年擔任國務院副總理。一九七六年時月，與王洪文、江青、姚文元並稱「四人幫」被捕，後判死刑，緩期執行；再改無期徒刑。

292. 人民日報編者按：張春橋同志此文，見之於上海《解放》半月刊第六期，現在轉載於此，以供同志們討論。這個問題需要討論，因為它是當前一個重要的問題。我們認為張文基本上是正確的，但有一些片面性，就是說，對歷史過程解釋得不完全。但他鮮明地提出了這個問題，引人注意。文章又通俗易懂，很好讀。
293. 中國青年出版社編，《關於破除資產階級法權思想的幾個問題》（北京：中國青年出版社，一九五九年）。
294. 辛逸，〈簡論大公社的分配制度〉，《中共黨史研究》（二〇〇七年第三期，北京）。
295. 廣東省番禺公社黨委報告，《關於當前農村村產品自給自足部分過多的情況和解決意見的報告》，一九五九年七月。
296. 〈簡論大公社的分配制度〉。
297. 《中華人民共和國建國史研究》，頁四四二—四五一。
298. 毛澤東，《讀斯大林〈蘇聯社會主義經濟問題〉談話記錄》（一九五八年十一月九—十日）。
299. 楊奎松，〈從供給制到職務等級工資制〉，《歷史研究》（二〇〇七年第四期，北京）。
300. 駱耕漠，〈論商品與價值〉，《經濟研究》（一九五九年第十期，北京）。除了駱耕漠之外，孫冶方和蔣學模也支持人民幣是勞動券的看法。
301. 中共中央文獻研究室，《毛澤東傳（一九四九—一九七六）》（下）（北京：中央文獻出版社，二〇〇三年），頁一四一一，八八九。
302. 高遠戎，《「大躍進」期間的資產階級法權討論及影響》，《學術中國》，烏有之鄉轉載，二〇〇七年一月十五日。
303. 《建國以來重要文獻選編》第十一冊（北京：中央文獻出版社，一九九五年），頁六一一。
304. 池振南，《鈔票上的中國近代史》（香港：太平書局，二〇一〇年），頁一四七。
305. 據說「大躍進」時期，毛澤東一個警衛員家受災，毛澤東聽說後安排秘書從自己的稿費中拿出錢來寄給這個警衛員的家裏。秘書把錢取回來，請毛澤東過目。毛澤東隨手拿過來，忽然看到裡面的錢，立即叫秘書快點拿走。毛澤東這一生從不願主動摸錢。
306. 毛澤東說：五十年的利息算不清應該多少。只要章士釗健在，這個利息是要還下去。見章含之，《跨過厚厚的大紅門》（上海：文匯出版社，二〇〇二年）。
307. 《毛澤東傳（一九四九—一九七六）》（下），頁八八九，一四一一。
308. 《中國貨幣思想史》，頁一四五五。
309. 波爾布特（Pol Pot）（一九二五—一九九八），柬埔寨共產黨（紅色高棉）創始人和領導人。
310. 資料來源：〈朝鮮金融政治〉，《財經》（二〇一〇年第三期）；中國《環球時報》，二〇〇九年十二月一日：據韓國《朝鮮日報》十一月三十日消息，朝鮮政府突然向朝全境宣布，從第二天（十二月一日）開始兑換貨幣，舊幣和新幣之間的兑換比率為一百比一。該消息人士表示：「當局解釋說兌換貨幣是因為人民富者愈富、貧者愈貧的情況日」。朝鮮的上次貨幣改革是一九九二年。

311. 朝鮮二〇〇九年十一月實施的貨幣改革，導致朝鮮社會秩序混亂和經濟環境惡化，朝鮮為追究貨幣改革失敗的責任，二〇一〇年三月公開對主導貨幣改革的財政部長和副部長實施了槍決，同時罷免了一〇〇多名幹部。韓國《朝鮮日報》昨日引述消息人士的話在頭版報道，二〇一〇年三月十日淩晨，朝鮮國防委員會突然召集了勞動黨副部長級、各省副相級以上高官，並讓他們乘坐大巴帶到位於平壤順安區域的康健軍校。目擊者說：「我們到學校射擊場時，看到財長朴南基和副部長金泰榮被捆綁在一起。朴南基的臉被保衛部人員毆打，臉部腫起來，連眼睛都睜不開。在他旁邊的金泰榮被捆綁，嘴巴也被勒住。」「之後，當局發表判決書稱：「由於朴南基和金泰榮兩人沒有正確認識現實問題的情況下，盲目地實施貨幣改革，這給黨和國家以及人民經濟帶來巨大損失，因此成立『民族逆反罪』。宣讀完判決書後，他們向每人射了九發子彈。」

312. 二〇〇六年三月七日，委內瑞拉國民議會通過了對國旗和國徽的修改意見，決定把國旗上七顆星增加八顆，為並將國徽上駿馬飛奔的方向由向右改為向左。這個事實，讓人們聯想到中國「文化大革命」。

第五章

重建

貨幣化、現代貨幣金融結構和價格革命（一九七九年—）

一九七八年，中國開始從計劃經濟向市場經濟轉型，實現從「半」貨幣經濟向完整貨幣經濟的回歸，土地資源和其他生產要素從沒有價格到有價格和貨幣化，觸發了「財富大爆炸」。

這段期間的中國還經歷了價格革命、逐漸轉入常規的通貨膨脹和通貨緊縮的階段。

一九八八年的「價格闖關」是中國貨幣經濟制度

和整個市場經濟轉型過程中悲壯的篇章。

以一九八九年為歷史拐點，中國政治制度改革滯後、停止，形成政府權力膨脹，政府和貨幣當局等同化，政府對貨幣壟斷加強，政府—銀行—國有企業聯盟。

與此同時，伴隨二元經濟的強化，出現了貨幣經濟的「二元化」結構，其制度性缺陷的後果正在逐漸顯現。

中國貨幣經濟已經「異化」，貨幣政策陷入既不可欲、也不可能的境地。

「當代的政治在很大程度上以下面的假設為基礎：政府有權隨自己的意願創造任何數量的貨幣，並使人們接受之。政府據此而強有力地捍衛著自己的傳統權力。」

——弗里德里希・哈耶克《貨幣的非國家化》

一九七六年九月毛澤東病逝。當時的中國還是計劃經濟制度，拒絕市場經濟，沒有現代金融制度，甚至沒有中央銀行和商業銀行，貨幣流量和存量很小。值得慶幸的是，即使嚴格的計劃經濟也無法徹底泯滅貨幣的功能，貨幣經濟的某些「基因」和「概念」，如銀行、利息、商品、價格依然頑強存在。兩年之後，中國經濟改革啟動，計劃經濟向市場經濟轉型，原本存在的貨幣經濟基因被全面「擊活」，進入全方位貨幣化過程。三十餘年後，中國大致實現了貨幣經濟的回歸和重建，與貨幣經濟緊密關聯的金融產業和非實體經濟全面崛起。但是，這樣的貨幣經濟畢竟直接脫胎於計劃經濟，在其重建過程中，自上而下的政府力量始終處於強勢的主導地位，基本跳過了自由市場的自我演進階段。具有國家對貨幣經濟的先天壟斷，其制度性缺陷的後果正在逐漸顯現。

制度轉型和回歸重建貨幣經濟

要想描述中國這樣一個龐大經濟體的貨幣化過程是極其複雜的。首先借用費雪方程式MV=PY，來做一個抽象的說明。[1]其中M代表貨幣供給，V代表流通速度，P代表價格水準，Y代表總體貨物和服務。交易方程式的前提是存在包括貨物市場、勞動市場和貨幣市場的市場體系。

它反映了西方在工業革命後的貨幣經濟的主要變項和基本特徵。

中國在經濟改革初始階段，貨幣存量嚴重短缺，沒有穩定貨幣流通週期，M、V、P、Y四個貨幣經濟變項，都處於「被動」和「隨機」狀態。突破這個困局，要以方程式的右側為先導。實現Y和P的膨脹擴張，意味著擴大市場範圍，增加就業，提高農民和職工收入。這將影響個人持幣行為與現金需求，啟動第一輪貨幣需求，即貨幣供給的變化，不僅M增大，而且V的速度和頻率加快，從而形成貨幣流通數量和價格總水準的互動關係。這個過程就是貨幣化過程，就是回歸和重建中國貨幣經濟。而這個過程需要有產權多元化、市場體系和現代金融結構在內的一系列制度作為前提才能得以實現。

產權多元化

貨幣資本和所有權是不可分割的。貨幣的產生和發展需要以所有權為先決條件。「貨幣並不是無緣無故地從所有權的角度產生的。所有權永遠先於貨幣而存在。……沒有所有權的制度，我們就不可能理解利息和貨幣。……正是所有權的存在才確保了貨幣的產生。」[2] 每一個獨立的「法人」因為具有明確的財產權，依據某種所有權文件，才可能把貨幣用於投資或貸款，並由此獲得更多的收益和利息。在亞當．斯密乃至馬克思所處的時代，所有權制度相當落後，處於被限制的狀態。但是，在過去一個多世紀，西方所有權制度發生了顯著進步，成為創造資本的根基，導致貨幣數量的驚人增長，貨幣經濟的重要性日趨加大，推動創造額外的生產力。

在計劃經濟時代，中國因為實行公有制，貨幣經濟失去了存在的基礎。毛澤東在「文化大革命」期間說過，中國「所不同的是所有制變更了」，其含義就是指公有制取代了私有制。[3] 所以，中國經濟改革和回歸貨幣經濟，要以所有權的變革作為先決條件。因為，「產權變更引入了價值最大化的問題」。[4]中國的產權多元化始於一九七八年的農村。這年十二月，安徽省鳳陽縣小崗村二十一名農民組織起來「包產到戶」。不久，以「包產到戶」為核心內容的「家庭聯產承包責任制」迅速普及，人民公社制度走向瓦解。[5]一九八三年，人民公社制度最終得以廢除，集體經濟在農村消亡。在這個過程中，中國農民找到了「一種擴大被利用的財產總量、財產與權利的分配模式」。[6]在城鎮，產權變革集中在企業。在一九五〇年代的中國，雖然有不同類型的股份制企業，卻都被納入計劃經濟運轉體制。後來，中國只有國有和集體所有制企業，沒有任何自主權。從一九七八年開始到一九八〇年代，國有企業實行「放權讓利」、「擴大企業自主權」、「企業承包制」；一九九〇年代，大型企業公司化，以股份制方式重組和實現上市。與此同時，民營經濟和私營企業迅速發展，並得到法律的保障。[7]之後，股份制在中國普遍出現，民營企業大量採用股份企業的組織形式，相當多的鄉鎮企業透過產權改造，加入民營企業行列。到了一九九〇年代，中國大體上形成了包括國有企業、民營企業、私有企業以及「三資企業」在內的企業制度，且普遍實行股份制。「現代企業」重新回歸中國。

過去的三十年證明了農村和城市的所有制變革，各類私有經濟、非公有經濟得以發育和成長，家庭和企業成了經濟活動的基本單位，呈現由市場導向的個人、企業、銀行、政府的新型合作關係，不同所有權身份透過市場而發生的各類交易，不僅構成發行貨幣的依據，而且構成重建貨幣經濟的基礎。

實體經濟的市場體系

物品市場。一九八三年十月，中共中央、國務院發出《關於實行政社分開建立鄉政府的通知》，從國家政策、法規甚至憲法的高度，宣布了人民公社制度的結束。一九八四年，實行了三十二年的統購統銷制度終告廢止。農產品可以透過市場自由交易，農產品價格重新取決於市場的供需關係。自一九八五年開始，主要農產品形成了包括國家訂購價格、國家議購價格和零售價格體系。從此，貨幣經濟和貨幣化開始覆蓋占GDP近五分之一的糧食交易，擴大了糧食流通的市場化程度。

農產品回歸商品和農產品市場的出現是重建物產品市場的發端。隨之而來的是工農產品之間的比價開始由市場決定。[9] 至於工業產品的市場形成，不僅因為國有企業的生產經營活動市場化，而且因為民營企業得以產生和發展。一九八〇年代之後出現的「三資企業」（獨資、合資、合作經營），與市場經濟和貨幣經濟有著與生俱來的聯繫，一旦扎根，便有助於市場經濟和貨幣經濟的擴展和深化。在這個過程中，價格改革對推動工業產品商品化貢獻很大。一九九一年是重要的一年，政府開放了大部分工業生產資料價格，絕大多數工業品價格由市場供需決定。

城鎮居民住房市場。在產品市場中，城鎮居民住房，店鋪

一九八五—一九九六年玉米的國家定購價格、議購價格與市場價格 [8]

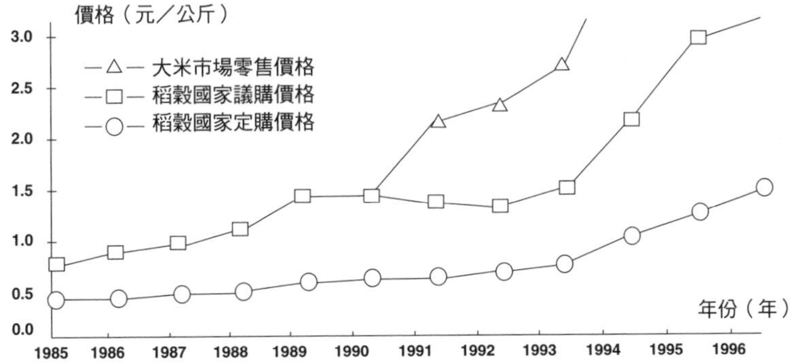

和辦公室建築，佔有不可忽視的地位。中國於一九八〇年決定施行住房商品化政策，一九八八年確定分期分批推行住房制度改革，啟動住房商品化，一九九八年開始形成住宅開發經營體系；二〇〇一年，傳統福利分房機制消亡，房價和房租市場價格機制初步確立，標誌著城市居民住房市場的形成。

土地資源市場。一九八〇年代中期，中國打破了土地長期無償、無限期、無流動、單一行政手段的劃撥制度，創立了以市場手段配置土地的新制度，即在不改變土地的國家和集體所有權的前提下，透過拍賣、招標、協議等方式，以一定的價格、年期及用途交易和出讓土地使用權，而出讓後的土地可以用於轉讓、出租、抵押。[10] 在一九九六年至二〇〇六年之間，中國耕地面積從一九．五一億畝減少到一八．二七億畝，即一．二四億畝土地資源使用權進入市場，引發天文數字的貨幣需求和供給。正是土地資源使用權市場的形成，房地產業迅速擴張，成為重要產業。

礦藏資源市場。土地資源的國家和集體所有權和使用權的分離，為礦藏資源市場化提供了基礎。最典型的是煤炭資源開發，光是山西煤礦的開採對貨幣化進程的刺激就難以估量。

勞動力市場。人民公社制度的瓦解，家庭聯產承包責任制的實行，使農民重新獲得土地的使用權，農民不再是「現代農奴」，而成為自己的主人，可以決定離開土地去城市尋求工作。由此引發了大量剩餘勞動力從農村流向城市，從落後地區流向發達地區。剩餘勞動力向非農業轉移，推動原本分割的城鄉勞動力市場的統一。於是，政府喪失對勞動力資源的控制能力，市場機制影響勞動力的自主擇業、工資水平、勞動力流動的自由度、用人單位用工自由度以及勞動力工資反映地區經濟水平差異。城鎮企事業單位——包括國有經濟單位、集體經濟單位，以及三資、私營經濟單位——都實行了勞動合同制。除了公務員工資根據國家統一標準之外，各類經濟組織（主要是企業）普遍實現工資自主決定。勞動力的工資水平主要取決於勞動力的質量，以及市場需求關係。人口的自由流動引發了社會保障、住房、戶籍制度的變革。

服務業產品市場。在一九八〇年代，特別是一九九〇年代之後，中國服務業市場化程度和服務業結構現代化的步伐不斷加快。服務業不僅包括傳統商品零售業、餐飲、食品、理髮等行業，也包括了各類新型服務業，如金融業、法律業、生產性服務業和勞務業，以及體育、文化產業。現階段的中國政府對某些行業仍舊實行壟斷，或實行保護性體制，包括金融、電信、郵政、民航、鐵路。金融保險業中公有制依然居於絕對的主導地位。但是，私營企業在服務業的重要性，特別是對增加就業的重要性，直接關係國計民生的質量。

公共物品市場。社會公眾可以共享的產品、服務或資源，主要包括國防、治安、法律制度、公共基礎設施、重大科研成果、基礎義務教育、公共衛生保健、社會保障和公共福利制度等等。一般是由政府提供的，國家壟斷，其價格由國家直接制定或批准。自一九九〇年代以來，這種情況正在改變。藥品、醫療、保險服務的市場化已經不可逆轉。教育領域中的非義務教育部分也市場化。即使初等教育（義務教育）、業餘教育也有相當程度的市場交易成份。中國現階段的醫療服務，教育服務，具有準公共物品市場特徵，其社會爭議最大。在公共基礎設施產品方面，水，煤，油，電等領域已經開始市場化。

金融經濟的市場體系

自一九八〇年代之後，中國的貨幣金融市場從無到有，從小到大，從區域到全國的發展，確立了完整的現代貨幣金融市場體系。對於絕大多數的發達市場經濟國家，這個過程至少需要上百年的時間。中國在這方面是「後發優勢」的受益者。

資本市場。中國重建資本市場，從恢復股票市場開始。在一九八九年的政治危機和全國性的「反和平演變」大環境下，上海證券交易所、深圳證券交易所於一九九〇年先後營業。一九九一年，中國只有十四家企業上市，投資者開戶數不足一千萬戶，股票發行量五億股，股票籌款額五億元。二〇〇七年，中國上市公司數量、總市值和流通市值、股票發行籌資額、投資者開戶數、交易量等都進入新階段，首發新股和融資規模一度躍居世界第一，股市總市值與GDP比率逾過百分之百，股票總市值已超過國內居民儲蓄額，被認為是一個迅速崛起的資本大國。[11]二〇〇九年，中國股票賬戶超過一・四億戶，證券總市值二四，九七〇億元，市值位列全球第二位，占全球股市市值的七・三八%，高於日本的七・〇五%，證券總市值占同年GDP的七四・四七%。[12]二〇一〇年，各證交所透過首次公開發行募集的資金額，幾乎是美國各證交所的三倍，中國企業在境內融資金額超過海外融資金額，國內的資本市場開始成為主流市場。[13]中國證券市場的形成和發展，發揮了資本市場融資和資源配置功能，促進企業和資產價值的重新發現，引領企業制度變革和行業整合。一九九八年，中國頒佈的《證券法》，確認資本市場的法律地位。其間，中國資本市場開始逐步納入全國統一監管框架，在法律制度、交易規則、監管體系等方面與國際普遍公認原則接軌。[14]然而，以股票市場為主的資本市場也毫無例外地有著國有股為主，政策市等違背市場法治規則的弊病。

貨幣市場。中國貨幣市場的主要產品包括：銀行間拆借產品；票據（匯票，本票和支票，中國目前以匯票為主），質押回購產品（政府證券、金融債券、企業債券、央行票據和短期融資券），短期政府債券和短期融資券，貨幣基金以及衍生品。二〇〇二年，貨幣市場年交易量首次超過GDP，兩者的比值是一一五・二四%。[15]二〇〇三年以後，中國貨幣市場開始在質的方面發生飛躍，貨幣市場年交易量與GDP的比值呈跳躍性增長。二〇〇九年，銀行間市場清算中心，即上海清算所成立，為銀行之間的債權交易、外匯交易、利率和匯率衍生品交易提供全面的、以央行對手為主的清算業務。當然，中國貨幣市場依然有交易品種較少；拆借與回購交易期限偏短；票據交易缺乏統一的結算和託管系統；中介機構發展滯後，以及參與機構類別單一等諸多問題。

債券市場。中國在一九五〇年發行「人民勝利折實公債」，一九五四年至一九五八年之間發行「國家經濟建設公債」。一九五八年大躍進之後，國債停發。一九八一年，在停止了二十三年之後，中國第一次恢復國債的發行。[16] 從一九八七年至一九九七年，中國完成債券市場的建立。[17] 一九九四年以前，金融債券的發行主體主要是當時的「四大」國有商業銀行；一九九四年之後，金融債券的發行主體增加了政策性銀行。在公司債券方面，起步相對晚，一九八二年和一九八四年，發行最初的企業債和金融債券。一九八七年，銀行代理企業發行企業債券。二〇〇七年，現代意義的公司債券正式啟動。二〇〇八年年末，中國債券市場各類債券托管總量超過十五兆元，相當於一九九七年的三十一倍。政府在企業證券方面，始終實行額度嚴格管理和審批體制。[18] 與發達國家比較，中國債券產品結構的主要問題是：市場規模偏小；政府債券比重過高；政策性商業銀行債券存量占絕對優勢。

二〇〇八年中國債券市場結構[19]

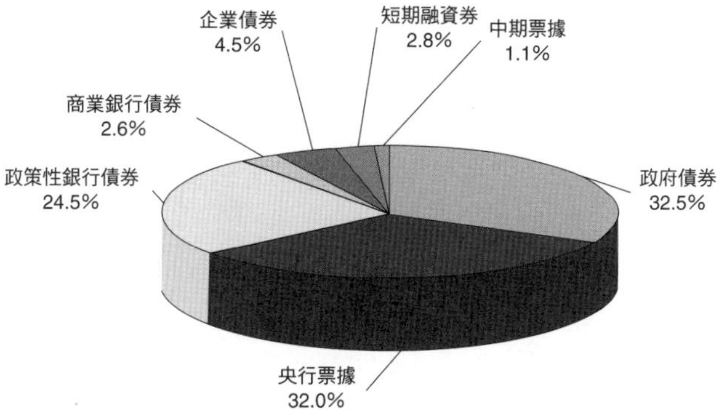

期貨市場。中國期貨市場的構想萌芽於一九八七年。[20] 一九九〇年代初，在鄭州建立了以農產品為主的糧食期貨市場，在深圳和上海建立了金屬交易市場。中國各種期貨交易機構數量一度呈爆炸性發展，以致期貨交易市場混亂失控。二〇〇四年後，中國期貨交易品種逐漸擴大到十八種，包括黃金，且形成了上海，大連和鄭州三個主要期貨交易中心。二〇〇六年，金融期貨交易所成立。二〇〇七年，中國期貨市場的成交額達到四〇．九七億元，成交額首次超過 GDP，為 GDP 的一六六％。[21]

外匯市場。一九九四年四月，中國在上海建立了全國統一的銀行間外匯市場，將原來分散的外匯交易集中統一起來，為形成單一、有管理的人民幣匯率體制奠定了初步的市場基礎。[22] 現階段的中國外匯市場以場內市場為主，交易規模極為有限，客戶結構單一、產品品種不多。

在中國重建市場經濟的過程中，價格市場化居於中心地位，其前提就是政府不再壟斷和決定價格。衡量一個經濟體市場化程度的指標之一就是看有多大比重的產品價格、生產要素價格決定於市場，而不是決定於政府。價格水平和貨幣量互為函數，這是中國在制度轉型中的重要貨幣經濟現象。

總之，可以把中國市場體系理解成一棵還處於發育期的樹，目前主幹已經長出，正在繼續分叉，沒有完全納入市場體系的部門、產業、產品已經幾乎不存在了。在公共物品領域，雖然沒有完全私有化，但是市場機制已經開始全面滲透。與改革之前、甚至改革之初的中國經濟運行相比，幾乎所有的產品、服務和生產要素都成為商品，進入市場，需要透過貨幣而完成交易。

形成市場經濟框架，不等於自然實現「市場化」。一般認為「市場化」的核心指標是「自由度」，或是「經濟主體自由化」水平。具體指標包括：企業和各類經濟實體不僅在法律上且在事實上是獨立的經濟實體，產權關係明晰，經營決策獨立自主，市場交易決定企業的資源（資本、勞動、土地）配置方，價格、產量、利潤和進出口等方面按照市場規則、市場供需決策，而不是根據政府要求來決策。[23] 按照這些基本的「市場化」標準，中國還有很大差距。更重要的是，中國實行非民主制度，政府掌握巨大權力和資源，在國民經濟活動中處於中心地位，主導向市場經濟制度的轉型。所以，歐美主要發達國家始終面臨質疑中國的「市場化」性質，以致中國和北美，以及歐盟在中國是否具有「市場經濟」地位問題，還有很大分歧。[24]

中國市場經濟架構

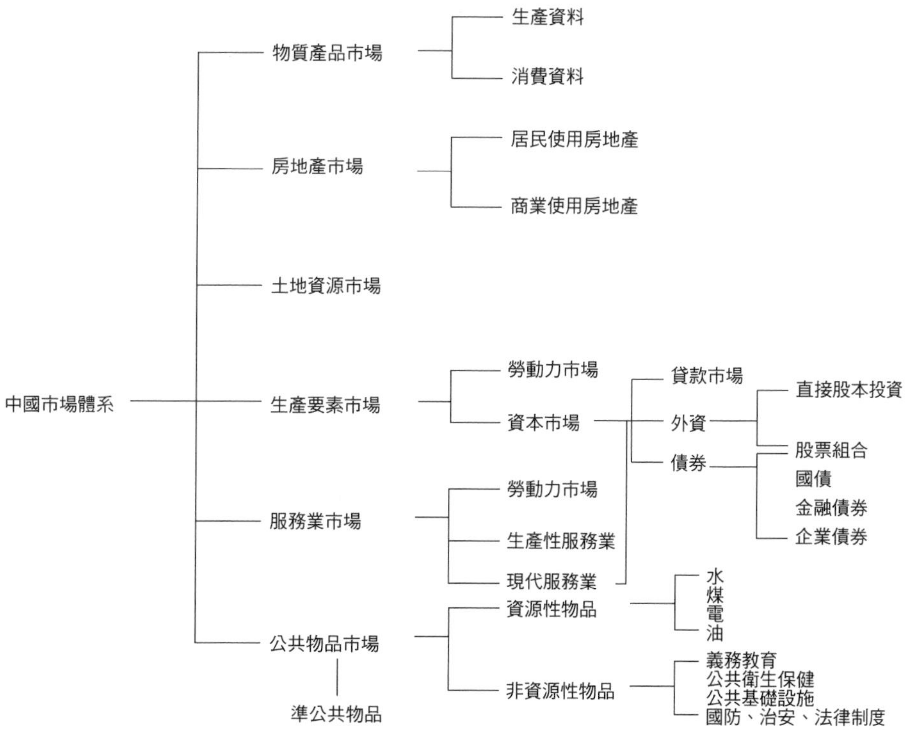

此外，與其他主要新興市場國家相比，中國具有新興市場經濟體的共同特徵：人均收入較低；人均經濟增長速度和人均收入增長速度通常高於發達經濟體；在從封閉經濟轉型到開放經濟，外貿依存度逐漸提高；國內外投資快速增長；因為收入增加和消費結構變化，恩格爾係數下降。[25]

建立現代銀行和金融體系

一九八〇年代，中國開始建立現代銀行和金融體系。中央政府主導整個過程，逾越了本來可能發生的「自由銀行」階段。值得提及的是，在一九七九年至一九八二年前後，中國財政部財政研究所和中國人民銀行金融研究所曾有過關於「大財政、小銀行」，還是「大銀行、小財政」的爭論。如果這場爭論是財政派的主張佔上風，中國貨幣經濟的重建進程勢必拖後。所幸銀行派主張占上風，並推出金融體制改革的基本思路：改革國家資金管理體制，建立中央銀行和擴大銀行自主權；擴大銀行貸款範圍；改革信貸管理體制，保證貨幣基本穩定，把貨幣發行與信貸分開，不要用增加貸款擴大貨幣發行；改組金融體系，以適應社會化大生產的需要。銀行業務經營要多種方式，設立多種金融機構，開展競爭。[26]在歷史的關鍵時刻，這套思路對中國金融體制的改革道路影響重大。[27]

中央銀行。從一九四九年至一九八四年的三十五年間，中國沒有中央銀行。這之前中國的中央銀行是國民政府於一九二八年建立的。中央銀行體制在中國中斷了三十五年，是中國貨幣經濟史上一件令人唏噓的事情。一九八三年九月十七日，國務院發佈《關於中國人民銀行專門行使中央銀行職能的決定》。一九八四年，一個以中央銀行為領導的二級銀行體制確立，銀行體系和貨幣經濟的互動關係開始，因為不再是政府透過財政干預貨幣運行，政府必須、而且也只能透過中央銀行。中央銀行的確立還意味著準備金制度的確立。至此，中國人民銀行成為專職中央銀行。[28]一九九八年，中國人民銀行徹底獨立於地方政府，建立類似美國聯邦儲備銀行和歐洲中央銀行體系的大區分行體制。現代的中央銀行是官僚政治機構：它是政府的一個辦事機構，行長是由政府任命的官員領導，它與民營的商業銀行不同，不向追求利潤的股東負責。[29]中國的歷史傳統會導致中央銀行的官僚主義特徵更為強烈。

國家控股商業銀行。一九七九年，中國農業銀行和中國銀行先後恢復；一九八三年，中國人民建設銀行重建；一九八四年，國家將商業銀行的職能從中國人民銀行剝離，分設中國工商銀行。也就是從一九七九年到一九八四年，中國初步形成了在中國人民銀行管轄下的四大專業分別經營工商企業、農村、外匯和基本建設領域的格局。一九八五年，《商業銀行法》正式頒佈實施。至此，四大專業銀行無論從法理上、還是業務上都開始向更具商業功能的銀行轉變，從而為更具市場化的銀行業競爭奠下基礎。一九九七年亞洲金融危機之後，財政部發行兩千七百億特種國債，用以補充四大國有商業銀行的資本金，使當年的資本充足率達到八%，以滿足巴塞爾協議關於銀行資本充足率的要求。一九九九年，政府又相繼成立了四大資產管理公司，剝離四大國有商業銀行的不良資產。二〇〇二年，中央政府明確國有商業銀行是經營貨幣的企業，積極推進商業銀行的市場化改革。二〇〇四年，中國銀行和中國建設銀行開始實施股份制改造試點。二〇〇五年至二〇〇六年，中國建設銀行、中國銀行、中國工商銀行先後上市，二〇一〇年，農行上市，從形式上標誌中國國有銀行改革結束，四大銀行成為資本市場的一員，銀行的價值得到市場的承認，完成了從國家獨資的商業銀行體系到國家控股的股份制商業銀行制度的轉型。[30]中國的商業銀行在「全球銀行估值排行榜」位置上升。國有銀行的股份制和商業化，不能視為國家對金融實際控制的弱化。也不能由此低估中國四大銀行的股份制變革對傳統金融壟斷的影響。在中國，政府向來把金融資源看成國有資產的重要部分，改善金融資源配置效率要以有效控制金融資產邊界為前提。二〇〇九年，國家控制的銀行放貸過多，導致消耗資本金過快，為了滿足監管需要，必須補充資本金，需要再融資。中國現行經濟體制，終究不能從根本上緩和銀行的放貸衝動。

政策銀行。在經濟制度轉型中，政府需要政策性金融以支持國家經濟發展戰略和產業政策。一九九四年，中國政府對四大專業銀行的政策性業務實施正式剝離，成立了三大政策性銀行：中國進出口銀行、國家開發銀行、中國農業發展銀行。[31]政策性銀行成立後，不斷市場化，帶有政府政策性補貼的比重逐步下降，銀行自營的開發性業務比重上升，又陷入在資金來源的效益性與資金使用的政策性之間的矛盾：一方面，政策性銀行作為政府的銀行，要彌補市場運行機制的缺陷，滿足公共產品領域對資金的需求，另一方面，由於公共品投資領域，風險較大而市場回報率低，有時存在虧損。這種矛盾導致中國政策性金融機構運營效率低下，不良資產比率較高，銀行功能受到限制。中國政府在二〇〇七年確定了政策性銀行向商業化銀行轉型的政策。

股份制商業銀行。一九八〇年代後期，中央政府為了改變商業銀行被國家高度壟斷的局面，出臺政策支持創建股份制商業銀行。一九八七年，中國第一家股份制商業銀行交通銀行重組。之後，中信實業銀行、招商銀行、深圳發展銀行等十二家全國性股份商業銀行相繼成立。一九九六年，第一家不含國家股權的民生銀行成立。民營股份制銀行的出現，結束了中國銀行業單一的國有銀行生態，銀行之間的初步競爭局面開始顯現，對中國銀行業的格局和市場化產生直接的衝擊和深遠影響。

城市商業銀行。中國城市銀行脫胎於原來的城市信用社。一九九五年起，在撤併五千兩百多家城市信用社的基礎上組建地方股份制性質的城市合作銀行，之後，城市合作銀行轉變為城市商業銀行。經過十餘年，中國的城市銀行數目在一百家以上。二〇〇八年，城市商業銀行總資產達到四兆人民幣，占中資銀行總資產的七%。但是，整體而言，城市銀行在政策支持、技術、資金、信譽、規模方面普遍處於劣勢，其中，最嚴重的是資本總額過小。隨著重組股份化和中國金融資本市場擴張，城市商業銀行有極大的發展空間。近年來，城市商業銀行的股份化進程加速，引發國外戰略投資者的競相收購。[32]

郵政儲蓄銀行。中國的郵政儲蓄始於一九八六年。之後，四大商業銀行從縣城經濟撤離，郵政儲蓄得以超常發展。一九八九年，全國郵政儲蓄存款餘額為一〇〇·三四億元，市場佔有率為一·九六%。二〇〇七年中國郵政儲蓄銀行有限公司成立，全國郵政儲蓄存款餘額達到一·七兆億元，全國聯網網點六萬多個，全國客戶二·八億個，賬戶四·八億個。[33]

民營銀行。民營銀行在中國是以不合法的方式在運行，例如在福建、浙江、廣東等地的地下錢莊和所謂非法金融活動。將這種所謂的地下錢莊合法化、正規化，就是建立民營銀行的基礎。二〇〇七年，政府、經濟學界和企業界開始討論民營銀行方案與模式，一種完全由民間資本構成的「只貸不存」的「小額信貸組織」在以上四省的部分農村試行。如果給予民間借款的「草根金融」以「合法身份」，這種小額貸款公司似乎就有可能發展為中國私人銀行。

外資銀行。外資銀行在中國的發展主要經歷兩個時期：一九七九年至一九九三年為起步發展期。一九七九年，以日本東京銀行北京代表處設立為開端，外資金融機構在華設立代表處陸續增加。一九八一年至八二年，中國批准外資金融機構在經濟特區設立營業性分支機構的試點，允許從事各項外匯金融業務。一九八五年，中國政府頒布了《經濟特區外資銀行、中外合資銀行管理條例》，確立了外資金融機構在中國經濟特區設立營業性分支機構的法律地位，標誌著中國金融業開放向規範化方向發展。一九九〇年，國務院批准上海成為除了經濟特區以外率先引進營業性外資金融機構的沿海開放城市。[34]二〇〇一年，中國加入WTO之後，外資銀行開始擴張。二〇〇七年，匯豐、渣打、花旗等二十一家外資銀行在中國內地成立法人銀行。外資銀行本身就構成中國整個銀行金融體系中的組成部分，直接參與了中國貨幣經濟的重建，有利於公平競爭與合作、推動現代銀行運作機制和先進的管理方式，以及促進提高中國銀行業的服務水平。問題是，外國銀行在享受國民待遇方面還有很多限制，其業務範圍被控制在私人銀行、投資性產品、抵押貸款、槓桿性投資產品等領域。二〇〇八年，外資銀行在中國金融機構資產總額比重不足二・一六％，低於兩千億美元。[35]

中外合資銀行。中外合資銀行是中國和外國兩種資本融合的銀行，數目有限。一九八五年至一九九六年，中國先後創建的中外合資銀行包括：廈門國際銀行、深圳華商銀行、法國巴黎銀行合資設立上海巴黎銀行；與韓國第一銀行合資設立青島國際銀行。隨著宏觀和微觀環境的改變，合資銀行存在的必要性、可行性以及自身的弊端和遭遇的困境亟待重新定位。之後，又創建了里昂證券、大和證券、高盛亞洲、瑞銀集團、瑞士信貸、德意志銀行。值得提及的是，一九九五年所創建的投資銀行中國國際金融有限公司，是中國從計劃經濟向市場經濟轉變過程中的特殊產物，具有其他中外合資銀行所不具備的優勢和特權。[36]

非銀行金融機構。非銀行金融機構是指經中國人民銀行批准成立，在中國境內的中資信托投資公司、融資租賃公司、財務公司、證券公司、保險業公司、改用合作社和其他金融公司。在中國，信託業的市場主體是信託投資公司。因為信託業具有可以繞開銀行信貸控制，打通金融領域的多個行業，涉足貨幣市場、資本市場和產業市場的行業，從事實業投資和證券投資等優勢，起步最早。

一九七九年十月，中國第一家信託機構——中國國際信託投資公司——宣告成立。之後，中國經歷了信託公司膨脹時期，再經過多次整頓，還有近六十家信託公司，分布在中國大多數省、區、市。中國的保險業務也是在一九七九年恢復。一九八〇年，全國的保險費收入只有四．六億元，二〇〇七年達到七，〇三五．八億元，增長了一千五百倍，年均增長率超過三〇%。保險業的資金運用，經歷了從基本回流為銀行存款到自主各個領域投資的轉變。保險業資金的主要投資領域包括國債、政策性金融債券、央行票據、商業銀行債券、企業債券以及房地產等行業。二〇〇七年，全國各類保險公司一一七家。二〇一〇年，中國保險業原保費突破一千兆人民幣。保險業是中國發展最快的行業，將成為世界三大保險市場之一。[37]

國有金融投資公司。二〇〇〇年後，隨著國有金融資本規模的膨脹，中央政府決定建立國家所有的金融投資公司。根據國務院授權，二〇〇三年成立的中央匯金投資有限公司（簡稱匯金公司），性質為國有獨資，是中國目前最大的金融投資公司。匯金公司的主要職能是對國有重點金融企業進行股權投資，以出資額為限代表國家依法對國有重點金融企業行使出資人權利和履行出資人義務，實現國有金融資產保值增值。二〇〇七年，中國投資有限責任公司成立，匯金變為後者的全資子公司。匯金公司雖然名為公司，實際上是政府機構，由於國有資產管理委員會不負責管理金融類國有資產，所以匯金公司被認為是和「國資委」具有類似性質的「金融國資委」。

基金管理公司。中國本土的基金公司始於一九八七年，基金規模雖然還算小，但發展潛力大，正在成為代替個人散戶的主要機構投資者，推動中國金融、資本和貨幣市場成熟。加入WTO之後，外資金融機構開始在中國註冊成立合資基金管理公司。二〇〇四年是中國私募基金的轉折點。幾家引人注目的私募基金和風險投資支持下的首次公開發行實現了在國際證券交易所的上市，為私募基金投資者創造了豐厚的收益。二〇〇五年，「全流通」是一件大事，人民幣基金進入蓬勃發展階段。儘管中國的基金分類與國際分類標準大體相同，但是證券市場上的封閉式基金屬於公募基金。[38] 私募資金主要集中在北京、上海、廣州、遼寧和江蘇等經濟發達地區。

大約用了三十年的時間，中國結束計劃經濟時代「大財政，小銀行」，以及國家全額所有或國家控制的銀行、農村信用社和保險公司的歷史，形成一個以中央銀行為領導，以全國股份化商業銀行為主體，包括外資銀行和民營銀行在內的銀行體系。同時還形成了包括保險業、信託業、證券業、基金管理、財務公司、租賃業等在內的非銀行金融體系。[39]

從長遠來看，非銀行金融機構在中國現代貨幣經濟的發展和運行中，所起

中國現代貨幣金融體系架構[40]

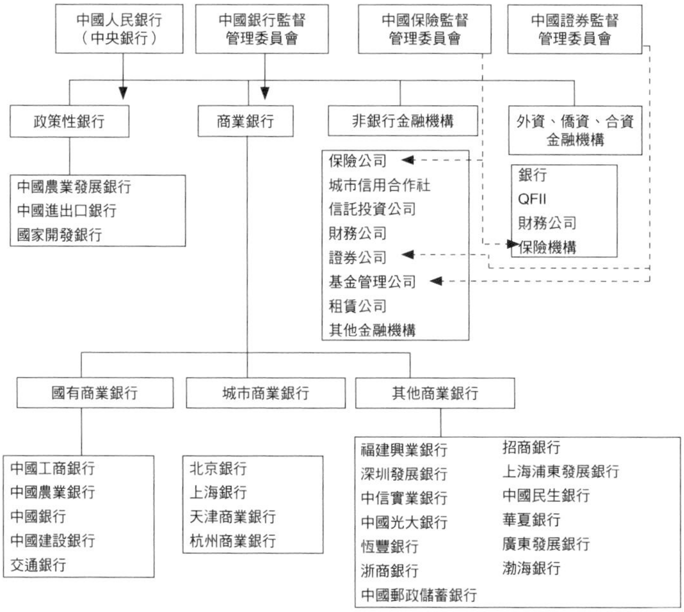

的作用會愈來愈大。但是，在現階段的中國，銀行業無疑是整個金融業的主力軍。[41] 雖然金融資產構成已經從單一銀行資產向市場化、多元化的轉變，但是，銀行體系擁有的資源依然處於主導地位。

中國回歸、重建貨幣經濟和金融體系，需要生命力，需要市場機制。只有這樣，體系中的組成部分——特別是金融市場和銀行體系——才能實現不斷的調整，建立「最優金融結構」，貨幣經濟和市場經濟良性互動，有效發揮金融體系動員資金、配置資金和降低系統性風險的功能。[43]

回歸和重建貨幣經濟貨幣化

所謂貨幣化，「是指透過貨幣進行（以貨幣作為價值尺度和交易媒介）的經濟活動的比例不斷增加」。[44] M_2 / GDP 是貨幣化的核心指標。[45] 貨幣化是一個動態概念，要想描繪說明一九八〇年代之後中國從非貨幣經濟、半貨幣經濟向貨幣經濟的轉型過程，可以從兩個方面加以測定：一是總量分析，即廣義貨幣供給M_2占GDP的比重；二是結構分析，即M_0、M_1和M_2之間的關係和比重。[46]

中國在一九五〇代之前已經建立了現代貨幣經濟；一九五

一九七八—二〇〇八年金融資產構成[42]

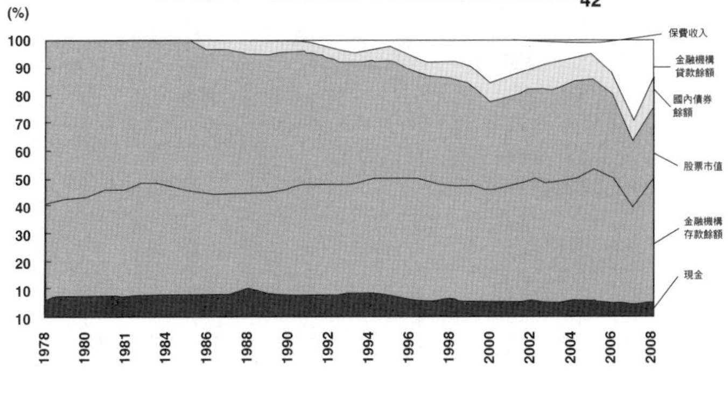

〇年代至一九七〇年代，實行計劃經濟，貨幣經濟部門萎縮，貨幣化水平極低。甚至可以認為，那個時代的中國並不存在「貨幣化」問題。一九七〇年代末，中國向市場經濟轉型引發貨幣化。

一九八〇年代之後，中國貨幣供給的增加在很大程度上決定著「貨幣化」的軌跡。這個時期的貨幣供給，「不僅要隨經濟的增長而同比例增加，而且還要滿足新貨幣化了的那些部門的需要。」所以，貨幣供給具有兩個基本特徵：一是滿足經濟增長需要和制度轉型需要的貨幣流量；二是提供支撐市場化的必要貨幣存量或貨幣沉澱。從「非」貨幣經濟或「半」貨幣經濟向貨幣經濟轉變，如同農業田由「旱地」改為「水田」，需要一個「灌溉」過程，灌溉不僅為了種植和生產期的需要，而且為了讓乾地有足夠的水的積累和存量，否則，水就會滲入地下而消失。也就是說，「旱地」改「水田」所需要的灌溉量遠遠大於原本「水田」的灌溉需求。所以，滿足貨幣存量的積累所產生的貨幣需求是巨大的。

因此，中國的「貨幣化」就是用貨幣「灌溉」非貨幣經濟土地，而非貨幣經濟部分需要吸納更多的貨幣。在這個「貨幣化」過程中，會不斷發生額外、甚至是「爆炸性」的貨幣需求，並不符合常態下的貨幣需求函數關係，貨幣供給表現為「量」的持續增長和膨脹。中國的貨幣化速度十分迅速，勢必發生廣義貨幣供應量的增長速度持續快於GDP的增長速度。具體地說，中國的貨幣化過程，就是大量而持續在一個時期內，向經濟活動中注入人民幣，使貨幣化的面積和深度得以擴展。注入人民幣的主體就是中國人民銀行以及背後的政府。

貨幣化既是人民幣發行擴張的結果，又是推動人民幣持續擴張的原因，成為影響轉型國家貨幣需求的重要變項。在貨幣化過程中，國家、企業和居民都可以實現其收益最大化，甚至產生金融剩餘，最終聚集於儲蓄。如果居民的現金需求為國家創造了大量貨幣發行收益，那麼居民儲蓄則供給巨額金融剩餘。金融剩餘對轉軌中的經濟來說至為關鍵。居民、政府、企業收入和存款，以及影響貨幣供給和貨幣化的關係框架如圖示。

值得強調的是，這樣的「貨幣化」是在低成本、甚至無成本的前提下發生的。因為人民幣本身沒有價值，印刷成本可以忽略不算。如果這次中國的貨幣化過程是以金本位或銀本位為基礎的話，那麼成本將會非常高，勢必又會發生「錢荒」。在中國歷史上，因為金屬貨幣的限制而無法完成貨幣化，導致了幾次經濟近現代化轉型的失敗。中國在一九八〇年代開始的「貨幣化」過程，就是「無中生有」的過程，是國家信用膨脹的過程。

貨幣化的基本過程

中國經歷了貨幣化影響力的上升、強勁到衰落的過程，主要體現在以下既有序、又相互交叉的三個階段：

第一階段：一九七八年至一九八四年。這個階段的貨幣供給高速擴張，為貨幣化奠定了基礎。期間的一九八四年，中央銀行發行淨現金二六二億，超過一九四九年至一九七九年三十年間的貨幣發行總和。一九八〇年代以來，中國經濟增長速度大體是一〇%左右，而貨幣存量的增長速度是三〇%左右，個別年份超過四〇%。一九八一年，貨幣供應量相當於GDP的五〇%。中國「貨幣化進程中一個重要的現象是居民和企業對現金需求的超常增長。特別是農民、個體戶、私人企業和鄉鎮企業進入市場，而它們主要使用現金進行交易。

影響貨幣供給和貨幣化的進程

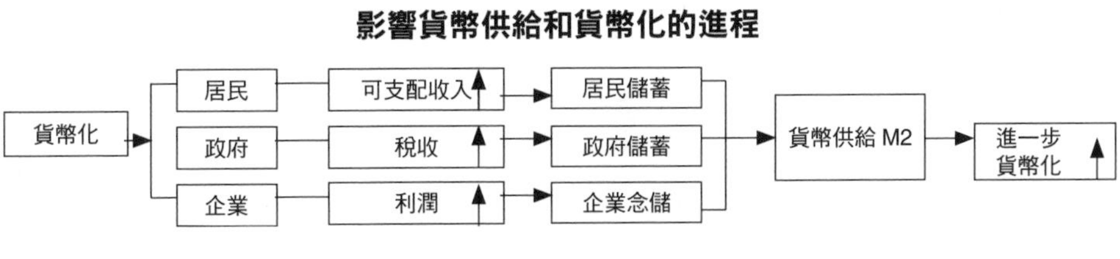

這個時期的貨幣化進程表現為對現金的需求高速度增長，貨幣供給的收益明顯，且沒有造成通貨膨脹。主要是因為這個時期的貨幣發行的很大一部分變成了農民的銀行存款，而且這個存款的累計等於中央銀行向國家的貸款。「在低貨幣化水平上起步的經濟改革具有某種特殊的優勢，即存在一個較長的貨幣化區間。由於低貨幣化的經濟潛存著巨大的貨幣需求，因此具有極強的貨幣稀釋能力。在這種情況下，國家可以給經濟注入一定量的貨幣而無需擔心通貨膨脹的後果，這就意味著國家將獲取一大筆貨幣化收益。」[48] 國家獲得的「金融剩餘」大部分被直接補貼了城市的國有企業部門，而不需要國家再發行更多的貨幣進行補貼。[49] 這種特定的經濟現象說明農民和農村在這個時期實際上扮演了政府「淨貸款人」的角色。[50]

第二階段：一九八五年至一九九五年。自一九八〇年代中後期到一九九〇年代初期，貨幣化進程放緩。主要原因是：伴隨中國經濟和金融環境改善，金融體制改革和價格體制改革深化，資本和貨幣市場成熟，金融創新制度化，特別是現金占GDP的比重經過一個較快增長期之後趨於穩定，非現金的供給量快於現金的供給量；不斷擴大的鄉鎮企業和個體、私人企業，可以提供愈來愈多的金融剩餘，並扮演「淨貸款人」的角色，國家可以從這些部門獲得金融剩餘，而不需倚重發行貨幣，貨幣需求逐漸進入穩定期，貨幣需求對貨幣化程度影響削弱。但是，一九九一年至一九九七年，再次進入一個長達七年的貨幣供給總量的新時期，年均貨幣增長量在一千億元以上，平均增長速度是三二．四%。一九九五年，貨幣供應量相當於GDP總量。在這個階段，伴隨股票市場的成長，顯現凱恩斯的投機性貨幣需求，影響了貨幣需求構成。

第三階段：一九九六年至二〇一〇年。伴隨國有經濟比重下降，社會產品市場化程度，金融體系多樣化程度，貨幣供給總量再次勃興，二〇〇一年至二〇〇七年，貨幣平均年增長量兩兆元以上，平均增長速度在一六．九%。[51] 一九九六年貨幣供應量等於GDP一〇〇%，二〇〇四年，貨幣供應量等於GDP的一五〇%，之後，這個比重趨於穩定。二〇〇〇年之後，持續在貨幣化對國民經濟的影響方式開始轉變，貨幣超常發行收益在開始大幅度下降的同時，全面推動物價上漲和刺激通貨膨脹。可以這樣認為，不是M_2/GDP的比率愈高愈好，很可能一五〇%就是拐點。在這個階段，經過價格革命，中國物價的波動與貨幣供給相關性明顯強化，接近弗里德曼理論。

在中國貨幣化過程中，出現了一個非常獨特的歷史現象，那就是中國貨幣供給量和GDP之比超過了包括美國在內的主要發達國家。

中國的M_2/GDP比重大於一〇〇%，高於包括美國在內的發達國家，不足以說明貨幣化的發達程度，只能反映中國在一定時期的貨幣供給擴張速度，或者作為一個新興市場國家，在轉型過程中的貨幣化速度。因此，這個指標的局限和片面是顯而易見的。中國貨幣經濟發展水平落後於發達國家是基本事實。中國在貨幣化過程中，並無穩定的貨幣需求函數。隨著中國金融業逐漸對外開放，大規模的金融創新的出現，貨幣需求函數更加不穩定，導致貨幣的實際供給量遠高於理論上的貨幣供應量。所以，中國在「貨幣化」過

一九七八—二〇〇七年的中國貨幣化測量 [52]

	GDP（億元）	M_2（億元）	M_1（億元）	M_0（億元）	M_2佔GDP(%)	M_1佔GDP（%）	M_0佔GDP(%)
1978	3645.2	1070.0	859.5	212.0	29.52	23.72	5.85
1985	9040.7	2888.1			987.8	54.18	
1990	18718.3	15293	6950.7	2644.4	58.85		
1995	59810.5	60751	23987.1	7885.3	112.09	42.00	13.48
2000	98000.5	134610.3	53147.2	14652.7	162.66	61.52	16.39
2005	183217.4	298756	107278.7	24031.7	163.06	58.55	13.12
2006	211923.5	345604	126035.1	27072.6	163.08	59.47	12.77
2007	249529.9	403442	152560.1	30375.2	161.68	61.13	12.17

程中，M_2／GDP的比率高於世界其他國家，按照正常標準的「超額貨幣」，或稱之為「無通貨膨脹壓力的超額貨幣供給」，很快會被膨脹的經濟體吸納。[54]可見貨幣化也是一個中性指標，貨幣化影響力的評估需要結合貨幣供給和貨幣需求的關係，以及宏觀經濟環境。

中國的貨幣化不會是常態，不可能永遠持續下去。按照，「當貨幣發行占到GDP一定水平，經濟部門吸引貨幣的能力就可能下降，也就是說貨幣化進程結束了。這個時候，貨幣的發行規模就只能根據經濟增長所能創造的貨幣需求來決定。」[55]事實上，中國貨幣化的實際過程遠遠超過人們預期，至今難以確定中國的貨幣化進程是否已經結束。在中國貨幣化何時結束問題上，中國目前有幾種看法：一，中國的貨幣化進程在一九八〇年代中後期的一九八五年或一九八八年就結束了。二，中國的貨幣化進程結束於一九九〇年代，大約在一九九一年至一九九二年。[56]三，中國的貨幣化進程持續到二〇〇〇年之後，甚至至今都還沒有結束。理由之一

一九七八－二〇〇八年中美 M_2／GDP 變動趨勢[53]

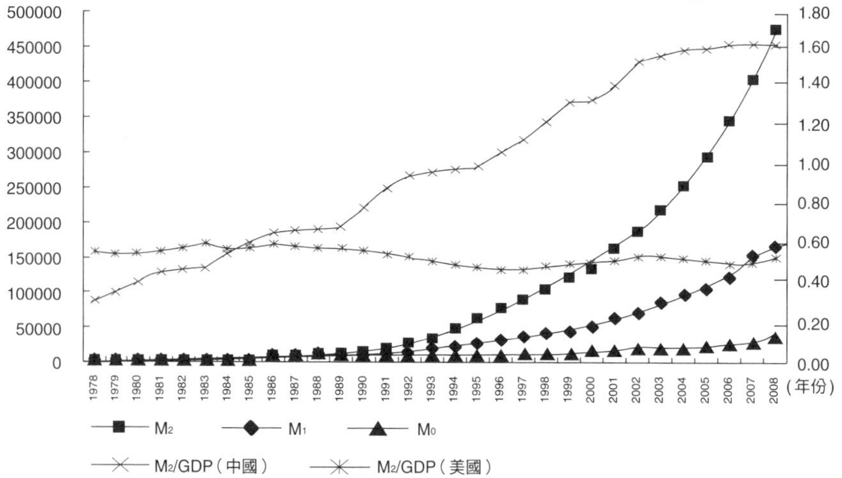

是總需求可以表示為貨幣存量和貨幣流通速度的乘積，中國的貨幣流通速度的下降趨勢尚未停止，說明貨幣化過程還沒結束。[57]總之，中國貨幣化過程是否結束？如果結束的話，又發生在何時？需要更多的論證和證據。

無論如何，在過去三十年中，中國制度變革中最值得重視的現象是貨幣化和貨幣經濟發展。「貨幣經濟隨著時間的推移而發展起來的生產和交換技術與在以物易物經濟所具有的生產和交換技術截然不同；與以物易物相比，貨幣交換促進了技能、商品生產、地方貿易、地區貿易和國際貿易等經濟。從這個意義上說，貨幣的使用絕不只是蓋在實體經濟上的一層面紗而已，它形成並改變了經濟的結構，擴大了經濟的規模。」[58]可以認為，貨幣所扮演的角色是「非中性」的，而不是「中性」的。[59]

貨幣化和貨幣的「內生」和「外生」特性

在貨幣理論的發展中，關於貨幣的「內生性」與「外生性」問題的討論和爭論持續不休。貨幣主義者和絕大多數凱恩斯主義者都承認：貨幣量的改變會影響產出、經濟活動和價格，但是，這個結論的前提是時間尺度。就長期而言，貨幣是中性的，價格預期會完全反映貨幣存量，短期並非如此。原因是貨幣的作用模式、衝擊性質及持續性有其不確定性。現代主流貨幣理論則以「外生貨幣供給」的假設為基石。肯定貨幣和產量之間的正相關關係。貨幣是「內生」還是「外生」，要根據貨幣定義的範圍、經濟對外開放程度、所處經濟週期的階段來具體分析。貨幣定義的範圍愈廣，貨幣存量的「內生性」愈強；當貨幣的定義是「流動性」（L）時，貨幣「內生性」尤其強烈。關於貨幣的「內生」和「外生」分野，在貨幣政策理論研究中具有較強的政策含義。如果認為貨幣供給量是「內生變項」，主張中央銀行不能完全直接控制貨幣供給量，貨幣供給的變動是由經濟體系各經濟主體的行為共同決定的，中央銀行對貨幣供給的控制只能是相對的。凱恩斯在《就業、利息和貨幣通論》中，使用了「貨幣外生性」的假設。[60]

現代經濟中的紙幣，既是不可兌現貨幣，又是信用貨幣。當貨幣當局印製紙幣，紙幣是國家的負債，貨幣數量可以被外生地控制。這樣的貨幣數量外生性，需要假設銀行體系是一個被動的機構，銀行總是把超額準備金全部貸盡，貨幣當局決定整個經濟中的貨幣供應量，商業銀行嚴格遵守現金與存款之間的比例，而且沒有其他現金代用品。但是，實際經濟活動中的商業銀行並不是被動的，商業銀行追求利潤最大化。理論上，基礎貨幣存量是外生的，並由貨幣政策決定，貨幣當局可以實現控制基礎貨幣，以及基礎貨幣和全部流通中貨幣之間的比例關係。在實際的經濟運行中，只要商業銀行增加貸款的收益大於成本，銀行就會增加貸款量，因此，廣義貨幣是內生的。除此之外，金融創新導致的金融工具的重要性，和非銀行體系提供的流動性，使得流通中的貨幣存在較大的波動性。這種內生流動性的擴張，在很大程度上依賴經濟中的其他變項，例如經濟主體對流動性的有效需求，金融機構對於創造流動性能否獲利的預期。簡言之，貨幣的「內生性」和「外生性」，主要取決於所考察的貨幣經濟類型。從商品貨幣、不可兌現的紙幣，到信用貨幣，貨幣供給的內生性不斷加強。[61]

中國關於貨幣供給的「內生性」和「外生性」的研究和討論，始於一九八〇年代後期，至今還在繼續。它具有明顯的政策意義：主張貨幣供給的內生性會否定貨幣政策的有效性；主張貨幣政策的外生性，即肯定貨幣政策的有效性。一九八五年，中國金融學會在揚州舉行「貨幣理論與政策研究會」，以西方國家的貨幣分類為參照系，提出了中國貨幣層次的劃分標準。[62]新的貨幣層次劃分為關於貨幣供給的「內生性」和「外生性」的研究提供了重要的共識基礎：一，貨幣內涵，除現金以外，還應包括可以用於轉賬結算的單位活期存款。有些銀行存款，例如各種定期存款、財政金庫存款等，雖然本身不是現實貨幣，不能發揮現實貨幣的作用，在特定情況下可以轉化為現實貨幣，應該把它們列入廣義貨幣之中。二，貨幣層次：M_0為現金；M_1包括現金，企業存款，鄉鎮企業存款，機關、團體、部隊存款、基建存款，亦即現金和能夠用於轉賬結算的存款；M_2包括M_1和單位定期存款、城鄉儲蓄存款；M_3包括M_2和財政金庫存款、匯兌在途資金、其他金融機構存款。在當時的中國，提出M_0是個創新，因為M_0這個概念西方國家沒有。M_1、M_2、M_3概念和基本內涵來自西方國家，只是根據中國的具體情況重新界定其內涵。一般來說，貨幣定義的範圍愈窄，貨幣存量的「外生性」愈強；當貨幣的定義是「通貨」（M_0）時，貨幣是強外生的；在實行固定匯率制度時，官方儲備變動愈大，貨幣內生性愈強；在經濟衰退期間，貨幣內生性也會強化。

在過去的三十年，中國處於非貨幣經濟向貨幣經濟的轉型期，貨幣供給由「外生性」逐漸向「內生性」轉變。這是因為市場化愈低，「外生性」就愈強；反之，「內生性」就表現得更為強烈。或者說，中國的基礎貨幣的供給始終是「內生」和「外生」共存。具體地說，前二十年，人民幣以「內生」為主，後十年，「外生」日趨顯著。「貨幣在中國經濟發展的現階段雖具有一定內生性，但銀行透過信貸手段形成的貨幣投放量不能由企業融資來單向決定，因為企業過強的融資傾向會使社會貨幣量發行過大，導致宏觀經濟運行不穩定。在這種情況下，政府的貨幣政策在大多數時間裡不是完全適應性的，社會的貨幣總量有一定外生性，政府要設計一個年度的貨幣量供給區間，可能還要靠干預銀行信貸來穩定宏觀經濟。所以，社會貨幣量雖由企業、金融機構和政府行為共同決定，但政府有最終決策權。這種貨幣供給的非完全內生性特徵，正是中國政府透過金融體系促進經濟增長的重要途徑。」[63]一九九〇年代，中國在從非貨幣經濟向貨幣經濟過渡時期，貨幣的供給主要受信貸投資約束，沒有獨立性，形成財政擠銀行、銀行發票子的現象或信貸供應對貨幣供給的「倒逼機制」。貨幣供給被迫適應需求的「倒逼機制」，是制度轉型的表現，是那個時期經濟主體對自上而下指令性規模管理手段的一種變相對抗。中央銀行為了控制貨幣供給，在年初形成「計劃貸款規模」，但是經常到了年中，計劃就被打破。或者是因為國家控制的銀行與國有重點企業的聯盟，中央銀行不得不增撥貸款指標；或是因為國家實行寬鬆財政政策，銀行必須為政府投資「增貸」配套資金，實行緊縮財政政策，銀行需要減少配套貸款；或者因為政府支出變動造成實體經濟的貨幣需求變動，直接影響中央銀行的貨幣供給操作和貨幣供給變動。「倒逼機制」無疑強化了中央銀行貨幣政策的不確定性。

根據中國的經驗，因為政府對宏觀經濟的影響力，貨幣的「內生」和「外生」特性與經濟週期沒有明顯的相關。經濟高漲時期，貨幣的內生性呈現強烈趨勢，商業銀行儲備缺乏、同業拆借利率攀高，中央銀行為了控制經濟過熱，強制控制儲備貨幣的注入，實行降低貨幣供給緊縮政策，貨幣的「內生性」增長遭到釜底抽薪，不得不停止。於是，貸款資金缺乏，利率上升，經濟衰退，失業率增加。而在經濟低迷時期，貨幣的內生性則不可能為中央銀行實行貨幣寬鬆政策而得以自然扭轉。例如在一九九八年，央行為了完成「軟著陸」之後的國民經濟繼續啟動，降低利率、公開市場回購、增加央行信貸等。但是並沒有發生預期的儲蓄增長下降和企業投資回升。這是因為此時的商業銀行擁有大量超額非借入（自由）儲備，中央銀行貼現窗口利率再低，也不會吸引大量的重貼現。如果中央銀行實行放鬆銀根的貨幣政策，需要在公開市場上回購國庫券，把更多的儲備貨幣投入銀行體系，即便如此，還需要利率配合。如果利率下降的幅度不能刺激足夠的支出和貸款需求的增長，那麼所增加的儲備貨幣中的大部分就會滯留在銀行體系內，沒有發生貨幣乘數效應，貨幣的「內生性」收縮就不能被克服。這說明了當經濟中的貨幣需求量大於中央銀行願意提供的貨幣供給量時，經濟中的貨幣存量由相對較小的貨幣供給決定；當經濟中的貨幣需求量小於中央銀行願意提供的貨幣供給量時，經濟中的貨幣存量由相對較小的貨幣需求決定。所以，中國的貨幣存量並非完全決定於中央銀行意願的貨幣供給量，中國貨幣經濟的「內生性」使得貨幣存量可以脫離中央銀行的控制。或者說，在貨幣「內生性」很強的情況下，貨幣當局不能隨心所欲地實行貨幣數量控制。而且，伴隨著金融工具不斷創新，貨幣當局對貨幣數量的控制能力愈來愈弱。所以，實施貨幣政策對宏觀經濟的調控，不能忽視貨幣內生性對貨幣政策手段和效果的制約。

在西方發達市場經濟國家，經濟周期穩定，每個周期內都會形成貨幣均衡。只有在貨幣從一個長期均衡向另外一個長期均衡調整過程中，貨幣的「內生性」才會趨於顯著，影響產出和其他真實變項。但中國不是這樣，在整個轉型期間，難以實現穩定的貨幣均衡，也就是說，貨幣的「內生性」始終會強過貨幣的「外生性」。

金融深化和金融抑制[64]

金融深化理論有助於分析中國的貨幣化過程。按照金融深化理論，在一定時期內，一個國家或地區的經濟能否實現長期穩定發展，在很大程度上取決於貨幣化、經濟發展與金融深化的相關關係。金融深化程度可以從三個方面來量化：金融存量指標，金融流量指標，金融資產價格指標。如果用全部金融資產替代廣義貨幣，用「金融化」指標代替「貨幣化」指標來衡量金融深化的程度，金融資產可以劃分為廣義貨幣和非貨幣金融資產。或者從資產流動性的角度，可以將金融資產區分為貨幣、債券和股票三大類金融資產，以及預期收益率。為此要面對從傳統貨幣政策到新貨幣政策的調整，如何避免信貸萎縮，回歸景氣。其中，有價證券（企業債券餘額、金融債券餘額、國債餘額、股票市值等）在內的金融資產總量與GDP之比，是反映經濟金融化程度的主要指標。

M_2 / GDP是金融深化程度最重要的指標，這個指數和貨幣化指數是互相重合的。自一九九〇年代中期後，中國金融深化指數（M_2 / GDP）迅速攀升，不僅遠高於主要發達國家，也超過與中國發展水平相近的發展中國家。一九九二年為〇．一九％，一九九七年為一．二二％，按照修正後公布的GDP數字，二〇〇六年底，中國的M_2與GDP之比已達一．六六％。伴隨中國金融資產總量與當年GDP的比重上升，非貨幣性金融資產規模的擴張，金融資產的結構必然發生相應變化，廣義貨幣M_2在金融資產總量中的比重下降，債券餘額的比重上升，股票市價總值的比重上升。貨幣、債券和股票相對數量的變化，反映了銀行中介機構地位的下降和資本市場地位的提升。但是，如果選用廣義貨幣、有價證券和股票市值代表的金融資產與GDP之比衡量，中國的金融化水平還相當低下。以二〇〇〇年為例，中國的金融化比重為二二九％，同期的美國是三六四％，英國是三五六％，日本是三一二％，新加坡是三一九％。可見中國金融深化程度，大體處於發展中國家的中等偏上水平，與美國、日本、英國等發達國家還有差距。

金融深化理論還指出：貨幣需求和貨幣收益率互為因果。一方面，居民儲蓄傾向取決於貨幣收益率，貨幣收益率高，居民儲蓄傾向降低，反之，居民儲蓄傾向上升；另一方面，沒有居民產生投機需求，因此造成對儲蓄的影響，貨幣收益率問題無從發生，而居民的投機需求又以機會成本為條件。在中國，當貨幣化進程啟動時，人的貨幣需求主要是交易需求，而交易需求只與收入增長相關聯。國家為了讓更多的儲蓄集中於國有銀行，採取限制其他金融工具發展的政策，這種政策實際上剔除了人們持有貨幣的機會成本。所以，貨幣收益率對貨幣需求的作用基本上是中性的。

世界經濟和金融發展的經驗說明，改善金融深化指標並非難事。金融深化並不意味著金融體系和結構可以自動改善，也不一定始終、必然推動經濟的發展。如果金融深化處於無效或失控的狀態，不能有效滿足經濟發展的客觀需要，形成金融抑制，反而會破壞經濟的發展，有時甚至還會導致經濟的實質倒退。

中國經濟是一個「新興加轉軌」的經濟體，還會長期存在著二元經濟，以及與金融資源的區域、產業、所有制的非均衡分布相聯繫的「二元金融結構」，所以，在金融深化的過程中，不可避免地發生金融抑制。造成金融抑制的具體原因包括：一，國家控制著全社會的金融資源，國有的銀行體系的壟斷地位在本質上沒有變化，由於事實存在的國家對銀行「不破產」的擔保機制和信用，銀行體系具備巨大的國民儲蓄動員能力。二，金融資源分配不合理，存在金融資源配置方面的「所有制歧視」、「規模歧視」受政府特殊保護的大量國有企業可以獲取低成本的金融資源。三，資本市場受到分割和分裂，儘管名義利率有逐年增加的趨勢，實際利率卻不是遞增的，實際利率和價格水平的變化呈負相關，說明中國的金融深化進程安排存在著不協調。四，在金融區域發展差異，而且這種金融資源配置差異在不斷加大。五，農村金融組織落後，正規、準正規和非正規金融並存，農村金融缺口嚴重。

總之，在現階段的中國，金融深化和金融抑制同時存在，前者推動貨幣化，後者阻礙貨幣化。金融深化和貨幣化無疑是主流。

貨幣化和基礎貨幣擴張
65

在現代貨幣體系中，貨幣供給和基礎貨幣是不可分割的。基礎貨幣是中央銀行發行的債務憑證，表現為商業銀行的存款準備金，可以定義為準備金加上公眾所持有的現金，或者通貨和準備金的總和，即：$B=R+C$。「基礎貨幣的變動是決定貨幣變動的最主要因素，是貨幣當局控制貨幣供應量，進行貨幣調控的基礎。貨幣供應量目標確定以後，中央銀行臨時規劃和調整基礎貨幣應成為貨幣政策的核心。」[66]貨幣當局的資產負債表中，基礎貨幣屬於總負債的一部分，大體上等於貨幣發行與金融機構存款之總和。非金融機構存款因數額較少，對基礎貨幣的實際影響有限。基礎貨幣來源，或貨幣供給涉及三個參與者：中央銀行決定基礎貨幣，對商業銀行的準備金和規定其貼現率；公眾，包括活期存款在內的通貨持有數量；商業銀行，除了法定準備金比率，還有相對於活期存款負債的準備金。中央銀行、公眾和商業銀行三者之間彼此互動。

中國在貨幣化的過程中，內生性特徵對基礎貨幣影響甚深，貨幣當局對於基礎貨幣的規模，長期處於被動狀態。具體地說，有幾個因素對基礎貨幣產生不可低估的影響：一，部分存款準備制度。居民，政府和企業存款增長率持續提高，準備金總量必然水漲船高。儲蓄的擴張從根本上影響著基礎貨幣總量的增大。實際經濟運行中，法定準備率的調節一般滯後。以為可以透過降低法定準備率以減少貨幣供給，這是一種簡化的認識。如果考慮貨幣乘數法則，即使存款準備金率下降，貨幣乘數也會上升。二，現金的流通和分佈。隨著中國金融產業發展，現金部分占基礎貨幣的比重會有所下降。在中國，現金的八〇%分佈在城鄉居民手中，其中又有七五%分佈在農村居民手中，二五%分佈在城鎮居民手中。[67]其中一億至一．五億在城鎮的農民工收入主要是現金形式。加之頑強存在的二元結構，現金部分的絕對量會持續增加。所以，貨幣當局實現對公眾所持現金的管理是極為困難的。三，外匯儲備。外匯儲備膨脹的重要後果之一是要求基礎貨幣的相應投放。四，港幣和澳門幣的影響。在中國收回香港和澳門主權之後，這兩個「特別行政區」的貨幣發行量急劇增長。以澳門為例，澳門GDP在一九九六年是五二八億元，二〇〇九年是一千七百億元，其貨幣流通量，一九九六年為十四．五億元，二〇一〇年七月底，達到五十七億元。[68]一方面，兩個「特別行政區」可以吸納人民幣，另一方面，澳門幣（特別是港幣）又可以在內陸流通，對中國的基礎貨幣的規模會產生相當的影響。

貨幣化和貨幣乘數[69]

根據貨幣供給的基本模型，貨幣乘數對貨幣供應量的變化有著決定性的作用。

在實際經濟生活中，銀行提供的貨幣和貸款會透過數次存款、貸款等活動產生出數倍於它的存款，即通常所說的派生存款。貨幣乘數的大小決定了貨幣供給擴張能力的大小。貨幣供給等於通貨（即流通中的現金）和活期存款的總和。通常，貨幣乘數和貨幣流通速度是基本穩定或有規律變化的，貨幣供給擴張能力的大小決定貨幣乘數的大小，具體表現為四個因素：一，法定準備金率。通常法定準備金率愈高，貨幣乘數愈小；反之，貨幣乘數愈大。二，超額準備金率。超額準備金率與貨幣乘數之間也呈反向變動關係，超額準備金率愈高，貨幣乘數愈小；反之，貨幣乘數就愈大。三，現金比率。現金比率與貨幣乘數負相關，現金比率愈高，說明現金退出存款貨幣的擴張過程而流入日常流通的量愈多，因而直接減少了銀行的可貸資金量，制約了存款派生能力，貨幣乘數就愈小。四，定期存款與活期存款間的比率。在其他因素不變的情況下，定期存款對活期存款比率上升，貨幣乘數就會變大；反之，貨幣乘數會變小。總之，貨幣乘數的大小主要由法定存款準備金率、超額準備金率、現金比率及定期存款與活期存款間的比率等因素決定。

在中國現階段，除了上述四個因素影響貨幣乘數之外，還有財政性存款、信貸計劃管理的因素。因為金融體制和金融業結構的過渡特徵，導致貨幣乘數不是一個常數，充滿不確定性，對貨幣乘數和貨幣流通速度的衝擊極為強烈，「在過渡期內，商業銀行、住戶和企業不能較為自由地選擇其資產發展結構，因而構成貨幣乘數的各比率（除法定存款的準備比率外）不能視為確定的，也不是一成不變的，而且還成為反映收入、財富和利率變化的內生變項。尤其當預期利率不再受到管制時，資產選擇的種類、範圍和自由度增大，可以預期這些比率會發生變化，這都增加了貨幣乘數的不確定性。」[70]但是，這種結構性震蕩會是短期現象，隨著制度的穩定趨勢和貨幣化的結束，貨幣乘數在震蕩之後回復到長期均衡狀態。從長程來看，中國貨幣乘數有逐漸加大的趨勢：在一九八六年是二·八六、一九九六年是二·七四、二〇〇〇年是三·六九。從二〇〇三年到二〇〇七年初法定存款準備金率已經從六％上升到九·五％，貨幣乘數從二〇〇三年的四·二三上升到二〇〇六年末的五·三。中國的貨幣乘數呈現不斷增強，這是因為這個時期金融機構數量增多，金融企業的存款派生能力增強，單位基礎貨幣形的貨幣供應量也相對增多，因此是一種可以解釋的正常現象。

貨幣化和人民幣價值基礎

欲探討中國的貨幣化過程，不可忽視人民幣價值基礎的演變。一般是先有硬通貨儲備，才能發行以政府為信用的紙幣，而一九四九年之後的中國所發行的人民幣，完全沒有任何價值基礎，中國的貴金屬和外匯儲備微乎其微，人民幣實質上是不能兌換的政府信用紙。這是一個獨特的貨幣經濟現象。

一九八〇年代之後，這種情況開始改變。中國外匯的儲備經歷了從硬通貨幾乎是零到三兆美元以上規模的過程，且中國成為世界上的黃金生產大國，人民幣M_2和硬通貨的相對關係達到接近西方國家的水平，逐漸形成和強化了人民幣的價值基礎。中國人民幣的價值基礎最終取決於人民幣本身的可兌換性，即國際化。人民幣的價值基礎和硬通貨儲備聯在一起，而硬通貨儲備與國際收支緊密相連，特別依賴出口。這就說明了中國人民幣價值基礎的脆弱性。如果中國外貿又不能相應增長，一旦發生硬通貨儲備的減少、流失和萎縮，意味著人民幣的價值基礎會削弱。在過去十餘年來，人民幣匯率上升的趨勢反映了人民幣「價值」的提高。

貨幣化和「電子貨幣」

中國的貨幣經濟回歸與「電子貨幣」的興起幾乎同步。多年來，中國的現金流通量一直穩定在三兆元左右的水平。二〇〇八年底，中國流通中的現金總量為三．四兆元。相對於現金流通量的穩定，而每天的現金支付量卻在成倍增加，其中的電子支付增長速度首當其衝。相較於電子貨幣和電子支付的發展，現金量增加緩慢。在一九八〇年代，中國幾乎不存在電子貨幣。二〇〇八年，中國的現金支付總量是一，一三〇兆，其中，七十兆透過銀行的電子支付，一二七億透過各家銀行的聯銀卡支付，票據市場合計實現二七〇兆，紙幣的直接交易為六三三兆。[71] 電子貨幣的使用，對整個社會節省開支非常有效。從成本上看，中央財政為人民幣的印刷、保管、運輸、銷毀花的成本非常大。據統計，零售交易上使用的現金，其成本大概是一．七%左右，而電子貨幣是〇．六%左右。

伴隨電子貨幣逐步取代現金流通，貨幣管理和調控需要面對新的環境：一，央行貨幣發行壟斷權已經受到挑戰，因為是非銀行機構充當著電子貨幣的發行主體，央行現在和未來不太可能壟斷電子貨幣的發行。二，電子貨幣會對貨幣政策調控目標產生衝擊。即使基礎貨幣額度目標沒有改變，由於大額支付系統的建成，資金實時到賬，原本被鎖定在會計賬目上上兆的資金，一下子得到釋放。有時發生了貨幣政策調控計劃沒變，物價依然上漲，就與電子支付導致的流動性增加有很大關係。三，電子支付顛覆了傳統的貨幣層次劃分。傳統經濟學是以變現的能力或流動性，將貨幣分為幾個層次，比如M_0表示現金，擁有最強的流動性。而M_1表示M_0加上活期存款，M_2表示M_1加上定期存款，M_3表示M_2加上證券和資產。有了電子貨幣，尤其是發達的證券、黃金、期貨市場，不同貨幣層次之間的劃分已變得模糊。如果貨幣政策的制定還是只盯住M_1或是M_2，就會產生偏差。[72] 面對電子貨幣的成長，中國政府不得不加強對電子貨幣和電子支付的監管，因為電子貨幣的發展快於政府監管能力的完善時，政府所支付的成本會不斷攀升。[73]

貨幣收入，儲蓄和利率

中國在貨幣化和貨幣經濟的重建過程中，居民貨幣收入、儲蓄和利率進入積極互動的階段。儲蓄主要體現為銀行的存款儲蓄。一九七九年，中國銀行儲蓄第一次超過一兆元；一九九九年，第一次超過十兆元；二〇〇九年超過六十兆元。同期以存款形式體現的貨幣數量增長了近六百倍。名義GDP增長了八十七倍，[74] 一九八〇年，中國存款占GDP比重是三三%，

「金磚四國」及世界儲蓄水平比較〔儲蓄占國民總收人（GNI）百分比[75]〕

	1970	1980	1990	2000	2005	2006
中國	27	33	40	37	51	54
巴西	19	18	19	14	17	18
印度	15	17	22	26	33	34
俄羅斯		30	37	32	31	
世界平均	25	23	22	22	21	22

這個比重持續攀升，二〇〇五年超過五〇％，二〇〇六年達到五四％。中國的儲蓄率不僅高於發達國家，而且高於新興國家，成為高儲蓄率國家。

自一九七八年以來，中國的儲蓄率、資本形成率和城鎮就業率之間高度相關。

造成中國的高儲蓄率，有諸多因素：一、貨幣化。貨幣化既是高儲蓄率前提，也是高儲蓄率的過程和結果。一九九〇年代以來，中國廣義貨幣M_2年均增長率和儲蓄率增長率相當接近。更多的勞動力進入市場推動了貨幣需求和貨幣供給，導致貨幣的存量和流量加大，提供儲蓄全方位增加的前提。二，「人口紅利」。工作人口比重上升，導致全部人口的總收入增加；年輕工作人口相對增加，導致總人口的消費傾向下降，儲蓄傾向上升，進而推動儲蓄率的提高，呈現高儲蓄—高投資—高經濟增長的循環現象。三，非農業就業。非農業就業增加導致收入上升、儲蓄增加、投資擴張、工業化程度提高，進而非農業就業進一步上升。工業化、高儲蓄率和高投資率互為因果。四，城市化。就業集中在

中國歷年儲蓄率、資本形成及城鎮就業率比較[76]

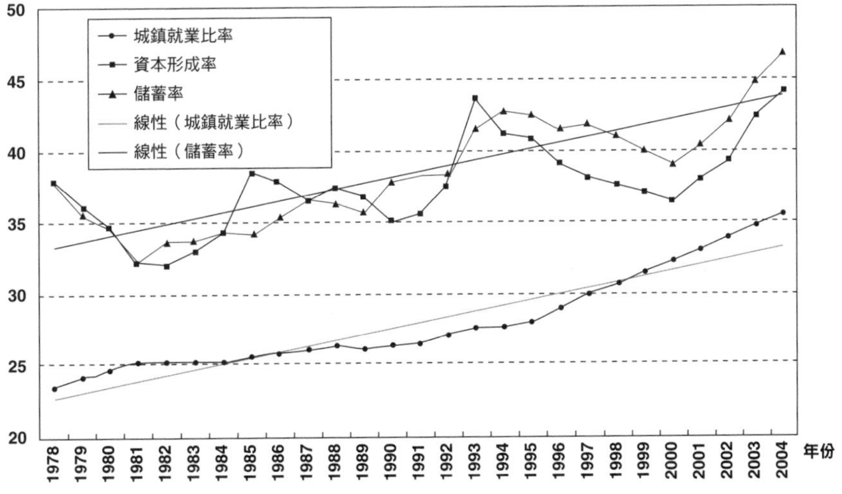

人均收入較高的第二和第三產業，也會導致儲蓄上升。城市化趨勢與儲蓄率、投資率的趨勢是完全一致的，城市化和透過城鎮居民消費結構的升級刺激進一步的投資。[77] 根據經濟學常識，M_2 扣除 M_0 之後，所剩下的就是儲蓄，簡單的說，就是居民儲蓄存款，企事業單位的活期和定期的存款。一九九〇年至二〇〇六年期間，居民儲蓄餘額與 M_2 供給量大體同步增長，居民儲蓄餘額占與 M_2 供給量的比重穩定在四五—五〇%區間。[78]

按照結構來看，中國的儲蓄來源可以分為三塊：居民儲蓄、企業儲蓄與政府儲蓄。一九九九—二〇〇七年，中國的總儲蓄率上升了一四．四%。家庭貢獻了二．七%（從一九九九年的二〇．二%上升到二〇〇七年的二二．九%），政府貢獻五．四%（從一九九九年的二．七%上升到二〇〇七年的八．一九%），企業六．三%（從一九九九年的一三．七%上升到二〇〇七年的二〇%）。與此同時，中國勞動者報酬占GDP的比重從五三．四%下降三九．七四%；資本收入比重持續上升：企業營業盈

一九九〇年一二〇〇六年居民儲蓄餘額與貨幣供給

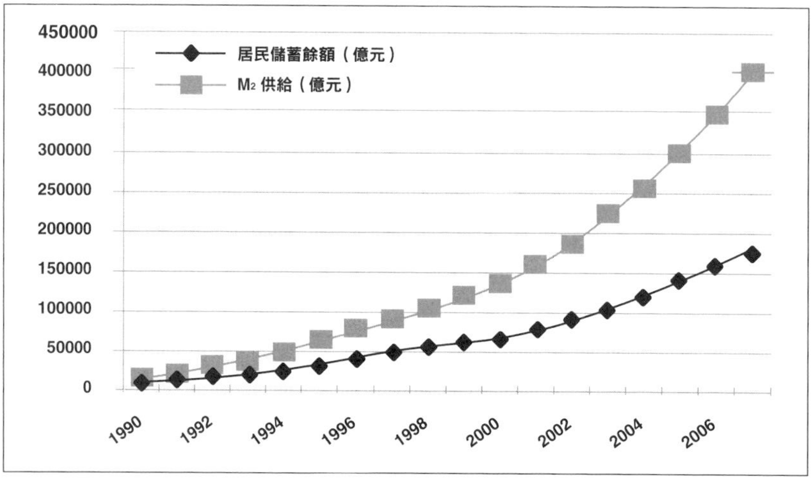

餘占 GDP 的比重從二二．二三％上升到三一．二九％；政府預算內財政收入占 GDP 比重從一〇．九五％上升至二〇．五九％，若加上預算外收入、政府土地出讓收入和中央和地方企業每年未分利潤，政府預算收入占國民收入的三〇％。[79]在近中期內，政府部門和企業可支配收入占國民收入比例的上升趨勢，實為不可避免。

居民儲蓄

中國實行改革之後，居民收入和可支配收入的持續增長，是居民儲蓄總量不斷擴大的歷史前提。[80]其中，農民經營性收入的增長，城鎮工薪的增長，對整個居民收入上升的影響強烈。一九七八年，農村居民人均純收入只有一三三．六元，二〇〇七年為四，一四〇．四元，比一九七八年增長了近三十倍，年均增長一二．六％；一九七八年，城鎮居民人均純收入只有三四三．四元，二〇〇七年為一三，七八五．八元，比一九七八年增長了近三十九倍多，年均增長一三．六％。城鎮工薪增長速度高於農村居民貨幣收入增長速度。

在居民收入大幅度提高的同時，居民的可支配收入結構急劇變化。中國城鎮居民家庭人均可支配收入總額，從一九八〇年代初期的一、兩百億上升到二〇〇八年的一．四兆。

過去三十年的中國居民儲蓄大致分為四個階段：第一階段：一九七八年到一九八八年。儲蓄存款平均每年增長三〇％以上。第二階段：一九八九年到一九九六年。在儲蓄基數已經較大的情況下，儲蓄存款餘額繼續增長，年均增率達到三一．六％。第三階段：一九九七年到二〇〇〇年。儲蓄存款增長速度下降，增長率從一九九四年的四一．五％下滑到二〇〇〇年的七．九％。同時，新增儲蓄存款的增長速度開始出現負值。第四階段：二〇一〇年代。儲蓄存款增長速度重新加快，定期儲蓄占比提高，存款穩定性有所增強。居民儲蓄占國民儲蓄的比重大體穩定在一六%左右。

中國居民金融資產中的主體是現金和存款。所以，中國始終存在明顯的貨幣需求收入彈性，當居民收入增加時，以銀行儲蓄形式持有財富的需求上升。一九九○年代中期以來，中國的人均收入增加了五倍，居民儲蓄率已經從占可支配收入的一九%上升到三○%。

在當代經濟社會講「貨幣需求」，就不得不提及凱恩斯的關於貨幣需求結構理論，使用「交易需求」、「預防需求」和「投機需求」，以及當期、預期和永久性收入等概念。一九八○年代至一九九○年代初，中國居民收入貨幣需求主要取決於收入，表現為當期交易需求。一九九○年代中後期開始，中國居民出現了凱恩斯所說的「預防需求」和「投機需求」，其比重呈現上升趨勢，形成「被動儲蓄」。被動儲蓄的主要原因來自政府、企業和制度的缺陷。

在中國，勞動就業制度和社會保障制度發生根本性變革，計劃經濟體制下的福利待遇逐步減少乃至消失，未來的不確定性上升；另一方面，因為社會保障制度落後，企

中國城鄉居民家庭人均可支配收入變化 [81]

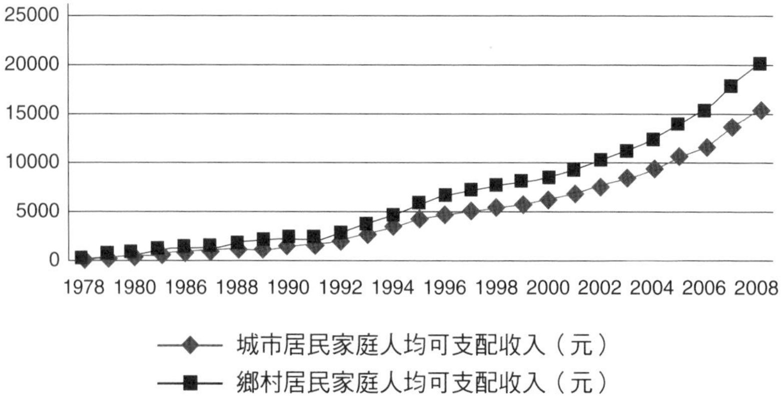

業雇主可以維持低工資和放緩工資增長，將本該負擔的社會成本轉嫁於工人和家庭之上。低工資制度是對雇主和製造業的直接補貼，卻以犧牲家庭福利為代價。中國目前人口平均年齡正處於對儲蓄貢獻最高的時段，中青年面臨「上有老，下有小」的生存壓力，消費信心減弱；此外還有住房、教育、醫療的壓力；社會貧富差距，真正要消費的社會主體人口沒有足夠的錢。特別是醫療、教育、養老成本持續上升，導致中國居民收入和支出的不確定性急劇提高，強化居民為了遠期支出的儲蓄動機。所以，預防性的儲蓄理論成為解釋中國高儲蓄率的重要理論。諾貝爾經濟學獎得主弗蘭科・莫迪格里亞尼利用「生命周期假說分析了中國居民上個世紀中期前後的高儲蓄問題，他認為：中國異常的高儲蓄率是因為兩個幾乎同時發生的關鍵政策的結果。[83] 一，一九七〇年代末向市場經濟轉型。這個轉型產生了一些非常特殊的社會現象，例如勞動力市場以前所未見的速

一九七八－二〇〇八年中國城鄉居民儲蓄存款年底餘額和年增加額[82]

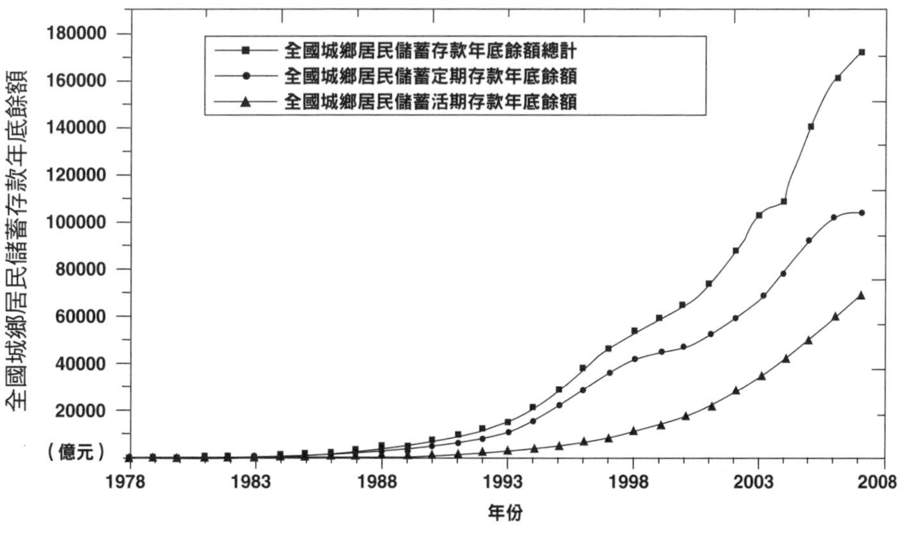

度爆炸增長，以及跳到逐漸加速上升的高經濟增長率。二，人口政策轉折，嚴格執行計劃生育一胎化政策，導致中國十五歲以下的人口比例猛烈下降，傳統家庭養老模式遭到顛覆，迫使民眾增加儲蓄以未雨綢繆，對儲蓄率產生深遠的兩面效應。中國儲蓄率已經越過最高點，贍養率迅速下降到那些增長緩慢國家的水平，且沒有進一步下降的空間。[84]

中國民眾的投資意識和能力不足，加上投資渠道少，儲蓄成為一般人對自有貨幣進行保值的主要方式，也是居民儲蓄率居高不下的原因。有一種說法：中國的儲蓄率之所以高，是因為中國的富人錢太多，沒有地方花，即邊際消費傾向低，窮人雖然缺錢，不敢花，要預防性儲蓄，所以中國的富人、窮人都儲蓄。[85]這個說法只對了一半，預防性儲蓄對低收入群體影響很大，高收入階層則需要投資。而低收入群體卻是中國居民儲蓄的主體。對中國的低收入群體而言，不得不訂出一個最低的存款額度目標，用以支付未來在購屋、醫療、教育等方面的支出。然而，因為通貨膨脹和人民幣貶值，這個額度不得不加大。於是發生利率惡化，甚至因為通貨膨脹造成負利率的情況下，儲蓄依然有增無減。

國家宏觀經濟政策的傾向對居民高儲蓄率具有不可忽視的影響。家庭消費增長的速度，取決於家庭收入和財富的增長速度，而不是國民經濟的總體增長速度。如果家庭收入增長慢於國民收入增長，且消費信貸不發達，消費增長速度就會低於國內生產總值增速及儲蓄率。長期以來，中國所採用的宏觀經濟政策，是將財富從家庭消費者身上轉移為製造商的利潤，資助強勢的製造業，制約家庭收入的增長。其結果是消費增長和國內生產總值增長的失調。

一九八五年，中國城鄉居民收入占GDP比例曾達到五五%的歷史高點。從二〇〇二年到二〇〇七年，中國國內生產總值年增長率一一—一二%，同期家庭收入增長估計最高也不會超過九%。最近十年間，中國居民收入的增長落後於GDP，下降幅度超過一二．五六%，二〇〇七年下降到四〇%左右。這個比例在發達國家是七〇%左右。其中，全社會工資總額占GDP的比例從一九八〇年的一七%持續下降到二〇〇七年的一一．三二%。[86]勞動者報酬占GDP比重不斷下降，反映了中國勞動力成本低下。生產和消費之間的差距就是儲蓄率。隨著生產繼續激增和消費繼續滯緩，儲蓄率必然居高不下。從長遠來看，居民部門儲蓄率低落不可避免，「既歸因於其儲蓄傾向下降，也歸因於其可支配收入占比的下降；從運行程度來看，後者是主要原因。」[87]

值得注意的是，近年來因為中國的中產階級擴大，市場主流消費群體年輕化，擁有和增加的金融財富的分配比例在逐漸演變，貨幣需求結構不同，銀行存款下降，投資類資產上升。特別是富人群體熱衷投資股票、債券、投資基金和房產，金融財富的分配比例已經超過儲蓄，「投機需求」比重相對高得多。[88]在這個意義上，中國已經分裂，社會財富日益集中到少數人手中。中國居民儲蓄的主體不再是中產階級和富人，而是低收入階層。這個低收入階層在消費方面，正在成為現代史上最低記錄的群體；而在儲蓄方面，則是現代史上的最高記錄群體。

政府部門的儲蓄

本世紀初，中國政府部門儲蓄率結束了上個世紀末的低位徘徊，開始迅速增長。二〇〇三年比二〇〇〇年政府部門的儲蓄率上升了近三%，而同期國民儲蓄率卻只上升了四%。二〇〇〇年至二〇〇三年，中國增加的國民儲蓄中有近七五%來自於政府部門。這還不包括一些政府部門沒有列入統計的土地交易收入。二〇〇四年，政府可支配財力高達四．二五兆，占GDP的二七%以上。

二〇〇五年，中國政府儲蓄占GDP的六%左右。同期，可以比較的外國比率是：法國只有〇·三%，印度為一·五%，美國與日本分別是負〇·九%，負二·二%。二〇〇五年至二〇〇七年間，政府部門儲蓄率上升，強化了政府參與經濟活動的深度和廣度。稅收增長幅度持續高於GDP的增長幅度，是推高政府儲蓄最直接的原因。中國已經進入這樣一種畸形「常態」：與GDP的增長率比較，政府財政增長速度最快，城鎮居民的收入增長速度次之，農民的收入增長最慢，速度遠低於GDP增速。[89]從一九九五到二〇〇七年，扣除通膨成分，政府財政收入增加五·七倍，城鎮居民人均可支配收入增加一·六倍，農民人均純收入僅增長一·二倍。

如果說中國有儲蓄過剩的話，那麼政府是重要原因。二〇〇五年，政府在過剩儲蓄中占可支配收入的比例為零，二〇〇七年增至五·二%。總之，過去相當一段時間裡，政府一直是資金淨介入者。[91]

企業儲蓄

中國企業對儲蓄的貢獻日益顯著。企業總儲蓄占GDP的比重高達二〇%以上，已經超出家庭儲蓄占GDP的水平。在當今世界上，也許只有日本達到這個水平。如果用中

政府稅收，城鎮居民人均可支配收入，農民人均純收入長比較 [90]

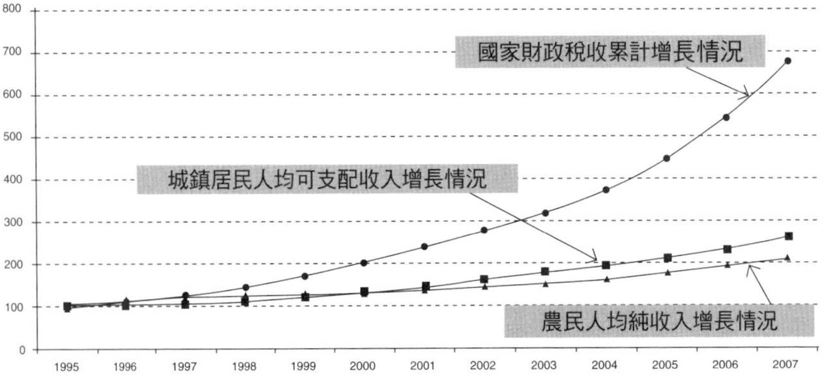

國儲蓄結構與美國和印度加以比較，中國和美國的國家儲蓄率的最大差異是在家庭儲蓄方面，中國明顯高於美國；中國和印度的國家儲蓄的差異主要在企業儲蓄方面，印度的企業儲蓄只占GDP的五%。

中國企業部門儲蓄率上升是企業利潤率上升的反應。中國國有企業處於較好的投資回報率時期，有幾個主要原因：一，中國城市化，農村富餘勞動力到城市尋找就業機會，勞動力成本相對較低，支付的勞動者報酬相對下降，推動沿海和城鎮的工業化和服務業發展；二，一九九〇年代，中國經過各輪企業制度改革，包括「關、停、併、轉」，財政金融和社會保障制度改革，企業經營成本下降，實現盈利，而國家卻繼續過去對虧損企業的政策，作為國有企業投資者和主要所有者並沒有得到回報，沒有分享利潤或「派息分紅」。以中央企業為例，隨著國企改制，國有企業把人員的包袱甩給了社會和政府，降低成本和提高盈利能力。「因此，企業儲蓄水平大幅增長，反映了企業可支配收入，尤其是利潤的顯著增長，是一種所有者缺位的典型情況，也證明中國企業成本／利潤關係是一種扭曲關係。」[92]三，近年來，中國正在步入國有企業，特別是大型國有企業壟斷地位強化期。中央國有壟斷企業占據了主要盈利行業，具備絕對的定價權，輕易增加企業利潤。除了中央企業之外，地方國有企業的資本總量大於中央企業。四，緣於股權分佈結構，國有企業是股市主體。中央和地方的國有企業，一方面成為透過股市和銀行吸納現金的「巨無霸」，另一方面，股東只能分享到較少公司利潤，公司利潤空間擴大，加大企業儲蓄存量。

總之，在「過去二十年間，中國在資本流動性不斷提高的同時，國民儲蓄和投資之間卻保持較高的相關性。這種經驗現象無法用傳統的理論邏輯來解釋。這是因為在中國現階段特定的金融和收入分配體制下，儲蓄主體和投資主體的重疊，特別是企業所承擔的儲蓄者和投資者的雙重角色，是導致高相關性的主要原因。」[93]中國「企業儲蓄占 GDP 的比重，在全球範圍內已處於高水平。這一現象與中國經濟轉軌過程中未能充分解決企業成本、利潤扭曲問題有關。」為了實施擴大內需、刺激消費的基本國家政策，必然要降低儲蓄率，解決企業的高儲蓄率問題。[94]

利率

中國回歸和重建貨幣經濟過程中，實現貨幣需求和貨幣供給的均衡，利率市場化是關鍵。利率市場化能提高經濟作為一個整體長期的消費水平，而且能縮小不同生產要素之間消費水平的差距。麥金農和蕭的「金融抑制理論」和「金融深化理論」是利率市場化的重要理論依據。麥金農和蕭認為，政府直接制定貸款利率或規定名義利率上限會導致利率遠低於市場均衡水平。資金無法得到有效配置。金融機構與企業行為發生扭曲。在管制利率下，金融機構缺乏良好業績的動力。企業存在資金饑渴，投資效率低下，大量非正規金融與正規金融並存。

利率市場化的意義。一，利率開放後，銀行擁有自主定價權，有利於擴大國有商業銀行經營自主權。二，企業短期資金不再依賴透過銀行存款增值，而是投放在資本市場、貨幣市場獲得短期收益，有利於提高資本效益，帶動金融市場發展。三，利率市場化和資金價格，加大銀行利率風險管理，有利於銀行制度變革，提高競爭能力。貨幣資金是高度同質的商品，服務質量更重要。銀行需要發展新的金融工具以規避利率風險，改善經營管理，提高商業銀行員工素質，依靠優質服務，透過功能創新、產品創新、技術創新，以及提高存款利率、降低貸款利率等手段，高效、低成本、高收益的理財業務，以吸引更多的客戶。四，居民不再過分看重僅含有無風險價值的儲蓄利率，更關注包含風險價值的金融市場收益。五，利率市場化和金融市場的完善是個相輔相成的過程。發達的金融市場是利率市場化的可靠保證。因為在發達完善的金融市場上，金融工具種類豐富、金融主體多元、融資方式多樣、競爭充分，利率才能充分反映資金價格，才能引導資源合理配置，提高資源使用效率。反之，利率市場化能促進金融市場的發展完善；金融市場是利率市場化進程的起點，也是對利率進行風險管理的場所，利率制度變動將促進金融市場的發展。六，有利於對貨幣需求和供給產生積極而正面的影響。

利率市場化過程。一九七〇年代末、八〇年代初，許多國家進行以利率自由化為標誌的金融自由化改革。在中國，利率市場化是對計劃經濟和「半」貨幣經濟實行改革的重要內容。中國利率市場化改革選擇了漸進式改革模式。

一九七九年中國人民銀行恢復利率機制。一九八二年，全面調整利率，國務院授予中國人民銀行二〇%的利率浮動權限。儘管浮動範圍十分有限，還不能體現市場經濟的要求，卻是中國利率市場化進程中十分重要的一步。一九八〇年代中期，伴隨中央銀行功能的完善，逐漸建立以市場資金供需為基礎，以央行基準利率為核心，以同業拆借利率為中介目標利率，其他種類利率圍繞中介利率波動的市場利率體系，形成了利率政策。利率開始隨經濟週期變化而波動，開始對經濟發展產生顯著影響。

一九九六年，是中國利率市場進程中極為重要的一年，央行開放銀行間同業拆借市場利率，改革貼現利率及其生成機制。一九九七年，央行開放銀行間債券市場債券回購和現券交易利率，形成利率市場雛形。從一九九八年至二〇〇二年，央行先後開放貼現和轉貼現利率，金額在三千萬元以上、期限在五年以上的保險公司協議存款利率，外幣大額存款利率和外幣貸款利率，全國社保基金協議存款利率。二〇〇〇年九月，開放外幣貸款利息。大額外幣存款利息率由金融機構和客戶協商決定。外幣存貸款利息體制改革值得重視，下調外幣存款利率，可以減少人民幣的利率壓力，促進商業銀行的外幣貸款。[95] 二〇〇二年，中央銀行選擇了福建等五省區八個農村信用社和浙江溫州進行利率市場化改革的試點。

二〇〇三年，中國共產黨第十六屆三中全會的《中共中央關於完善社會主義市場經濟體制若干問題的決定》，明確穩步推進利率市場化，建立健全由市場供需決定的利率形成機制。中國共產黨首次就利率市場化問題作出決議。據此，央行提出利率市場化改革「路線圖」，宣佈擴大金融機構貸款利率浮動區間、下調超額準備金利率。中國還開放了銀行間同業拆借市場利率，解除國有銀行與非銀行金融機構的所有權關係；銀行間債券市場債券回購和現券交易利率；開放貼現和轉貼現利率；開放國債和政策性銀行金融債券發行利率。在貸款利率方面，擴大金融機構貸款利率浮動權，簡化貸款利率種類，並開放外幣貸款利率。此外，也開放部分存款利率，如對保險公司大額定期存款實行協議利率，大額外幣存款利率由金融機構與客戶協商確定。二〇〇四年十月二十九日這一天，註定會被載入中國金融改革的史冊。央行從即日起上調金融機構存貸款基準利率，開放貸款利率上限和存款利率下限。貸款利率浮動上限擴大為基準利率的二．三倍。取消商業銀行貸款浮動區間，允許存款利率下浮，表明銀行業自身利率定價機制的強化，公開市場利率開始成為貨幣市場的基準利率，公開市場業務操作成為中央調控基礎貨幣的政策工具。

利率市場化改革滯後。中國利率體系的市場化程度還比較低：一，利率管制程度高，利率水平和結構不盡合理，銀行自主性受到限制。仍舊以管制利率為主，利率水平的決定、差別利率政策的制訂等有關利率的政策都由政府嚴格控制，表現出高度的計劃性和封閉性。二，利率水平的確定帶有一定的主觀盲目性，利率調整的靈活度不夠。目前中國利率水平的決定是由貨幣政策委員會作出的，利率決策權高度集中於中央政府，利率的制定和調整有著嚴重的時滯效應。三，缺乏有效的市場基準利率。而基準利率在整個利率體系中起核心作用並能制約其他利率，從某種意義上說，基準利率的選擇和確定是利率市場化改革的核心步驟。其結果是造成利率結構扭曲，導致嚴重約束資源的合理配置。中國現階段還有相當數量的金融機構運行較差，資本侵蝕嚴重，流動性不足，傾向用更高的利率吸收存款。所以，中國的金融機構監管，存在落實《巴塞爾資本協議III》的巨大壓力。

中國利率市場化落後，是因為利率市場化改革的滯後，而利率市場化改革的滯後，又是因為現行經濟制度有重大缺陷。國家支持以重化工業為目標的趕超型發展戰略，透過較低的融資成本來提高經濟的資本積累，需要維持低利率管制。因為只有貸款利率獲得較大的浮動空間，方可減輕國有企業的利息負擔。[96]二〇〇四年十月二十九日的利率改革，開放貸款利率上限和存款利率下限，卻沒有提及存款利率上浮，這是央行從收益—成本權衡的結果。對於眾多的國有企業來說，因為存款利率上浮可能會導致成本遠大於收益，似乎無法確定所謂有效利率，或低利息的相對穩定的區域，這是中國宏觀經濟中的痼疾，其後果難以估量。

與央行宣佈基準利率提高相比，真正影響數以億計中國人的是貸款利率管制的取消。貸款利率開放，使無數農戶和小企業今後從正規金融機構獲得貸款成為可能，從而使很多過去無法從正規金融機構獲得貸款的個人和企業增加融資機會。貸款利率上限取消了，還會迫使商業銀行不能只依賴央行原來提供的貸款利率上浮幅度定價，必須開發自主定價機制。中央銀行在開放貸款利率的同時，仍然保持對城鄉信用社的貸款利率上限管制。其實，農村信用社更需要靈活的貸款利率。雖然允許它們將貸款利率上浮二．三倍，但是對農戶和小企業來說，這個空間是不夠的。由於繼續對農村信用社實行種種限制，客觀上為商業銀行乃至其他金融機構進入農村金融市場提供了空間。中國未來利率市場化改革的重點是在權衡收益—成本基礎上，以最小的機會成本實現最大的機會收益，最大限度減少利率市場化的外部性，逐步完成利率從嚴格管制向市場化過渡。

「負利率」。從世界範圍來看，在一九六〇年代後期開始的通貨膨脹來臨之前，除了戰爭和特殊時期的特殊事件，通貨膨脹是短期的，不是常態，所以，「實際利率」不過是個學術領域的概念。如今「實際利率」是經濟生活中最重要的現象。中國自一九八〇年代，伴隨著價格改革和通貨膨脹的常態化，「實際利率」已經是不可迴避的經濟現象。因為通貨膨脹率持續高於利率，存款的「負利率」成為中國宏觀經濟的特徵之一。中國市場化程度低，利率市場化改革滯後，但是，多年以來的利率卻與國際利率的波動趨於同步，實行低利率政策。在二〇〇七年至二〇〇八年，中國五年以上的抵押貸款利率是六%左右，存款利率約為三—四%，通貨膨脹率則是六%。

因為「負利率」政策，存款與貸款利息之間的價差，意味家庭被動參與為銀行注資，或者作為主要存款者的家庭補貼借貸者的借貸成本，儲蓄者補貼銀行和投資者，導致貸款成本低下，可以在一定時期內支持高速度增長。但是這樣的模式卻以損傷居民儲蓄利益為代價。

改變「負利率」情況，需要實現利率政策與貨幣政策、通貨膨脹掛鉤，強化資本成本與利率市場化的聯繫，利率期限結構需要適應經濟週期。[97]「在中國貸款利率上限取消後，企業的負債水平有顯著提高，小企業增加尤為顯著。有利於緩解企業融資約束，也遏制了企業對資金的過度需求。企業融資結構趨向合理。金融機構對貸款對象及貸款期限的決策，除了考慮固定資產、企業規模、國有股比例等指標之外，也會觀察企業的成長性。金融機構的經營效率有所提高。」[98]但是，一旦中國低利率時代結束，可能導致股市蕭條，房地產全面危機，社會總需求萎縮，經濟增長率下跌，而且導致銀行資產過剩。所以，中國政府更傾向的是縮小「負利率」的幅度，而不是消除「負利率」。中國在近年來，相對於大幅上升房地產價格指數，放貸實際利率下滑趨勢加快。所以，在過去三十年裡頭，中國央行大部分傾向實行寬鬆的貨幣政策，短期利率下降，長期利率降低幅度慢於短期利率下降。其後果是「負利率」長期存在，強化人民對未來的通貨膨脹預期，逼迫民眾選擇將儲蓄轉為股市與房市的投資，刺激資本產品價格上漲。

資本，資本構成和投資

資本構成及其來源對於投資和經濟增長關係重大，勢必涉及貨幣金融制度和經濟增長模式。

中國在高度集中的計劃經濟體制下，國家預算性資金構成投資資金來源的主體。一九八〇年代開始，資本來源構成發生實質性變化，預算內資金占全社會固定資產投資的比重急劇下降，投資的來源除了國家預算內資金之外，主要是貸款、外資和自籌。一九八一年到二〇〇七年，這四種資金來源比重也發生劇烈變化：國家預算內資金的比重從三〇・八八％以上下降到三・八八％；國內貸款從一二・六九％上升到一五・二八％；外資比重從三・七八％上升到一九九五年的一一・一九％，下降到三・四％；自籌資金從五五・四五％上升到七七・四三％。[99]因為資本構成的變化，自一九八〇年代，中國投資主體走向多元化，國家，企業和個體都成為投資主體。

貸款和「政府、企業、銀行聯盟」

儲蓄和投資是影響宏觀經濟短期穩定性和長期增長的兩個基本元素，在中國尤其如此。加上中國金融市場起步晚，儲蓄主要轉化為貸款，貸款成為最重要的資本來源。

貸款的絕對地位。一九九〇年代後，貸款成為連接儲蓄和投資的基本手段，在資本市場上處於絕對主導地位。

從「儲蓄缺口」到「投資缺口」。一九八〇年代以來，中國持續膨脹的儲蓄為銀行金融資產和貸款提供了巨額資源，金融機構人民幣貸款增長率與存款增長率亦步亦趨。但是，仔細分析就會發現：中國在一九七八年至一九八九年期間，除了一九八〇年，國民經濟還處於投資需求和國內資本供給能力不足的狀態，兩者之間的矛盾表現為「儲蓄缺口」，即投資大於儲蓄。這種情況比較符合發展經濟的典型模式，「儲蓄缺口」所造成的資本不足，需要由進口和外資來彌補。一九八九年之後，除了一九九三年外，中國儲蓄總額呈逐步擴張的趨勢，儲蓄和投資對比關係發生逆轉，從「儲蓄缺口」轉向「投資缺口」，國內存款大於貸款，儲蓄大於投資和資本總供應大於總需求逐漸成為常態。

伴隨各項存款總額逐漸大於各項貸款總額，存貸比開始上升。因此，中國面臨的最大課題就是如何維持高資本形成率，如何將儲蓄最大限度地轉變成國內投資。

「銀行主導型」的融資體系。自一九八〇年代，中國開始運用信貸、利率經濟槓桿，放寬貸款範圍：從流動資金發

一九九二－二〇〇六年中國資本市場籌資規模與GDP比例 100

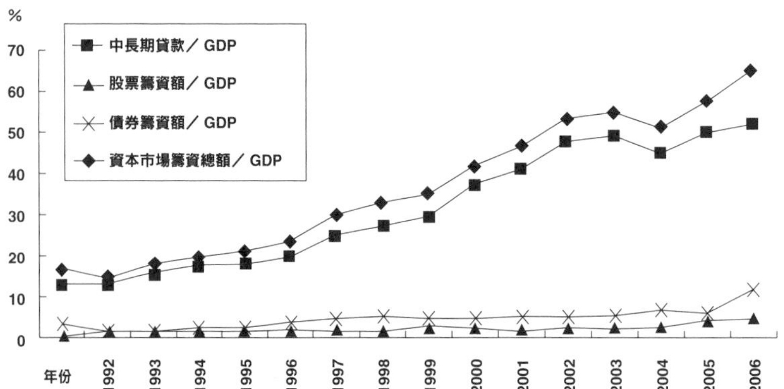

放擴大到固定資產；從主要對國營企業擴大到對多種經濟形式和個人；從生產流通領域擴大到各行各業；從只限於對物質生產領域擴大非物質生產行業，如科技、文教、衛生、飲食、服務行業。進入一九八〇年代後期和一九九〇年代初期，中國大體形成「銀行主導型」的融資體系，信貸市場是企業資金來源的主要渠道。這是因為中國資本市場，主要是發展股票和債券市場過程相對緩慢，而傳統的國有銀行體系具有天然金融資源壟斷的優勢。此外，在中國，中國金融制度植根於國有經濟制度，國有銀行和國有企業素有淵源，產權制度的缺陷近似，國有企業有依賴銀行系統融資的傳統，而銀行對國有企業融資的政治風險最小。

中國的「銀行主導型」的融資體系，在很大程度上重複了日本政府主導的金融制度和重商主義模式。一，實現金融業的壟斷利潤，確保金融業的穩定。政府從來沒有放棄對銀行控制、指導，以及國有化性質。金融當局對金融行業的新入者進行嚴格的資格審查。對透過政府篩選的金融領域企業，政府保護其壟斷利潤，二，直接融資比率過低、社會融資過於依賴

一九七八—二〇〇八年信貸收支與存貸比例[102]

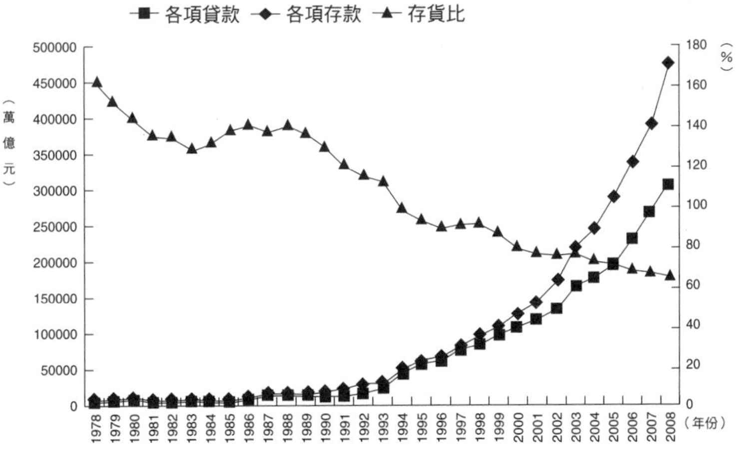

銀行貸款的格局。三，金融政策以經濟發展作為最終目標。貨幣金融資源配置服從於經濟增長，政策和國家導向。金融機構向重點產業提供大量低利息資金，保證這些產業因為獲得低息資金而降低生產成本。四，間接融資為主。企業對銀行貸款具有高度依賴性。四，金融市場實行內外分離。103

需要注意的是，與日本的金融模式相比，中國金融制度的自由化程度更低。根本原因是制度基礎不同。中國經歷過計劃經濟，政府主導金融資源安排。改革以後的中國，因為政府所控制的金融資源的膨脹和對金融政策和制度的決定權，其地位不是削弱，而是趨於強化。

中國式的政府、銀行、企業「聯盟」。政府為了實現所謂的「發展戰略」，支持支柱性產業，為了保證改革過程中的體制內穩定，將金融資源的絕大部分配置給了國有部門，銀行體系承擔著某種財政功能，貸款則承擔對國有經濟的財政補貼功能。在一九八〇年代至一九九〇年代，最有代表性的是所謂「計劃貸款規模」和「政策性貸款」。所以，在國有銀行和國有企業之間的資金供需關係背後，其實是政府、銀行、企業的無形「聯盟」。在這樣的金融體制下，政府官員、銀行家和企業家的共同利益，驅使他們需要維護現存的低效率金融資源分配制度，延緩金融制度變遷

一九九七－二〇〇一年政策性款與商業性款增加額比重變化 104

年份	政策性貸款增加額	政策性貸款增加額占政策性貸款增加額和商業性貸款增加額之和的比重	商業性貸款增加額	商業性貸款增加額占政策性貸款增加額和商業性貸款增加額之和的比重
1997	3331.31	36.44	5811.70	63.56
1988	3035.82	23.70	9771.92	76.30
1999	1460.07	23.22	4827.76	76.78
2000	1315.83	11.45	10182.27	88.55
2001	910.66	8.00	10469.00	92.00

的步伐，使得中國金融體系逐步陷入低效率的「鎖定」狀態，導致了「中國式」的「金融抑制」：一方面，國有銀行約八〇%的金融資源流向國有企業，銀行不能對國有企業的投資行為進行有效的監督，銀行貸款的效率普遍低於自籌資金來源；另一方面，因為國內銀行貸款的籌資成本比較低，國有企業對使用貸款的成本缺乏敏感性，不僅出現國有企業拖欠貸款的情況，而且產生相當數量的壞帳，不可避免地造成巨額的銀行貸款損失。

因為一九九七年亞洲經濟危機的教訓，中國政府不得不嚴格要求商業銀行降低壞帳比率，擴大優質貸款。為此，央行在一九九八年取消硬性的計劃貸款規模，代之以貸款規模「指導性」計劃。從絕對量來看和相對比重來看，國家政策性貸款都處於下降趨勢，這是貸款質量改善的標誌。

中國加入WTO之後，因為國有銀行在內的整個銀行體系市場化，貨幣市場和資本市場逐步成熟，利率市場化程度提高，各類企業使用貸款成本的敏感性上升，中國銀行業的壞賬率持續下降。據中國銀監會的數據，截至到二〇〇九年二月，中國銀行業的不良貸款率為四．五%。[105]期間，一度出現了商業銀行「惜貸」和工商企業「惜借」的現象，使得央行的貸款規模指導計劃難以完成。但是，必須注意到中國銀行業的壞賬率下降的主要還是因為貸款的基數膨脹更快，絕對數未必縮小，甚至還增大。呆帳壞帳不可能真正消失，最終會轉化為下一層次的投資，或轉化為工資。銀行會計意義上的呆帳壞帳，很可能在宏觀經濟上，仍舊刺激了經濟增長。

在中國現階段，貸款制度始終是金融制度的重要組成部分。一九九七年亞洲金融危機之後，中國的金融壟斷和大型國有企業實現了緊密結合，奠定了金融壟斷基礎。在二〇一〇年代，中國的國家資本主義達到極致。中國銀行系統的絕大部分金融資源繼續流入國有企業。眾多不受約束的國有企業貸款者，依賴國家實行量化的宏觀信貸措施，國家不得不將資金流動集中在銀行系統。由此可以解釋為什麼在本世紀債券市場的增長速度往往未能趕上GDP；還可以解釋為什麼過去企業大規模發行債券之後，當局以降低風險為藉口剎車，這是為了維持銀行資產質量和槓桿比率。進一步說，只有國有企業維持壟斷利潤，才可以支付資本利息，掩蓋低效率的狀況。對於非國有企業而言，在正式金融市場和國家控制的銀行體系中，徹底喪失發言權。

此外，中國的貸款制度對宏觀經濟，特別是對貨幣供給影響極大。長期以來，中國的實際貸款規模以及經濟中的貨幣存量，主要取決於政府的宏觀經濟政策取向，以及企業對貸款的需求和商業銀行發放貸款的意願。其主要後果是貸款額與GDP的比率難以穩定，以及信貸對貨幣的反應的修正或放大幅度過大。

二〇〇八年，全球金融危機爆發，中國參與「救市」的聯合行動，貸款規模迅速擴張。二〇〇九年全年的人民幣各項貸款增加九．五九兆，相比二〇〇八年的四．九兆，激增九五．七五％。在實際經濟生活中，還出現了透過信託計劃發放的近兆規模的灰色信貸。二〇一〇年，中國出現貸款的增加規模超過存款增加規模的情況。這種態勢對整個貨幣經濟的負面後果已經出現：一，這個時期貸款的主要部分，並沒有按照預期投入到實體經濟部門，卻集中房地產開發領域，積聚已經出現的「泡沫經濟」；二，信貸畸形發展導致信貸喪失後勁，貸款似乎喪失了派生存款功能；三，銀行業消耗大量資本，為了維持資本金充足率，補充資本金保持信貸持續投放，需要透過資本市場實現融資。問題是，只要銀行的信貸增長速度高於盈利的增速，再融資就會導致「羊群效應」。四，新增貸款的四〇％流入地方政府，地方的舉債規模膨脹。而地方政府顯然不具備償還能力，地方債務風險劇增。面對如此局面，二〇一〇年之後，中國政府採取貨幣緊縮政策，在不長的時間內，十二次上調存款準備金率、五次加息，凍結了二十兆資金。[106]從實行貨幣財政寬鬆政策到實行貨幣財政緊縮政策，大起大落，是中國傳統計劃經濟時代的國家意志在二十一世紀所謂「市場經濟」下的再現。中國金融改革所面臨的真正挑戰是如何打破銀行和企業的聯盟關係，實現銀行和企業的關係建立在市場約束的基礎之上，否則難以提高貸款的經濟效益和實現金融穩定。

「影子銀行」[107]

中國「銀行主導型」的融資體系出現了嚴重的裂縫，重要原因是「影子銀行」的形成與發展。中國還沒有關於「影子銀行」的權威定義，基本上沿用發達國家關於「影子銀行」的概念：即很難被監管、利潤高、危險小、收益和風險不對稱的各類非銀行金融機構總稱。但是，由於中國和西方國家金融發展階段和市場結構不同，中國「影子銀行」的特徵也與西方國家表現出的高槓桿率、期限錯配、資產價格的敏感性等有所差異。西方透過連接貨幣市場和資本市場充當信用中介的典型「影子銀行」體系還未成型。按照分業經營的要求，銀行不能直接從事證券、保險業務，在有限牌照經營模式下，傳統銀行和「影子銀行」的關聯方式有限，傳統銀行不能直接購買「影子銀行」資產或直接貸款給「影子銀行」，「影子銀行」風險還不能完全傳導給銀行，形成系統性風險。但是，中國式的「影子銀行」已經進入「野蠻」的快速增長階段，正在構成對中國現行金融體制的挑戰。

中國「影子銀行」的主要業務包括：一，處於監管下的套利性質業務，即財富管理產品，例如人民幣個人理財業務、委託貸款、信託貸款、受讓信貸或票據、附加回購或回購選擇權的投資等方式向實體經濟融資；二，不受監管或監管很少的非銀行機構，包括各類投資公司、擔保公司、典當行等。其中銀行可以透過銀信合作的方式釋出大量資金；三，以金融創新為基礎上的業務，如資產證券化和衍生品交易；四，私募股權基金、產業投資基金的投融。有一點可以肯定，為基建、工商業和房地產項目融資和貸款是「影子銀行」的核心業務。

關於中國「影子銀行」的規模，眾說紛紜，至今沒有形成政府的統計口徑，難有定論。但是，中國影子銀行的規模無疑是巨大的。二〇一〇年至一一年，在銀根持續收緊的背景下，不少資金需求者轉向民間借貸，信貸需求旺盛，刺激了包括擔保公司、典當行、小額貸款公司、投資諮詢公司在內的影子銀行體系的擴張，影子銀行佔據話語權。截至二〇一一年九月底，中國共有小額貸款公司三，七九一家，貸款餘額三，三五九億元，前三季度累計新增貸款一，三七九億元。[108]截至二〇一〇年年底，中國共有典當企業四四三三家，二〇一〇年度累計發放當金一，八〇一億元，約占當年銀行貸款的二．五%。[109]這些小額貸款公司和典當行主要以短期貸款、經營性貸款和為個人為主。二〇一〇年「影子銀行」貸款餘額為八．五兆元，等於當年銀行貸款餘額的一七．八%、當年GDP的二一%。[110]還有一種算法：目前中國市場的銀行理財產品存量與信託產品存量的總合大約是五至六兆人民幣，如果估計民間資本規模融資在四兆元左右的話，兩者合計約在十兆人民幣左右。[111]所以，中國「影子銀行」在總融資中的比重很高，正在逼近「半壁江山」。[112]

造成「影子銀行」的主要原因是：銀行存款負利率，大筆存款流出銀行體系，銀行本身的存款也變得更加短期化和波動化，造成銀行的存貸期限錯配問題更加嚴重；由於資產抵押貸款管理虛化和弱化，部分銀行信貸資金並沒有被用作企業生產和經營。出於資本的趨利性，不僅國有企業和大型民營企業，甚至上市公司利用與國家正規銀行的天然關係，從銀行搬運貸款資金，再到民間放貸，從中賺取豐厚息差。

自籌資本和「二元金融結構」

在成熟的市場經濟國家，金融資本供給充足，分布合理。中國雖然成為世界最大的經濟體之一，「二元經濟」的影響還會長期存在。這種「二元經濟」表現在中國產權結構和資本結構日趨失衡。一九八〇年代以來，雖然不斷出現「國進民退」的情況，但是，大趨勢是國有企業或經濟在全社會固定資產投資的比重下降，非國有經濟，特別是民營經濟的比重上升，在全社會固定資產投資中的絕對額和比重舉足輕重，對於經濟增長的貢獻已經超過了國有經濟。但是，因為國家對金融資源高度壟斷，金融市場處於發育緩慢，普遍存在「金融壓抑」，企業和個人的經濟活動愈來愈依賴「自籌資本」。國家所控制的金融資源主要用以支持國有經濟，特別是具有壟斷地位的國有企業，而眾多民營中、小企業，個體經濟長期處於資本稀缺狀態，必須依賴「自籌資金」。中國現階段，資本供給方面的基本趨勢是供給大於需求，走向充裕，但是「自籌資金」占資本來源的四分之三左右，占GDP的比重相當可觀。「自籌資本」主要由企業的利潤積累和民間資本兩部分所構成。

企業利潤。中國企業資金來源分為「內源融資」和「外源融資」兩個渠道，其中的「內源融資」是指企業的自有資金和在生產經營過程中的資金積累部分，是企業折舊和保存收益轉化的資本；「外源融資」主要包括「直接融資」和「間接融資」兩類方式。企業透過上市召募資金、配股和增發等股權融資活動，即股權融資屬於「直接融資」；透過銀行、非銀行金融機構的貸款等債權融資活動，即債務融資屬於「間接融資」。中國企業在「外源融資」方面，股票融資、債券發行尚處於起步階段，主要依賴銀行貸款；而「內源融資」，需要以足夠的企業利潤為前提。[113] 在中國，主要是國有企業，特別是壟斷型的國有企業的特權包括：可以獲得低成本的銀行貸款；因為對資源壟斷和絕對優勢的市場份額，擁有市場定價權；除了金融企業與部分上市企業之外，國企的利潤基本不分紅。所以這一切都使得國有企業可以實現利潤的高積累，而利潤積累和「自籌資本」積累幾乎是同一個概念。近年來，因為充足的利潤積累，一些大型國有企業，開始建立自己的財務公司，直接進入金融業。

民間資本。中國的民間資本很難定義。可以將政府之間、控制之外，或游離於政府控制的資本之外的金融資源稱為「民間資本」。按照官方說法，民間資本被稱為「非正規金融資本」。需要注意的是，民間資本並不反映在M_0、M_1、M_2的統計體系之中。還有一種看法：民間信貸是中國式的「影子銀行」的低級形式。[114]

一九八〇年代初，中國民間資本，首先是民間性的資金拆借活動，開始出現在民營經濟發達的江浙地區和正式金融體系無法覆蓋的廣大農村地區。標誌著非國有控制的金融資源進入中國金融體系。二〇〇〇年以後，民間資本的區域分布日益廣泛，重點是在東南沿海，山東和東北地區。民間資本在不同地區有不同的經營模式。包括「溫州台會」模式、「浙閩粵」模式、「票號」傳統的晉陝模式、「東北模式」等。[115]長期以來，這些模式被定義為「地下金融」。[116]而「地下錢莊」就是經營「地下金融」的重要機構。其實，上述說法不公正、也不客觀。因為，所謂的「地下金融」和「地下錢莊」幾乎從來活動在「地上」而不在「地下」，稱「民間金融」更符合實際。

民間資本的來源相當廣泛：一，民間閒置資本。因為中國實際利息過低，包括婦女、老人、學生，甚至還有拾荒者在內的民眾，為了追求比銀行更高資金回報率，例如「三分利」甚至「五分利」，將現金或銀行存款轉為民間借貸資本。溫州的民調顯示，九〇%的溫州家庭都把相當的資金投入民間借貸。二，境外「熱錢」。中國民間融資的困難，中國和美國利息差的擴大和人民幣加速升值，刺激更多的熱錢和游資進入中國。二〇〇七年初，透過「地下錢莊」進入中國內地的熱錢總額超過三千億美元，幾乎南京這樣二線城市當年的GDP。[117] 三，各類小額貸款公司、財務公司、私募基金等機構。四，大型國有企業的專門信貸部門，以及一些上市公司都在成為民間融資和高利貸的新平臺。[118]

民間資本形成的主要原因包括：一，中國政府的商業銀行利率很低，僅為通貨膨脹率的一半，驅使人們尋找將手中的錢增值的辦法。二，中央銀行不開放利率，銀行沒有給中小企業貸款的動力。三，信貸政策不穩定，資金饑渴催動民間借貸利息不斷走高。四，正規金融體系所有制歧視的嚴重。銀行對於非國有企業和中小企業實行幾乎百分之百的抵押貸款，必須有保險和極容易變現的資產，如土地、房產做抵押，貸款難度過大。而民間借貸一般不要求抵押品，利率相對穩定，手續簡單方便，效率高。如果中小企業難以得到銀行貸款，面臨資金鏈斷裂，停產或倒閉的危險，必然轉向民間資金，依靠成本高的非國家銀行的控制之外的民間性籌款和融資。五，借款合同的有效執行主要不是依靠國家的法律體系，而是依靠個人信譽，地方性的某些社會機制和自律機制比銀行和保險公司等正規金融組織更有能力相互監督。六，個體經濟貸款需求巨大，但是所能獲得的正規貸款的比重微乎其微。七，國家沒有能力嚴格管制體制外的金融活動。八，國家金融資源的區域分佈不平衡。農村金融落後於城市金融，中、西部地區金融落後於東部地區。[119] 特別是自一九九〇年代初，農業金融停滯、甚至全面萎縮。相比較農業占GDP的比重，農村貸款占全部貸款比重不僅沒有增長，而是降低。銀行機構在農村的分支機構大幅減少。不僅如此，農村資金大規模外流，大量的農村資金轉而投向城市地區。[120] 中國還沒有全國範圍的民間資本規模的統計資料。但是，民間資本規模快速增長是毋庸置疑的事實。在二〇〇三年底，中國民間資本的規模在七千四百億元到八千三百億元之間，同期的全國正規金融機構的信貸增長額為二．七兆元，民間融資規模是正規融資規模的二八・〇七%。[121]到了二〇〇八年六月，中國民間信貸規模超過十兆元，相當於同期全國金融機構人民幣信貸餘額的三五%。在二〇〇八年，光是溫州的民間流動資本就達到六千億元，深港兩地跨境資金流動規模在一・五五兆港幣以上。[122]比較保守的估計，民間資本大體等於國內貸款和利用外資兩類資本來源的總和。從中國人民銀行公佈的社會融資總量來看，二〇〇九年和二〇一〇年的全社會融資總量都在十四兆左右，五〇%需要依靠社會融資。二〇一一年的全社會投資總量大約三十二兆，五〇%的社會融資，就是十六兆。[123]中國民間借貸資金量逐年增長，存量資金增長超過二八%。[124]

溫州地區是民營企業比較發達的地區，民間資本發達，民營企業資金構成中的民間融資比例，二〇〇六年為一六%，二〇〇九年上升到二八%。[126]在鄂爾多斯，在二〇一〇年開始緊縮的貨幣政策背景下，一般城市銀行的信貸總額為當地上一年 GDP 的一三〇%，在鄂爾多斯，二〇一〇年底全市金融機構各項貸款餘額只有同期 GDP 的五〇%。

二〇〇六年中國部份地區企業非正規融資規模占正規融資規模的比重[125]

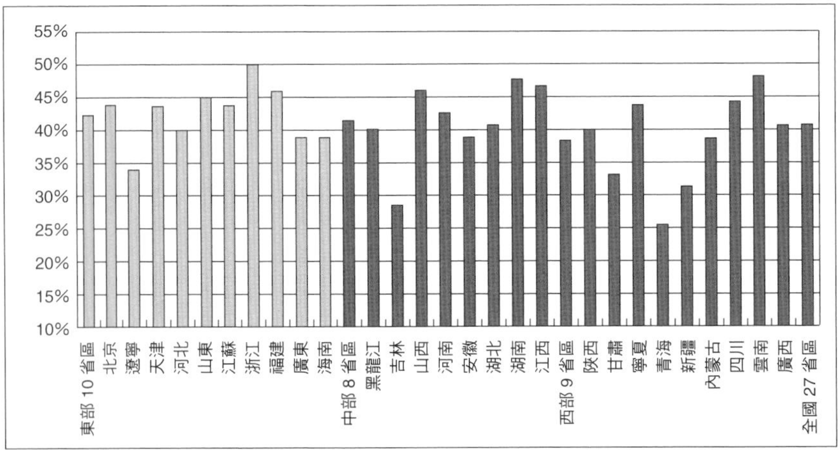

民間資本的利率隨行就市，其利率水平主要參照官方利率、資金供需狀況、民營企業從金融機構貸款的尋租成本。根據中國的有關法規，民間借貸利息不准超過銀行同期利率的四倍，超過了就是高利貸，法律不予保護。[127] 但是，中國民間年利率的二〇—三〇%的情況相當普遍。民間融資的利率高低，往往還和貸款人的實力及信譽度成反比。也就是說，實力愈雄厚且信譽愈高的人，取得貸款的利率愈低，反之，利率愈高。二〇一一年來，私營企業融資環境嚴重惡化，中小企業，包括房地產開發資金來源的八〇%不是來自銀行信貸資金，而是民間借貸市場。民間借貸利率達到一年期貸款基準利息的近二十倍。[128]

二〇一〇年前後，中國民間資本存量激劇增長，形成了國家管制的低利率和國家無法控制的高利率。大型國有企業及國家重點工程項目及地方政府的重點項目可以繼續獲得銀行優惠貸款，不在意資本成本，對資本成本缺乏敏感性，資本效益低下；而絕大部分的民營中、小企業，中小企業的融資只能到民間借貸解決資金缺口，貸款本身最重要，貸款成本是次要的，在比較資本成本波動與利潤預期時候，基於勞動力的工資成本便宜且可控，利率處於次要地位，同樣缺乏對資本成本缺乏敏感性。從宏觀經濟角度看中國，雖然整體資本成本上升，資本邊際貢獻率低下，但是「投資過熱」不會降

民間金融機構貸款年利率一覽表 [129]

機構名稱	年利率
城商行對中小企業小額貸款	9%
親友或關係企業間拆借	12% -15%
正規小額貸款公司	18%
擔保公司	18% -24%
典當行	36.5% -182.5%
非正規小額貸款公司或個人放貸	145% -182.5%

溫，經濟繼續高速增長。

但是，這樣的局面是不可持續的，伴隨國家資本和民間資本的利率差距拉大，民間資本不一定會「高利貸化」。如果中小企業大面積、大量使用民間高成本資金，加之低開工率、採購、產銷不暢，必將導致大批企業破產和倒閉。二〇一一年夏天之後，這樣的情況在中國很多地區上演，在溫州最為嚴重：在信貸緊縮、經濟發展放慢的大環境下，數十萬家中小私營企業資金鏈斷裂，資本成本失控，停止經營，甚至發生公司老闆失蹤和自殺案件。溫州金融危機從根本上動搖了溫州模式，甚至可能誘發骨牌效應。這次全國性的高利貸危機是「中國式」的資本供需失衡和國家對利率監管失控的集中反映：因為對私人資本運用的嚴格限制，造就了高利貸的生存空間；國家正規銀行儲蓄利率過低，居民儲蓄流入高利貸市場；民間高利貸市場規模化和高增長產生的更大資本需求，導致資本「透支」加劇。解決上述問題的出路是真正實現利率市場化，結束國有企業的貸款特權，意味著觸動現行經濟制度的深層結構，又為政治體制所不容。

「二元金融結構」。在中國，因為國家金融體系存在的缺陷，非國有經濟部門從正規金融體系不能獲得充分的金融資源配置，一方面加劇了全社會的金融資源配置失衡，另一方面也刺激了「民間資本」或者「民間金融」不可遏止的發展，導致了「二元金融結構」格局。國家金融體系和民間金融市場的並存，民間金融可以滿足官方金融體系中難以滿足的金融服務，擴展了經濟增長的空間和資源的利用效率。從宏觀經濟歷史的角度來看，中國「二元金融結構」，即有組織、合法的正規金融和無組織、非法的非正規金融同時存在既是中國金融抑制的反映，也是中國回歸貨幣經濟過程中必要的經濟現象。

面對既成事實的「二元金融結構」，以及「民間金融」與「官方金融」的博弈，中央政府不得不肯定：「民間融資具有一定的優化資源配置功能，減輕了中小民營企業對銀行的信貸壓力，轉移和分散了銀行的信貸風險。」[130]至於地方政府，對於民間資本多半若即若離，甚至有意寬容，默許其發展壯大。因為在正規資本短缺的情況下，民間資本可以推斷就業增加、土地升值、財政收入增長，成為維持地方經濟繁榮景象和資金正常流動的支持因素之一。此外，地方政府官員和各類公職人員的直接間接參與民間金融，利益相關，也是不可忽視的。二〇一一年，因為信貸持續緊縮，企業從銀行貸款日益困難，政府和企業對民間融資的依賴程度加劇，此時的地方政府比以往更加希望民間借貸發揮融通作用。從長遠來看，中國需要逐漸弱化「二元金融結構」，根本出路是政府正視民間資本的巨大潛力，支持小額民間信貸，加快民間銀行合法化進程，實現民間金融資本的成長。

外資

根據傳統宏觀經濟理論，各國經濟從封閉走向開放，資本跨國流動可以改善宏觀經濟運行和國內投資對國內儲蓄的過度依賴。在一九八〇年代起步階段，中國國內儲蓄只能解釋國內投資的一部分，外資進入可以使得國內投資擺脫國內儲蓄的約束。在過去的三十年間，外商在中國的直接投資持續增長。用於固定資產投資的國外資金，包括統借統還、自借自還的國外貸款，中外合資項目中的外資，以及對外發行債券和股票等。這部分資金原則上是經過金融市場渠道的融資成本，利息率和投資回報率的敏感性強。利用外資再加以人民幣配套資金，實際上構成了中國貨幣需求的一個重要部分。

一九七九年至一九八二年，外商在中國的直接投資總計是四九·六億美元，平均每年是十六億美元左右。二〇〇六年一年，外商在中國的直接投資就達到了一，九三七·三億美元。但是外資在全社會固定資本投資中比例的比重卻是緩慢下滑。這在一定程度上反映中國資本市場的成熟水平。在一九九二年至二〇〇一年，利用外資占社會固定資產投資的比重從最高點的一一·八%下滑到最低點四·六%左右。

外國資本投資是以追求利潤最大化為目的，外資進入中國的根本原因是較高的投資回報率。外資在中國投資的回報率也是資本市場的反映。中國累積外來股本投資在二〇〇四年達到二，六一〇億元，其中二，五一〇億元（九六·一五%）是直接股本投資，其餘一百億元投資於股票組合。

二〇〇五年，中國投資的回報率增長幅度的順序是國有企業、三資企業和私營企業。中國國有和私營企業利潤來源結構大不相同，國有企業的利潤來自石油、電力、黑色冶金、菸草製品等四個壟斷和管制程度較高行業，光是石油行業就占全部利潤四三%。民營企業利潤主要來自紡織、非金屬礦製品、通用設備製造等高度競爭行業。這提示國企盈利增長相當程度仍依賴行政管制政策扶持和保護。[132] 總資產淨利潤、稅前利潤率、總回報率全面迅速上升。就行業來說，電子、藥劑以及石油產品的回報率最高，其次是金融業，再次是一般商業物業和工業地產。二〇〇五年，中國工業企業的稅前利潤率已經超過日本，接近美國。中國投資回報率所以如此之高，與過去環境和資源價格成本，特別是勞動力成本過低又密切相關。[133]

外商直接投資與經濟增長、對外貿易也有相關性。如果以一九八三—二〇〇〇年間的經濟統計為根據，進行相關分析和迴歸分析，其結論是：FDI與中國經濟運行對外貿易的軌跡基本平行，從一定程度上是外商直接投資對中國經濟增長對外貿

利用外資占全社會固定資產投資比重（單位：%）[131]

年份	1992	1993	1994	1995	1996	1997	1998	1999	2000	2001
比重	5.8	7.3	9.9	11.2	11.8	10.6	9.1	6.7	5.1	4.6

易貢獻顯著的反映。中國長期趨勢是樂觀的。資本存量在一九五二—一九七八年為一四・六%，一九九七—一九九八年為二三・一%，增長加速。所以，近年來，FDI在中國的資本來源構成的比重呈現下落態勢。

政府和公共投資

在中國的國民財富存量中，政府資產是「大頭」，民間或家庭資產——包括房地產、企業股權、金融證券、銀行儲蓄——則是「小頭」；從國民財富的流量和增量而言，政府收入的增長快於民間收入的增長。考慮到基數的差距，政府和民間在國民財富的比重會進一步拉大。[134]中國政府除了壟斷政治資源之外，還壟斷了土地和貨幣金融資源，且擁有眾多大型企業。美國政府基本沒有生產性資產，只有少量的土地。中國政府無疑是當今世界上最富有的政府。[135]政府部門在每年的國民收入中獲得的份額不斷增加，政府收入提高，政府的消費和公共投資同步增長。中國政府的資本來源有：

稅收。改革之初的一九七八年，中國的國家財政稅收相當於三・三億城鎮居民的可支配收入，八・五億農民的純收入。到一九八五年，財政稅收相當於二・七億城鎮居民、五億農民的純收入。一九九四年，中國對工商稅制進行了全面、結構性的改革，一九九五年後中央財政稅收逐年回升。一九九五年，財政稅收相當於一・四六億城鎮居民、三・九億農民的純收入。二〇〇四年，財政稅收相當於二・八億城鎮居民的可支配收入、九億農民的純收入。[136]在一九九〇至二〇〇八年的十七年間，有八年的國家財政收入增長速度接近或高於二〇%。其中的二〇〇七年達到三二・四%。國家財政收入，二〇〇五年是三兆元；二〇〇八年是六兆元；二〇一〇年突破八兆元，加上國內土地出讓金總額達二・七兆元，超過十兆元。這一年的中國稅收收入增幅，繼續以超過 GDP 兩倍的速度增長。[137]中國財政的超常規增長，除了稅收之外，還有兩兆多的土地出讓金，以及社保收入，政府每年從國民手裡拿走的財富達到十多兆元，占 GDP 的百分之三〇%左右。中國成為繼美國之後的全球第二大財政收入經濟體。但這說明政府從國民所創造的財富裡拿走太多，企業和勞動者從國民財富蛋糕裡分享份額減少，導致國富民窮。美國《富布斯》雜誌推出「稅負痛苦指數」榜單，中國多次位居全球第二。

赤字財政。在貨幣經濟發展中，國債構成預算內資金的重要組成部分，政府透過國債籌措資本，實現政府直接投資。由於國債功能實現，依賴於債券市場，已不是政府的單純財政行為，國債擁有者實質是國債的投資者和所有者。中國自一九八一年發行國債，規模不斷增大。

從國民經濟的大範圍來看，國債具有拉動 GDP 年增長、沖減所謂「流動性過剩」，特別是降低外匯儲備規模和抑制通貨膨脹都的功能。[139]一九九八年至

一九九〇－二〇〇六年中國流通國債發行規模、發行餘額及其占 GDP 比重[138]

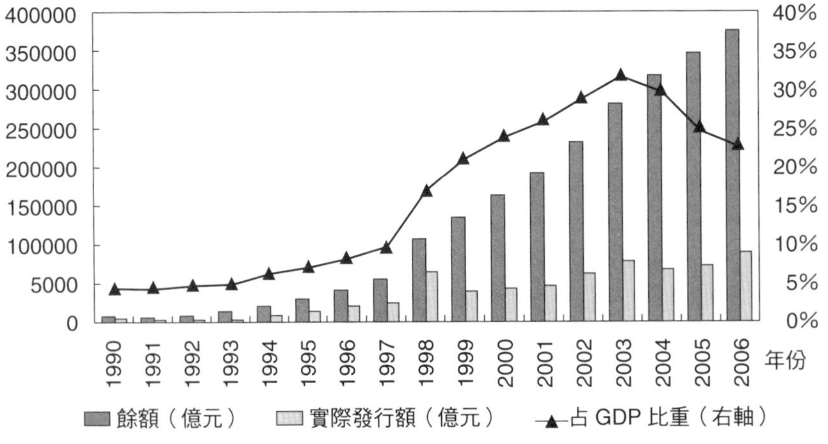

二〇〇二年，中國發行長期建設國債為六千六百億元，「國債投資每年拉動經濟增長一．五至兩個百分點。累計創造就業七百五十萬個。」[140]從財政收支角度來看，中國財政債務規模已經偏大，拓展餘地有限。中國還有地方政府債務問題。地方政府財政向來包括自籌和其他資金，而債務就是自籌和其他資金的重要來源。長期以來，地方債務由國家銀行接手，構成了中國財政赤字的重要組成部分。地方政府和國企每年借貸的借貸規模，數倍於每年的還貸能力。二〇〇八年後，地方政府與商業銀行結盟，透過舉債和吸收民眾儲蓄，「創造」了規模可觀的新貨幣，其對貨幣政策的影響相當於「第二央行」，將數十兆的資本投向高鐵，保障房，水利工程，以及所謂的新興戰略產業。根據中國審計署二〇一一年六月公佈的數據，截至二〇一〇年底，地方政府的債務規模達一．七兆元，約占名義GDP的二七%，其中約五兆元是多達六，五七六家融資平臺的債務。中國首次出現地方債找不到買家的情況。如果要順利實現地方債還本付息，需要兩個條件：經濟增長九%，稅收相應增加；地價繼續上漲，大部分融資平臺擬用土地收益度過未來一至兩年的還債高峰期。但是，二〇一〇年以後，上述條件不再具備。[141]不斷積累的地方政府債務問題至少帶來三個嚴重的後遺症：中央財政政策和貨幣政策的空間受到限制，鬆不得也緊不得；對私人消費和投資產生排擠效應；對資本市場造成負面衝擊。如果融資平臺的債券及其資產淪為不良資產，可能撼動中國的金融系統。中國財政的大趨勢是：經濟增長放緩，企業效益下滑，政策性減收擴大，各類剛性支出難以變動，形成財稅部門巨大的收支壓力。財政赤字狀況惡化以及潛在的財政危機，不是完全沒有可能。

政府儲蓄利息。據統計，二〇〇五年，中國政府儲蓄占GDP的六%左右，而同期法國只有〇．三%，印度為一．五%，美國與日本均為負數，美國為負〇．九%，日本為負二．二%政府的高儲蓄率又推動政府的高投資。據推算，如果不計算國有企業投資部分，二〇〇五年中國政府投資高七千兩百億元人民幣，為GDP的四%。[142]政府的高儲蓄，自然帶來巨額利息回報。

國有資源轉化為政府的初始資本。這些年來，土地就有這樣的功能。例如上海浦東陸家嘴一帶的某家公司，上市之前國家沒有投入一分錢，但是只要政府批給一塊土地使用權，經評估價值之後，注入該公司，作為公司的實際發起人，再公開募股上市。於是土地實現了商品化和資本化。如果這家公司再把土地使用權轉化出去，獲得的收入就變成了GDP。公司收入增長，地方GDP增加。土地的N次轉化，就會產生N次GDP，因為土地使用權的市場價格上升，對GDP的貢獻就相應上升。特別是各級地方政府，可以具有項目的組織者、投資者和事實上所有者的多重身份。政府作用最顯著的產業就是房地產或廣義不動產業開發。一般而言，政府、開發商、銀行和金融機構、機構或個人投資者，四位一體，缺一不可，政府之所以在首位，因為這個產業必須從土地資源開始，而土地資源在政府手中。政府支持房地產開發，首先可以分享土地增值稅。以二〇〇二年為例，中國市場化配置土地收入已近一千億元，比一九九九年增長三八・五倍，土地增加稅收入二十一億元，比一九九九年增長三倍多。各級政府可以透過土地有償轉化的收入，用於城市建設投資中的部分自籌資金，這就是財政激勵效應，刺激地方的GDP增長。多年來，各級地方政府習慣於把經濟增長作為政績，沒有自籌資金就無法「上項目，鋪攤子」，所以財政收入、增長、投資是不可分離的整體。順便指出，開發商一旦有了土地使用權，就可以在銀行得到抵押，獲得貨款。機構或個人投資者則注重支付包括訂金在內的各種預付款項，投資的目的包括消費和預期資產升值。而有相當比例的機構或個人購買者需要得到銀行一定比例的貨款。銀行於是具有雙重功能，接受土地抵押給開發商貨款，同時根據所謂使用背景給機構或個人購買者貨款，所以，在房地產開發之中，土地和建築不過是資本運作的載體。貨幣政策對這個產業的穿透力相當有限。

公共投資。政府的投資資金制度包括預算內資金專項建設資金國債資金等。政府的公共投資行為，可以透過政府本身或代表政府的國有企業，甚至其他經濟類型完成。

財政收入的膨脹導致預算外投入增長，強化中央財政的功能，擴大公共投資。於是，中國發生「預算外收入」概念。「預算外收入」並不是「外來之財」，和預算內收入一樣，也是來自於企業或個人，只不過是政府可支配的資源增加了。中國的現實是，預算外收入的支出相對於預算支出而言，缺乏監察力度，政府部門之間討價還價，增加了財政支出的隨意性。每年年底短期巨額財政支出，會沖減高達幾千億元財政存款，透過市場和金融傳導機制，對宏觀經濟，特別是物價，產生不可忽視的影響。

公共投資往往受制於財政政策。中國在一九九八年實施積極的財政政策，一九九九年至二〇〇四年的財政赤字占 GDP 的二・五％左右。二〇〇五年以後，實行穩健的財政政策，財政赤字占 GDP 的比重明顯下降，二〇〇七年下降到不足一％。二〇〇八年至二〇一〇年，再次實行積極的財政政策，財政赤字占 GDP 的比重上升。雖然赤字的比重沒有增長，但是財政赤字絕對額卻高速膨脹。積極的財政政策不僅帶動了投資，也會引發信貸增長偏快，結構性矛盾突出，通貨膨脹趨於嚴重。一般而言，公共投資被界定為由中央和地方政府在基礎設施、社會服務等領域的相關項目投資。中國政府在實施積極財政政策時，不僅高速公路、機場、橋樑上馬，一大批市政項目，從政府辦公大樓、廣場、大馬路、國際會議中心、劇院、體育運動場已經全面興建，此外還有各種類型的「開發區」，間接或直接的房地產項目。

高投資率和高經濟增長率

中國在過去三十年間，政府透過自上而下、以國家銀行為主的龐大貨幣金融體系，有效控制了儲蓄資源，實行高儲蓄率支撐高投資率，信用擴張帶動的投資擴張的經濟增長模式。

高資本形成率。現階段的中國在貨幣供給（M_2）、高儲蓄率、資本形成率和經濟增長率之間，有著明顯的正反饋關係。其中的 M_2 / GDP 比重上升，直接刺激儲蓄率和資本形成率。

一九五二年至一九七八年期間，中國的資本形成率是一四．一六％。一九七八年至二〇〇五年，中國資本形成率對 GDP 的平均貢獻率為三六．一三％；一九九五年至二〇〇五年的十年間則達到四〇．一二％。[145] 相較於資本對經濟增長的關係率，勞動生產率的貢獻低得多。「OECD（二〇〇五）將一九八三—二〇〇三年分成四個五年測算，平均資本、勞動力貢獻率分別為五三％和七％，其餘部分為四〇％。」[146] 這也說明中國仍然繼續投資推動的外延式增長方式。

簡言之，中國的高資本形成率（資本形成比 GDP）既是高儲蓄—高投資的結果，又成為支撐經濟增長的最主要因素。[147] 按照中國國家統計局核算數據，二〇〇九年中國 GDP 為三三五，三五三億元。

從實際經濟運行而言，儲蓄轉化為資本，再轉化為投資。但是，中國的持續高儲蓄率仍舊無法滿足投資需求。中國儲蓄長期居高不下，與其說

一九七八—二〇〇五年儲蓄率和投資率的相關性 [144]

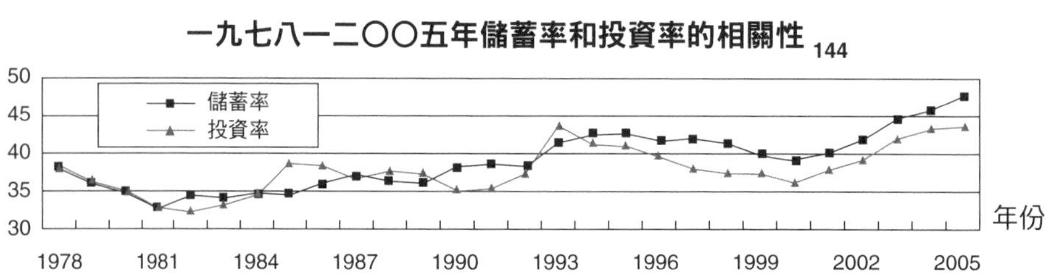

是消費不足的結果，不如說投資對儲蓄有更大的「消化」能力。

固定資產投資和經濟增長。中國正處於全面的產業升級和擴張時期，只要有固定資產投資，形成生產能力，就有市場。所以，固定資產投資是吸納高資本率的主要途徑。透過建造和購置固定資產的活動，改善國民經濟和產業部門的技術裝備，形成新興部門，擴展生產力的區域分佈，創造就業機會，對勞動力所支付的工資可以轉為消費需求。不僅如此，因為固定資產投資具有多極傳導和擴散的功能，透過對相關產業的影響，可以拉動經濟增長。以為固定資產投資是一種中間需求，建成之前只是需求，建成之後才變成供給，這是片面的看法。固定資產投資之所以對經濟增長有最直接而顯著的效果。固定資產投資和 GDP 增長之間的單向因果關係，固定資產投資的增加或減少必然會引起 GDP 的增減，而 GDP 的變化對固定資產的變化沒有直接因果關係。固定資產投資變化和經濟增長周期也大致相同。在絕大多數情況下，投資增長率上升，經濟增長率上升；反之亦然。如果進行固定資產投資和 GDP

二〇〇四年固定資產投資對 GDP 增長的貢獻

名稱	貢獻率（%）
全社會固定資產投資	78.2
城鎮固定資產投資	69.5
農業	0.5
採掘業	3.5
製造業	22.9
電力、煤氣及水的生產供應業	10.1
建築業	1.3
交通運輸、倉儲和郵政業	4.4
批發和零售業	2.6
房地產業	18.2
城鎮固定資產投資	
中央項目	-1.4
地方項目	71

資料來源：《中國統計年鑒》

總量的線性相關分析，可以發現固定資產投資和 GDP 總量相關性的散點會在多數年份分佈在一條直線附近。

當然，在不同時期、不同行業和部門，固定資產投資對 GDP 增長的貢獻又有很明顯的差別。以二〇〇四年中國固定資產投資對 GDP 增長的貢獻為例（見表），可以看出製造業對 GDP 增長的貢獻率最高，其次是房地產業，最後是農業。顯然中國產業投資的重點並非取決於每個產業在國民經濟中的實際地位。農業固定資產投資顯然落後於實際需求，但卻難以扭轉。在計劃經濟下，國家決定固定資產投資的分配，工業化以犧牲農業為代價。在貨幣經濟下，農業發展緩慢，完全受制於貨幣、資本，金融資源非均衡分布的結果。

二〇〇八年的世界金融危機之後，中國宏觀經濟所面臨的新挑戰是：儘管中國製造業的產能已經嚴重過剩，由於國際市場需求的低迷，出口增長放慢走向常態，必須加大國內固定資產投資的規模和力度。中國政府作這樣的選擇，有傳統經濟模式的作用，還出於對社會不穩定因素的擔憂。政府的主要手段包括優惠貸款，免費租用土地以及其他的財政補貼政策。更多金融資源流向國家壟斷企業。

一九八〇—二〇〇九年美國、日本和德國的名義 GDP 增長趨勢 [148]

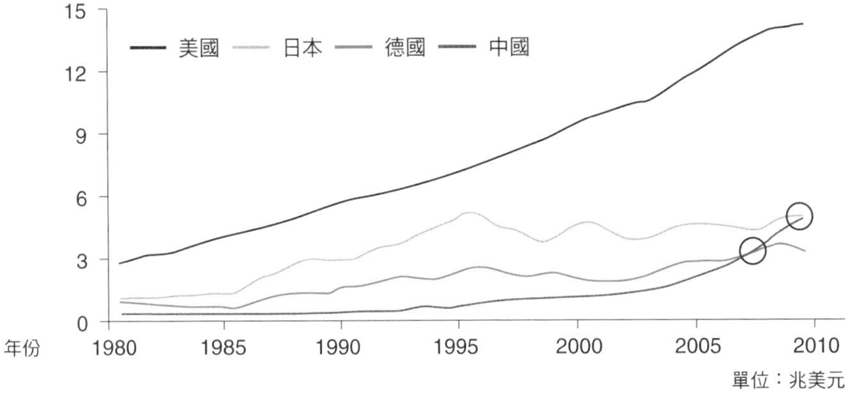

中國在意識到要減少對國際市場的依存度的同時，卻無法真正改善國內市場結構和擴展國內市場規模。二〇一〇年，固定資產投資占 GDP 的比例已經超過四八%，而二〇〇三年的比例是三八%。根據國際相較，在一個典型的新興經濟體裡，投資占 GDP 的比重通常約為三〇%。高鐵建設投資是這一段投資模式的代表，從二〇〇七年的一，七七二億元劇增至二〇一〇年的七，〇七四億元，創下了世界鐵路建設投資史的紀錄。[149] 固定資產投資拉動，「投資—增長—再投資」，或「先建設，一切都會隨之而來」的經濟模式不可能改變。退一步說，中國一旦發生經濟增長速度下滑，大部分基礎設施失去作用，過剩產能將存在很多年，房地產泡沫會破裂，銀行系統將面臨大規模壞賬，中國的經濟、政治和社會體系是承受不了的。

「過度儲蓄」和擴大外部需求。一九九七年之後，「過度儲蓄」是中國宏觀經濟的特徵之一。二〇〇八年世界金融危機對中國高儲蓄率沒有影響，儲蓄投資差額和經濟項目順差繼續擴大，「過度儲蓄」和流動性過剩互為因果，投資過熱的態勢難以扭轉。中國存在和日益增長的「過度儲蓄」，只依靠國內的資本需求、固定資產投資加以消化。因此必須引進一個外部的需求（淨出口），方能彌合國內投資缺口。為此，中國需要資本輸出，以致成為超級對外債權國。國內投資不能有效吸收國內儲蓄，國內投資對國民儲蓄敏感係數下降，是中國現階段獨特的宏觀經濟現象。進一步說，如果淨出口沒有大到將過剩的國內儲蓄完全吸收，可能誘發通貨緊縮。「中國在過去幾年中，出現的儲蓄投資差額和經濟項目順差的積累，成為『過度儲蓄』的基礎。」[150]

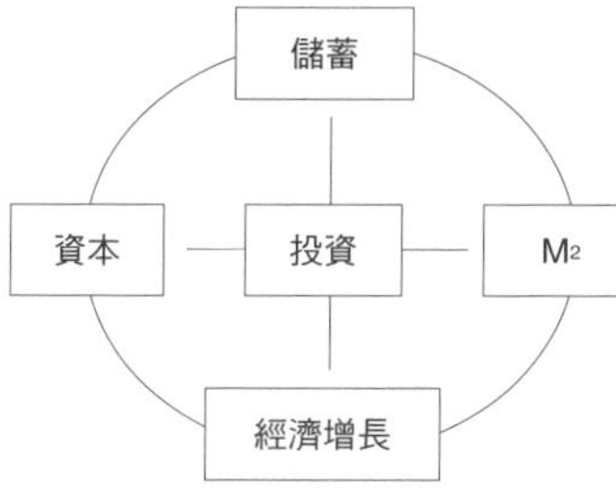

深入分析，「儲蓄過剩」的反面是「投資不足」。並不意味著中國沒有

投資機會，而是因為儲蓄向投資的轉化過程中存在問題和約束，使得現實的投資需求難以大規模增加。在國內儲蓄向投資的轉變過程不順暢的情況下，追求貿易順差其實是利用國外的金融體系，特別是外部發達的金融體系來實現儲蓄向投資的轉化。」[151]所以，中國一直保存著一系列似乎矛盾的經濟現象，儲蓄膨脹和投資不足並存；高利貸和「經濟過熱」並存。

「IS-LM」模型和中國的經濟現實

研究中國過去三十年的貨幣經濟和經濟增長的關係，需要提及「IS-LM」模型。[152]這個模型包括兩條曲線。LM曲線：靈活偏好（L）和貨幣數量（M）決定著貨幣市場的均衡，而人們持有的貨幣數量既決定於利率（i），又決定於收入（y）的水平。由此，在以縱軸表示利率、橫軸表示收入的座標平面上，可以作出一條LM曲線（如圖）。曲線上的每一點都表示持有現金的願望和貨幣數量相等，即貨幣需求和貨幣供給相一致，並且同既定的利率和收入水平相一致。IS曲線：社會儲蓄（S）和投資（I）的願望，決定資本市場的均衡，而儲蓄和投資又必須同收入水平和利率相一致。由此，在縱軸表示利率、橫軸表示收入的座標平面上，又可作出一條IS曲線，曲線上的每一點都表示儲蓄等於投資，並且同既定的利率和收入水平相適應。

古典學派、凱恩斯學派、貨幣學派的理論似乎都可以納入「IS-LM」模型之中。包括瓦爾拉斯均衡的四個基本假定：彈性價格和工資，持續市場出清，均衡價格透明，國民需求和供給函數。此外，「『IS-LM』模型沒有涉及信貸市場或貸款市場，所以在其框架內無法解釋有關信用或銀行貸款選擇重要性的論點。在這個框架中，分析貨幣政策是有缺陷的。因為，單一利率不能代表中央銀行面臨的難題。讓人們以為，貨幣政策可以控制利率。其實，在發達金融市場國家，中央銀行面臨的是一組利率，這些利率具有特殊和不斷變化的結構。……『IS-LM』模型中，財政政策透過移動 IS 曲線直接產生作用，在資本市場中，債務融資的影響被忽略。」[153]

儘管「IS-LM」模型存在著缺陷，但畢竟是分析成熟市場經濟國家宏觀經濟的一個工具。如果用這個模型分析中國現實的貨幣經濟，有助於發現和理解中國貨幣經濟與成熟市場經濟的本質區別：中國的貨幣供給主要是透過中央銀行的再貸款、外匯收購，以及外匯和農產品實現。因為利率的市場化水準過低，貨幣供給變動和利率波動之間沒有直接關聯；因為銀行利率下降，公眾將儲蓄存款轉為國債，推動國債價格上升，國債收入流入中央銀行，出現投機性貨幣需求與利率同方向變動。中國嚴重的國家壟斷，國有企業繼續享受低利息貸款，進一步削弱了利率對宏觀經濟的影響。於是，「IS-LM」曲線的變動與利息變動的分離；投資與儲蓄失衡，貨幣市場僵化。進一步說，因為金融市場發育滯後，使得政府更加依賴財政政策，而不是貨幣政策。或者將貨幣政策依附於財政政策。在這個意義上，「IS-LM」模型成為剖析中國貨幣經濟的不成熟和內在矛盾的工具。順便要說的是，一些中國經濟學家希望中國運用「IS-LM」作為宏觀經濟調控或者管理的工具，必然是事與願違。正是：「橘生淮南則為橘，生於淮北則為枳」

金融中介和經濟增長

一般來說，在正常貨幣經濟之下，勞動投入和技術進步因素對經濟增長的貢獻，透過貨幣經濟發展加以實現。古典增長模型假定勞動和資本的規模狀態不變，工人人均資本收益遞減、外生技術進步，特別是排除貨幣

圖 1-5 IS-LM 模型

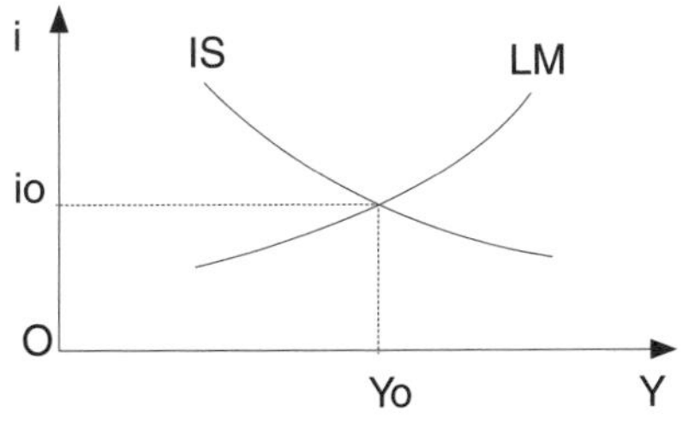

的存在。標準新古典增長理論，以完備而有效率的貨幣市場為前提，卻只著重M_1和M_2的總量。在實際的現代經濟運行中，不僅貨幣本身的存在是真實而重要的，也不僅僅是M_1和M_2的總量問題，還有一個結構配置和效率問題。所以，需要金融部門作為中介，使得交易時間減少，勞動供給增加，把儲蓄有效配置到投資項目上，從而促進了經濟增長。在這個過程中，「雖然金融中介在中間生產中使用了一些經濟資源，但這種中間物品在最終生產中的使用獲益會更大。」[154] 所以，沒有金融中介的貢獻就不可能實現經濟生產和交換部門的效率，不能實現儲蓄積累在項目、行業和部門之間的有效配置，不能實現對創新和風險的承擔。因為，大多數企業並不能透過它們的自有資源獲得足夠的資本以支持投資，透過這樣或那樣的金融中介，可以從儲蓄獲得低成本的資金。資本的邊際生產率與金融中介同增。值得提及的是，熊彼特在一九一二年所出版的《經濟發展理論》中，提出了關於金融發展促進經濟增長的著名命題。[155]

金融中介對資本的影響有兩類：一，在對資本存量水平規定的情況下，透過增加它的邊際產品而產生的影響；二，金融中介部門擴張對投資量的直接影響。金融中介在這兩方面的影響力都得以顯現。只是商業銀行起著主導的作用。中國企業形成了依賴於金融中介實現融資和投資的趨勢：

有經濟學者認為，雖然跨國數據的經驗證實了金融深度的發展通常提高了投資率和投資回報，在中國，相對外資的影響，銀行部門的發展對於經濟增長的貢獻僅僅流於表面。尤其是一九九〇年代之後，與其他發達經濟和發展中經濟相比，金融發展幾乎體現為信貸規模的增長；如果使用全部銀行信貸與GDP的比作為衡量「金融發展」的指標，不光是金融發展與經濟增長的正相關不顯著，還會發現金融發展與經濟增長之間出現了負相關，於是不得不提出是否熊彼特錯了的問題。[156]

中國作為一個發展中的經濟體，市場發育與發達市場國家存在差距，金融中介對經濟增長的貢獻落後於發達國家。最值得注意的是，中國的金融中介基本上處於政府的控制下。「在經濟發展的一定階段，中國特殊的金融安排（透過金融扭曲實現）有其內在合理性。透過寬鬆的貨幣政策，以及存款、銀行免於破產的國家隱性擔保，透過全民儲蓄的動員機制進行信用擴張，激勵了國內產出規模的擴大，保持經濟高速增長，使國家迅速擺脫所謂『貧困陷阱』的約束。」「同時，基於資本管制的固定匯率制有效形成了銀行信用擴張的約束條件，獲得了通貨膨脹控制機制。」但是，「這種特殊的金融安排，也會惡化金融環境，在逆向選擇和道德風險機制的作用下出現壞賬等問題，為此付出銀行不良信貸資產不斷累積和宏觀經濟潛在不穩定的成本。特別是在開放經濟條件下，可能放大外部衝擊效應，從而影響中國經濟的長期增長。所以，動員性金融不應是中國未來可長期實行的政策。」中國要實現從「國家隱性擔保的數量型擴張金融正在逐步向市場配置的方向轉變」。[157]

從長期來看，伴隨中國貨幣市場和金融中介的發展，金融部門對經濟發展的正面作用會不斷增長，貨幣經濟導致了資本邊際產品和勞動邊際產品的提高，其對

一九八〇—二〇〇七年中國通貨膨脹[158]

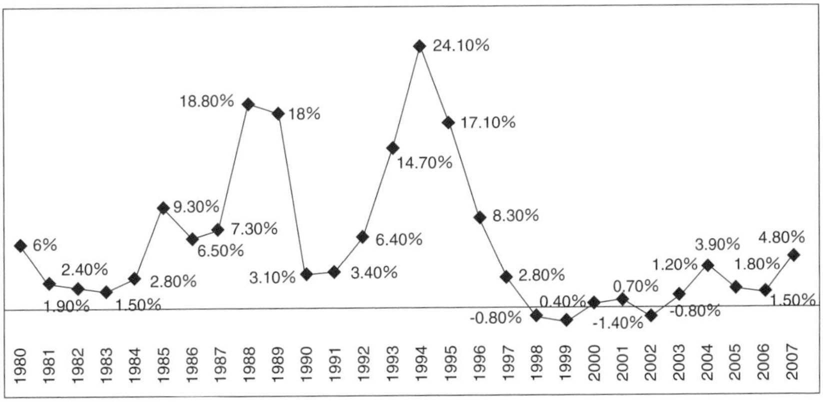

經濟增長的貢獻超過了勞動力增加和技術進步的貢獻。不僅僅如此，金融部門一旦形成，其本身的利益與非金融企業的發展取向會一致化，它們需要在非金融企業的融資和經濟增長中實現自身的利潤和擴展。金融發展和經濟增長互為因果關係。

制度轉型，價格革命和通貨膨脹

如果用大歷史的眼光看待中國過去三十年的通貨膨脹史，可以發現，它具有「價格革命」的特徵，需要透過制度轉型、成本革命、消費革命、產業結構等角度，以及需求拉動論、成本推動論、結構性膨脹論及尋租理論等加以解釋。

一九七八年至二〇一〇年代，中國持續存在通貨膨脹，而且通貨膨脹頻率高，週期相當之短。

一般人們不會注意到，從一九九〇年代至二〇〇八年世界金融危機之前，與中國通貨膨脹率比較，美國的通貨膨脹率不僅維持很低水準，而且相當平穩。在二〇〇〇年前後，通貨膨脹率還出現過負增長情況。

一九九〇－二〇〇八年中美通貨膨脹比較

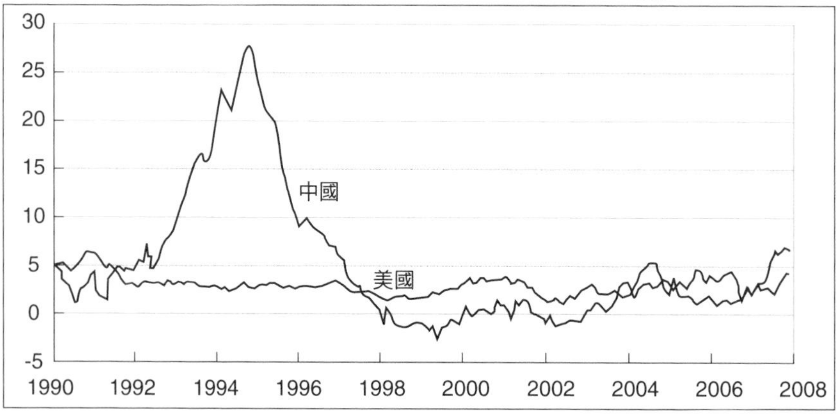

如果比較中國自一九八〇年代以來的歷次通貨膨脹，每次都有獨特的原因。但是，顯然中國這個時期的通貨膨脹並不能光從菲力普斯曲線來描述。[160]「中國經濟增長率與通貨膨脹之間不存在短期菲力普斯曲線意義上的直接聯繫，而存在著長期菲力普斯曲線下經濟增長波動性與通貨膨脹波動性之間的緊密聯繫。」[161]

中國過去三十年的通貨膨脹分為兩個主要階段：貨幣化和制度轉型主導的貨幣膨脹階段，以及「純粹」的貨幣膨脹時期。起草於一九八七年、歷時十年、於一九九七年公佈的《價格法》，在法律上確定了市場決定價格制度。二〇〇〇年是分水嶺。之後，政府在物質產品價格決定中的比重下降到極低。以二〇〇一年為例，在社會消費品零售總額中的比重合計為二・七%，在農副產品收購總額中，政府定價比重合計為二・七%；在生產資料銷售總額中，政府定價比重合計為九・五%。[162]至此，制度轉型、改革計劃價格制度和貨幣化所影響的中國「通貨膨脹」時代（或說「價格革命」時代）大體完結。從此，中國逐漸進入經典「通貨膨脹」時期，就業擴大、名義工資上升，各類生產要素成本上升，日益成為通貨膨脹的主要因素。

制度變革和歷次「通貨膨脹」

通貨膨脹的制度前提是市場經濟和貨幣經濟。在計劃經濟和其他管制經濟體制之下，不存在這樣的前提，也就不存在真正意義的通貨膨脹。中國在

中國企業與金融仲介關係

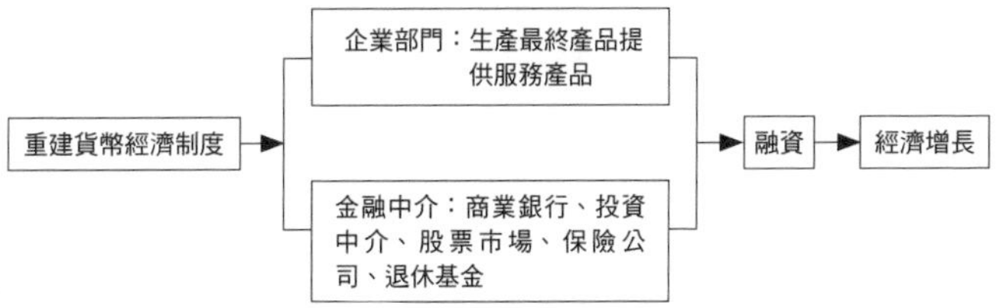

計劃經濟時代，例如一九六〇年前後的所謂「通貨膨脹」，不是市場經濟失衡和貨幣發行的結果，社會總需求大於總供給，不是因為總需求過大，而是總供給不足。社會總供給不足，是人為對生產力，首先是農業的人為破壞。中國改革開放其實是以價格改革為起點的。一九七八年，中國共產黨的十一屆三中全會公報，明確承認「剪刀差」存在和縮小「剪刀差」的必要性，並對提高主要農產品收購價格和超購價格的幅度做出具體規定。中國共產黨決策集團對價格問題如此重視，還是第一次。[163]從此，中國的價格改革走上不歸路。可以肯定，制度轉型——特別是從計劃價格向市場價格的過渡——是影響一九八〇年代以來歷次「通貨膨脹」的最重要的原因。

一九七〇年代末和一九八〇年代初期的通貨膨脹。一九七九年，國家提高主要農產品收購價格和全國主要副食品的收購價格，調整服務業價格，實施職工每月物價補貼。這些因素構成了增加貨幣供給的第一推動力。[164]此外，此時宏觀上的經濟增長速度、投資規模膨脹、財政支出加大，財政赤字擴大，進口補貼導致外貿赤字，外匯儲備下降近於零。一九七九年、一九八〇年物價出現了明顯上漲，其中一九八〇年通膨達到六％。後來中國經過壓縮基本建設投資、收縮銀根、控制物價等一系列措施，通貨膨脹得到抑制，表現為國務院在一九八〇年十二月發出了《關於嚴格控制物價、整頓議價的通知》，對通貨膨脹進行治理。

一九八四年至一九八五年通貨膨脹。一九八五年出現了改革以來的第一次物價高增長率，零售價格指數從一九八四年的二．八％躍升到一九八五年的八．五％。社會總需求過旺，工資性收入增長超過勞動生產率提高引起成本上升，伴隨著基建規模、社會消費需求、貨幣信貸投放急劇擴張，經濟出現過熱現象，通貨膨脹加劇。為了抑制高通膨，當時採取了控制固定資產投資規模，加強物價管理和監督檢查，全面進行信貸檢查等一系列措施。表現為從一九八四年十一月到一九八五年十月國務院發布的一系列宏觀調控措施，希望控制固定資產投資規模過大態勢。但是，這時的政府對價格的控制能力已經大為削弱，一九八六年政府準備實行經濟緊縮政策，收效甚微。

一九八七年至一九八九年通貨膨脹。一九八四年至一九八五年，中央採取了緊縮政策。進入一九八六年，在尚未完全見到成效的情況下，開始全面鬆動，導致需求膨脹。一九八八年的零售物價指數，創造了建國四十年以來上漲的最高紀錄。物價的上漲和搶購風潮引發一系列的社會問題。中央政府面對突如其來的衝擊，迅即做出過度反應，整頓經濟秩序，控制貸款規模，一度甚至停止對鄉鎮企業貸款。特別是在提高專業銀行的存款準備金的同時，一九八八年九月和一九八九年二月，中央銀行兩次提高利率。一九八九年第三季度，貨幣供給量和物價同時回落。

一九九〇年代通貨膨脹。一九九四年是價格改革的里程碑一年，確立了「市場價格」體系，廢棄了過渡性的「雙軌制」。從那時起，中國社會的物質產品、服務、資源，包括勞動力和資本在內的生產要素，全方位開始從無價格，或者只有計劃價格向市場價格的轉變，如今在中國已經很難再找到還沒有納入「市場價格」體系的產品、服務、資源、行業和部門。「市場價格」的形成過程就是貨幣化面積擴大，貨幣覆蓋面擴大的過程，不可須臾離開「貨幣標量」。「市場價格」體系的確立，是以貨幣大量注入，形成足夠的貨幣存量為基礎的。「回歸貨幣經濟」和「形成市場價格」是中國經濟制度轉型的兩個輪子，缺一不可。貨幣化覆蓋面從「零」向「百分之百」的蔓延過程，貨幣化深度從「零」向「百分之百」的滲透過程，引發的價格全面上漲，與其說是常規的通貨膨脹現象，不如說是「價格革命」，因為這是一個超常規的歷史現象：貨幣化觸發價格革命，價格革命到刺激貨幣化。

二〇〇〇年之後的通貨膨脹。按照貨幣主義，通貨膨脹總是與貨幣增發聯繫在一起，並伴隨產出增長。就中國而言，銀行制度和財政制度是關鍵因素。一，因為改革導致分權，指令性的信貸分配不再奏效。政府為了維持國有企業的就業和福利待遇等承諾，只能對國有企業實行補貼。而分權改革造成政府財政補貼的能力下降，政府不得不更依賴貨幣創造來補貼國有部門，從而引起通貨膨脹。同時，非國有企業成長，其生產率高於國有企業，兩類所有制不同的企業部門的生產率差額推動了持續增長。政府為了控制通貨膨脹，只能控制信貸向非國有企業的分流，釋放貨幣創造的壓力。其後果是雖然控制通貨膨脹，卻影響產出增長。而要增加產出，又必須再放鬆對信貸分流的控制，從而形成了「收—放」循環。165二，地方政府不斷獲得的財政自主權可以推動貨幣創造，使貨幣供給常常失去控制，從而造成通貨膨脹頻繁發生。也就是說，財政分權不利於物價的穩定。166

透過對中國過去三十年的通貨膨脹歷史的階段性分析，不難看出：貨幣化、「計劃價格」體系瓦解、「市場價格」體系形成等制度性因素及其互動，導致人民幣的供給持續擴張。特別是貨幣化和貨幣經濟回歸是制度轉型的核心內容，作用不可低估，引發了中國自一九八〇年代持續到一九九〇年代上半期的「價格革命」。在價格革命期間，貨幣部門比實物部門更重要。貨幣代表了財富、信用、市場。在人類經濟史上，類似的經驗有兩次。一次是發生在十七世紀前後的西歐「價格革命」，一次是幾乎同時發生在明朝中期之後的白銀貨幣和「價格革命」。這都是因為貨幣供給量大規模增加，由價格革命引發了商業市場革命，進而工業革命。

所以，借用弗里德曼及其創立的「貨幣主義」理論，解釋一九八〇年代和一九九〇年代的所謂通貨膨脹，將持續的物價上漲、財富膨脹歸咎於貨幣現象，是貨幣供給過度所然，失之於簡化和淺薄。167值得注意的是：一方面，相較於其他西方國家的經濟學家，弗里德曼及其創立「貨幣主義」理論，在中國產生了不可思議的影響，成為中國主流貨幣思想的理論基礎。但是另一方面，中國學者沒有充分理解弗里德曼的貨幣數量論包含的假設前提——即瓦爾拉斯一般均衡為基礎；弗里德曼畢生強調「自由市場」對經濟和資源調配的主導作用，反對政府過多干涉經濟，認為政府在經濟中的主要職能是透過貨幣當局調節「貨幣供應量」，也沒有在中國真正紮根。

成本革命和通貨膨脹

中國的成本革命首先發生在一九八〇年。政府在一九七八、七九年，大幅提高十八種農副產品的收購價格，幅度在二五—三八%之間；還對部分能源、原材料價格做了微調，開放了一些小商品價格。這次調價比一九六五年調價確立的「三五」期間調價總額的五十億元還多二十億元。提高了農產品的收購價格，導致農產品相關的副食品生產成本上升，有的企業虧損。同年，政府提高了煤炭、鐵礦石、生鐵、鋼錠、鋼坯和有色金屬、水泥的出廠價格，幅度在二〇—三〇%之間，也導致了下游產品成本上升，利潤下降。正是由於一九七九年的農產品和工業原料產品價格的上調，才啟動了貨幣化的閘門，推動貨幣供應量大幅增加：使貨幣供給在一九八〇年增長四一%，一九八一年增長六一．七%，出現了改革以來的第一次物價波峰，但卻因此奠定了最初貨幣化的規模，也創造了一九八四—八六年經濟高增長的重要前提。

在價格革命過程中，農產品價格的變動關係重大。中國計劃經濟時代，農產品價格被政府嚴格控制，許多產品（特別是農產品）價格被嚴重低估，勞動力報酬占比過低。所以，當農業價格開放，農產品價格必然全面上揚，結果不僅使以農產品作原料的工業產品成本上升，而且自然帶動整個產業體系的成本上升，引發價格全面上升。一九八五年至一九九六年，在糧食價格方面，施行國家定購價格、國家議購價格和市場零售價格並存體系，顯然是零售價格高於國家議購價格，國家議購價格高於定購價格。[168]由此刺激了以與糧食有關的產品和產業成本的上升。一九九四年至一九九五年，以及二〇〇〇年以來的各次通貨膨脹啟動因素中，農產品價格仍舊首當其衝。其中，一九九四年農產品上升對零售物價變動的影響力達到七〇%。

土地，水，空氣在內的自然資源和某些地下資源屬於更為極端的例子。在計劃經濟下，自然資源都沒有價格，無償使用，對生產和產品成本沒有影響，現在從零成本進到市場價格成本，也會傳導到相關產業、以至整個產業體系。

近年來，隨著全球性能源價格節節攀升，資源性產品如石油、天然氣的價格快速上升；原材料、資源性、能源產品，例如石油、鋼鐵、電力、煤炭、水泥的價格上漲趨勢，必然加大中國諸多企業的生產成本。而生產成本和通貨膨脹之間的相關性尤其明顯。

在這次中國成本革命中，勞動力報酬的提高是重要內容。從一九七八年至一九八二年，因為物價上漲，當時職工貨幣購買力下降了一二·七%。抵沖了當時增發的貨幣工資。因為制度轉型，就業機會全面擴張和工資收入上升，將過去同計劃經濟長期壓抑的勞動力真實價格在短期內加以釋放。一九八三年，中國必須正視工資與物價指數掛鈎的問題，有三種選擇。一，實際工資與物價指數掛鈎，職工貨幣工資隨物價指數浮動；二，在物價變動時，按政策調整職工的貨幣工資。透過定期考核，實現職工工資升級及擴大就業，保證職工實際生活水平不下降。三，一事一議，調整商品大宗價格時，給職工補貼。如以當時中國國力和這個制度的歷史慣性，採取的是第三種選擇。決策層無疑已充分認識到工資必須和物價的變動相聯繫。實際上，就是承認通貨膨脹是不可避免的。一九八三年，中國的工資和物價已經不可分割。工資的提升引發物價上升，而物價上升要求工資上浮。[169]中國社會科學院工業經濟研究所編寫的二〇〇七年企業藍皮書《中國企業競爭力報（二〇〇七）——盈利能力與競爭力》研究表明，從一九九五年至二〇〇五年，勞動者報酬占GDP比例下降了一二％，目前勞動力的報酬約為總產出價值的五三．四％，遠低於美國的七五％。二〇一〇年前後，中國廉價勞動力的時代走向結束，很可能進入工資—物價螺旋式上升階段。

中國的通貨膨脹並非通常意義上的「成本拉動型」的「通貨膨脹」，是成本革命引發的價格革命，因為這裡所說的成本革命是由於回歸貨幣經濟和市場經濟造成的，而不是那種日常和經常的成本變動。價格革命的重要內容是生產成本革命，是一切基礎產業、資源產品、初級產品價格在一定時期之內的高速上漲。對這種基礎產業產品、資源產品、初級產品的需求是相當剛性的，否則經濟就不能正常運行，價格上升對社會生產需求的抑制作用很小。以食品類價格為例：農業性質和農業資源的有限性日趨嚴重，從根本上決定著食品產業的價格。[170] 在二〇〇七年，食品類（特別是豬肉）價格上漲，與名義工資聯繫緊密；而工資又具有剛性，透過產業關聯，加大成本推動通貨膨脹的壓力。

與西歐和中國歷史上的「價格革命」相比，中國現階段的價格革命中，制度變遷的因素更大，因為是從非貨幣經濟向貨幣經濟轉型，生產的基礎性資源和原材料從零價格向市場價格過渡的時間過短，「價格革命」尤為強烈。

當然，勞動生產率的提高在很大程度上抵消了成本革命引發的價格革命。一九七九年至二〇〇四年，中國勞動生產率年均增長率是七．三％，二〇〇〇年至二〇〇五年，因為技術進步和創新，全國勞動生產率提高到八．七％，很可能是世界最高的。此外，現代企業制度、現代管理水平的提高也是造成勞動生產率上升的因素。在一定時期內，社會總需求和社會增長供給的關係，最終取決於物化的經濟結構實體，成本革命和價格革命對這個實體的作用是滯後的。價格革命不同於惡性通貨膨脹，因為這個實體照常運行，沒有發生經濟危機，恰恰相反，價格革命刺激了經濟增長和供給。

全球化使得輸出通貨膨脹成為可能。全球經濟的普遍性增長，加速世界市場的資金高速累積，資產價格上漲，增加了通貨膨脹的危險。參與國際經濟的中國必然會受影響。因此，為達到穩定物價，需要採取不斷調整貨幣政策。但是中國正處於生產要素價格上升，特別是名義工資上升，加之貨幣供給擴張，形成新價格新水平的時期，不論物價還有多少次回落，低通貨膨脹時代已經終結。

產業結構演變和價格革命

分析中國過去三十年經濟的通貨膨脹成因，還不可忽視產業結構演變和價格革命的相關性。在一九八〇年代和一九九〇年代的中國，首先是農業代表的第一產業，之後是能源代表的第二次產業，再之後是金融業代表的第三次產業，先後成為價格上漲、價格革命的主導產業。並透過產業內在的關聯機制，推動產業結構演變。所以，中國已經經歷了從農產品到工業品，再到房地產、不動產，從物質產品到資本產品，包括金融產品，教育、醫療服務價格革命的傳遞和傳導過程。

進一步分析，中國通貨膨脹、價格革命的演變與產業結構演變是一致的。是行業、部門和產業結構的演變，透過市場機制影響市場供需關係，

制度轉型與成本革命和價格革命的關係

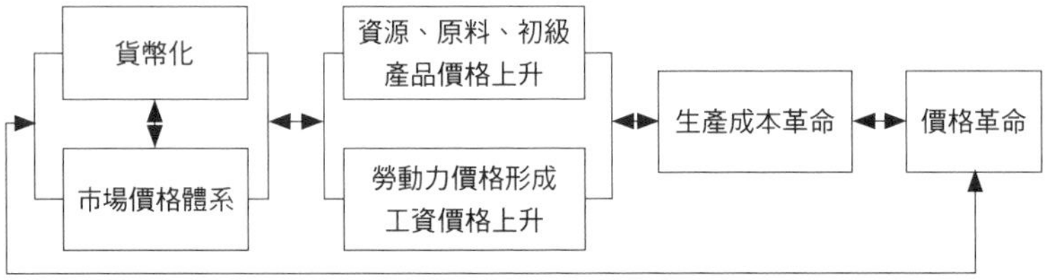

最終決定了產品價格的漲落。例如洗衣機、電冰箱、彩色電視機，後來家用電腦等耐用工業消費品的價格經歷上升到下降的過程；近年來教育、醫療產品，房地產和股票代表的資本產品價格持續上升的現象，都證明了社會總需求與總供給的關係，物價水平，不僅是總量的關係，而且是結構的關係。在二○一○年代，中國房地產業和汽車行業，波及到相關產業面積極大，一度成為價格革命的中心行業，對整個價格體系影響至關重要。這種經濟結構性價格革命，又成為投資的動力之一。

產業結構演變和價格革命的傳導框架聯繫如圖示

中國目前仍舊沒有擺脫「二元經濟結構」，中國在弱化二元經濟結構，實現勞動力市場均衡的過程中，需要實現產業結構的均衡發展，形成貨幣控制的深層動力。擴大就業、高儲蓄、高投資和高增長是一個互為因果的鏈條。以第三產業為例：在發達經濟結構下，第三次產業對GDP的貢獻大於第一、第二產業。在中國，國家的直接間接干預能力在第三產業某些領域仍舊很有力量，工資成本壓力提高，因此第三產業價格上升的空間仍舊很大。如果第三次產業「價格壓抑」得以釋放，必然造成新一輪的價格上漲或價格革命。可以預見的是，中國在經過幾番結構性、階梯性價格革命之後，產業、行業、各類

產業結構演變和價格革命的傳導

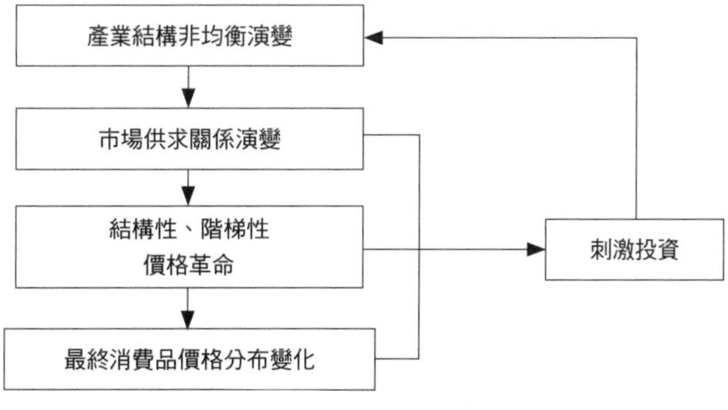

物質和非物質產品的價格關係趨於合理，價格革命才可能演變成正常的價格上漲和合理的通貨膨脹。

消費革命和價格革命

計劃經濟時代的中國，全民平均收入低下，社會產品普遍短缺。消費不足，當然不會引發供給不足的問題，價格上漲的基本機制不存在。改革以後，中國情況發生根本變化，隨著人均 GDP 的增長，人均收入持續上升。一九九五年至二〇〇五年，即使沒有考慮中國居民收入多元化的情況和存在非工資收入，職工貨幣平均工資水平年增長率是一四．八％，扣除物價因素，實際年均增長率是九．二％。[171] 這是發生消費革命的基礎。此外，消費信貸的興起和發展，例如住房貸款、汽車信貸，以及與信用卡相聯繫的個人消費信用方式推動了居民消費能力的擴張。

中國居民的消費革命主要階段是：從解決生活必需品快速進入耐用消費品，在農村，電視、洗衣機、摩托車已經替代了收音機、手錶、自行車；從一般耐用消費品到高價值耐用消費品，例如電腦和汽車；從高價值耐用消費品到資本產品，例如商品房和股票。此外，中國的消費品革命和信息革命同步展開，手機代表的通訊工具在城鄉大面積使用。中國人口眾多，市場龐大，導致中國消費革命持續時間長，規模不斷膨脹，不斷重複從城市向鄉村，從富裕階層向中產階級再向廣大民眾的示範和轉移過程。居民消費擴張和諸如建築業、房地產業、汽車工業、交通通訊業、旅遊業的擴張是互動的。近年來，教育及其相關的產業也構成中國消費革命中的重點。二〇〇五年，中國除了石油之外，在煤炭、鋼鐵、糧食、肉類等領域已經取代美國，成為全球第一消費大國。二〇一〇年，中國成為全球第二大奢侈品消費國。[172]

消費革命與價格革命的關聯不可忽視，因為消費革命的本質是擴大消費性需求。消費革命所波及的任何產業、行業和產品，都有一個價格高漲、緩和，甚至低落的過程。商品房集中反映了消費革命和價格革命的關聯性，是吸納貨幣財富的主要產業。汽車行業的情況有所不同，汽車行業取決於其質量、性能、品牌，價格整體趨勢是緩和、甚至低落。至於第三產業則根據不同的產品而不盡相同。在消費革命中的某些產品，例如商品住房和教育，不僅是消費性支出，而且具有保值和投資的性質。至於股票、保險、債券等金融產品，主要是投資性質的可支配收入支出，對消費可以產生積極正面、也可產生消極負面的影響。總之，消費革命和價格革命的關係可以解釋為：是居民收入的普遍提高，用於消費的比重上升，導致消費革命和價格革命，又因為物價上漲，居民收入或工資水平遲早也會跟進。

在消費革命過程中，中國零售業本身也發生了革命。批發零售業商品零售額年增長速度持續加快。173 同時，中國零售業的業態結構也發生巨大變化。從傳統的百貨商店、雜貨店、菜市場和農貿市場發展為百貨商店、超級市場、倉儲商店、專業商店、便利店、大型專業店、購物中心、無店鋪零售等新興業態並存的局面，成為最具活力的中國內服務行業中之一。中國零售業的擴展和多元化，重要原因是外資零售企業進入中國的數目和規模增長。

「經濟起飛」，「經濟過熱」和通貨膨脹

中國改革的三十年中，高增長和「經濟過熱」幾乎是同一個問題的兩個面向。而「經濟過熱」和通貨膨脹有著深刻關係。但是，正確認識經濟增長、「經濟過熱」和通貨膨脹的關係，需要考慮到中國經濟的發展和增長階段問題。中國在一九八〇年代至一九九〇年代，處於特定的「經濟起

飛」時期，所以會發生特定的「經濟過熱」和通貨膨脹。一九八四年至一九八五年，中國發生自改革以來第一次全面的通貨膨脹壓力。中國經濟學界在看待這次通貨膨脹問題上，意見很分歧：

第一種意見強調「共性」，即當時中國的通貨膨脹與一九四九年之前的通貨膨脹，以及西方發達國家的通貨膨脹本質一樣；當時的中國已經「經濟過熱」，經濟總量上的平衡對推進改革是重要的前提，所以政府就應該優先治理通貨膨脹而後進行改革。從國際經驗來看，通貨膨脹不利於經濟發展和經濟改革。中國的主要改革任務是價格改革，它需要供需關係基本平衡，宏觀經濟環境比較寬鬆，政府財政形勢好轉。當時的這種意見處於主流地位，並影響了決策。一九八五年九月，中國共產黨全國代表大會透過《中共中央關於制定國民經濟和社會發展第七個五年計劃的建議》，對一九八六年至一九九〇年的經濟改革和發展提出四個基本原則，其中一個原則就是要求堅持總需求和總供給的基本平衡，保持消費與積累的恰當比例。這算是一九八四年至一九八五年宏觀經濟政策辯論的一種結論。[174]但中國因此失去了在一九八〇年代價格改革的最佳時機。

另一種意見強調「個性」，中國通貨膨脹的成因包括制度轉型，特別是經濟進入高速增長階段，即中國進入「經濟起飛」階段。[175]中國在這個時期處於「貨幣需求激劇增長的階段，那麼由這個階段派生出的價格上漲對經濟本身就有一定的推動作用。」[176]所以，在一九八〇年代中期以後，經濟起飛、高速增長和經濟過熱的內在邏輯關係。高增長，源於就業壓力。增長是緩解就業壓力的主要手段。如果通貨膨脹是轉型經濟的「非均衡」常態，此通貨膨脹非彼通貨膨脹。當時新生代經濟學家觀點是：一九八〇年代中期的通貨膨脹是經濟轉型和經濟起飛時期的典型現象。把通貨膨脹的發生歸咎於投資基金膨脹和消費基金膨脹，提出所謂的國民收入超分配的看法。如果通貨膨脹理解為轉型經濟的非均衡常態，只是表現在結構問題上，而不是總量問題上。因此，不能只談所謂

「經濟過熱」。經典的「經濟過熱」是指「過度投資」。而「過度投資」有兩層含義。一，投資生產出來的東西沒人買，投入資金無法收回，利潤是負數，造成市場積壓。如果市場需求旺盛，生產東西可以賣出去，企業能夠盈利，就不是經濟過熱。二，投資規模超過財力負擔，資金上出現短缺，資金鏈斷裂。只要資金有供給能力，就不是經濟過熱。直到一九九〇年代，中國還沒有進入經典意義上的「經濟過熱」時期，因為不是「供給不足型」通貨膨脹，反而是是經濟增長衝動下成本拉動的通貨膨脹。所以，不應當採取緊縮政策壓制，「有一定的通貨膨脹並非有害，反而有助於經濟增長和改革的推進，根據這一邏輯，政府不應該採取緊縮政策來對待通貨膨脹。」[177]

從大歷史的尺度來看，中國在一九八五年到一九八八年所發生的物價全面上漲態勢，是價格改革將隱性通貨膨脹釋放、公開化所致，標誌了告別低通貨膨脹時代。從此，中國重新回到計劃經濟時代的低通膨狀態已決無可能。民眾開始關注價格改革，而且出現物價預期。政府對市場，特別是價格的干預能力全面下降，這是一九八八年「搶購風潮」的深層原因。

一九九〇年代初，鄧小平南巡，中國經濟進入高速增長的快車道。一九九三年和一九九四年發生明顯通貨膨脹，其主要特徵是：固定資產投資擴張，生產資料價格上漲，股市高漲，再帶動零售價格上漲，一九九三年的居民消費物價指數（CPI）一四％，一九九四年則高達二一．四％。[178]一般認為是信貸擴張刺激固定資產投資規模擴張，進而引發通貨膨脹。時任國務院副總理兼中國人民銀行行長的朱鎔基面對這樣的經濟形勢，實施強硬的行政干涉和宏觀調控。一九九三年，主持制訂了《中共中央、國務院關於當前經濟情況和加強宏觀調控的意見》提出了十六條措施；一九九四年，啟動財稅改革，匯率並軌，銀行改革，控制房地產價格，對處於高位的中國股市剎車。一九九三年二月，上證指數為一五五八．九五點，到一九九四年七月，股市下跌到三二五．八九點。[179]如何評價朱鎔基在這個時期的宏觀經濟政策，歷來有分歧。主流看法是肯定朱鎔基的：中國得以避免「泡沫經濟」，實現「軟著陸」，逃過一九九七年亞洲金融危機一劫。但是，歷史沒有如此簡單。恰恰因為朱鎔基，中國再次開啟政府強勢干預市場的先河，完成國家對金融資源壟斷，形成政府、銀行和國有企業聯盟的基礎，播下了國家資本主義的種子。朱鎔基的經濟思想是矛盾的，一方面具有建立與國際市場經濟接軌體制的願望；另一方面，因為計劃經濟時代烙印深和經驗，懷疑自由市場經濟，傾向政府對市場干預。

鑄幣稅和通貨膨脹

鑄幣稅（Seigniorage）是政府當局在不可兌現的貨幣制度下，擁有貨幣發行的壟斷權而發行貨幣所取得的收入。具體地說，央行的基礎貨幣涉及兩個部門：私人部門持有用於日常交易的現金；商業銀行繳存到中央銀行的準備金。不論是私人部門使用的紙幣，還是商業銀行繳存到中央銀行的準備金，就本質而言，都可以視為央行發行的無利息債券。央行節省的利息就是政府部門的鑄幣稅。有時，銀行可能對商業銀行的存款準備金支付利息，央行仍然可以獲得利息的節省，只要這個利息率低於央行融資的盈利率，差額也是鑄幣稅。簡言之，央行的鑄幣稅就是私人部門為了使用貨幣轉給政府部門的資源。所以，央行每發行一個單位的紙幣，銀行就獲得一個單位的資產和一個單位的利潤。在整個過程中，紙幣的發行的成本可以忽略不計。[180]「中央銀行鑄幣稅等於中央銀行紙幣發行量的變化。」[181]鑄幣稅累積、廣義貨幣供應量與國內生產的比率，以及與預算赤字有很強的關聯性。鑄幣稅是源於貨幣創造而獲取的財政收入。鑄幣稅可以被視為通貨膨脹稅的同義詞。一般來說，在發達國家，央行和財政部門是被分割的，央行的鑄幣稅轉化為銀行的利潤收入，再按照法律程序上繳財政。但是，在很多發展中國家，央行獨立性不高，政府可以公開地或隱蔽的方式使用鑄幣稅，作為一種財政手段。

中國的經驗證實，中國的鑄幣稅與預算赤字、經濟增長，以及通貨膨脹是相關性比較明顯。世界銀行認為，與中國貨幣化進程相伴隨的鑄幣稅增長，減輕了通貨膨脹壓力，實現了金融相對穩定，從而可以維持高額國民儲蓄對低效率的國企補貼，促進宏觀經濟穩定和高速經濟增長。[182]這種結論的邏輯是：中國的銀行體系主要是國有的，在轉軌過程中存在著由於效益較差的國有企業改革所需的資金及潛在的債務，因而有可能造成預算赤字與鑄幣稅的互動循環，顯性和潛在的預算赤字不斷擴大，迫使政府加大貨幣發行和信用創造，以獲取更多的鑄幣稅來彌補預算赤字。在這個過程中，M_2 / GDP 的水平可以顯著提高。但是，內在經濟實體（例如國有企業及金融系統）的微觀績效並沒有明顯改善，金融風險不但沒得以分散，潛在的金融風險卻可能加劇。所以，考慮到中國的銀行體制及經濟結構，鑄幣稅加大了中國的金融風險，首先是透過財政赤字和通貨膨脹的傳導關係。

中國的貨幣替代率一直呈下降趨勢，而鑄幣稅則呈波動性上漲趨勢，且鑄幣稅的波動幅度遠大於貨幣替代率的波動幅度。中國的金融體系尚未完全對外開放，資本與金融項目下的貨幣還不能實現自由兌換，居民的外匯需求仍受到種種限制，貨幣替代程度原本一直不高，對經濟金融形勢的影響也較微弱。但是，二〇〇二年至二〇〇七年間，中國的貨幣替代率進一步下降，大約從六・六五%下降到三・二五%，平均每年下降約〇・六二個百分點，這與中國國內經濟形勢較好，經濟增長速度一直較快，以及二〇〇五年人民幣匯率升值趨勢和對人民幣有著強烈的升值預期密不可分。而貨幣替代率穩定下降，刺激了政府從貨幣發行中所獲得鑄幣稅的增長，在這個時期內，平均每年約增加二六四．七三億元。這個時期內，中國鑄幣稅的波動幅度遠大於貨幣替代率的波動幅度，兩者之比約為五七八．一三。[183]當然，除了貨幣替代率之外，還會有其它的因素也將對鑄幣稅的波動造成影響，特別是政府對貨幣投放的增速控制最為關鍵。

價格革命和人民幣「貶值」

在經濟學中有一個所謂的「一價定理」（Law of one price）：一個國家貨幣的對內價值就是該國貨幣的對內購買力，對內價值和對外價值是一致的。中國的情況顯然違背了這個「一價定理」。在過去三十年，中國國內有通貨緊縮，也有通貨膨脹。通貨膨脹是主流。通貨膨脹意味著人民幣持續貶值，即人民幣購買力不斷下跌。

衡量通貨膨脹和人民幣貶值的主要指標是CPI。與發達國家比較，在中國使用CPI，缺陷顯而易見。這是因為中國的CPI統計標準基本上是二十多年前制訂的，CPI構成包括食品、煙酒及用品、衣著、家庭設備用品及服務、醫療保健及個人用品、交通和通信、娛樂教育文化用品及服務、居住等八大類。因為自一九八〇年代之後，中國工業製造品跌價很快，諸如彩電、冰箱、洗衣機、電腦等處於競爭行業的商品，人民幣購買力相對穩定，如果將工業製造品的價格也列入比較的話，自然稀釋CPI的嚴重程度。如果將CPI局限在食品、醫療、衣服、交通、煙酒和居住等基本物資和服務領域，CPI必然極為驚人。[184]不僅如此，中國居民的消費結構與收入結構不斷變化，特別是在一九九〇年代醫療、教育、住房改革之後，居民消費價格指數構成中八大類價格權重與居民的實際支出比重的差距明顯擴大，還有以商品房代表的資產價格上升，CPI中的權重雖經過一些基本的調整，依然與當前居民消費支出結構的變化仍有較大差距。CPI絕對不能反映中國的真實通貨膨脹率。[185]

既是依據國家的CPI標準，一九七八至二〇〇八年，人民幣購買力至少下降了八〇％，期間的居民消費品價格指數上漲四至五倍。

中國的物價水平——包括生活資料、生產資料——普遍持續上漲，就是人民幣的國內購買力下降，「錢愈來愈不值錢」。所以，物價上漲和貨幣貶值是完全不可分割的。近年來，價格變化的結構性特點突出，各類商品價格升降變化差異很大，相對於房地產，人民幣貶值了至少五〇％。相對於水、電、煤、氣、汽油、交通、教育、醫療等領域，人民幣購買力也在急劇下降。人民幣在農副產品的購買力已出現貶值的拐點。在這個過程中，人民幣經歷從一分錢是消費的最基本單位，到一角錢是基本單位，而後一元錢，現在是十元錢是基本貨幣使用單位的跳躍。一九八七年，百元大鈔面世，標誌著人民幣基本價值單位的升級，元成基本單位。一分錢到一元錢，相差一百倍，到

一九七八一二〇〇八年中國居民消費價格指數上升情況[186]

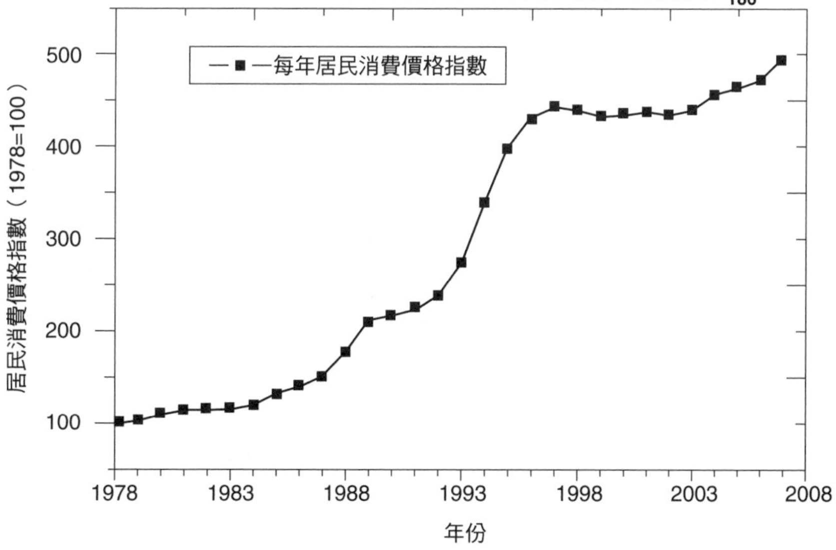

十元錢，相差一千倍。中國在一九八〇年代初，為人們「羨慕」的萬元戶，如今百萬元戶，已經處處皆是，千萬元戶，不乏其人。在今天的中國，百萬元財富所代表的購買力，未必強於一九八〇年代初的萬元購買力。人民幣代表的「財富」尺度的上升與人民幣購買力的下降形成對比。中國的一些民眾對人民幣貶值做了經驗性比較。例如，三十年前的一元人民幣的購買力是什麼。[187] 又例如詳盡列舉現在和二十年前的日常生活消費品和服務的價格變化。[188]

人民幣貶值集中反映在兩個方面：一，民眾使用的紙幣面額迅速改變。民眾的基本貨幣單位是十元面額人民幣。在中國發達地區，大城市中產階級的消費基本單位是十塊錢。曾經有人建議中國應該發行五百元大鈔，以適應人民幣基本單位變化。這樣的建議顯然在短期之內難以實現，除了不符合中國經濟發展不平衡的情況，也包含著對喚起民眾對通貨膨脹記憶恐懼的風險，以及對中國貨幣化進程過快的憂慮。然而，發行五百元大鈔，似乎是遲早的選擇。二，人民幣輔幣功能急速消失。人民幣輔幣以硬幣為主，其流通卻日益成為問題。絕大多數城市已經出現遺棄分幣乃至角幣的現象。結果是大部分硬幣退出市場流通。近年來，人民幣的製造成本大幅上升，小面額貨幣（指一元及更小面額的貨幣）的發行，成為國家一筆沉重的負擔。國家雖然大量補給硬幣的地區，「零錢荒」頻頻發生，正是人民幣貶值的表現。[189]

必須注意：中國在過去三十年間所存在的「高增長、低通貨」的宏觀格局是短期的，而不是長期的，只能發生在特定的「價格革命」時期。在一九八〇年代和一九九〇年代，甚至二〇〇〇年之後的某些年份，民眾之所以對物價上漲，人民幣購買力下降存在著相當不滿，卻能夠持容忍和習慣態度，根本原因是這個時期居民收入增長速度高於物價的膨脹速度，中國居民可支配收入及儲蓄存款年度餘額的增長速度，高於主要消費品物價增長速度。

這個時期的價格上漲是制度變遷的一部分，與經濟增長，市場擴展，融合在一起，具有強烈的價格革命特徵。

物價水平上升和人民幣貶值是通貨膨脹的兩個不可分割的面向。二〇〇二年以來，人民幣對外升值和對內貶值並存現象日趨明顯，很可能具有長期性可能。因為中國已經進入物價增長速度高於居民收入增長速度的時期，民眾的可支配收入和儲蓄能力急劇下降，民眾可以忍耐通貨膨脹率的階段已經結束。

通貨膨脹的「外部衝擊」因素

中國成為WTO成員，通貨膨脹已經超過一國一隅的經濟問題。中國的通貨膨脹不再是孤立的國內經濟現象，所以需要正視「外部衝擊」的因素：一，巨額外匯儲備。外匯匯率彈性不足，加劇基礎貨幣規模，全球的流動性間接轉化成國內市場的流動性。二，國際大宗商品，主要是能源、金屬等原材料的價格上漲和傳導。例如，雖然中國PPI中的石油天然氣價格，食品價格滯後於國際能源價格，但是，從二〇〇一年開始，變化趨勢高度一致。三，人民幣升值的緊縮效應。四，國際利率，主要是美國聯邦基金利率，對中國的固定資產投資增值率、週期和物價波動，有著相當的相關性。五，中國存在某些價格管制下的價格扭曲，外部衝擊會放大價格扭曲的負面效應。[190]第六，外國基金進入中國，用全球定價系統打亂了中國長期形成的定價系統，也會引發中國價值體系重估，增加了通貨膨脹形成的複雜性。[191]近年來，在「外部衝擊」因素中，外部輸入的流動性顯著。二〇〇九年至二〇一〇年，美國的持續施行「定量寬鬆」舉措，構成了中國新一輪通貨膨脹的「外部衝擊」。七，中國參與世界分工。中國在二〇〇七年，CPI高居不下，農產品（以猪肉為代表）的物價上漲有強烈相關性。從世界範圍看，反映中國參與國際合作與分工更深有密切關係，因為食品的價格上漲已經成為一種全球現象。[192]

在中國，外部輸入的流動性尤其不可忽視。因為，外部輸入可以加劇國內的流動性過剩，影響資源配置體制，追逐境內廉價資源、廉價勞動力、廉價資產、廉價貨幣，還可以享受低利率，優惠稅收資產，無險套利，結果使股市、債券市場、房地產擴張，引發通貨膨脹。即使發生這樣情況，為了避免衝擊房市和股市，貨幣當局很難提高利率，因為房地產業是國民經濟的重要支柱。如果提高利率，可能引發民眾將在股市中的投資轉換成存款，股市縮水。既然利率不能提升，通貨膨脹不能制止，就會出現銀行存款利率低於CPI增長指數，發生「存款利率和通膨率倒掛」，人民儲蓄縮水，人民幣貶值。

外部衝擊還有一層含義，中國的出口擴展，其實也是中國國內資源的廉價外流，結果是加劇國內資源短缺，間接誘發高通貨膨脹。凡是國內資源大量廉價外流，都會導致國內資源短缺和高通貨膨脹。

通貨緊縮

通貨緊縮是通貨膨脹相反的概念，指整體物價水平下降。長期的通貨緊縮，抑制投資和生產，導致失業率上升和經濟衰退。歐文．費雪首次提出債務沉積—通貨緊縮鏈，指出經濟波動的主要原因在於中央銀行貨幣供應不足，造成了企業債務沉積，進而形成通貨緊縮，甚至經濟危機。在中國，通貨緊縮主要表現：物價持續下跌，社會消費占GDP比重下降，淨出口（國外需求）對國民經濟增長的拉動作用逐年降低，財政支出亦呈緊縮態勢。

中國在一九九〇年代後期至二〇〇二年，通貨緊縮時有發生。一九九八年至二〇〇二年，CPI均低於一〇一，按上述現行的通貨緊縮判斷標準的判斷，這就是通貨緊縮時期。特別是在一九九八年、一九九九年和二〇〇二年，CPI指數低於一百，通貨緊縮的情況更為嚴重。其中，一九九八年就是生產過剩，失業率擴大，已經低度通貨膨脹並存。一九九八年至一九九九年，CPI持續下跌，它完全符合通貨緊縮的定義。針對這樣情況，中央銀行在一九九八年立即三次調低人民幣存貸款利率，這種降低人民幣存貸款利率的舉動維持到二〇〇二年，但是效果並不明顯。主要原因是公眾對未來通貨膨脹的預期與央行有「時差」，持續的實現貨幣擴張以走出通貨緊縮的政策是時間不一致的。

中國現階段存在的通貨緊縮現象，除了貨幣因素外，還有若干非貨幣因素抑制了社會總需求：一，「二元結構」造成農村人口城鎮化實施緩慢，占絕大多數的農村人口的生活水平難以得到切實的改善，大量生活質量低下且難以提高的人口，收入差距過大，城鄉差距過大。二，產業結構改善和各產業勞動生產率的提高，企業的各類成本相應下降，包括原材料投入成本、交易成本、管理成本等，有關成本下降，企業利潤增長率遠遠高於職工工資增長率，因而也為企業提供了降價空間。三，市場競爭促成物價下降。隨著經濟全球化和信息化進一步加深，市場的競爭程度更趨激烈，對物價的走低也起了一定的促進作用。對多個行業放鬆管制，也促使這些行業競爭加強，引起這些行業的商品和服務價格下降。四，中國產能過剩，總產量超過總消費量大約一〇％的國內生產總值。中國依賴過剩的產品出口到國外。在全球經濟蕭條的情況下，中國出口必然萎縮，形成中國國內的生產過剩。五，經濟全球化產生外部通貨緊縮輸入效應。CPI指數與進口商品價格的變化存在一定的相關性。從中國海關進口的主要商品中選擇六十二種類別的商品進行分析，結果顯示，以一九九七年的價格作為基期時，從一九九八年到二〇〇三年都有超過半數的進口商品價格比一九九七年的價格要低，只有二〇〇四年超過半數的進口商品的價格超過一九九七年的價格。這表明進口商品價格的下降也是引起各國通貨緊縮的原因之一。六，壟斷部門與其他部門差距過大。七，信息產業和電子商務的發展為物價下跌提供了空間。建立在互聯網基礎上的電子商務貿易發展，有效降低了企業商務交易成本，因而也將促成商品和服務價格的下降。

中國經濟現實從來是高增長與低通膨並存。其間，夾雜著短期的通貨緊縮。在對抗「經濟過熱」時，出現「經濟緊縮」，反之，對抗「經濟緊縮」時，又重新發生經濟過熱。很難說哪個時期只存在單純的通貨膨脹或經濟緊縮，實際情況是兩者並存。二〇〇七年夏季，中國的通貨膨脹率達到十年來最高點，中國陷入「通貨膨脹」驚恐之中，為此，中央銀行十次調整存款準備率，四次加息。上調後的存款準備金率達到一四．五%，創二十餘年歷史新高。連帶的其他措施是發行央行票據。二〇〇七年十一月，中央經濟工作會議確定了從緊的貨幣政策要求，加強銀行體系流動性管理，抑制貨幣信貸過快增長。並明確提出，二〇〇八年要實施穩健的財政政策和從緊的貨幣政策。話音未落，在反「通貨膨脹」還沒有來得及發揮作用的時候，進入二〇〇八年的中國不得不全力實行貨幣擴張政策，刺激總需求和刺激經濟，避免經濟緊縮，全力保增長的「新」政策。貨幣政策轉向，「一年期貸款基準利率」、「金融機構存款準備金」下調，一度出現貸款「大躍進」。而二〇一〇年之後，中國再次嚴格貸款，避免「不良貸款」的增長，進入防止「經濟過熱」的時期。

經典「通貨膨脹」和「滯脹」

自一九九〇年代，中國沒有發生重大和持久影響的技術進步和福利進步，對增加宏觀經濟產出具有根本影響的因素是投資，投資的背後則是貨幣長期的超量供給，是以超量的貨幣供給推動了經濟的快速發展。而超量的貨幣都被新增商品（資源、土地等等）的市場化吸納。[193]

二〇〇九年與一九七八年比較，中國GDP規模從三，六四五．二億元上升到三三．五四兆元，增大規模為九十二倍；廣義貨幣供應量M_2從八五九．四五億元增長到六〇．六二兆元，膨脹規模為七〇五倍。貨幣膨脹速度是GDP膨脹速度的七倍以上。一般來說，M_2的合理目標是GDP增速加通貨膨脹指數。在中國，M_2的增長率時常發生異常。這種情況在二〇〇〇年之後日益明顯。二〇〇九年，中國GDP總量為三三．五兆元，廣義貨幣供應量為六〇．六兆元，是GDP的一．八倍，差額是二七．一兆元，發行十三兆的人民幣，M_2增長率是二七．六二%；二〇一〇年，中國GDP總量為三九．七九兆元，廣義貨幣供應量為七二．六兆元，是GDP的一．五倍，M_2增長率一九．七%。二〇一一年的狹義貨幣增速（M_1）仍將保持二〇%以上，新增信貸仍將保持在七兆五千億元的水平。可以肯定，中國的貨幣供給存量已經積累過度，廣義貨幣供應量會繼續大，加之持續不斷的流動性注入，貨幣供給與GDP之間的比例會進一步加大。對於中國金融體系中的資金過多現象，媒體使用「錢災」一詞來概括。[194]中國由於貨幣增發，導致的複合性潛在通貨膨脹可達三〇%以上。

二〇〇〇年之前，因為超出「合理」範圍的貨幣供給所造成的通貨膨脹的主要負面效果，為經濟高增長所掩蓋。因為，只要實現高於通貨膨脹的增長，不僅通貨膨脹無需過分憂慮，而且通貨膨脹還具有顯而易見的積極作用。只要後者高於前者，就屬於社會就可以承受的通貨膨脹。這個時期的通貨膨脹可以吸收和減緩高增長之下的生產過剩，也可以縮減所謂流動性過剩，緩和社會總需求不足和供給過大的壓力。只要社會經濟實體的產出供給快於需求，而貨幣供給不是純粹的外生變項，通貨膨脹就沒有超越出正常區間。自二〇〇〇年，特別是二〇〇五年之後，通貨膨脹具有結構性、週期性特徵，成為「純粹」的貨幣現象。例如，而到了從理論上說，貨幣供給超過GDP兩倍，價格要翻一番才能平衡。新增信貸貨幣與貸款增速疊加，導致近期貨幣流動速度反彈。這種非預期的貨幣增長會帶來非預期的通貨膨脹，會使得收入更多的分配給作為借款人的企業部門，還可能迫使住戶部門增加儲蓄率。二〇一〇年開始，中國進入了通貨膨脹的「快車道」，其中，民眾的生活日常消費品，特別是食品的價格上升最為顯著。石油價格和豬肉價格不會回落到低價時代。[195]政府計劃實現的四%通膨目標，似乎遙不可及。在居高不下的通貨膨脹下，利率和工資水平的實際變化與名義變化，差別很大，自然不會推動國民經濟的「再平衡」。二〇一〇年，中國印鈔造幣總公司、鈔券設計公司和其它五大造幣廠等企業，啟動最近五年來，規模最大、最集中的招聘計畫。印鈔業務與人力需求也同步大增。引發人們關於增大貨幣印刷量，滿足過大貨幣需求的聯想。[196]

在經典的通貨膨脹面前，央行升息已成為中國金融市場的共識。但是，長期以來，政府從債務人的立場，盡可能迴避或推延加息，不願意透過減少息差，以減少迴避需求幻想。主要訴諸提高銀行準備金。二〇一〇年以來，銀行繳納的存款準備金占其存款總額的比率從二一%上升至二一·五%。二〇一〇年十月，央行終於選擇了加息二十五個基點，是過去三年來首次上調利率，標誌中國自二〇〇八年下半年啟動的「寬鬆」貨幣政策時期的完結，其目標包括：一，減低經濟增長速度；二，改變「負利率」的局面；三，為可能的新一輪加息週期創作條件；四，刺激存款利率市場化步伐。儘管如此，中國經濟沒有明顯放緩，發展勢頭繼續。

從中長期趨勢看，中國宏觀經濟不會再是通貨膨脹與通貨緊縮的簡單交替，很可能是通貨膨脹和通貨緊縮共生、交叉和並存。這種共生、交叉和並存，可以是宏觀的，也可以是微觀的，可能是週期性的，也可能是反週期的，可能原發於中國，也可能原發於國外。在中國的國情下，通貨緊縮造成失業擴大，威脅社會穩定，危險更大。二〇一〇年的中國，人民幣的對外升值和對內貶值的擴大，「滯脹」雖然還沒有構成對宏觀經濟的威脅，但是，「滯脹」的重要跡象已經出現。

所以，中國的宏觀經濟不僅需要控制貨幣供給，治理通貨膨脹，同時還需要避免經濟緊縮，維繫增長和就業。

要素價格的扭曲和財富轉移

一九八〇年代，中國實施價格改革，大部分最終產品價格完全市場化，經歷了價格革命，二〇一〇年前後中國開始進入經典的通貨膨脹時期，而且存在「滯脹」的危險。但是，這絕不等於說中國的價格體系已經合理。事實上，許多市場要素，如土地、能源價格、資金或資本，以及勞動力等卻沒有擺脫政府的嚴格控制。土地要素和土地市場主要是地方政府控制；石油、天然氣、煤炭等許多自然資源的獲取和收益主要由國家壟斷行業和企業控制；資金或資本主要控制在國家商業銀行，人民幣匯率決定於中央銀行；勞動力市場沒有成熟，企業家以及知識技術勞動者的工資沒有實現市場化。「總之，資金、土地和生產力三大要素的市場化改革遠遠沒有到位，價格仍在相當程度上處於被管制的狀態，要素價格被嚴重低估，要素與產品之間的比價關係被扭曲。政府對於生產要素的控制和支配構成了中國經濟的一個重要特徵。」[197]

中國生產要素價格的管制，除了計劃體制慣性之外，還是以增長和穩定為兩大導向的經濟政策的產物。一方面，生產要素價格的低估擴大了其使用者的收益，因此有助於刺激投資。低廉的要素價格還是中國產品在國際市場中競爭力的主要來源；另一方面生產資料要素價格管制是抑制由於經濟過熱和薩繆爾遜效應導致的總水平上揚的重要手段。而後者不僅涉及宏觀經濟運行的環境，而且直接關係到中國社會的穩定。但是，這種中國國情下的要素和資源價格的人為低估和扭曲，不僅降低資源的有效配置，而且導致財富的再分配和轉移。一，在中國內部造成了財富在國內的逆向轉移，主要是從一般部門向行政性壟斷部門的轉移；從個人向政府的轉移；從勞動者向資產所有者的轉移。二，造成了財富在國際間的逆向轉移，即從中國向歐美國家的轉移，從窮國向富國的轉移。這種轉移主要是透過貿易往來和資本流動實現的。具體說：國內要素和資源價格低估，導致貿易品價格低估。隨著出口的增加，形成對外國的出口補貼；國際大宗商品價格上漲，人民幣匯率低估造成進口損失，實際上是對出口國的一種補貼。人民幣匯率低估隨著外匯儲備的積累和匯率的升值，導致匯率損失或者匯率貼水。[198]

「超額貨幣」和「虛擬經濟」

在過去三十年，中國每年實際的貨幣供應量，多數時期都超過了目標值，M_2 增長率持續高於 GDP 增長速度和通貨膨脹率。也就是說，中國的貨幣化過程，貨幣供給持續擴張，並沒有與經濟增長和通貨膨脹同步。特別是，在一九八八年和一九九四年期間，M_2 增長率高於 CPI 增長率，即高貨幣增長率和低通貨膨脹率並存，甚至發生高貨幣供給情況下通貨緊縮，物價水平與貨幣供應曲線相背離。美國經濟學家麥金農是首先注意到中國的 M_2 / GDP 高企和低通脹現象的經濟學家，稱這種現象為「中國之謎」。[199] 進入二〇一〇年代後半期，因為M_2高增長率的繼續，貨幣存量的長期高速度的積累，最終誘發出「流動性過剩」，中國 M_2 / GDP 高企和低通脹現象的歷史時期大體終結，進而發生非實體經濟，即「虛擬經濟」膨脹的歷史階段。

「超額貨幣」，或者「貨幣迷失」。

中國的所謂「超額貨幣」和「貨幣迷失」，如同一個硬幣的正反兩面，反映的是同一個經濟現象：即貨幣供給增長超過經濟增長和物價上脹速度。或者說，「超額貨幣」和「貨幣迷失」是指M_2在高於GDP總量水平上不斷擴大，而CPI低位運行，產生了大於和超過實體經濟部門多餘貨幣，這部分多餘貨幣似乎發生了自然消失，沒有發生刺激通貨膨脹的作用。其公認的公式是：多餘貨幣＝M_2－GDP－CPI。在一九九一年至二〇〇一年之間，除了一九九四年之外，M2－GDP－CPI都是正值，特別是在一九九六年至二〇〇一年間，穩定在七．五%的平均水平。

這種情況在進入一九九〇年代之後，表現的尤其顯著。至少到了二〇〇七年，M_2和CPI之間的差距沒有趨向狹窄。一九九〇—二〇〇七年的M_2增長率、CPI增長率和工業品出廠價格增長率的比較。

在中國金融界和學術界，如何解釋「超額貨幣」與「迷失貨幣」經濟現象，頗有爭論，大體有十類解釋：一，基於貨幣化進程經濟制度轉型的解釋。發展中國家在貨幣化過程中，貨幣比例

一九九一－二〇〇一年中國超額貨幣變動[200]

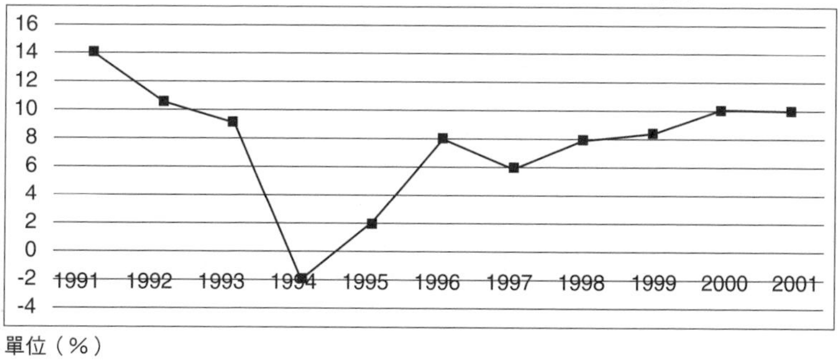

單位（%）

會逐步上升，因此以貨幣數量論為基礎的計算將出現一部分貨幣的「迷失」。[202]中國改革開放以來，貨幣供給除滿足經濟增長所帶來的需求外，還需要滿足私營經濟興起、自由市場發展等為代表的市場化擴張所帶來的新貨幣化經濟的需要，於是在總量上會出現一部分貨幣的「迷失」。二，基於不同部門貨幣需求差異的解釋。由於不同部門的貨幣需求差異，非農產業邊際貨幣需求傾向大於農業部門，由此在城鎮化過程中，貨幣供應的增長速度將超出經濟增長需求而不會全部體現為通貨膨脹。三，基於理性預期的解釋。在理性預期條件下，公眾預期未來稅收的增加和實物資產收益的降低，因此發生實物資產向名義資產的轉換，導致實際資產價格的下跌，於是貨幣供給的增量將超越價格水平的上升，進而出現貨幣的「迷失」。四，基於金融制度的解釋。國家控制的銀行體系為了維繫對國有企業的大量顯性補貼和隱性擔保，需要獲取金融剩餘，導致貨幣供給將高於市場化條件下的最優水平，由此出現貨幣數量論框架下的貨幣「迷失」。五，基於金融深化和資產替代的解釋。即因為金融創新，引發貨幣需要函數的各類變量的作用發生變

一九九〇－二〇〇七年 M2 和 CPI 的增長率比較[201]

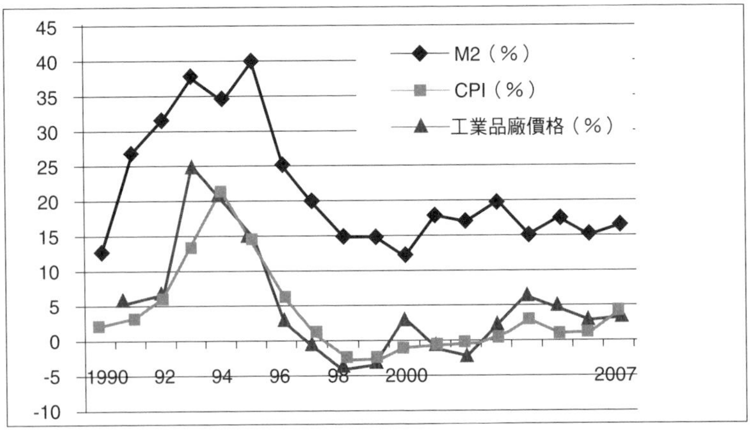

化，必然出現「失踪貨幣」問題。六，基於中國金融體系制度缺陷的解釋。中國金融貨幣制度處於改革、轉軌和發展的特殊時期，信用基礎薄弱、個人結算體系發展滯後，大規模地下經濟，貨幣資金使用效率低下和貨幣功能退化等情況的存在，以及銀行壞賬、居民儲蓄以及地方政府的投資衝動等，都會導致較高的資金沉澱水平，造成 M_2/GDP 的動態增長路徑偏離於理論最優路徑，形成「迷失」貨幣和增加金融體系的潛在風險。七，基於貨幣政策效果非對稱的解釋。緊縮性貨幣政策能夠有效抑制經濟過熱，而擴張性貨幣政策在治理經濟衰退中卻無能為力，貨幣供給的緊縮會迅速反映到價格和產出的變動中，而貨幣供給的擴張對於價格和產出變動的影響並不顯著，由此會導致超額的貨幣供應。八，基於國際收支雙順差的解釋。國際收支雙順差的實現、外匯儲備的不斷增加，使得經濟增長獲得了一個新的貨幣擴張機制。但是，為保證物價穩定，中央銀行公開市場操作力度增大，發行中央票據對沖外匯占款帶來的基礎貨幣增加，使得 M_2/GDP 的快速增長部分體現為「虛高」，這部分「金融窖藏」是不可能去創造 GDP 和製造通貨膨脹的。九，基於資本外流的解釋。因為進出口激增，海外投資，以及許多企業家，通過投資移民等渠道帶走了大量財富，都導致大量資產出走、消逝在海外。[203] 十，基於金融資源的非合理分配的解釋。中國金融資源的壟斷和分配的不合理，導致了相當數量的貨幣效率低下、浪費和消失於國家控制的流通渠道，自然緩解和沖銷了貨幣供給的總量。[204]

以上各類解釋只是從不同角度反映了中國回歸貨幣經濟過程中階段性、局部性特徵。如果考慮經濟制度變革、重建貨幣經濟、國民經濟實體調整與發展、經濟發展階段、經濟週期、全球化影響、貨幣政策規則、產出增長方式以及其他各種內生與外生變項的相互關係，中國貨幣「迷失」顯然是在多重因素綜合動態影響下的結果。其中，中國經濟制度的狀態是最根本的原因：一，從計劃經濟制度向市場經濟制度、從非貨幣經濟向貨幣轉型，只有貨幣供給量在一定程度上大於貨幣需求量，超前於實際的需求，才有可能避免因貨幣供給短缺造成產要素不足以組合成生產能力，最終導致經濟萎縮。二，二元經濟結構向一元的演變，及其吸納巨大貨幣量的能量。三，中國經濟從封閉到開放，導致中國貨幣的存量和流量愈來愈受國際因素影響。而制度演變需要時間，中國的「貨幣消失之謎」現象，很可能還會持續一段時間。

如果假定中國的「貨幣消失之謎」現象還會長期存在，根據中國國情和經濟邏輯，可以得到兩個重要結論：一，通貨膨脹和失業之間不存在持續而穩定的替代關係。改革以來，中國經濟制度最本質的變化就是勞動市場從未處於均衡狀態，也從來沒有一個相對穩定的自然失業率水平，一方面就業的需求不斷擴張，一方面勞動力的供給源源不斷，就業絕對量的擴大，沒有導致通貨膨脹加速，也未必是有關當局提高貨幣擴張速度的直接原因。也就是說，中國現實與菲力普斯曲線是不一致的。因為勞動力需求貨幣量增長快於GDP增長，自然顯現為M_2增長率高於GDP增長率。二，難以在短期內實現利率市場化。於是貨幣需求不受（或者在很大程度上不受）利率制約，而是隨收入上升而增加。中國收入上升就是就業絕對量擴大的函數。中國民眾擁有人民幣之後，用於交易和投機。現實情況是消費滯後和投機不足，中國形成巨大儲蓄。一九九〇年代後半期，央行連續七次降息，即使出現事實上的負利率情況，居民儲蓄傾向依然旺盛，居民儲蓄餘額持續上升。「持幣待購」長期存在。又由於利率影響微弱，儲蓄向投資轉化成本低下，刺激了增長。在這個時期，中國出現投資增長推動的實物經濟供給大於實物經濟需求，壓低了通貨膨脹，特別是CPI上漲速度。

在中國，有學者基於貨幣功能的變化和統計口徑上的不一致，傳統交易方程式及其變換式不適合貨幣政策的分析評價，認為中國根本就不存在「超額」或「迷失」的貨幣，「中國貨幣迷失之謎」

的出現，是因為使用了不恰當的理論和方法來研究問題。[205] 由於統計方法和統計制度的問題，中國 GDP 實際增長率，既可能被高估（即人們說的「水份」），也非常可能被低估，但是被低估的可能性遠遠大於被高估的可能性。這是因為：中國現階段的主要傾向是反對經濟「過熱」，為了掩蓋事實上的經濟過熱，官方統計機構寧可將經濟增長速度下調；中國民間的大量投資行為，在鄉村、落後地區的民間小型經濟活動是難以統計的。特別是所謂的灰色經濟。此外 CPI 統計構成不足以準確反映居民消費支出比例，也無法反映實物經濟的物價水平真實變動。所以，中國貨幣「迷失」的幅度仍舊是有彈性的。似乎可以肯定，中國如果沒有這種貨幣「迷失」，可能就無法實現經濟持續高增長和相對低的通貨膨脹，宏觀經濟運行早已發生重大問題。高增長、增長停滯狀況下的通貨膨脹，與高增長、高膨脹、高增長、低膨脹，是兩種根本不同的通貨膨脹判斷。

「流動性過剩」

二〇〇六年至二〇〇七年，在中國的貨幣金融領域，重複率最高的概念莫過於「流動性過剩」。[206] 但是，無論是對這個概念的定義，還是對中國是否已經出現「流動性過剩」，或者「流動性過剩」的原因，莫衷一是。[207] 例如，中國央行行長認為，流動性過剩的說法是一種誇大。[208]

雖然對於流動性過剩的定義、測量、根源和風險，難以結論。但是，通常認為「流動性過剩」是指銀行自願或被迫持有的「流動性」超過健全的銀行業準則所要求的通常水平。因此，從銀行角度出發，流動性過剩問題的核心是資金運用不充分，有人主張用投機性超額儲備的多寡作為判斷流動性是否過剩的標準。即過剩的流動性＝銀行持有的流動性－法定存款準備金－交易性儲備需求－預防性儲備需求－正常的投機性儲備需求。流動性過剩的經濟學解釋是，儲蓄和投資偏好大於消費偏好。用通俗的說法來講，流動性過剩就是市場上流動的貨幣過多。根源於貨幣當局貨幣發行過多，超出了經濟體系的實際需要，貨幣量增長過快，銀行機構資金來源充沛，居民儲蓄增加迅速。在宏觀經濟上，它表現為貨幣增長率超過 GDP 增長率；就銀行系統而言，則表現為存款增速大大快於貸款增速。

二〇〇〇年至二〇〇六年，中國M_0、M_1、M_2的年均增長分別為一〇・五%、一五・三%、一六・五%。此外，中國的廣義貨幣M_2增長快於實體經濟增長。除二〇〇四年外，二〇〇〇—二〇〇六年廣義貨幣M_2增長率均高於同期 GDP 名義增長率，M_2增長率平均比 GDP 名義增長率高三・六個百分點。貨幣供應量的快速增長使得M_2與 GDP 的比值不斷上升，由二〇〇〇年的一・三六上升為二〇〇六年的一・六五。美國自二〇〇二年以來M_2與 GDP 的比率一直穩定在〇・八左右。在這個意義上，中國無疑存在所謂的「流動性過剩」。

中國形成「流動性過剩」的直接原因包括：一，高儲蓄率，高投資率和高銀存貸差，以及相對低的消費率。根據經濟學的基本原理上，無論是家庭還是整個社會，消費與儲蓄是此消彼長的關係，消費的另一面是儲蓄，儲蓄則與投資相聯繫。在中國，因為政府人為地抑制民眾投資，居民預防性儲蓄動機降低了消費，潛在消費沒有得到充分解釋。二，城鄉居民收入增長率放慢，影響了消費支出增長率。三，財政收入增長過快而加快，政府消費增長也間接抑制了居民私人消費。四，企業利潤上升抑制了工資增長，企業從國民收入中分享的利潤比例愈高，私人消費在 GDP 的比重必然愈低。總之，城鄉居民的收入增長率低於政府稅收增長率，低於企業利潤，必然從根本上拖累了消費增長率。

中國形成「流動性過剩」還涉及貿易順差和國際資本流入，即「雙順差」，以及相關的外匯占款持續增加、產能過剩、消費不足等等。

應該說，「流動性過剩」是一種中性的宏觀經濟現象，即使沒有政府及政策干預，經濟機體本身也會產生使這種「過剩」縮減的機制。不應該把非貨幣資產價格上漲看成負面的現象，並以此證明「過剩」是一種「不好」的經濟現象。但是，在中國，對「流動性過剩」的認識基本是「負面」。理由是「流動性過剩」可以對國民經濟的產生影響：導致投機資本地位上升，短期資本流入壓力加大，過剩資金擁入股市和房地產，資產價格上揚，物價指數較快上升。此外，「流動性過剩」會降低商業銀行的能力和金融工具的收益率水平，甚至導致貨款市場的過度競爭，增大信貸風險。在中國還有這樣的觀點：「金融資本」與傳統物品生產和貿易經濟分離是不正常的經濟現象，「金融資本」的擴張是「虛擬資本」的擴張，最終必然導致「泡沫經濟」。所以，不僅不能放鬆對「金融市場」與「金融資本」（即高度流動性資本）的控制，而是要壓縮其膨脹，減少其流動性。

深入分析，在「流動性過剩」的表現背後，並不是簡單的貨幣供給超過經濟運行的需要，而是宏觀貨幣需求不足。中國貨幣供給的數量和結構，不僅是既定的事實，特別是貨幣存量已積累多年的結果。事實上，在中國並不存在絕對的「流動性過剩」。一方面，銀行體系內積存巨額過剩資金，另一方面，資金在某些部門內還存在著嚴重的配置失衡。中小企業融資困難長期得不到有效解決；某些熱門行業重複投資導致產能過剩，醫療、教育等部門嚴重投資不足。從區域來看，以長三角、珠三角和京津塘為代表的經濟發達地區的流動性問題突出，而廣大的中西部仍面臨資金不足的局面。城市存在較大的流動性壓力，而農村卻依然缺乏資金。巨額體外資金循環的存在，證明了中國並不是總體的「流動性過剩」。

所以，在中國解決「流動性過剩」的根本出路不是壓縮供給量，而是擴大貨幣需求，增加消費占GDP的比重。在現階段，尤其要改變民眾的貨幣需求結構和微觀資產組合結構，減少儲蓄，擴大資本產品的投資，例如，民眾購置房地產和購買基金就是消費，又是帶有保值、增殖的投資。[209]從宏觀經濟角度，更多貨幣流入資本市場和房地產業，可以帶動相關市場和產業的繁榮，企業獲得更多融資，實現擴大投資。透過央行擴大票據發行以消化過剩的資金，並不是根本的辦法，一旦未來利率水平上升，這部分資產將面臨較大風險。此外，「偏低甚至為負的真實利率在很大程度上放大了流動性過剩，形成經濟過熱的潛在風險。所以，在流動性過剩成為長期問題的情況下，維持實際利率的穩定更為重要。因為實際利率是唯一能夠與物價與經濟增長保持長期穩定的變項。」[210]

貨幣金融財富膨脹和資產價格上漲

自一九八〇年代，中國貨幣財富逐漸擴大。一九九〇年代中期以後加速。二〇〇〇年以來，發生財富爆炸性增長。[211]中國財富總值現為二十兆美元，緊隨日本之後，排名全球第三高，並高於法國。報告預測，中國財富總值到二〇一六年將達三十九兆美元，相當於美國一九六八年至一九九〇年的二十二年間所達到的水平，並將取代日本，成為僅次於美國的第二大富有國家。[212]支撐中國貨幣金融財富膨脹的主體是富人群體和龐大的中產階級。在財富日益集中的同時，分配極其不合理，鄉村和城市貧困人口積聚。僅城市的貧困人口已經達到五千萬人。[213]

中國在貨幣化初期，金融資產品種缺乏，經濟活動的「槓桿化」水平低下，一般實物產品始終是居民投資組合的重要內容。「通貨膨脹」在很大程度上反映的是實物產品方面。實物經濟是影響貨幣需求的主要變項。進入貨幣化中後期，特別是二〇〇〇年之後，問題發生根本改變。一，「資產」產品日益成為民眾選擇。而「資產」產品價格的上漲，成為市場經濟的新趨勢。二，經濟活動的「槓桿化」普遍化，加之貨幣供給過大，居民可支配的收入增長，形成對資本品的需求和購買能力，所以形成了推動資本產品價格上漲的內在衝動。

在中國現階段，資本產品主要是股票和房地產。二〇〇九年，中國GDP是三十四兆人民幣；中國股市總市值二四．九七兆，是GDP的七三．三%；中國全國住宅總價值約為九一．四八兆元，是GDP的二六四%。如果將股市規模和房地產規模相加，是GDP的三倍以上。[215] 國內貨幣供應量擴張，M_1為主體的流動性過剩，是推動資產產品規模膨脹的根本原因。二〇〇八年世界金融危機，沒有影響中國繼續經常項目，資本和金融項目的「雙順差」，以及外匯占款迭創歷史新高。[216] 二〇〇九年，中國政府實行貨幣和財政的「雙擴張」政策，廣義貨幣供應量和狹義貨幣供應量增大，M_2占GDP的比重持續上升，達到一七〇%。[217] 同期，美國的廣義貨幣供給M_2為八．六兆美元，GDP為十四兆美元，美元是國際貨幣，美元M_2占美國GDP的比重也只是六〇%。中國GDP為五兆美元，是美國三分之一。可以說，二〇〇九年對中國是個轉折點，中國M_2占GDP的比例超過高於美國，以及包括日本在內的其他發達國家。大量

一九八〇—二〇〇八年中國貨幣金融資產增長[214]

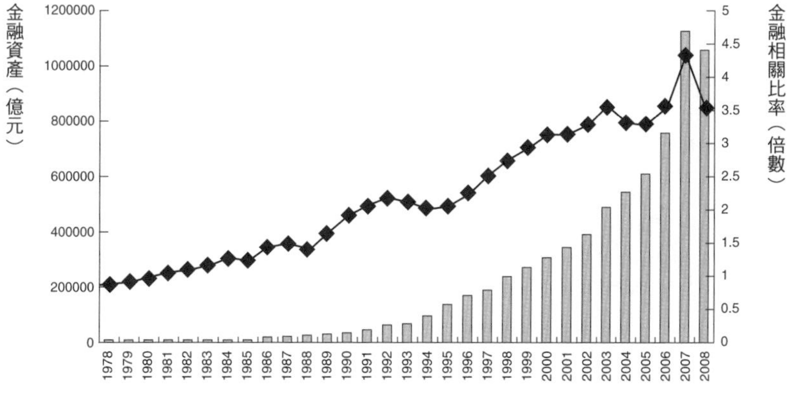

準貨幣中的定期存款，都轉向活期存款，刺激各項貸款增加。二〇〇九年貸款總額是九．五九兆元，相比二〇〇八年四．九兆元激增了九五．七%，幾近翻一倍。過去兩年，中國，整體放款額已經來到七．八兆美元，這個數字比歐盟五國的整體債務加總還多出一倍。這是世界貨幣經濟史的罕見現象。對於民眾而言，不論是買汽車和房子，個人貸款餘額與個人存款餘額之比上升到三〇%以上。超過八〇%的城市家庭依靠銀行按揭貸款買方，將近七成的家庭住房按揭月供占家庭總收入的比例超過了警戒位置三〇%，甚至五〇%以上。[218]中國經濟基本的問題和基本的矛盾是不再是資本不足，而是資金過剩。因為貨幣供給過大導致高通貨膨脹，加之存款利息過低，股市和投資房地產成了民眾抵抗通貨膨脹和保值的為數不多的選擇。二〇〇九年寬鬆的貨幣政策，加大對房地產市場形成強烈刺激。

資產價格上升有其複雜性，除了貨幣因素之外，還有經濟基本面的因素。[219]實體經濟產能已經嚴重過剩，資產價格留下上漲的空間。經濟持續增長、城市化進程加快、人口結構的變化以及金融扶持，也是推高資本產品價格的原因。

就房地產業來說，還有「土地的壟斷」問題。中國土地為國家和集體所有，土地價

流動過剩機制

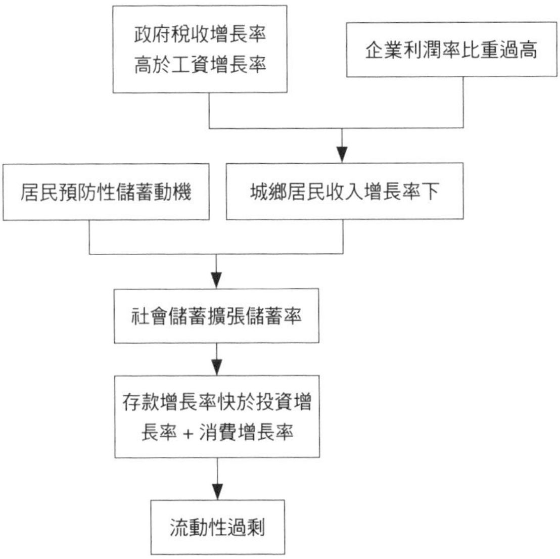

格是壟斷價格。中國的地方政府為了支撐本地區的經濟增長和財政收入，最主要的出路是壓低自己轄區的土地價格，推動房地產業發展。近年來，市場土地供給的短缺和「價高者得」，推動著土地價格的上漲。結果是過高的「土地出讓金」，推動全國性的高地價房價，導致影響資本、資源的合理配置，但是，卻因此形成了「土地財政」。中國地方政府通過土地出讓所獲得的「土地財政」，日益膨脹，可以占到財政收入的五、六成之多。二〇〇九年，中國全國的土地出讓收入超過一・四兆元，比較二〇〇八年上漲四三・二%；二〇一〇年，達到二・七兆元，比較二〇〇九年上漲近一倍。這個數字相當於國家一年財政收入的三三%。

多年來，中國房價屢抑屢漲，人們普遍對中央政府調控措施失去信心，對房價繼續走高的心理預期頑固存在，將住宅作為保值手段。其後果是很多中國家庭的貨幣收入，透過銀行按揭被過高的資產價格牢牢套住，助長房價不斷上漲的惡性循環。二〇一〇年，中國政府出臺若干針對房地產調控政策，力求改變房地產價格的失控局面，二〇一一年開始，中國房地產市場會進入市場化供需和政府計劃化供需的雙軌制模式，增加房地產的供給。同時，啟動為期三—五年的工資倍增計劃，勞動力價格正處於一九八〇年代已來的重新定價期。在這樣的新形勢下，房價確實存在短期內趨於穩定，甚至有所跌落的可能性。[220] 從長期看，因為中國城市化過程尚未完結，只要房價上漲所帶來的利潤可以維持房產商新增貸款的利息支付，房產商收入大於包括貸款利息的成本，資金鏈沒有斷裂，房地產價格加之勞動力價格正處於一九八〇年代以來的重新定價期，難以出現大幅度下降。其中，中國的各級地方政府其實是中國房地產業最重要的推手。如果中國房地產業價格的下跌幅度過大，不僅會直接影響到建築、鋼鐵、水泥、電力和家電行業，拉動 GDP 下降，還會產生大量不良貸款，導致銀行業危機。這是中國的中央政府所不希望看到的。

在資產產品中，股票和房地產產品區別很大，根源於股市和房地產產品的風險不同。在股市，有數百家公司在排隊上市，數千億的上市公司再融資計劃等待實施，股票市場失控的危險較小。股票市場的主流資金，大多數是儲蓄資金，而非貸款。股票波動導致的後果是財富再分配而已，不會危及金融體系的安全和實體經濟的運行。因為銀行業和房地產業可分割，房價的大幅度下跌會直接表現為銀行壞賬迅速膨脹。

人們常常將這種非實物經濟，稱之為「虛擬經濟」。廣義的「資產」包括貨幣。貨幣成為資產，貨幣價格就是利息，是資產價格的組成部分。狹義的資產與貨幣資產有別，例如供給彈性有限的商品房等不動產，股票等金融資產都屬於資產範疇。資產價格是指資產轉換為貨幣的比例，也就是一單位資產可以轉換為多少貨幣的問題。從根本上說，利率與「資產」價格相關性很強。利率下降，意味著從銀行借錢的成本減少，資產價格就要上升，增加資產的收益率，債券是最明顯的表現；貸款利率提高，意味著從銀行借錢的成本增加了，如果投資的收益率不能提高，那麼會抑制投資的熱情，從而拉低「資產價格」，例如住房價格。

在宏觀經濟方面，中國過早進入資本充裕和全方位的產能過剩的「兩難」境地。如果政府為了緩解產能過剩而抑制固定資產投資，不僅導致經濟增長速度下滑，減少就業，還會導致資產價格上升。資產價格上升是「雙刃刀」，一方面，加劇實體經濟和非實體經濟的失衡，另一方面，資產市場（主要是房地產和股市）「量價齊升」，產生對貨幣吸納能力，加之黃金、債券、商品期貨分流了商品市場的貨幣壓力，減緩流動性過剩和貨幣推動型通貨膨脹。

在實際經濟生活中，貨幣過多，貨幣中性性質下降，資產價格上漲和商品價格上漲差別很大：資產價格上漲是一個自我不斷強化的過程，人們需求跟進；而商品市場是價格上漲，人們需求跌落。所以，資產價格上漲會引發的真正經濟風險。不僅如此，資產價格上漲是有極限的，盛極則衰。在中國，央行可以透過調高法準備金率和公開市場，直接改變商業銀行的流動性，卻不能改變銀行、企業和居民的資產負債表，最終結果也會強化資產價格的上漲趨勢。近十兆元的貸款，讓人不得不擔心銀行的「壞賬」會捲土重來。愈來愈多的人開始認為，中國與日本一九八五年至一九九一年房地產市場走勢相當相似：房價飛漲、貨幣面臨升值壓力、低消費率、高儲蓄率、寬鬆貨幣政策、穩健財政政策。甚至有人預言中國房地產遲早會發生崩盤，但也有人認為，中國和日本兩地銀行體系、人口結構、城市化程度不同，崩盤可能只是「預言」。但只要在中國重複日本的故事，房地產泡沫爆破，將會引發社會的徹底大洗牌。中國發展直接融資以及銀行和企業海外上市，本身屬於銀行存款的居民和企業儲蓄，都在財富效應的吸引下，轉為上市融資的企業資金，擺脫商業銀行貸款規模的束縛，轉而由企業自由支配。這種情況對資產價格當然也具有推動作用。資產價格的上漲，特別是股市價格代表的金融資產價格上漲，又會對信用膨脹和「虛擬經濟」膨脹產生反作用。中國由於「實體經濟」整體性供給「過剩」，已經進入「虛擬經濟」比重快速增長的階段。

需要注意的是，二〇一〇年以來，從國內市場擠壓出巨額資本已經和正在流入海外，購買包括北美、澳大利亞、亞太地區因為金融危機而價格下降的不動產，中國不動產的「熱潮」國際化。在一定意義上，已經不再是國際「熱錢」流入中國的問題，而是中國「熱錢」流出中國的問題，導致「資產價格」在世界範圍內普遍增長。

中國貨幣政策

在一九三〇年代以前，西方工業社會並沒有貨幣政策，沒有貨幣政策的目標體系。貨幣政策的出現是一九三〇年代大蕭條之後，至今不過六、七十年的歷史。一般而言，穩定物價、經濟增長、充分就業和國際收支平衡大體上是西方貨幣政策的最終目標。這四大目標在不同經濟環境下的側重點是不同的，這與宏觀經濟發展目標大體是重合的。貨幣政策還可分為最終目標和中介目標，構成了中央銀行貨幣政策的目標體系。判斷一個國家貨幣政策效果如何，是以政策目標是否實現，實現到什麼程度為衡量尺度的。

中國在改革開放之前，貨幣和銀行都是計劃經濟的工具，隸屬於財政。沒有中央銀行，自然也就沒有貨幣政策。至於貨幣政策的最終目標更是無從談起。任何一個國家貨幣政策的實施和作用多決定於其金融體制。因為中國處於經濟制度轉型期間，金融體制不斷改革，市場不成熟和不完全，貨幣經濟中的基本因素不斷變化和組合，原有的變項關係不斷為新的變項關係所替代，中國的貨幣政策自然缺乏堅實的基礎。

政府壟斷型金融體制

一九七九年到一九八三年，雖然開始運用諸如利率、存款準備金、中央銀行信貸等政策工具，但是信貸資金管理辦法從原來的統存統貸改成差額包幹，政策工具依然是指標。一九八四年中國人民銀行轉型為中央銀行之後，開始逐漸重視和使用現代意義的貨幣政策。一九九〇年代以後，形成的金融體制特徵是中央銀行—國有商業銀行的二級銀行體系。從二〇〇五年以來，加速金融制度市場化的嘗試，股票市值占GDP的比重，信貸相對應的貨幣化指數都迅速增長，不僅高於主要發達國家，也超過了與中國發展水平相近的國家。

但是，中國的金融體制仍然沒有擺脫政府主導的特徵。這是因為：一，制度轉型，混合經濟制度，二元經濟模式；二，為了突破低收入和欠發達陷阱，需要有效的資源動員；三，從計劃經濟時代承接的財政信貸資金分口管理體制。於是，金融發展、經濟增長、價格革命和通貨膨脹交織在一起，互動而不可分離，貨幣需求和供給函數結構不斷變化。在這樣的情況之下，政府的干預不僅不可避免，有時還表現為強勢干預。[223]

中國的政府主導型金融體制集中表現在國家對國有銀行免於破產的隱性擔保，而國有銀行中的國家絕對控股模式不是削弱而是加劇國家隱性擔保的程度，導致信貸利率市場化改革的繼續滯後，惡化債券，特別是企業債券市場壓抑。政府一再擔負「最後貸款人」職能，影響投放基礎貨幣的規模，從根本上動搖貨幣政策的獨立基礎。[224]當然，政府透過「最後貸款人」角色，突破貨幣政策工具的有限性，並不是中國獨有的問題。理論上，一國的中央銀行是其法定貨幣唯一的壟斷供應者，被稱為「最後貸款人」，是維護金融穩定的一道「安全門」，「如果貨幣當局能發揮『最後貸款人』的職能，則可以避免對銀行的擠兌和由此引發的銀行危機。如果貨幣當局無法做到這一點，則會提高銀行準備金頭寸的邊際生產率。這會進一步降低資產乘數和貨幣乘數。由於產出市場出現的相應壓力，所以銀行貸款和貨幣存量會進一步減少。」[225]不僅如此，不論是凱恩斯主義，還是理性預期模型，都視政府為具有善意的政府，是公眾無私的代理人。但是，在實踐中，「貨幣政策的決定權，在政治領袖、財政部以及中央銀行之間的平衡，依國家和時間的不同而變化。各國的具體情況，既取決於大的政治環境，也取決於中央銀行具體的法律地位。時間因素則主要取決於不同的人格特徵。此外，中央銀行對政治壓力的承受程度，也決定其管理的效果。自一九七〇年代以後，人們開始重新考慮中央銀行是否能向凱恩斯主義理論所暗含的那樣，為公眾利益無私的工作，或者也可能被其他官僚機構的政治目標所左右。」[226]問題是與發達的市場經濟體比較，中國的中央銀行則更多的受制於中國現存的政治制度和官僚體制。

總之，處於經濟起飛時期的中國，政府主導型金融體制難以實現貨幣政策的獨立性，金融體制繼續扭曲，利率市場化、資本市場化和匯率市場化滯後，刺激微觀經濟主體行為非市場化傾向，強化經濟存在波動的內在衝動，但是卻「歪打正著」，煥發了「後發優勢」，激勵了銀行信貸擴張，加速企業投資和經濟增長。

貨幣政策的最終目標和中介目標

一九八四年至一九九四年，中國貨幣化高速發展，處於初期的貨幣政策目標是以經濟發展為主，以幣值穩定為輔。但是，通貨膨脹時強時弱，幾乎沒有中斷，其原因有三：一，工資或價格契約中存在剛性；二，市場預期調整緩慢；三，央行的信用程度低落，通貨膨脹對政策變化反應速度緩慢，央行的貨幣政策滯後效應明顯。一九九三年至一九九四年，通貨膨脹高企。其間，政府開始運用利率、存款準備金率，公開市場業務等市場性貨幣政策工具，但是政府沒有完全放棄國家指令性計劃，政府在一九九四年對貨幣發行量和貸款規模加以控制就是一個證明。一九九七年以後，一度出現負通貨膨脹率，理論界發生「單目標」與「多目標」之爭，貨幣政策實質上面臨多目標約束，至少包括：物價穩定、促進就業、確保經濟增長、支持國有企業改革、配合積極的財政政策擴大內需、確保外匯儲備不減少、保持人民幣匯率穩定。在這樣的背景下，《中國人民銀行法》於一九九五年公佈，該法的第三條明確規定：「貨幣政策目標是保持貨幣幣值的穩定，並以此促進經濟增長。」但是，「單目標論」的規定從一開始就未得到廣泛認同。政府對貨幣政策了「發揮更積極的作用」。

一般來說，貨幣政策的多目標約束至少存在兩個基本理論問題：一是貨幣政策有效性問題，即貨幣政策能否系統地影響產出；二是多重目標之間能否協調一致。中央銀行為了尋求多目標之間的平衡，往往可能採取機會主義的手段注重短期效果和表面效果。貨幣政策往往無所適從。在現代經濟中，貨幣政策的多目標約束是「要求過高」，多目標之間的相互矛盾不僅難以協調，而且削弱貨幣政策效用。[227]貨幣政策無論短期還是長期都應堅持穩定物價的單一目標。所以，一九九〇年代後期，發達國家均進入低通貨膨脹時期，各國貨幣政策目標普遍動搖不定。

但是，只有中國明確要求貨幣政策實現多個目標。一九九五年之後，中國貨幣政策的最終目標已經轉變為在避免高通貨膨脹率的前提下，實現經濟的增長和發展。一九九八年，中國人民銀行決定，取消貸款規模管理，標誌著直接調控的終結，中央銀行透過市場性貨幣政策工具影響公眾預期，實現對經濟的調控。可以說，從一九九五直到二〇〇七年，中國在宏觀經濟政策方面的主流思想始終是如何避免「經濟過熱」，控制投資規模，改善投資結構，追求經濟過高增長「軟著陸」。但是，實際的宏觀經濟不是如此簡單。在二十一世紀的頭兩年，中國出現貨幣緊縮。以抑制通貨膨脹為主要目標的貨幣政策對於通貨緊縮幾乎無效。中國連續兩年實行增加貨幣供應量的貨幣政策，加上其他政策工具，貨幣供應量增加有限。通貨緊縮最後緩和下來，但不是因為實施了正確的貨幣政策。之後，中國的貨幣政策又轉向以反通貨膨脹為主要目標。中國這樣貨幣政策非常接近美國的貨幣政策。之所以如此，有兩個重要原因。一，通貨膨脹對現階段中國的影響，要比諸如美國那樣的發達國家強烈，因為中國不具備完整市場，二元結構存在，沒有完備的社會保障體系，所以通貨膨脹造成的福利成本無法得到補償。二，通貨膨脹的歷史教訓似乎是揮之不去的「陰影」，造成了心理「恐懼」。中國四〇年代末的惡性通貨膨脹和六〇年代初的高物價，一九八八年的物價改革的代價，給人們留下了深刻歷史記憶，從政府到民間，普遍擔憂經濟過熱，實為擔心通貨膨脹時代的來臨。

中國近二十年間，GDP維持了一〇%左右的高速增長，高於通貨膨脹和經濟增長率的貨幣供給，這說明了不論是中國主流宏觀經濟思想和貨幣政策的最終目標都嚴重背離中國經濟的現實。在貨幣化的過程中，貨幣供給量不完全取決於貨幣當局，一般情況是實際增長率大於目標增長率。

經濟高速增長伴隨收入增長總是會出現或輕或重的通貨膨脹，中國經濟持續多年高速增長卻沒有出現嚴重的通貨膨脹。中國至今還是一個發展中國家，還在經濟起飛的階段，與過度成熟的發達國家相比，很難得出通貨膨脹是宏觀經濟的主要傾向。所以，是否可單純以反對通貨膨脹為貨幣政策的最終目標，是一個值得探討的問題。

關於貨幣政策的中介目標可分為總量目標（例如貨幣量、信用總量）和價格指標（例如利率、匯率）。中國在貨幣政策中介目標方面，經歷了三個時期：第一個時期，一九八六年至一九九三年，中介目標是現金和信貸規模。第二個時期，一九九四年至一九九八年，演變為貨幣供應量和信貸規模。不論在

一九九四—二〇〇三年 M_2 增長率目標和實際比較[228]

	1994	1995	1996	1997	1998	1999	2000	2001	2002	2003
目標	24	23-25	25	23	16-18	14-15	14-15	13-14	13	18
實際	34.4	29.5	25.3	17.3	14.8	14.7	13.7	14.4	16.8	-

哪一個時期，中央銀行對貨幣供給的控制是透過「計劃貸款規模」進行的，但是，經常是年初定的「盤子」，年中就打破，中央銀行不得不適應專業銀行對貸款額度的需要，增撥貸款指標，形成專業銀行對中央銀行貸款規模「倒逼機制」。這不再是計劃經濟體制的痼疾，是制度轉型的必然表現。第三個時期，一九九八年之後，在原則上放棄了信貸規模的目標，貨幣供應量成為唯一的貨幣政策中介目標。[229]

中國宏觀經濟的現實表明，貨幣供應量的指標可測性很低。與國民經濟運行的相關性在很多年份不是強化而是削弱。道理非常簡單，貨幣供給是內生變項還是外生變項對貨幣供給量的可控性影響巨大。中國在回歸貨幣經濟和重建貨幣經濟的過程中，貨幣供應量具有強烈的內生變項特徵，可控性必然是很低的。所以，信貸工具可以繼續其在抑制通貨膨脹和防止通貨緊縮方面的功能。至於利率手段，因為市場化不夠成熟，效果難以充分顯現。此外，匯率市場化水平依然很低。其中，中國沒有開放資本項目，人民幣尚未實現完全可兌換，匯率制度和市場化距離還很遠。所以，在貨幣供應量的可控性又很低的情況下，不論是利率還是匯率的傳導機制，都沒有處於相對成熟的水平，貨幣政策的中介目標依賴於利率和匯率顯然是有問題的。

自一九八〇年代中期以後，中國名義上有了貨幣政策，也有了貨幣政策的最終目標和中介目標，但是，貨幣政策的目標體系並沒有建立在一個完全符合中國國情的基礎之上，或者滯後，或者超前。這就是人們所說的貨幣政策和宏觀經濟不對稱的根本原因所在。

貨幣政策工具

一九九五年全國人民代表大會通過《中國人民銀行法》，對貨幣政策工具做了明確規定[230]。其中法定存款準備金、重貼現和公開市場操作是中國現階段使用的三個基本貨幣政策工具。

關於存款準備金制度。通常認為，貨幣政策的傳導機制包括：傳統凱恩斯主義的利率渠道；後凱恩斯主義的匯率渠道；貨幣主義的資產價格效應；信貸渠道（即銀行貸款作為銀行資產負債表中資產方的一個重要項目）對經濟活動影響甚至超過貨幣。一九八四年，中國正式設立存款準備金制度到現在，信貸渠道成為貨幣政策傳導機制中的主要手段。對金融控制方面確實發揮了不可低估的效應。但是，這種效應受制於商業銀行超額準備金率、存款規模變化，以及信貸資金的來源和結構。二〇〇三年以來，央行提高法定存款準備金率的緊縮效應也一再出現被抵消的現象。另外，存款準備金制度的效應對國有商業銀行和股份商業銀行，是存在差別的。

重貼現。一九八九年正式實施重貼現，之後業務量長期徘徊在低水平，一九九八年以後，情況大為改變，成為基礎貨幣投放的重要渠道之一。但是，對貨幣政策的宏觀經濟效果的影響，是相當有限的。

公開市場操作。一九九三年，中國人民銀行建立了公開市場研究小組，第二年，上海成立公開市場操作辦公室，試圖改革外匯制度，建立外匯交易中心，實現人民幣匯率並軌，在外匯市場執行公開市場業務。中央銀行公開市場操作流程如下：

一九九六年，中國人民銀行開始執行以國債為操作工具的公開市場業務。現在，中國人民銀行進行公開市場操作的主要方式是回購和現實交易債券，主要金融產品是國債。顯然，中國人民銀行缺乏足夠可供操作的金融產品，因此，中國人民銀行自主發行有價證券，並使之成為金融貨幣市場上的主要產品。

二〇〇三年以來，中國主要依賴市場性貨幣政策工具進行調控，透過貨幣信號的發佈引導公眾預期，實現市場自動調整的過渡。在這個時期，中國建設銀行、中國銀行、中國工商銀行相繼上市，在一定程度上成為市場本身的組成部分，有助於市場性貨幣政策順利傳導。

在中國，金融發展在區域和部門之間的不平衡，貨幣政策工具的效果很難「一刀切」。「中國貨幣政策存在明顯的行業效應，行業效應與各行業的產品特徵、財務狀況等因素有關。」蒙代爾在一九六一年提出了「最優貨幣區」理論，其條件包括：生產要素自由流動；產品多樣化標準；經濟開發程度相同；通貨膨脹率近似。歐元區最接近「最優貨幣區」，而中國距離「最優貨幣區」標準相差很大。所以，中國的貨幣政策存在著區域效應。中國需要推進生產要素流動，縮小區域經濟發展水平差距，經濟體制趨同，否則貨幣政策的作用會大打折扣。[232]

貨幣政策的獨立性及貨幣的「中性」問題

貨幣政策的獨立性，有對內獨立性和對外獨立性兩層意義。對內獨立性是指貨幣政策可以排除來自政府機構和團體的影響和壓力，並能自主行使貨幣政策職能。其衡量標準是中央銀行貨幣政策委員會，是否具有終極權力，不受影響的制定和實施貨幣政策。對外的獨立性是指貨幣政策的制定、實施和效果，不受本國貨幣政策和其他貨幣政策以及資本在國際流動、匯率、國際金融市場運行狀況的影響。衡量標準包括貨幣政策能夠平衡本國經濟情況和國外經濟情況，對國內外利率傳導程度，匯率因素變動，以及利率和匯率關係上有絕對的自主權。

中國仍然難以完全實現貨幣政策的獨立性，除了現行金融體制之外，還有如下原因：一，目標體系本身就有問題。二，難以建立以中央銀行利率為基礎，貨幣市場利率為中介，市場供需決定的存款利率體系；公開市場操作業務、操作對象過於狹窄；再貸款政策沒有使中小金融機構獲得平等待遇；重貼現業務的對象和投向受到行政限制，和現行金融機構體制的約束。三，現行匯率制度，資本項目的開發程度，根本上制約著貨幣政策的獨立性。四，財政政策對貨幣政策重大的影響。五，貨幣內生性強勢，貨幣當局不能有效控制貨幣數量，利率調節成為貨幣政策的主要措施。面對金融工具不斷創新，貨幣當局對貨幣數量的控制能力愈來愈弱。

中國貨幣政策「獨立」和「有效」的難度背後，其實是貨幣到底可否「中性」的問題。按照一般理論，如果貨幣供給變化只是影響一般價格水平，一定量的貨幣供應增加（減少）只引起一般價格水平的上升（下降），那麼貨幣就是中性的；如果貨幣供應量的變化，引起實際利率和產出水平等實際經濟變項的調整和改變，那麼貨幣是非中性的。在完全競爭的市場經濟條件下，存在自我調節和自動矯正機制，會使市場迅速「出清」，維持均衡狀態，經濟可以達到充分就業上的均衡，不需要經濟政策（包括財政政策和貨幣政策）進行干預。財政政策和貨幣政策只能影響價格水平和名義GDP，但不能影響就業和實際產出。在完全計劃經濟條件下，中央計劃當局的指令性計劃決定所有的經濟活動，微觀經濟主體的生產者和消費者在經濟上缺乏獨立性，同時中央銀行也缺乏獨立性，不能獨立制定和實施貨幣政策，這些因素都會使得計劃經濟體制下的貨幣政策作用微乎其微。在混合經濟下，政府追求的是穩定。為了實現穩定目標，政府可以操縱的基本政策變項有兩個：財政政策和貨幣政策。財政政策與貨幣政策的不同組合方式有不同的功能，可以實現不同的政策目標。貨幣政策可以調節實際的產出，因而貨幣的作用是非中性的，至少是貨幣徘徊在中性與非中性之間。貨幣學派和新凱恩斯主義有很多分歧，但卻都贊同貨幣在短期是非中性的，而在長期則是中性的。就中國的經濟現實來說，只要制度轉型沒有完成，難以定義短期和長期的時間尺度。中國在過去的三十年間，貨幣「非中性」和貨幣政策的「非獨立性」確實處於重合狀態，「貨幣政策」在經濟運行的作用極為不穩定，有時與財政政策比較，甚至是蒼白無力。

中國實行貨幣政策的歷史不長，卻已經顯現了對通貨緊縮和通貨膨脹的不對稱效果。「緊」的貨幣政策對通貨膨脹的抑制作用立竿見影，而「鬆」的貨幣政策起動經濟的作用有限。這就說明貨幣存量不是簡單的由中央銀行意願決定，貨幣的內生性使得貨幣存量可以背離中央銀行的控制，貨幣存量未如預期的增長。當經濟中的貨幣需求量大於中央銀行願意提供的貨幣供給量時，經濟中的貨幣存量由相對較小的貨幣供給決定；當經濟中的貨幣需求量小於中央銀行願意提供的貨幣供給量時，貨幣存量由相對較小的貨幣需求決定。

在宏觀經濟的實際運行過程中，經濟高漲時期，強制執行緊縮銀根的貨幣政策，貨幣的內生性增長就被釜底抽薪，貨幣的內生性仍可被降低貨幣供給增長率的政策強行阻斷；經濟低迷時期，實行放鬆銀根的貨幣政策，在公開市場上回購國庫券，把更多的儲備貨幣投入銀行體系。只要利率的下降沒有帶來足夠的支出和貸款需求的增長，增加的儲備貨幣中的大部分就會滯留在銀行體系內，貨幣乘數不大，貨幣的內生性則不可能因為提高貨幣供給增長率的政策而扭轉。

中國的流動性過剩，推動固定資產投資快速增長，央行需要提高利率以避免和控制通貨膨脹；但是，提高利率會使得人民幣升值預期強烈，資本流入增多，央行又不得不投放基礎貨幣，其結果是資本流動性更為充裕，貨幣政策和匯率政策直接的矛盾和衝突上升，削弱貨幣政策的獨立性，增加實行穩定的貨幣政策和其他宏觀經濟政策的難度。

在全球經濟金融快速融合的背景下，估價一國政策的有效性，必須考慮匯率制度、金融市場開放和商品市場開放及其相互影響。在中國，金融總量和結構沒有進入穩定狀態和平穩發展階段，外部衝擊的影響大，央行的干預明顯受制於匯率波動的隨機性，下述情況一再出現：一，央行干預的效應與資產流動效應呈現相反變動趨勢。一方面，在匯率形成機制不斷完善的情況下，預期匯率的彈性緩慢下降，央行干預的信號效應不斷增強。另一方面，隨著資本管制效率減弱和資本流動性提高，央行干預資產流動效應逐漸減弱。二，央行干預產生的資產存貨效應並未發揮資產組合分析法提出的穩定匯率的作用。相反，滯後一定時期後，引起更大的波動。三，在一定的時間區間，資產存貨效應與資產流動效應是非均衡的。[234]

總之，中國的貨幣政策效果，受制於兩個根本因素：一，國內因素，中國仍舊沒有脫離「二元經濟」結構制約，貨幣經濟的「二元」狀態，意味著中國央行的貨幣政策並不能覆蓋全部的經濟活動；二，國際因素，中國國民經濟與世界經濟融合，中國金融市場的進一步開放以及資本自由流動的不可逆轉。這種情況具有相當的獨特性。

一九八八年「價格闖關」

一九八八年的「價格闖關」，不論是在中國當代經濟史上，還是在中國當代政治史上，都是一個不可略過的重要「篇章」。從一九八八年的「價格闖關」流產至今，中國官方和民間的主流看法是：一九八八年「價格闖關」為次年的政治、社會危機埋下種子，與「六四事件」有著不可分割的歷史聯繫，還間接導致了中國在一九八九年和一九九〇年的經濟蕭條，而趙紫陽需要承擔最大的歷史和政治責任。但歷史事實和邏輯都不是這樣。

一九八八年的宏觀經濟形勢

一九八八年是中國經濟改革的第十年。如果用常規經濟指標衡量，宏觀經濟形勢大體正常。但是，如果用「經濟制度」轉型的尺度看，這一年的中國正處於特殊時段，計劃經濟制度急劇瓦解，市場體系沒有形成，集中反應在計劃價格功能弱化和市場價格機制沒有得到充分發展，出現了生產和生活資料價格普遍上漲的局面。一九八八年的價格形勢，其實是自一九七八年以來的十年經濟發展和改革累計的結果。

社會總需求與總供給失衡。一九八〇年代以來，人民公社制度瓦解，農轉工、農轉商，以及城鎮企業就業面擴大，工資水平提高，加劇了社會總需求的擴大；而經過一九八〇年代初的結構調整，透過固定資產投資的新增生產能力尚未全面形成。社會總需求擴張，而社會總供給沒能同步。一九八八年的物價上漲是改革第一個十年間最高的。然而，這一年的消費物價指數達到一八．六%，大城市（例如北京）物價指數超過二五%。其餘情況並無特殊異常。全國職工人數比上年增長二．六%；全年職工工資總額比上年增長二二．一%；城鎮居民平均每人純收入，扣除價格上漲因素，比上年實際增長一．二%；全年農民平均每人純收入，扣除商品性消費價格上漲因素，比上年實際增長六．三%。一九八八年的GDP增長率是九．九%。所以，不可單獨看待一九八八年的物價上漲。[235]

貨幣供給和貨幣存量超常增長。一九八四年之後，在貨幣化推動下，進程加速，中國從一個產品經濟、半貨幣經濟向貨幣經濟的轉型明顯加快，形成超常的貨幣需求，社會對貨幣量急劇增長。從這張表不難發現，一九七八至一九八八年期間，GDP提高了三．一倍，社會消費零售額提高了四．一倍，M_2提高了八．四倍。M_2的增長速度明顯高於消費品零售額，高於全社會固定資產投資和GDP的增長速度。M_2超過社會消費品零售額的時間是一九八一年，到一九八八年，前者已是後者的一．五四倍。中國出現了自一九五〇年代從來沒有的經濟現象：以貨幣存量為代表的社會總需求超過以消費品為代表的社會總供給的格局。在當時的經濟制度和經濟發展水平的背景下，高檔耐用消費品供給剛剛起步不久，還需要「票證」或「後門」，住房沒有開始商品化，金融市場還在醞釀和設計之中。所以，M_2擴張所產生的貨幣壓力主要集中在消費品方面，特別是日用消費品，也會波及耐用消費品。也就是說，這個特定時期的物價上漲，並不是全社會生活資料和生產資料的全方位的物價上漲。

進一步分析，是否可以認為貨幣供應量增長率過快是造成了一九八八年的一八％以上的物價漲幅的直接原因？有關數字否定了這樣的判斷。在一九七九年至一九九〇年間，貨幣供應量和物價上漲之間的相關性並不穩定，一九八〇年、一九八一年、一九八四年貨幣供應量分別是四一．八％、六一．七％、三七．

一九七八－一九八八年中國 GDP、M_2、社會消費品零售額、固定資產投資

	GDP	M2	社會消費品零售額	全社會固定資產投資
1978	3624.1	1070.0	1264.9	668.72
1979	4038.2	1350.3	1476	699.36
1980	4517.8	1721.3	1794	745.9
1981	4862.4	2231.6	2002.5	961
1982	5294.7	2670.9	2181.5	1230.4
1983	5934.5	3190.9	2426.1	1430.1
1984	7171.0	4440.2	2899.2	1832.9
1985	8964.4	5196.6	3801.4	2543.2
1986	10202.2	6721.0	4374	3120.6
1987	11962.5	8349.7	5115	3791.7
1988	14928.3	10099.6	6534.21	4753.8

單位：億元　資料來源：中國統計年鑑

一％，但是，這三年的物價上漲不過是三．〇％、一．八％、二．六％。一九八八年貨幣供應量增長率三二．三％，與一九七八年至一九九〇年貨幣量增長率平均值二九．三相比，只高了兩個百分點。236

人民幣的匯率的變化。一九八五年前後，美元貶值和日元升值，直接影響了中國當時耐用消費品及中國原料從日本進口的價格，因人民幣和外匯對日元貶值，使中國大幅度提高進口這類商品的價格。

可以這樣結論：經過十年的經濟改革，制度轉型，以及原來計劃價格體系喪失功能，到了一九八八年，即使沒有「價格闖關」，這一年也會發生物價的全面上漲，即「躲得初十，躲不過十五」。

在這個意義上說，一九八八年的通貨膨脹，更像「價格革命」。歷史的遺憾是，一九八八年的「價格闖關」和本來已經形成的通膨大勢發生了重合，人們自然將兩者聯繫在一起，倒果為因，以為是「價格闖關」導致了「搶購風潮」，而不明白「搶購風潮」恰恰是一九八八年的通貨膨脹的集中和激烈的反應；以為是「價格闖關」導致通貨膨脹，而不清楚「價格闖關」的源由是建立市場為主的價格制度。

價格理論改革的準備和政策準備

計劃價格是計劃經濟的重要基石，所以，一九八八年的「價格闖關」不是突然的經濟事件，而是與中國經濟改革同步的價格改革不可避免的結果。

一九七八年和一九七九年，政府提高了糧食，棉花等十八種農產品的收購價格，幅度在二五—

三八%之間，對部分能源、原材料價格做了微調，開放了一些小商品價格。政府針對副食品價格上漲，對城鎮居民給予「價格補貼」。

一九八二年，中國政府已經將全面價格改革提到議事日程。當時的國務院經濟研究中心，技術經濟發展研究中心和價格研究中心著手研究價格改革的指導思想和實施步驟。一九八四年七月，馬洪寫了《關於社會主義制度下我國商品經濟的再探索》送給中央和國務院領導。[239]同時，薛暮橋宣稱現在到了價格改革的「黃金時代」，〈怎樣看待物價和人民生活〉一文在《人民日報》發表。他在這篇文章裡提出：「究竟是壓低價格、阻止生產發展造成市場缺貨從而限量供應好呢？還是適當提高一點價格、鼓勵生產發展滿足市場需要從而敞開供

一九七八－一九九〇年貨幣供應量與經濟增長[238]

	貨幣供應量	商品供應量		與商品對應的貨幣流通速度加減率	社會總產值		與社會總產值對應的貨幣流通速度加減率
		價格總額	物價漲幅		實際產值	與名義產值相差	
1979	16.8	17.5	1.3	+0.7	9.9	6.6	-0.2
1980	41.8	20.3	3.0	-15.2	10.7	2.6	-20.1
1981	61.7	15.4	1.8	-28.6	4.1	7.4	-31.0
1982	20.5	8.2	0.9	-10.2	10.0	1.0	-7.9
1983	25.5	14.3	0.5	-8.9	12.2	2.3	-8.8
1984	37.1	15.0	2.6	-16.1	17.6	4.2	-11.2
1985	30.2	17.6	7.1	-9.7	17.3	4.9	-6.1
1986	23.1	17.5	4.2	-4.5	11.3	2.3	-7.7
1987	21.8	19.3	8.0	-2.2	17.5	6.8	+2.1
1988	31.3	32.9	18.3	+1.2	23.9	9.9	+2.0
1989	27.6	12.6	17.1	-11.6	10.8	13.0	-3.0
1990	14.9	7.1	1.8	-6.7	8.7	0.7	-4.7
平均	29.3	16.5	5.5	-9.3	12.8	5.1	-8.0

單位：%。說明：貨幣供應量按平均貨幣流量計算。

商品供應量按社會商品零售額＋集市貿易成交額＋服務事業現金收入計算

應好呢？」[240]同年九月，一些中青年經濟學學家已經比較系統地提出了諸如「雙軌制」的價格改革方案。[241]幾乎同時，趙紫陽給中央政治局常委的信中，建議確認關於計劃體制、價格改革和國家領導經濟的職能三個經濟體制改革方面的基本原則和方針，強調價格改革是「整個經濟體制改革成敗的關鍵」。對於這些，一九八四年十月，中共十二屆三中全會透過《關於經濟體制改革的決定》予以肯定。在這期間，世界銀行和國外的經濟學家也就中國的價格改革提出諸多建議，主張儘快實行全面的價格改革。一九八四年，中國經濟改革決策者、政府、經濟學家形成基本共識：在中國實行價格自由化的改革，建立市場經濟體制。關鍵是，選擇什麼樣的時機？一九八四年底，中國發生了改革以來第一次通貨膨脹，打亂這一年著手價格改革的設想。

進入一九八五年，價格改革被重新提出。三月，趙紫陽在做《政府工作報告》時說：一九八五年經濟體制改革的任務是「在工資制度和價格上邁出重要的步子」。七月，鄧小平在聽取中央負責人彙報經濟情況時說：「物價改革是個很大的難關，但這個關非過不可。不過這個關，就得不到持續發展的基礎。」[242]所謂「價格闖關」的提法由此而來。一九八五年，價格改革邁出重大步伐，開放生豬等副食品價格。四月十二日，國務院指定國家物價局局長在十九點三十分的黃金時間，在中央電視臺做長篇講話。這在中國媒體史上是罕見的。[243]一九八五年實施價格「雙軌制」。七〇％的生產資料已經按照市場價格交易。

在當時，中國經濟學界的主流是支持價格改革，實現雙軌制的並軌。形勢比人強。七〇％的生產資料已經按照市場交易。所以，在理論上，不是要證明價格改革的必要性，而是要正視新的價格格局已經形成，提出如何推進價格轉型的系統方案。所以，在一九八七年的中國共產黨第十三次代表大會上，肯定商品經濟，推進價格改革，實現計畫價格向市場價格轉變，就是順理成章的。在這個過程中，趙紫陽站在中國歷史的制高點，不是孤立地看待價格改革，而是將正在進行和需要深化的價格改革與經濟發展的新階段和已經發生轉型的經濟體制聯繫在一起。[244]

遺憾的是，這樣恢宏的歷史場景，因為一九八九年的歷史悲劇，不但沒有得到正面和公正的肯定，而且被掩蓋和歪曲。有人按照「文化大革命」中路線鬥爭的思維，臆造了一九八五年存在著一場「調控與反調控」之爭：「國務院系統與中共中央書記處形成了『必須調控』與『反對調控』兩種意見。受此影響，在經濟學界也很快出現了對峙的兩派，一派學者認為，必須嚴厲調控，另一派學者則認為，不必調控。由此，引發了改革史上又一場重大的論戰」。其中，「反調控派的代表人物是北京大學教授厲以寧和青年經濟學家朱嘉明。他們認為，通貨膨脹是經濟轉型和經濟起飛時期的典型現象，而且，只是表現在結構問題上，而不是總量問題上，不應當採取緊縮政策壓制。這派觀點的理論基礎是厲以寧提出的非均衡理論。」「在當時的一些青年學者中還出現了一種『起飛論』，代表人物是社科院工業經濟研究所的朱嘉明等人。他們認為通貨膨脹正是經濟起飛時期的典型現象，我們不應當加以壓制，相反，應當自覺運用通貨膨脹來加速增長。如果實行了從緊的宏觀政策，那就是打擊和反對了改革。可以看出，當時爭論的分歧之大，有些時候，學術上的分歧甚至被上升到政治和原則性的高度」。[245]

這裡所說的代表人物之一的朱嘉明在當時的基本思想是：「判斷貨幣供給量適當與否，固然要看通貨膨脹指數的變化，但更重要的是看經濟增長的速度，商品化的趨勢，和貨幣流通速度的變化。必須看到，通貨膨脹與經濟增長同時並存，是發達國家和發展中國家高速增長時期的典型特徵。」[246]「目前所出現的通貨膨脹是中國社會主義經濟發展中的伴隨現象，是真正摧毀舊經濟體制的有效辦法。因為中國在從一個產品經濟、半貨幣社會向貨幣社會發展的階段中，必然會出現整個社會對貨幣量的急劇增長，而且這種貨幣量的激增是很難在量上進行分析的。原因有生產過程對流動資金的需求增大，有相應於開放後進出口貿易增大引起的貨幣量需求，有流動過程對貨幣量需求增大，還有人民幣貨幣化的過程中人民幣本身的容量體積絕對擴大時對貨幣的需求量增大。實際上，如果一個社會存在著貨幣需求量激劇增長的階段，那麼由這個階段派生出的價格上漲對經濟本身就有一定的推動作用。在當前研究通貨膨脹時我們必須注意：第一，重視通貨膨脹史的研究，不要全盤地反對通貨膨脹；第二，要尋找通貨膨脹本身在中國對外開放過程中的國際性原因；第三，要認真研究自然資源和通貨膨脹的關係；第四，認真研究勞動力市場和通貨膨脹的關係。只有這樣，我們才能用九〇年代或二十一世紀的眼光看待當前的通貨膨脹。」[247]

從一九八五—一九八八年期間，主張改革的經濟學家就所謂通貨膨脹、經濟過熱等問題，進行過很多討論。但是並沒有出現將學術討論「上升到政治和原則性的高度」的問題。因為那是為當時的學術環境，學術道德和修養所不容的。顯然，這是一種按照某種政治的和個人的需要，對歷史面貌的蓄意歪曲。

一九八八年「價格闖關」流產及其原因

進入一九八八年的中國要深化經濟改革，進行全面的價格改革，已經不可迴避。這是因為：一，許多重要的工業原材料的市場價格與計劃價格的差價急劇擴大，少則一、二倍，多則三、四倍；二，「雙軌制」引發「尋租」。出現了日趨嚴重的「官倒」現象；三，物價全面上漲的態勢已經形成，即使政府對價格改革繼續保守態度，訴諸財政補貼穩定物價，不僅國家負擔過大，而且沒有效益，甚至是「火上澆油」。如果政府繼續透過行政手段限價，則是「揚湯止沸」。四，一九八八年初實施沿海發展戰略，形成對貨幣和財政資源的膨脹性需求。

一九八八年五月，國務院成立國家物價委員會，制定物價改革規劃，這個規劃將不就物價談物價，而是將工資和物價結合起來，把包含各種改革措施的一個總體方案提交給中央政治局會議討論。[248]與此同時，一系列改革措施相繼出臺，包括對猪肉、蛋、糖、大路菜四種副食品的價格補貼由暗補改為明補。值得提及的是，中央財經領導小組，在中南海勤政殿召開物價座談會，廣東省率先提出「價格調節基金」的構想，得到國務院負責人的贊同與國家物價局的支持。之後，很多省市政府建立價格調節基金和風險基金制度。基金來源主要是國家開放部分商品價格所減少的財政補貼款、價格違紀懲沒款、勞務收入中的一部分，以及財政專項撥款。一九八八年，國務院針對控制通貨膨脹，決定向地方派駐特派視察員。[249]同時，中共中央政治局召開有各省市自治區黨委書記參加的擴大會議，決定對物價和工資制度進行改革。根據當時國務院物價委員會提出關於價格、工資改革的基本設想：少數重要商品和勞務價格由國家管理，絕大多數商品價格開放，由市場調節。工資改革總的要求是，在價格改革過程中，透過提高和調整工資、適當增加補貼，保證大多數職工實際生活水平不降低，並能隨生產的發展而有所改善。具體安排是從一九八八年開始，每年價格上漲一〇％，連續五年。每年人均收入增加幅度在一一％至一四％。這個初步方案，經八月五日至九日國務院常務會議討論後，提交八月十五日至十七日在北戴河召開的中共中央政治局會議討論。這次北戴河會議的核心議題就是價格和工資改革總體方案。八月十九日，中共中央政治局原則通過《關於價格、工資改革的初步方案》。從來就認為價格改革非搞不可的鄧小平自然首肯這一建議。美國經濟學家弗里德曼，恰恰在這個時候前來北京訪問。

應該說，直到一九八六年六月，在趙紫陽主導下價格改革的思想準備是充分的，改革安排是符合實際的，改革的步驟是平穩的。根據愈來愈多的歷史相關資料證明，造成一九八八年的「價格闖關」流產的原因複雜，至少包括：

七月和八月之間的「搶購」風潮是致使「價格闖關」流產的直接原因。有五個方面的特點：一，波及面廣。開始於大城市，很快席捲全國城市和部分鄉村。二，涉及五十個大類、五百多種商品，部分地區搶購糧食油。大到幾千元的高檔商品，小到易消耗的便宜貨，均在搶購之列。三，盲目性大。消費者不是為消費，而是為保值，購物時不管品種、不管牌號、不問質量、不講價格，很多商場積壓多年的殘次商品，也被一搶而空。四，各階層群眾普遍產生購物保值心理。五，零售商品總額增幅高。形勢還在惡化，社會商品零售總額六三六・二億元，扣除物價因素，商品價格比上年同期上漲達到二三・二%。物價上漲的勢頭有如脫韁野馬，九月份達到二五・四%，第四季度竟升到二六%以上。[252]

面對這種物價猛漲、人心極為不安的嚴重局面，八月三十日，國務院常務會議發出緊急通知：改革方案中所講少數重要商品和勞務價格由國家管理，絕大多數商品價格開放，由市場調節，指的是五年或更長的目標，目前這個方案還在進一步修改完善中。一九八九年價格改革步子並不大，確保一九八九年的社會商品零售價格上漲幅度明顯低於一九八八年。此外還保證，國務院下半年不再出臺新的漲價措施，以及人民銀行開辦保值儲蓄業務等。九月二十六日至三十日，中共十三屆三中全會在北京舉行，批准政治局「治理經濟環境、整頓經濟秩序、全面深化改革」的指導方針和政策措施，為扭轉物價上漲幅度過大的態勢，一九八九和一九九〇年兩年改革和建設的重點是治理經濟環境和整頓經濟秩序，壓縮社會總需求，抑制通貨膨脹。一九八八年九月開始，搶購風潮開始得到平息。至一九八八年十二月，這場被稱之為新中國建國以來最大的搶購風潮得以徹底平息，經濟生活完全正常。

地方政府的失誤。一九八八年春天，一些地方政府主動提價。例如一九八八年三月，上海調整了二八〇種國民經濟必需商品的價格，接著其他各大中城市相繼提價，提價率占商品總量的八〇%，價格平均上漲三〇%，最高達到八〇%，尤其是家用電器、摩托車、油等產品。物價急劇上漲，大米的價格幾乎是一夜之間，從〇・一五元漲到〇・八元，上漲了六倍。基本生活資料的快速上漲，衝擊了民眾的心理防線，搶購風潮隨之而來，所有的商店都在排隊。

媒體過早公佈和報導價格改革。那個時代官方宣傳依然維持著很高權威性。[253]一九八八年五月八日，各大新聞媒體透露，中國人民銀行將發行第一張百元大鈔。這讓長期習慣了「大團結」（當時拾元幣）的民眾敏感漲價將更為嚴重，並導致許多相關傳言。六月九日，《人民日報》發表題為《改革有險阻苦戰能過關》的評論員文章，對於闖關有把握。七月一日《人民日報》在「改革話題」欄目發表的題為《過關有風險關後是平川》的採訪記，還覺得不夠勁，說「只強調價格改革如何困難、要冒風險，這恐怕不太全面。……應該正面大講特講：價格改革可以產生巨大的經濟效益和社會效益，不僅對經濟體制改革是個推進，而且會對政治體制改革產生積極影響，消除人們對價格改革的過分緊張心理。……經濟增長速度較高時，調整難度較小，成功把握較大。」當時的中國民眾受媒體影響極大，從來沒有市場經濟下物價波動的心理準備，不僅沉不住氣，開始瘋狂搶購商品，許多城市發生銀行擠兌，七月份的消費品價格指數比上年同期上漲一九・三%。八月十九日清晨，中央人民廣播電臺播發價格闖關的消息。這個新聞產生巨大衝擊力，民眾以為就要全面開放價格。加上這之前幾個月物價的高增長幅度，很快產生社會性的「恐慌」心理，觸發了「抑購」風潮。

政治性因素的影響。對於價格闖關，中國共產黨的決策集團意見並非一致。陳雲是持反對態度的。一九八八年五月二十八日，陳雲同李鵬談話，明確反對擬議中的價格、工資改革方案，他斷言，「每年物價上漲百分之十，辦不到」。「理順價格在你們有生之年理不順，財政補貼取消不了。」鄧小平則是完全相反的態度。正是在陳雲上述講話的一周之內，六月三日，鄧小平在會見前來參加國務院發展研究中心舉辦的「九十年代的中國與世界」國際會議的全體代表時，肯定價格改革應當在較短時間中實現，明確說：「長痛不如短痛。」中國共產黨的決策集團在「價格闖關」方面的分歧，與內部的政治鬥爭相交叉，必然對「價格闖關」的實施過程，特別是發生困難時的應對產生消極作用。說到底，上述情況的發生，表明了中國政治制度改革已經嚴重滯後於經濟經濟體制改革，甚至阻礙、干擾、改變經濟體制改革的正常軌跡。

254

趙紫陽和「價格闖關」流產的責任

在一九八九年「六四事件」之後，中國官方和中國一九九〇年代之後的主流經濟學家則將一九八八年「價格闖關」的責任推給趙紫陽，形成了趙紫陽—價格闖關—一九八九年政治危機的「定式」。一九八九年六月中旬，有些經濟學者提出這樣的邏輯：趙紫陽是「價格闖關」的始作俑者。因為趙紫陽推行通貨膨脹政策，又在這種情況下強行「價格闖關」，引發經濟危機，以致發生「六四」事件。一九八六年以後的趙紫陽，「剛愎自用」，「『通貨膨脹有益論』和『緊縮（需求）有害論』採取支持的態度，反對對有購買能力的需求進行有效控制。直到一九八八年夏季，在嚴重通貨膨脹已經一觸即發的形勢下，他仍然聽不進專家學者的勸諫，繼續抵制和阻撓對經濟環境進行治理，公然主張『用通貨膨脹支持高速度』，終至釀成一九八八年秋季嚴重的經濟危機。在黨中央作出治理、整頓的正確決策後，趙紫陽同志又極力推卸他多年來推行通貨膨脹政策、導致宏觀經濟失控的責任，硬說通貨膨脹是由一九八八年中央關於價格改革的決定引發的。而他的『智囊』班子，則散佈流言蜚語，阻撓治理整頓，其後更借機製造事端，煽動動亂，把經濟危機推向社會政治危機。」。[256]進而，趙紫陽在一九八〇年代的「青年智囊團」也被說成要承擔歷史責任。[257]其中，一九八八年夏季由當時中國國際信託公司中信國際所和國家經濟體制改革研究所聯合組織的拉美五國的經濟考察，及其沿途和回國後給國家領導人的報告，尤其遭到指責。[257]一九八九年以後，不僅趙紫陽、就連他在一九八〇年代「青年智囊團」的主要成員，大多喪失了話語權。二十餘年來，關於趙紫陽和他的「青年智囊團」在「價格闖關」過程中不實之詞卻被有話語權的人重複著。[258]

歷史事實是，趙紫陽是一九八八年「價格闖關」的執行者。一九八八年四月二日，趙紫陽在生產資料價格改革座談會上說：國家每年強調穩定物價，怕亂漲價，不敢主動漲價，結果導致自發亂漲價，愈亂國家愈不敢漲價。工資也是如此，怕漲工資，就去控制消費基金，不敢提工資改革方案，實際上消費基金也上去了。一九八八年五月是關鍵時刻，趙紫陽在中共中央政治局常委會等不同場合，開始明確地提出，要不怕冒風險，用五年左右時間解決物價、工資問題，現在的形勢；不進則退，沒有別的路可走，只能迎著困難前進。同月，趙紫陽召集中央十多個部委的領導和部分經濟學家開會，通報中共中央政治局常委會關於提請六月初的政治局會議正式批准進行價格改革的決定，首次明確了「價格闖關」。一九八八年六月，趙紫陽作出如下的判斷：中國正處於經濟繁榮時期（即擴張期），有限度的通膨是經濟增長的自然特徵；與大多數發達國家的通膨相比，中國的通膨與國民生產總值基本相適應，並未進入病態；中國的通膨係一般通膨和單一商品漲價兩種現象的混合，尚在可接受的程度，不對改革構成威脅。[259]七月二十二日，趙紫陽在黑龍江考察時說，物價改革問題已經引起各方面關注，難度很大，但必須過好這一關。現在應明確一個觀念，物價改革能否成功，不僅僅決定於物價改革方案本身，還取決於整個改革的深入，沒有整個改革，包括政治體制改革與之相適應、相配合，物價改革很難達到預期目的。

一貫穩健的趙紫陽之所以決斷一九八八年「價格闖關」，不是缺乏對於「價格闖關」風險的充分估計，而是基於三個重要壓力：一，價格體系混亂和價格上漲失控，特別是生產資料價格的失序的壓力。二，價格改革滯後可能導致的政治後果壓力，在這方面，前南斯拉夫、匈牙利、波蘭都有過歷史教訓。鄧小平在一九八八年五月、六月間關於價格改革的講話[260]無疑加劇了這種壓力。三，輿論壓力。也就是說，趙紫陽十分清楚最後的結局。然而情勢所迫，箭在弦上，不得不發。這是一個明知不可為而不得不為之的選擇。

當然，這不是說趙紫陽及其支持者沒有值得總結的歷史教訓。至少有如下的經驗教訓：

對「價格闖關」的時機缺乏更為縝密的評估。「價格改革」是不可避免的，但是，選擇一九八八年實施具有偶然性，有有利的因素，也有不利的因素。歷史證明，一九八八年的經濟環境，中國共產黨內部的政治環境，都潛伏著太多的不確定因素。

低估了計劃經濟和民眾對計畫價格依賴的慣性。當時政府以為，經過近十年的經濟改革，民眾在向市場經濟的轉型中，已經獲得了可觀的經濟實惠。在心理上，基本摒棄了計劃經濟。但是，事實證明，民眾在經濟制度髮型過程中，他們願意在新的制度中獲得好處，也害怕失掉計劃價格的平穩。特別是對向市場經濟轉型可能引發的價格上漲有著天然的恐懼。當市場出現物價上漲時，民眾會把它和國民黨時期的高通貨膨脹的歷史教育相聯繫。

高估了政府對市場價格形成的影響力。在政府眼中，雖然中國市場經濟已經有了相當的基礎，但是，政府無疑繼續存在對市場的影響能力。完全可能重演一九六〇年代初期，政府在處理通貨膨脹的強勢干預所取得的成效。不僅如此，群眾會站在政府一邊。因此，當時採用了某些「群眾運動的方式」，通過媒體和街頭宣傳，尋求民眾對價格改革的理解和支持。但是，一九八〇年代中期的中國，已經不存在著政府權威對市場無限干預的可能性。在這樣的背景下，當時決策集團和執政黨必然缺乏對市場「自發力量」、市場「經濟能量」和「突變」的精神準備，沒有預期也沒有理解群眾的「搶購」不過是市場「自發力量」和能量的一種「動物式反應」。

過高估計「搶購風潮」的嚴重性。一九八八年的「搶購風潮」不會持續太久，也不會蔓延。理由包括：一，居民現金和儲蓄非常有限，一九八八年九月份中國居民存款餘額只有三千億元，不足以支撐當時所謂的「搶購風」。二，社會生產能力和供給能力具有很大的承受性。三，這次搶購風主要發生在城市，尤其是大城市，雖然波及鄉村，但還是相當有限。

「價格闖關」之後的舉措值得反省。在「搶購風潮」發生後，採取必要手段以求迅速穩定物價，控制社會局勢，承諾下一年的物價指數不高於一九八八年，不是錯的。但是，因此停止執行一九八八年五月制定的從一九八九—一九九四年的價格、工資改革方案，是過激的反應。之後，李鵬主持國務院工作，主張運用計劃經濟，恢復用行政控制物價的辦法，是錯誤的。至於在治理整頓的名義下，把已經下放的權力又收回來，廢除已經實施的物價改革一系列措施，完全回到老路，是歷史倒退。正因為這樣，中國在不到一年時間內，經濟萎縮、市場疲軟，直到一九九二年鄧小平同志南巡講話以後，才發生改變。」

「價格闖關」的歷史意義
261

一九八九年六月之後，人們的思想被定格在：一九八八年的搶購風是「價格闖關」造成的，進而將「價格闖關」政治化，是造成一九八九年政治危機的直接原因。所以否定「價格闖關」的必要性，將「價格闖關」本身意義和「價格闖關」的失利，以及通常的通貨膨脹治理混為一談，實在有失偏頗。事隔二十餘年，可以肯定地說；「價格闖關」是必要的。因為，中國經濟市場化，扭曲的價格體系，不可能完全依靠市場的「自發」力量自行改變。如果經濟、政治、社會環境大體良好，政府主導的「價格闖關」，實行自上而下地大幅度調整價格，加上相關的配套改革，實現主導改革的政府和市場良性「互動」，成功的概率是很多高的。然而，一九八八年「價格闖關」，沒有成功。但是，這次「價格闖關」對一九八九年之後的中國經濟改革和發展意義重大：

對宏觀經濟的積極效果。一，全面刺激了總供給。光是一九八八年的八月份，糧食增銷三〇．九％，棉布四一．二％，綢緞三五．五％，洗衣機一三〇％，電冰箱八二．八％，電視機五六％。其結果是減少庫存，刺激生產。二，促進銀行改善經營，採取辦法增加居地儲蓄，拉回流失的固定存款。

徹底衝擊了「殘存」的計劃價格體制。經過十年改革的一九八八年，市場機制已經開始發揮作用，貨幣化擴展，是經濟改革歷史上承上啟下的一年。「價格闖關」徹底衝擊了「殘存」的計劃價格體制，強化了市場在改革博奕中的地位。「價格闖關」還根本改變了中國民眾在計劃經濟時代形成的價格觀念，開始接受和習慣物價上漲的現實，徹底告別了生活在計劃經濟上「物價穩定」的時代。經過「搶購風潮」，相當多的民眾意識到，囤積日常品是低級的方式，出現了個人理財、資產和貨幣保值的意識萌芽，只是政府並沒有充分意識到這種變化。

為後來的價格改革奠定了基礎。一九八九年的風波後，中國已經完全不可能退回傳統計劃體制，價格轉入市場軌道。轉型的價格結構，隨著經濟增長而趨於合理。這就是所謂形勢比人強。262「自一九八九年十一月，開始全面推進從雙軌向單軌的過渡，一九九三年開放鋼鐵產品價格，和大多數機械產品價格。一九九四年，調整原油價格，開放煤炭價格，其餘重工業品價格也先後開放，或者由市場調節，或者國家規定國家指導價格。至此，工業品生產資料以市場供需為主的價格機制基本形成，工業品生產資料的價格雙軌制也就劃上了句話。」263 其間，一九九二年下半年，「經濟過熱」再起，一九九三、一九九四年通貨膨脹壓力比一九八八至一九八九年代更甚，其中一九九三年通貨膨脹率為一四．七％，一九九四年通貨膨脹率達到二四％，為改革開放三十年中最高的一年。這次價格改革可以推行和深化，沒有引發各類危機，受益於一九八八年的「價格闖關」。

陳雲在一九八九年說過：當時六十歲左右那代人，在「有生之年」不能見到「價格理順」。歷史證明他錯了。在一九八九年之後的三到四年的時間，即在一九九三—九四年，中國已經大體建立市場價格體系。

二十餘年後的今天，再看一九八八年的「價格闖關」，實在功高至偉，加強了全民對市場價格體系的精神準備和適應能力，為中國市場價格制度的最終建立奠定了不可逆轉的格局。毫無疑義，沒有一九八〇年代， 有一九八八年的「價格闖關」一次性支付了相關的歷史成本， 後來提供了「路徑依賴」，一九九〇年代的經濟制度順利轉型是完全不可能的。一九八〇年代是鄧小平、胡耀邦、趙紫陽的年代。趙紫陽從一九八〇年進京擔任國務院總理開始，其在中國主持經濟改革、籌畫政治改革的時間覆蓋了整個八〇年代。但是，這個時代因為一九八九年夏季的政治危機過早完結，趙紫陽也過早地被迫離開歷史舞臺。如果歷史可以給趙紫陽更長的時間，以他在十三大宣示的推進政治改革的目標，中國將是完全不一樣的道路。中國和中國人民，為此付出了過多和過大的代價。

隨著歷史的推移，這種莫大的國家和民族的遺憾，將會愈發地顯現出來。

註釋

1. 費雪（Irving Fisher, 1867-1947）方程式被視為經濟學的愛因斯坦相對論方程式。這個方程式表明：貨幣量的增加必然引起商品價格的上漲，或者說商品價格的普遍上漲只能是貨幣引起的。弗里德曼用這個結論把通貨膨脹的矛頭直接印刷鈔票的政府。
2. 赫爾南多・德・索托，《資本的秘密》（北京：華夏出版社，二〇〇七年），頁四七，四八。
3. 《中國貨幣思想史》，頁一四五五。
4. 西美爾，《貨幣哲學》（北京：華夏出版社，二〇〇三年），頁二九二。
5. 「包產到戶」使土地所有權和使用權一定程度的分離，在不改變土地所有權的情況下給予農民承包期內的土地使用權。但是，這種制度沒有使農民取得土地的永久使用權。在城市化過程中，大量農田被侵蝕，而且失去土地的農民沒有得到足夠補償。二〇〇八年，針對家庭承包制沒有使農民獲得土地永久使用權的問題，中國農業土地制度不得不再次進行改革，中國農民開始向土地所有者過渡。
6. 《貨幣哲學》，頁二九二。
7. 一九九七年十二月，中國人大透過《公司法》，提出不同產權主體投資設立公司，其法律地位都是平等的。一九九七年，中共十五大提出，「非公有制經濟是我國社會主義市場經濟的重要組成部分」，並寫入了一九九九年修改的《憲法》。
8. 張培剛、廖丹青，《二十世紀中國糧食經濟》（武漢：華東科技大學出版社，二〇〇二年），頁六二七。
9. 這是自下而上中國農村變革的結果，並非是中國決策集團所預期和規劃的。陳雲在一九八二年十一月十六日還強調：對糧食生產決不能放鬆。糧食的統購統銷，少說五十年以內不能改變。
10. 一九八七年十一月，國務院批准在深圳、上海、天津、廣州、廈門、福州進行土地使用改革試點。一九八八年四月，全國人大修訂《憲法》，刪除土地不得出租規定，增加「土地使用權可以依照法律規定轉讓」條文。一九九〇年五月，國務院發布了《城鎮國有土地使用權出讓和轉讓暫行條例》，規定土地使用權可以採用協議、招標和拍賣三種方式。一九九七年，多數城市和地區的土地都實行有償轉讓的方式。二〇〇一年，發布《劃撥用地目錄》，規定不再區分使用者身份，凡符合本目錄的建設項目用地，經批准均可以劃撥方式提供。外商投資企業與其他土地使用者已經享受相同的土地利用政策。

11. 《亞洲周刊》選出中國股民為二〇〇七年度風雲人物，這個群體在一年內由七八〇萬戶躍升為一・三億戶，參與一年內指數最高上漲一・二八倍的中國股市。股民改變了中國人的生活方式和理財觀念、加速互聯網和手機普及化，在不同領域產生微妙而深遠的影響。(一・三億股民不但遍佈中國各省市各行業各年齡階段，而這兩年新進場股民以農民、大學生為多。中國股民的龐大規模不但對中國經濟影響深遠，而且也對社會、文化、科技等各方面產生深遠影響，包括改變財富觀念，促進現代信息技術普及，改變生活方式；關心經濟走勢甚至政治發展。

12. 《中國新聞網》，二〇〇九年八月二十五日

13. 二〇一〇年，中國內地各交易所融資六六九億美元，香港交易所五二八億美元，美國四二〇億美元。據朱偉一，〈崢嶸歲月稠——中國資本市場二十年〉，《南方週末》，二〇一一年一月十三日。

14. 一九九二年，國務院證券管理委員會和中國證券監督管理委員會成立。二〇〇六年，修訂《證券法》和《公司法》，強化資本市場的法制化建設。

15. 上海財經大學投資研究所，《二〇〇四中國投資發展報告》(上海：上海財經大學出版社，二〇〇四年)，頁二三二。

16. 其中發行國債四八・六六億元，在國際市場發行等值人民幣九九億元的外幣國債，總計一四八億人民幣。

17. 一九九三年，國債二級市場建立。之後，跨地區、有組織的規範化國債交易起步，開始了國債回購業務試點。一九九三年，國債市場正式建立。一九九七年由國務院批准，成立了銀行間債券市場，形成交易所市場銀行間債券市場和商業銀行櫃檯交易市場並存的格局。

18. 主要法律依據是：一九九三年八月國務院頒布的《企業債券管理條例》和一九九八年四月中國人民銀行頒布的《企業債券發行與轉讓管理辦法》。

19. 張耀文，《中國金融體系的結構與變革》(北京：中國社會科學出版社，二〇一〇年)，頁二一二。

20. 一九八七年七—九月《關於在我國試辦農副產品期貨交易中心的設想(徵求意見稿)》，課題研究人員：周小川、朱嘉明、方峰雷、田力維、周寶吉、皮聲浩、戴曉京、滕德祥、宋寶祥，執筆：滕德祥、宋寶祥、皮聲浩。

21. 李揚等，《中國金融改革開放三十年研究》(北京：經濟管理出版社，二〇〇八年)，頁三七八。

22. 一九九五年，傳統外匯市場日均交易規模是一・一兆美元，二〇〇七年，達到三・二兆美元；外匯衍生品市場，二〇〇七年，OTC外匯衍生品市場的日均交易規模為〇・二九兆美元，二〇〇四年為〇・一四兆美元，增長率為一一〇%。二〇〇七年，貨幣互換交易日均規模為〇・〇八兆美元，外匯期權為〇・二一二兆美元，其中增長率最大的是貨幣互換，二〇〇七年比二〇〇四年增長了近三〇〇%。銀行間外匯市場，二〇〇七年總的交易額超過兩兆美元。

23. 根據現代經濟理論對市場經濟的主要概括，且借鑑北美、歐盟反傾銷對市場經濟標準的法律規定，市場經濟的主要共性包括：政府行為規範，經濟主體自由，生產要素市場化，貿易環境公平，金融參數合理，國民待遇，以及透明度。其中，金

融參數問題，主要是利率和匯率是否由市場形成。透明度的核心是經濟數據透明。

24. 秋風，〈中國真的有過「市場化」嗎？〉，《經濟觀察報》，二〇〇九年十一月三十日。

25. 恩格爾係數（Engel's Coefficient）係十九世紀德國統計學家恩格爾提出，是指食品支出總額占個人消費支出總額的比重。

26. 一九八二年四月，財政部財政研究所針對當時銀行存款增多問題，提出儲蓄存款增加，這不是因為生活富裕，而是由於商品供應不足。因此，貨幣發行和儲蓄存款都是沒有物資保證的國家信用，再用做固定資產的貸款是有危險的。並形成系統主張：一，銀行佔用的自有資金和貨幣發行應向財政交占用費；二，銀行的所得稅稅率，應由當時的二〇%改為五〇%；三，美國貨幣發行權屬財政，由財政運用這筆資金，因此中國的貨幣發行權應交給財政來運用；四，保險業歸口財政管理；五，要求銀行上繳一部分自有資金。反之，金融研究所認為：不僅應增撥信貸資金和企業自有資金，還要求發生呆賬時向財政部報銷；在解決財政困難的問題上，重點放在調動多方面積極性、擴大財源方面，避免見錢就收；在資金管理體制上，要改革統收統支、吃大鍋飯的老路，發揮銀行的經濟槓桿作用；國民收入，應透過財政和信貸兩個渠道分配。伴隨企業機動財權多了，群眾手裡錢多了，意味著國民收入的初次分配多了，財政收入在國民收入中比重下降，是不可避免。總之，中國需要改變當時傳統體制，發揮銀行的融通和籌措資金的功能。據劉鴻儒等，《變革》（北京：中國金融出版社，二〇〇九年），頁五九—六一。

27. 當時國務院總理趙紫陽不僅理解，而且支持中國人民銀行的思想和主張。

28. 一九九五年三月十八日，第八屆全國人民代表大會第三次會議透過《中華人民共和國人民銀行法》，第一次以法律形式確定了中國人民銀行是中國的中央銀行。中國人民銀行在國務院的領導下，依法獨立執行貨幣政策，履行職責，開展業務，不受地方政府各級政府部門，社會團體和個人的干涉。二〇〇四年二月一日新修訂的《中華人民共和國中國人民銀行法》正式施行。

29. 懷特，《貨幣制度理論》（北京：中國人民大學出版社，二〇〇四年），頁一六三。

30. 二〇〇四年一月七日，中國政府動用四百五十億美元國家外匯儲備，補充中國銀行和中國建設銀行實施股份制改造所需的資本金，負責管理這部分資產的是為此成立的中央匯金投資有限責任公司。二〇〇四年六月，中央匯金公司負債融資三十億元人民幣，向當時正在進行財務重組的交通銀行注資，持有上市後交通銀行六．六八%的股份。二〇〇四年八月中國銀行股份有限公司成立，同年九月，中國建行改組為中國建設銀行股份有限公司，中央匯金公司成為這兩家銀行的最大控股股東。二〇〇五年四月，匯金公司又向中國工商銀行注資一五〇億美元，與財政部各占五〇%的股份。與此同時，四大國有銀行都尋求和確認了海外戰略投資者。例如，蘇格蘭皇家銀行、瑞銀集團、亞洲開發銀行都是中國銀行的境外戰略投資者，占一六．八五%股份。二〇〇五年十月，中國建設銀行率先在香港發行股票。之後，中國銀行於二〇〇六年七月五日，在H股成功上市後，正式登陸A股市場，同年十月二十七日，中國最大的商業銀行中國工商銀行A+H股在上海證券交易所和香港聯交所同時成功上市，是中國商業銀行史和中國證券發展史上的重大事件，市盈率高達二十二倍，並以二．二三倍的高市淨率成功發行。楊晶晶，〈中國銀行改革開放大事記〉，《經濟觀察報》，二〇〇五年十二月五日。

31. 一般來說，政策性銀行（policy bank/non-commercial bank）是指那些多由政府創立、參股或保證的，不以營利為目的，專門為貫徹、配合政府社會經濟政策或意圖，在特定的業務領域內，直接或間接地從事政策性融資活動，充當政府發展經濟、促進社會進步、進行宏觀經濟管理工具的金融機構。

32. 米嘉（Holger Michaelis）、蔡輝，〈城商行轉型〉，《金融實務》（二〇〇九年第十一期）。

33. 世華財訊，二〇〇七年十二月五日。

34. 截至二〇〇五年十月底，中國已有四十個國家地區的一百七十三家銀行在二十三個城市開設了兩百八十三家代表處，有二十個國家和地區的七十一家外國銀行在二十三個城市設立了兩百三十八家營業性機構；在中國外資銀行資產總額達到八四五億美元，占中國銀行業金融機構資產總額的二％左右，其中外匯貸款額占中國外匯貸款總額的二〇％。在中國外資銀行資產規模排名前五位的分別是：美國花旗銀行，香港匯豐銀行，日本三菱東京日聯銀行，日本瑞穗銀行和香港東亞銀行。外資銀行在中國的市場份額不斷上升，外幣貸款份額已達到一九％。中國為履行加入 WTO 的承諾，自二〇〇六年底，全面開放銀行和金融業，涉及的領域包括信用卡業務、住房信貸抵押證券、保險、代客理財、私人銀行、基金業務合作。從區域而言，外資銀行機構、資產和業務基本上集中在中國的經濟發達地區。

35. 舒眉、羅瓊、陳菲菲，〈銀行：從「外資威脅論」到「中資威脅論」〉，《南方週末》，二〇一〇年五月二十七日。

36. 中國建設銀行是第一大股東，股份是四三．三五％，第二大股東摩根士丹利擁有三四．三％股權。國務院前總理朱鎔基之子朱雲來（一九五七年生）任 CEO。

37. 朱民等主編，《中國金融崛起》（北京：中信出版社，二〇一〇年），頁四六—四七。

38. 在私募基金中，「陽光私募」最有代表性，是證券市場的新興力量，主要投資於證券市場，定期公開披露淨值，具備合法性、規範性。中國私募借助信托公司平臺正式浮出水面，被稱為陽光私募的時間很短，最早可以追溯到二〇〇三年底。

39. 一九九七年，中國金融體系確定了銀行業、證券業、保險業的分業經營、分業管理的原則，這是從計劃體制向市場體制轉型過程中最為重要的標誌，有效改變了中國經濟體制和社會資源的配置方式。

40. 鄭德友主編，《中國金融自由化效應研究》（北京：中國經濟出版社，二〇一〇年），頁五三。

41. 截至二〇〇七年底，中國銀行業金融機構資產總額有五二．六兆，從業人員近二七〇萬人。據《中國金融崛起》。

42. 《中國金融自由化效應研究》，頁七〇。

43. 林毅夫，〈經濟發展中的最優金融結構理論初探〉，《經濟研究》（二〇〇九年第八期，北京）。

44. 易綱，《中國的貨幣化進程》（香港：商務印書館，二〇〇四年）

45. 當代美國經濟學家羅納德．麥金農（Ronald I. Mckinnon）最早提出這個指標。

46. 一九八〇年，國際貨幣基金組織考察中國，對廣義貨幣供應量的結構提出建議。一九八八年中國銀行提出了中國自己的劃分方案（M_0，M_1，M_3，M_4）。直到一九九四年第三季度，正式按季度向社會公布各層次的貨幣供應量的統計監控指標。至此，中國貨幣的層次劃分得以確定。中國至今尚未建立包括M_3的測算體系。

47. 《中國的貨幣化進程》，頁六一。

48. 張傑，《中國金融制度的結構與變遷》（太原：山西經濟出版社，一九九八年），頁五二。

49. 《中國的貨幣化進程》，頁一三二。

50. 《中國金融制度的結構與變遷》，頁五七。

51. 國家統計局，《輝煌的三十年》（北京：中國統計出版社，二〇〇八年）。

52. 前引書。

53. 黃波，《金融信用與經濟增長》（北京：社會科學文獻出版社，二〇一一年），頁七一。

54. 這是作者在一九八〇年代多次公開講話中的比喻。

55. 張軍，《不為公眾所知的改革》（北京：中信出版社，二〇一〇年），頁一九〇—一九一。

56. 前引書，頁一九〇—一九一。

57. 範志勇，《開放條件下中國貨幣經濟政策的選擇》（北京：中國人民大學出版社，二〇〇九年），頁一〇七。

58. 傑格迪什．漢達，《貨幣經濟學》（北京：中國人民大學出版社，二〇〇五年），頁七七六。

59. 貨幣經濟學中有關「貨幣中性」的爭論涉及兩個層面，一是在比較靜態的分析中，如果名義貨幣供給的變化僅僅是引起價格總水平的同比例變動，而不會引起均衡的相對價格和利率的變動，則貨幣就是中性的，就可以說貨幣僅僅是罩在真實經濟之上的面紗，或貨幣僅作為經濟機制的潤滑劑，而沒有改變經濟機制的運行方式；二是穩定狀態增長模型中，貨幣供給增長率的變化在長期是否中性的問題，一般稱之為「超中性」。（帕廷金，一九八七；哈里斯，一九八一）古典—新古典貨幣數量論和貨幣主義、以及新凱恩斯主義主張貨幣長期是中性的，即從長期來看貨幣只是經濟活動的潤滑劑或面紗，但不否認短期的非中性，即貨幣擾動（帕廷金，一九八七）。正如弗里德曼（一九七〇）所說：「在短期內，如五至十年間，貨幣變動會主要影響產出；另一方面，在幾十年內，貨幣增長率則主要影響價格。」新古典的貨幣經濟均衡週期理論（即理性預期學派）則主張貨幣在短期和長期都是中性的（即所謂的貨幣超中性）。貨幣是非中性是凱恩斯主義貨幣理論的基本特點，也可理解為新古典貨幣中性的特例。

60. 凱恩斯本人以及建立在新古典主義基礎上的主流經濟學，即新古典綜合派（如托賓）、貨幣主義（如弗里德曼）、新古典均衡貨幣經濟周期學派（如盧卡斯）和新凱恩斯主義，均主張貨幣是外生性的，即由中央銀行控制貨幣供給和利率；他們雖然在貨幣和產出兩者之間關係本質和強度以及貨幣和財政政策相對有效性方面有著較大的分歧，但觀點各異的經濟學家都認為貨幣現象對於經濟波動研究是關鍵性的。而在與新古典綜合派和貨幣主義論戰產生的後凱恩斯主義，不僅主張貨幣是非中性的（借用「超中性」概念即為貨幣「超非中性」），而且認為是內生的，他們認為貨幣和產出之間有著與貨幣數量論反向的因果關係。新古典真實經濟周期理論雖然主張貨幣數量和總價格水平不影響總產量和就業，但一些真實經濟模型（比如金和普洛瑟，一九八四）卻把貨幣和產量之間的歷史聯繫解釋成貨幣對產量的內生反應。金和普洛瑟（一九八四）的模型以法馬（一九八〇）和布蘭克（一九八七）的成果為基礎，認為「貨幣服務是私人部門生產的中間產品，其數量隨著真實經濟的發展而上升和下降」；他們將金融部門嫁接到生產和消費的一般均衡模型中，闡明了真實產量、信貸和交易服務（即金融部門提供的便利市場交易的會計服務流）之間的正相關，暗示內部貨幣（銀行存款）將隨產量正向變動，銀行儲蓄成為經濟周期的領先指數，強調了儲蓄對計劃產量運動的內生反應。因此，在貨幣內生性方面，新古典真實經濟周期理論和後凱恩斯主義結成了一個不合理的同盟。樊苗江、柳欣，〈進一步新古典化的主流經濟學與貨幣理論〉，《貨幣理論的發展與重建》（北京：人民出版社，二〇〇六年）。

61. 《開放條件下中國貨幣經濟政策的選擇》，頁四六—四七。
62. 趙海寬，〈回憶我國貨幣層次的劃分過程〉，《中國金融》（二〇〇八年一月，北京）。
63. 中國經濟增長與宏觀穩定課題組，〈金融發展與經濟增長：從動員性擴張向市場配置的轉變〉，《經濟研究》（二〇〇七年第四期，北京）。
64. 金融深化理論（Financial Deepening）的代表人物是美國金融專家愛德華・蕭（Edwards Shane）。其代表作是 *Finanial Deepening in Economic Development* (New York: Oxford University Press, 1973)。
65. 基礎貨幣（Basic Money），還有其他名稱：貨幣基數（Monetary Base）、強力貨幣、始初貨幣，高能貨幣（High-powered Money）。
66. 倉祖昭，《中國貨幣供應規劃及其方法研究》（大連：東北財經大學生出版社，二〇〇四年），頁一五九，一七二。
67. 同前引。
68. 〈中行和大西洋行繼續發行澳門貨幣〉，《澳門日報》，二〇一〇年九月七日。
69. 貨幣乘數（Money Multiplier），係英國經濟學家理查德卡恩（Richard Kahn）一九三一年在所著 *Selected essays on employment and growth*（《國內投資與失業的關係》）中首次提出，對凱恩斯革命有重大貢獻。貨幣乘數是指貨幣供給量對基礎貨幣的倍數。
70. 包祖昭，《中國貨幣供應規劃及其方法研究》（大連：東北財經大學出版社，二〇〇四年），頁一五二—一五七。
71. 海思，《金融幻象》（北京：中國發展出版社，二〇一〇年），頁一〇八。

72. 歐洲將各類機構的電子貨幣視為存款，電子貨幣的發行主體只能是金融機構，只允許有正規牌照機構或銀行來發行。只有銀行才可以發行電子貨幣。美國却規定，只有實體企業而不是儲蓄機構才能發行電子貨幣。

73. 監管制度包括：發行資格的認可制度，規範登記公告制度、監管重點、資金性質與運用、支付效率和安全、電子貨幣有效期、殘值處理、標準的設立、統計與檢測以及權利與責任。

74. 《金融幻象》，頁一〇九。

75. World Bank, World Development Indicators (WDI) database.

76. 朱民等主編，《中國金融業的崛起》（北京：中信出版社，二〇一〇年），頁三八。

77. 由於中國男女比例和「甲女丁男」社會經濟地位的不平等，導致男性尋求配偶時的競爭更加激烈。為了娶妻，男方家長及其本人被迫儲蓄，以提高未來的「求偶競爭力」。此一現象在農村比城市更為明顯。也就是男女比例失調推動了中國居民儲蓄增長。中國家庭儲蓄率在一九九〇至二〇〇八年期間大幅上升，最終占了中國 GDP 的半數。

78. 《輝煌的三十年》。

79. 劉煜輝，〈中國高儲蓄率之惑〉，《經濟觀察報》，二〇〇九年十二月十四日。

80. 在中國，國民經濟統計中的儲蓄與銀行存款儲蓄是有區別的概念，前者指的是可支配收入中未被消費的部分。

81. 《輝煌的三十年》。

82. 前引書。

83. 弗蘭科．莫迪格里亞尼（Franco Modigliani, 1918-2003），一九八五年諾貝爾經濟學獎獲得者；「生命週期假說（life-cycle hyperthesis）又稱消費與儲蓄的生命週期假說，是由美國經濟學家莫格里亞尼和布倫貝格（R. Brumberg）、安東（Alberto Ando）共同提出來的。。

84. 弗蘭科．莫迪格里亞尼，〈生命週期理論和中國的居民儲蓄〉，《比較》第二十一期（二〇〇五年，北京）。弗蘭科．莫迪格里亞尼是筆者一九九三—一九九五年在麻省理工學院史隆管理學院讀書的教授。筆者參與了這篇文章的早期討論。

85. 陸銘，《十字路口的中國經濟》（北京：中信出版社，二〇一〇年），頁四。

86. 鄭新立，〈居民收入占 GDP 比例降到歷史最低點〉，《東方寬頻》，二〇一〇年三月七日。

87. 李揚等，〈中國高儲蓄率問題研究〉，《經濟研究》（二〇〇七年第六期，北京）。

88. 二〇〇七年，中國擁有流動性資產累計大於一百萬美元的人數接近四十萬，平均淨資產達到五百萬美元，在未來幾年，其年均資產將保持八．八%的增長速度，是同期世界平均水平的兩倍。

89. 《輝煌的三十年》；新華社，《中央政府門戶網》，二〇〇九年一月五日。

90. 陳志武，〈中國政府的規模有多大？〉，《中國經濟網》，二〇〇八年二月二十五日。

91. 王志浩，〈隱蔽的失衡〉，《財經》（二〇一〇年第四期，北京）。

92. 二〇〇四年中央企業利潤四，九〇七億，二〇〇六年七，五四六億，二〇一〇年一百二十家中央企業實現淨利潤八五二二．七億元，比上年增長四二．八％。（據《人民日報》二〇一一年十月十八日。）

93. 余春海，〈feldstein-horioka之謎的中國經驗分析〉，《世界經濟》（二〇〇七年第一期，北京）。

94. 周小川，〈關於儲蓄率問題的若干觀察與分析〉，二〇〇九年二月十日在馬來西亞央行高級研討會上的發言。

95. 二〇〇一年二月，中央銀行對外幣小額存款利率進行調整，一年之內，對美元、英鎊、歐元、日元、加拿大元，瑞士法郎和港幣等外幣進行了八次降息。一年期美元存款利息從五．五％下調到一．二五％。

96. 一九九八年開放了政策性銀行發行金融債券的利率，實現國債在銀行間債券市場利率招標發行，允許縣以下金融機構貸款利率最高可上浮三〇％。一九九九年，對保險公司三千萬元以上、五年期以上的大額定期存款，實行保險公司與商業銀行雙方協商利率；擴大金融機構對小企業的貸款利率的最高上浮幅度，從一〇％擴大到二〇％；擴大農村信用社的貸款利率的最高上浮幅度，四〇％擴大到五〇％。小企業款利率的最高可上浮三〇％的規定擴大到所有中型企業。二〇〇〇年，一步開放外幣款利率；三百萬美元以上的大額外幣存款利率由金融機構與客戶協商確定，並報中央銀行備案。

97. 郭濤等，〈中國利率期限結構的貨幣政策含義〉，《經濟研究》（二〇〇八年第三期，北京）。

98. 王東靜，〈利率市場化、企業融資與金融機構信貸行為研究〉，《世界經濟》（二〇〇七年第二期，北京）。

99. 《輝煌的三十年》，頁二二五；馬順和，《外商直接投資與經濟增長、對外貿易——基於中國的實證》，無憂論文網，二〇〇三年三月十二日。

100. 《中國金融自由化效應研究》。

101. 前引書，頁一七九。

102. 《金融信用與經濟增長》，頁七八。

103. 傅麗穎，《日元國際化與東亞貨幣合作》（北京：商務印書館，二〇一〇年），頁二一一——二一二。

104. 《中國人民銀行年報》和中國人民銀行《貨幣政策報告》，二〇〇一年。

105. 中國經濟增長與宏觀穩定課題組，〈全球失衡、金融危機與中國經濟的復甦〉，《經濟研究》（二〇〇九年第五期，北京）。

106. 中國的銀行股被稱之為「一枝獨秀」，二〇一一年上半年創下超過五〇％的整體淨利潤增長率。

107. 影子銀行系統（The Shadow Banking System）的概念由美國太平洋投資管理公司（PIMCO）執行董事麥卡利（Paul McCulley）首次提出並被廣泛採用，它包括投資銀行、對沖基金、貨幣市場基金、債券保險公司、結構性投資工具（SIV）等非銀行金融機構，在美國的二〇〇七年的次貸危機之前，一直游離於市場和政府的監管之外受到重視。今天，在美國和其他發達國家，對影子銀行系統沒有十分有效的監管方式。

108. 〈央行：三季末全國小額貸款公司貸款餘額三三五九億〉，《中國新聞網》，二〇一一年十月二十八日。

109. 〈二〇一一—二〇一五年中國典當行業投資分析及前景預測報告〉，《中國投資咨詢網》，二〇一一年六月。

110. 野村國際（香港）對中國內地的「影子銀行」調研報告的數據。轉引自孟揚，〈「影子銀行」：水有多深？〉，孟揚，《金融時報》，二〇一一年十一月一日。

111. 根據巴克萊資本（Barclays Capital）的報告，轉引自〈「影子銀行」：水有多深？〉。

112. 曾頌、江玲玲，〈放款逼近半壁江山 國內影子銀行野蠻生長〉，《羊城晚報》，二〇一一年七月二十六日。

113. 中國現階段企業融資結構的基本特徵是：低資產負債率、低內源融資與高外源融資、高股權融資，並表現出強烈的股權融資偏好。

114. 〈「影子銀行」：水有多深？〉。

115. 近年經過打擊和整頓，傳統的地下錢莊、台會等大大減少，有固定資金運作規則的新型民間借貸組織越來越多；「票號」傳統的晉陝模式。當地煤礦資源豐富，投資者以各種非公開方式向社會集資採礦，金融隱憂較大；黑龍江、遼寧等地的「東北模式」。東北民營企業流行企業轉貸，而轉貸「東家」是較知名兼具實力的大型國有企業，俗稱為「對縫」。此外，還有廣西、遼寧、內蒙、山東等地出現「傳銷」或「集資」模式。

116. 「地下金融」被定義為一切非官方性質的和非國有性質的，發生在個人或非國有制企業之間的融資交易活動。

117. 黎友煥編著，《揭秘地下錢莊》（北京：經濟日報出版社，二〇一一年），頁二六。

118. 據中國的《人民網》：截止二〇一一年九月六日，共有三十五家上市涉嫌放高利貸，放高利貸總金額總計九三．八〇億元。

119. 以二〇〇五年中國銀行體系資源分布為例，城市有銀行網點一七．五萬個，農村地區只有二．七萬個，城市平均每萬人擁有一．三四個銀行網點，而農村地區平均只有〇．三五個網點。農村人口占全國人口五五%，而農村地區的存貸款約占全國總量的一五%。至於證券結構和保險機構數量和比重在農村和中、西部地區更少、更低。《中國金融崛起》，頁五七。

120. 自一九九八年開始，農業貸款的比重幾乎沒有變化，一直維持在五%左右，比單一銀行體制下的水平低一倍。根據農業銀行資料，農村貸款占農業銀行總貸款比例在一九九七年是三一．一%。二〇〇一年是一六．九%，二〇〇七年跌落到一〇%，而在一九八〇年代是九八%。與此同時，鄉鎮企業貸款也發生下降，從單一銀行時期的一〇%左右下降到二〇〇四年的四%。《中國金融崛起》，頁一二〇——一二四。

121. 《揭秘地下錢莊》，頁一三。

122. 孫悅根據財經網、許小年公開發言綜合編輯，〈地下錢莊合法路徑〉，《財經文摘》（二〇一一年第七期，北京），頁四四。

123. 尹中立，〈民間高利貸緣於寬鬆貨幣政策 止於壓縮過度投資〉，人民網，二〇一一年十月十一日。

124. 資料來源：根據中國央行研究局的一份調查報告。《經濟參考報》，二〇一一年九月二十八日。

125. 李建、馮增煒，〈中國民間、地下和非法金融規模到底有多大〉，中國證券網——上海證券報，二〇〇七年二月五日。
126. 曾水良，〈中小企業「融資」再思考〉，中國管理傳播網，二〇一〇年四月九日。
127. 最高院《關於人民法院審理借貸案件的若干意見》第六條規定：民間借貸的利率可以適當高於銀行的利率，各地人民法院可根據本地區的實際情況具體掌握，但最高不得超過銀行同類貸款利率的四倍（包含利率本數）。超出此限度的，超出部分的利息不予保護。所以，高利貸就是一種超過正常利率的借貸，屬於民間借貸範圍，很難涉嫌犯罪的問題。
128. 馬光遠，〈鄂爾多斯的民間借貸〉，《經濟觀察報》，二〇一一年七月十八日。
129. 資料來源：《經濟觀察報》，二〇一一年八月二十九日。
130. 中國人民銀行貨幣政策分析小組編，《二〇〇四年中國區域金融運行報告》（北京：中國金融出版社，二〇〇五年）。
131. 資料來源：中華人民共和國國家統計局編，《中國統計年鑒二〇〇二》（北京：中國統計出版社，二〇〇二年）。
132. 北京大學中國經濟研究中心中國經濟觀察研究組，〈我國資本回報率知多高？——新一輪投資增長與經濟景氣的微觀基礎〉，《學習時報》（北京），二〇〇七年三月二十六日。
133. 北京大學中國經濟研究中心中國經濟觀察研究組，〈經濟轉型成長與資本回報率演變——我國改革開放時期資本回報率估測（一九七八—二〇〇五）〉（二〇〇七年）。
134. 以二〇〇六年為例：中國國有土地的總價值大約為五十兆元。全國有一一．九萬家國有企業，所有資產加在一起值二十九兆元，GDP增長一一．四%。假設土地和國有資產以同樣於GDP的增速升值，這意味二〇〇六年國有資產增值九兆，比財政稅收的五．一兆多了八〇%。據〈中國政府的規模有多大？〉。
135. 中國還存在規模不小，非政府所能控制，卻與政府有著直接關聯的金融資源，即所謂國家黨政機關和事業單位，國有及國有控股企業，社會團體的「小金庫」。為此，中央政府成立了治理「小金庫」工作領導小組辦公室。自二〇〇九年四月，中央治理「小金庫」工作領導小組辦公室在全國黨政機關和事業單位，共發現「小金庫」二四，八七七個，涉及金額一二二．四二億元。僅僅舉報「小金庫」，就獲十萬元獎金。資料來源：《上海證券報》，二〇一〇年八月二十六日。
136. 〈中國政府的規模有多大？〉。
137. 中國在二〇〇八年之後，為刺激經濟的四兆投資所啟動的大型項目，創造了企業收入、增值稅和所得稅。
138. 《中國金融業的崛起》，頁二二三。
139. 二〇〇七年六月十三日，中國財政部決定發行特別國債購買外匯，發行規模為一．五五兆人民幣，可購買兩千億美元。其目的包括針對流動性過剩，降低外匯儲備規模，拓展外匯運用渠道，提高外匯收益水平。
140. 《貨幣經濟學》，頁七九四—七九六。
141. 時紅秀，〈治理地方融資平臺風險〉，《瞭望》新聞週刊，第四十二期（二〇一一年十月十七日，北京）。

142. 湯敏，〈減少企業與政府儲蓄：調節經濟失衡的一步活棋〉，《中國發展觀察》（二〇〇六年第九期，北京）。

143. 過度的積極財政政策勢必導致社會需求擴大，形成通貨膨脹壓力。例如二〇〇三年，光是中國的省會城市正在新建的購物中心就超過六百家，總投資超過三千億元，僅此一項就超過當時鋼鐵行業投資的兩倍之多，加上全國開工或計劃開工的地鐵項目有五十餘個。因為這樣，中國從二〇〇五年轉向「中性」和「溫和」的財政政策，二〇〇七年繼續實行適度減少財政赤字和長期建設國債規模。

144. 《中國金融崛起》，頁二八。

145. 中國經濟增長與宏觀穩定課題組〈金融發展與經濟增長：從動員性擴張向市場配置的轉變〉，《經濟研究》—二〇〇七年第四期

146. 邱曉華等，〈中國經濟增長動力及前景分析〉，《經濟研究》（二〇〇六年第五期，北京），頁五。

147. 王小魯等，〈中國經濟增長方式轉換和增長可持續性〉，《經濟研究》（二〇〇九年第一期，北京）；〈金融發展與經濟增長：從動員性擴張向市場配置的轉變〉。

148. 數據來源：The United Nations Statistics Division，製圖：《網易財經》（二〇一〇年二月十五日，北京）。

149. 除了建數萬公里的高鐵，政府主導的投資浪潮還湧現了數千萬套保障房（僅二〇一一年就計劃建一千萬套，總投資額為一·四億元），四兆的水利工程，以及地方政府十二五規劃中總計十幾兆的新興戰略產業。黃河，〈政府投資錢從哪裡來？——「第二央行」推動中國經濟走向「高鐵模式」〉，《南方週末》（二〇一一年八月十八日，廣州）。

150. 〈feldstein-horioka 之謎的中國經驗分析〉。

151. 前引文。

152. 英國經濟學家約翰·希克斯（John Richard Hicks）首先提出「IS-LM」模型，這一模型把新古典經濟學的一般均衡分析與凱恩斯的國民收入決定理論結合在一起，成為現代凱恩斯主義宏觀經濟學的理論核心。

153. 卡爾·布魯納、艾倫·梅爾茨，《貨幣經濟學：貨幣分析問題》（北京：中國金融出版社，二〇一〇年），頁五五—五六。

154. 《貨幣經濟學》，頁七九四—七九六。

155. 約瑟夫·熊彼特，《經濟發展理論》（北京：北京出版社，二〇〇八年）。

156. 《不為公眾所知的改革》，頁一九一—一九二。

157. 〈金融發展與經濟增長：從動員性擴張向市場配置的轉變〉。

158. 《輝煌的三十年》。

159. 資料來源：http://data.worldbank.org.cn/indicator/FP.CPI.TOTL.ZG，IMF, international financial Statisticas and Bureau of Labor Statistics。

160. 新西蘭（紐西蘭）統計學家威廉・菲力普斯（A. W. Phillips）於一九五八年在〈一八六一—一九五七年英國失業和貨幣工資變動率之間的關係〉一文中，最先提出用來表示失業與通貨膨脹之間替代取捨關係的菲力普斯曲線（Phillips Curve）。

161. 劉金全等，〈中國菲力普斯曲線的動態性與通貨膨脹預期的軌跡〉，《世界經濟》（二〇〇六年第六期，北京）。

162. 政府定價包括中央政府和省級以下政府定價。在農副產品收購總額中，二〇〇一年，市場決定價格達到一〇〇%的省份有北京市和天津市等省市。在物質產品中只剩下九類，即中央儲備物資。國家專營的範圍局限在菸葉、食鹽和民爆器材，部分化肥，部分重要藥品，藥材、天然氣、軍品，中央直屬及跨省水利工程供水。

163. 十一屆三中全會決定：「建議國務院作出決定，糧食統購價格從一九七九年夏糧上市的時候起提高二〇%，超購部分在這個基礎上再加價五〇%，棉花、油料、糖料、畜產品、水產品、林產品等農副產品的收購價格也要分別情況，逐步作相應的提高。農業機械、化肥、農藥、農用塑料等農用工業品的出廠價格和銷售價格，一九七九年和一九八〇年降低成本一〇—一五%，把降低成本的好處基本上給農民。農產品收購價格提高以後，一定要保證城市職工的生活水平不致下降。糧食銷價一律不動；群眾生活必需的其他農產品的銷價，也要堅決保持穩定；某些必須提價的，要給予消費者以適當補貼。」

164. 成致平，《價格改革三十年（一九七七—二〇〇六）》（北京：中國市場出版社，二〇〇六年），頁十五，十九。

165. Loren Brandt & Xiaodong Zhu, "Redistribution in a Decentralized Economy: Growth and Inflation in China under Reform", *Journal of Political Economy*, 108:2 (Chicago: University of Chicago,2000.04). 張軍，〈中國早期通貨膨脹的理論貢獻〉，《經濟觀察報》，二〇〇八年二月二日。

166. Andrew Feltenstein, Shigeru Iwata, "Decentralization and macroeconomic performance in China: regional autonomy has its costs", *Journal of Development Economics* (Amsterdam: North-Holland Pub. Co., 2005).

167. 米爾頓・弗里德曼（Milton Friedman），美國經濟學家，諾貝爾經濟學獎得主，主張自由放任資本主義而聞名。弗里德曼對香港的經濟制度贊不絕口，認為是自由市場制度的杰出典範，並對中國的改革進程十分關注。於一九八〇年、一九八八年，一九九三年三次來華訪問。

168. 《二十世紀中國糧食經濟》，頁六二六—六二七。

169. 《價格改革三十年（一九七七—二〇〇六）》，頁六三。

170. 中國的工業化、城市化造成對土地資源的爭奪，並形成包括土地、水資源的短缺，導致糧價上漲。為了增加糧食供給，國家開始對糧食種植提供各種補貼。在這種情況下，增加養豬數量，採用「勞動節約型」模式，即以購買「豬飼料」來替代傳統的「打獵草」，而購買半工業品「豬飼料」，又碰到糧價上漲。所以「機會成本」「提高糧價，導致了生豬養殖成本上升。養豬需要較大空間；包括需要堆放和處理豬糞的地方，進而提高養豬的機會成本。豬肉價格不再回落，還會引起其他替代品，如牛羊肉的價格上漲，這種輪番上漲的結果，會觸發普遍性通脹。

171. 《零售革命——中國零售業併購現象概覽》（北京：安永會計師事務所（中國區），二〇〇六年九月）。
172. 據《世界奢侈品協會二〇一一官方報告藍皮書》：二〇一一年，中國奢侈品市場消費總額已經達到一〇七億美元（不包括私人飛機、遊艇與豪華車），占據全球份額的四分之一。
173. 中國零售銷售額自二〇〇〇年至二〇一〇年，維持高於一〇%，甚至一三—一四%的增長速度。
174. 一九八五年二月，經鄧小平同意，國務院召開省長會議，要求各地嚴格控制投資基金和消費基金的膨脹。數月內並未有效控制住通貨膨脹。相關通貨膨脹的辯論也並未停止。這個特定的時候，中國經濟體制改革研究會聯合中國社會科學院和世界銀行發起「宏觀經濟管理國際討論會」，即著名的「巴山輪會議」。
175. 朱嘉明，〈論中國正經歷的經濟發展階段〉，《中青年經濟論壇》（一九八五年第二期，天津）。
176. 〈通貨膨脹研討會：各方面專家針對我國目前經濟闡述各自觀點探討我國通貨膨脹的根源及整治辦法〉，《世界經濟導報》，一九八八年十一月十四日。
177. 《不為公眾所知的改革》，頁五〇—五二。
178. 有人總結為「四熱」（房地產熱、開發區熱、集資熱、股票熱）、「四高」（高投資膨脹、高工業增長、高貨幣發行和信貸投放、高物價上漲）、「四緊」（交通運輸緊張、能源緊張、重要原材料緊張、資金緊張）和「一亂」（經濟秩序特別是金融秩序混亂）。
179. 當時有人罵道：「現在不是牛市，也不是熊市，而是『豬』（朱鎔基）市。」
180. 一般而言，這種收入幾乎是無成本的，其成本僅限於設計、發行和保管貨幣所需要的支出，非貨幣發行當局以外的個體或組織偽造法定貨幣也可以歸結於貨幣發行的成本，貨幣的永久性損害或退出流通領域也可視為貨幣收入。
181. 張健華等，〈人們銀行鑄幣稅的測算和運用：一九八六—二〇〇八〉，《經濟研究》（二〇〇九年第七期，北京）。
182. 世界銀行報告，一九九六、一九九七年。
183. 劉紹保，〈中國貨幣替代與鑄幣稅經濟關係的實證分析〉，《上海金融》（二〇〇八年第一期，上海）。
184. 南方基金高級研究員萬曉西根據《北京物價誌》、《上海價格誌》、《廣州市物價誌》等資料，查詢了一九七八年的單品價格，包括食品、醫療、衣服、交通、煙酒和居住等六大類，然後和今天的價格相比，估算出一九七八年的五十一元的購買力，大概與今天北京三千元相當。三十一年貶值了五十八倍，換算成通貨膨脹率的話高達每年一四%。
185. 中國的金價在一九七九年是一二．五元／克，到二〇一〇年是二九七元／克，漲了二三．七六倍，平均每年漲價一〇．八%。徐奇淵，《統計數據和主觀感受：CPI是風動還是帆動？》，見徐奇淵博客。
186. 《輝煌的三十年》。
187. 據〈三十年前一元錢能做什麼〉：二〇〇六年八月十一日。三十年前一元錢能夠買二斤大米（〇．二三元），三兩肉（〇．

一八元），二斤番茄（〇．〇四元），三個雞蛋（〇．一五元），一斤豆角（〇．〇二元），一斤土豆（〇．〇二元），一斤小白菜（〇．〇五元），一斤蘿蔔（〇．〇二元），〇．五斤白酒（〇．〇二元），調料（〇．〇九元）。交一個孩子〇．六個學期的學雜費（一個學期一．六元）、治療一次感冒發燒（含打針）、買二十支雪糕、買七斤大米、五十斤番茄、二十斤小白菜，二十個雞蛋，到電影院看五次電影，乘二十次公交車。

188. 「我只想簡單列舉一下自己這二十年來親身經歷的物價變化。（因為只是憑印象，所以不免有誤差，敬請諒解）。第一吃喝：一、饅頭：二十年前二分一個，現在是三角，漲幅約十五倍。二、食鹽：二十年前約五分錢一斤，現在是一塊錢，漲幅約二十倍。三、冰糕：二十年前一角錢一根，現在要八角錢，漲幅約八倍。四、麵條：二十年前五角錢一碗，現在要五元錢，漲幅約十倍。第二交通：一、火車票：二十年前北京到石家莊的特快是十二元，現在是四十—六十元，漲幅約四倍。二、公共汽車：二十年前五分錢的路程，現在要一塊錢，漲幅約二十倍。三、自行車：二十年前一百多元的自行車，現在差不多賣二百元，略有上漲。四、存車費：二十年前存車（自行車）三—五分錢，現在五角至一元，漲幅約二十倍。第三通訊：一、郵票：從八分漲到了八角，漲幅十倍。二、市內電話：二十年前打個公用電話要五分錢，現在要五角錢，漲幅十倍。三、長途電話：二十年前打個長途電話很貴的，現在有了IP電話，價格至少下降了一半。四、家庭電話：二十年前初裝費要上千元，不是一般人家能享用的；現在只要一、兩百元的材料費。第四學習：一、書：二十年前一本五角錢的書，現在重印後賣五元，漲幅約十倍。二、文具：二十年前五角錢的鉛筆盒，現在十元錢也買不到，漲幅至少二十倍。三、中小學費：二十年前是五角，如今是五十元（不考慮擇校及其他雜費），漲幅約一百倍。四、大學學費：二十年前不但不交學費，反而可享受人民助學金和補貼；現在學費每年都在幾千塊，漲幅無數倍。第五家用工業品：一、收音機：二十年前買一台普通收音機要三十元左右，現在差不多也只三十元，而且功能還增多了。沒漲價。二、手錶：二十年前一塊國產機械表要一百多塊，現在五十塊就能買到了，降價一半。三、電視機：二十年前一台十四的國產彩電賣一千多元，現在一千多元可以買一台二十九的了。價格不漲反跌。四、電腦：二十年前一台國產品牌個人計算機價值二萬元，現在只賣五千元，而且內存、速度、功能都增大了無數倍。是我知道的降價幅度最大的消費品之一。第六人情交往：一、隨禮：二十年前同事結婚給十元，現在給一千元，漲幅一百倍。二、壓歲錢：二十年前奶奶給孫子一元不算少，現在給二百元不算多，漲幅二十倍以上。三、請客：二十年前請兩三個朋友吃飯只要十元錢，現在至少要一百元，漲幅十倍以上。四、結婚開銷：二十年前五千塊就 娶個媳婦了，現在至少要十萬吧（不算買房），漲幅二十倍以上。第七雜項：一、石油液化氣：二十年前一元錢一罐，現在漲到了五十元，漲幅五十倍。二、配鑰匙：二十年前一角錢，現在二元，漲幅二十倍。三、照相：二十年前照一份標準像只要二角錢，現在要八元，漲幅四十倍。四、公園：二十年前頤和園門票一角，現在淡季二十元、旺季三十元，漲幅約二五〇倍。」根據網路文字，作者不詳。

189. 根據中國人民銀行：各銀行的零鈔投放量保證充足，但是，六〇—七〇％「沉澱」到民間。例如，二〇〇六年以來，國家向山東省投放了四千萬元硬幣，大部分沒能循環回來。周華蕾，〈中國年底面臨「零錢荒」：三分之二零鈔沉澱民間〉，《南方週末》（廣州），二〇〇七年十一月十五日。

190. 中國經濟增長與宏觀穩定小組，〈外部衝擊與中國通貨膨脹〉，《經濟研究》（二〇〇八年第五期，北京）。

191. 胡中彬、陳雙慶，〈從老師到學生　外資基金中國跌宕路〉，《經濟觀察報》，二〇一〇年三月一日。

192. 據 IMF 和世界銀行的統計數據，二〇〇六年，全球食品價格比去年上漲了九．八%，其中，中低收入國家食品價格上漲了九．七%。二〇〇七年一季度，全球食品價格同比上漲了一一．六%，其中，中低收入國家上漲了八．七%。國家統計局國際中心劉冰等，《全球食品價格走勢及對我國影響的初步判斷》，中國信息網，二〇〇七年七月三日。

193. 吳曉靈在上海接受《中國經濟週刊》採訪時坦言：「過去相當一段時間，央行存在貨幣超發的問題，特別是二〇〇九年，為了應對金融危機採用了『極度寬鬆』的貨幣政策」。《中國經濟週刊》，二〇一〇年十一月二日。

194. 舒眉、陳新焱，〈錢災〉，《南方週末》（廣東），二〇一〇年十月二十一日。

195. 二〇一〇年，物價高漲是成為中國經濟的主題語之一。從「蒜你狠」、「豆你玩」到「油不得你」、「玉米瘋」、「薑你軍」，以及最近的「糖高宗」、「蘋什麼」，這些新「名詞」，反映了民眾的不滿和無奈。

196. 〈全國印鈔廣大規模招聘或與貨幣增發有關〉，中國經濟網，二〇一〇年十二月十六日。

197. 張曙光、程煉，〈中國經濟轉軌中的要素價格扭曲與財富轉移〉，《世界經濟》（二〇一〇年十期，北京）。

198. 〈中國經濟轉軌中的要素價格扭曲與財富轉移〉。

199. Ronald I. Mckinnon, "Financial Growth and Macroeconomic Stability in China, 1978-1992" , Journal of Comparative Economics, 18:3 (San Diego [etc.] : Academic Press, 1994.06).

200. 丁欣，《中國資本環境與貨幣運行研究》（北京：中國社會科學出版社，二〇〇四年），頁二三〇—二三六。

201. 〈金融發展與經濟增長：從動員性擴張向市場配置的轉變〉。

202. 根據 Raymond W. Goldsmith 著作 Financial Structure and Development（1969）的「貨幣化路徑」假說，一國通貨（或銀行貨幣）與國民財富的比例將遵循先上升，然後趨於平穩甚至下降的倒 u 型變動過程。

203. 在一九九〇年代，中國每年資本外流數額均不低於二百億美元。從更長跨度看，一九八二年至二〇〇四年間，五年出現短期資本（游資）淨流入（淨流入一一六五億美元）外，其餘十八年皆為淨流出（總淨流出為二七七八億美元）。根據福布斯中文版和中國建設銀行聯合出版二〇一〇年《中國私人財富白皮書》，二〇〇九年，僅僅通過投資移民流出的中國的私人財富及個人資產超過了一百億元人民幣。

204. 上述十種觀點以魏杰的文章〈貨幣「迷失」與貨幣政策的有效性：研究進展和現實選擇〉（《中國改革論壇》，二〇〇七年十二月）為基礎，對中外經濟學家相關文章的綜合：Field（一九八四）、Wenninger 和 Radecki（一九八六）、Gramer（一九八六）、Field（一九八四）、Wenninger 和 Radecki（一九八六）、Gramer（一九八六）、Fehenstein（一九九一）、Leeper（一九九一）、Fehenstein（一九九一）、Yi（一九九一）、Cover（一九九二）、Mckinnon（一九九三）、Allen（一九九四）、Qin（一九九四）、Woodford（一九九四）、謝平（一九九四）、易綱（一九九六）、世界銀行（一九九六）、Girardin（一九九六）、Sims（一九九七）、李揚（一九九八）、宋文兵（一九九九）、Daniel（二〇〇一）、石建民（二〇〇一）、Gordon（二〇〇二）、永定（二〇〇二）、易綱和王召（二〇〇二）、鄒恒甫（二〇〇二）、薩克斯與拉雷恩（二〇〇三）、伍志文（二〇〇三）、裴平、熊鵬（二〇〇三）、劉士余、王辰華（二〇〇五）、李斌（二〇〇四）和趙留彥（二〇〇五）、韓平、李斌、崔永（二〇〇五）、王宏淼（二〇〇五）、邱崇昭（二〇〇五）、王一瑩，陸文洲（二〇〇五）、張茴，萬廣華（二〇〇五）、張杰（二〇〇六）、張平、王宏森（二〇〇七）、王洋（二〇〇七）。

205. 程建勝，〈中國真的存在「超額貨幣」嗎？〉，《金融研究》（二〇〇四年第六期，北京）。

206. 流動性過剩（Excess Liquidity），即指有過多的貨幣投放量，可能導致過度投資（Overheated Investment Growth）和通貨膨脹。衡量流動性過剩的指標可以用馬歇爾 k 值（Marshallian k），即狹義或廣義貨幣總計數與名義 GDP 的比值。如果存在流動性過剩，那麼各主要經濟體的貨幣供應量（即 M_2）將大大超過以名義 GDP 為衡量的貨幣需求量。

207. 王建在二〇〇七年一月至四月在〈流動性過剩與地產、股市泡沫問題〉和〈中國貨幣流動性過剩之謎待解〉等論文中首先比較系統提出「流動性過剩」問題。

208. 流動性過剩（Excess Liquidity），即指有過多的貨幣投放量，可能導致過度投資（Overheated Investment Growth）和通貨膨脹。「流動性問題被誇大」，周小川二〇〇七年三月二十一日答記者問。

209. 對此，也有完全不同的看法：中國房價過高，會對居民財富搜刮一空，「圈走」民眾兩代人的財富。

210. 范志勇等，〈中國貨幣政策衝擊的真實利率渠道〉，《世界經濟》（二〇〇八年第十一期，北京）。

211. 在二〇一〇年一月至二〇一一年六月間，中國財富總值增長了四兆美元，是美國之後全球第二大財富增長來源。

212. 據瑞信研究院二〇一一年十月十九日發表的第二份年度《全球財富報告》，載於新華社二〇一一年十月二十日報導。

213. 根據中國社科院二〇一一年八月五日發佈的《中國城市發展報告 No.4》。

214. 《中國金融自由化效應研究》，頁七〇。

215. 資料來源：《中國證券報》，二〇〇九年九月十六日。

216. 據國家外匯局網站二〇一〇年四月十九日消息：二〇〇九年，中國國際收支經常項目順差二，九七一億美元，較上年下降三二%；資本和金融項目順差一，四四八億美元，較上年上升六．六四倍，繼續呈現雙順差。

217. 中國人民銀行六月十一日發佈的二〇一〇年五月金融統計數據報告。

218. 海思，《金融幻象》（北京：中國發展出版社，二〇一〇年），頁一一一。

219. 貝多廣等，〈試析人民幣對外升值與對內貶值並存〉，《經濟研究》（二〇〇七年九期，北京）。

220. 據中國國家統計局二〇一一年十月公布的數據：進入二〇一一年，房價已經開始下滑。一月，七十個主要城市中，有十個城市的房價停滯不前或下滑；九月，近四十六個主要城市的房價止漲。房地產開發商已經大幅度減價。而先前高價格買房的民眾，展開抗議並攻擊銷售辦公室。而中國的信貸泡沫也漸漸成形。中國股市也相當嚴重，七月份以來，跌掉二二％，本益比已經跌到九倍。

221. 范建軍，〈二〇一〇年物價將有一輪明顯上漲〉，《經濟觀察報》，二〇一〇年三月一日。

222. 中國投資熱點包括美國房地產、香港樓市、澳洲農場等等。其中，在美國購置房地產有多種優勢：美國有完善的法律，穩定的社會環境和相對簡單的購房程序可以完全保障海外投資者的利益；人民幣升值與美元貶值為在美國購買房地產提供了低成本的購買機遇。當地租賃需求旺盛，房屋租金呈日益上升趨勢，得以保障投資者的租賃收益。

223. 張磊，〈後起經濟為什麼選擇政府主導型金融體制〉，《世界經濟》（二〇一〇年第九期，北京）。

224. 中央銀行「最後貸款人」作用有多種方式。例如，省政府透過地方商業銀行向中央銀行借款，承諾在若干年後還款並付較低利率；中央銀行貸款給資產管理公司用於沖銷國有商業銀行的呆帳；中央銀行向農村信用社貸款；中央銀行向中小金融機構（如城市商業銀行）直接貸款；其他緊急救助貸款。

225. 《貨幣經濟學：貨幣分析問題》，頁六五。

226. 《貨幣經濟學文集（上卷）》，頁一〇三。

227. 當國際收支盈餘與國內通貨膨脹並存時，會出現典型的「米德衝突」；簡・丁柏根論證了實現n個政策目標需要n個獨立的政策工具；蒙代爾則進一步提出了財政政策追求內部均衡，貨幣政策維持外部均衡的「政策搭配論」。在封閉經濟的假設下，米什金（Mishkin, 1995）也證明瞭物價穩定與充分就業之間存在矛盾。著名的「克魯格曼三角」則認為貨幣政策獨立性、匯率穩定和資本自由流動中至多能同時達到兩項。余明，〈貨幣對沖壓力持續增加條件下的困境〉，《華夏時報》，二〇一〇年十二月十日。

228. 《中國金融展望　一九九四—一九九九年》，《中國人民銀行年報》二〇〇〇—二〇〇二年。

229. 一九九八年中國人民銀行宣布取消信貸規模限制。

230. （一）要求金融機構按照規定比例交存存款準備金；（二）確定中央銀行基準利率；（三）為在中國人民銀行開立賬戶的金融機構辦理再貼現；（四）向商業銀行提供貸款；（五）在公開市場買賣國債和其他政府債券及外匯；（六）國務院確定的其他貨幣政策工具。

231. 央行提高法定存款準備金率的緊縮效應遭到入下因素抵消：一，超額準備金率降低所產生的擴張效應；二，商業銀行吸收存款負債規模的增長和無準備金要求的資金（例如同業存款）來源的增加。余明，〈中國存款準備金政策有效性分析〉，

《世界經濟》（二〇〇九年第二期，北京）。

232. 宋旺等，〈我國貨幣政策區域效應的存在性及原因〉，《經濟研究》（二〇〇六年第三期，北京）。

233. 張瀛，〈匯率制度、經濟開發與中國需求政策的有效性〉，《經濟研究》（二〇〇八年第三期，北京）。

234. 林斌，〈中央銀行最優干預下人民幣匯率的決定〉，《世界經濟》（二〇一〇年第八期，北京）。

235. 資料來源：中國國家統計局資料（一九九〇年）。

236. 同前引。

237. 同前引。

238. 筆者於一九八八年十一月在上海的一次發言中說：「目前所出現的通貨膨脹是中國社會主義經濟發展中的伴隨現象，是真正摧毀舊經濟體制的有效辦法。因為中國在從一個產品經濟、半貨幣社會向貨幣社會發展的階段中，必然會出現整個社會對貨幣量的急劇增長，而且這種貨幣量的激增是很難在量上進行分析的。原因有生產過程對流動資金的需求增大，有相應於開放後進出口貿易增大引起的貨幣量需求，有流動過程對貨幣量需求增大，還有人民幣貨幣化的過程中人民幣本身的容量體積絕對擴大時對貨幣的需求量增大。實際上，如果一個社會存在著貨幣需求量激劇增長的階段，那麼由這個階段派生出的價格上漲對經濟本身就有一定的推動作用」。（載《世界經濟導報》，一九八八年十一月十四日。）

239. 柳紅，〈體改委：改革的中樞〉，《八〇年代：中國經濟學人的光榮與夢想》（桂林：廣西師範大學出版社，二〇一〇年），頁一九一。

240. 薛暮橋，《薛暮橋回憶錄》（天津：天津人民出版社，二〇〇六年），頁三〇二。

241. 一九八四年由中國中青年組織和召開的莫干山會議。

242. 鄧小平，《鄧小平文選》第三卷（北京：人民出版社，一九九三年），頁一三一。

243. 《價格改革三十年（一九七七—二〇〇六）》，頁七六。

244. 例如，一九八五年五月十三日，《世界經濟導報》刊登我的文章，「中國國民經濟結構開始發生劇烈變化」，論述中國已經處於從發展中國家向發達國家的過渡階段。六天之後，趙紫陽於一九八六年五月十九日批示，認為這是新的觀點，提出了一個尖銳問題：中國如不能大量增加，國內貨幣投放過多，如沒有相應的原材料和商品供應，這一矛盾將如何解決。由此可以看出，趙紫陽對當時中國經濟制度、經濟結構、經濟發展階段這些重大問題有極高的敏感性。

245. 吳曉波，〈一九八五：調控和反調控之爭〉，《經濟觀察報》（二〇一〇年一月十日，北京）；吳曉波，《吳敬璉傳》（北京：中信出版社，二〇一〇年），頁一一六—一一七。

246. 朱嘉明，〈論我國正經歷的經濟發展階段〉，《中青年經濟論壇》（一九八五年第二期，天津）

247. 〈通貨膨脹研討會：各方面專家針對我國目前經濟闡述各自觀點探討我國通貨膨脹的根源及整治辦法，參加研討會的有復旦大學世界經濟系教授陳觀烈、中國人民銀行上海分行副行長朱小華、世界經濟導報中國經濟部主任陳樂波、華東化工學院經濟發展所名譽所長滕茂桐、中信公司國際研究所副所長朱嘉明、上海國際問題研究中心臺灣所所長胡冀台〉，《世界經濟導報》第四百一十七期第十四（專題）版（一九八八年十一月十四日）。

248. 姚依林任主任，白美清任副主任。

249. 《價格改革三十年（一九七七—二〇〇六）》，頁九八，五〇〇。

250. 一九八九年五月十九日，鄧小平在人民大會堂會見朝鮮政府軍事代表團時指出：「理順物價，改革才能加快步伐。」「最近我們決定放開肉、蛋、菜、糖四種副食品價格，先走一步。中國不是有一個『過五關斬六將』的關公的故事嗎？我們可能比關公還要過更多的『關』，斬更多的『將』。過這一關很不容易，要擔很大風險。」「但是物價改革非搞不可，要迎著風險、迎著困難上。」

251. 美國S&L公司金融分析師汪康懋論文《通賬行為：對中國通貨膨脹的理解和對策》中的觀點。趙紫陽於一九八八年六月十二日就這個論文作了批示。

252. 八月十九日當天就發生了搶購。有的人一下子買兩百公斤食鹽，買五百盒火柴，*有的商讓被搶購一空。當時，普通家庭「搶購」的是「柴米油鹽醬醋茶」，而對於比較有錢的家庭，則走後門去購買若干彩電和冰箱。「搶購」的群眾中，主體是家庭主婦。同時，銀行發生擠兌，有的地方銀行因不能及時支付，群眾甚至推倒櫃檯。八月份儲蓄取款減少二六．一億元，其中定期減少二七．八億元，活期增加一．七億元。

253. 成立宣講團，進行「改革的再教育」，宣傳價格改革「時機是有利的」，「長痛」不如「短痛」。

254. 一九八六年中央政治體制改革研討小組成立。一九八七年趙紫陽在中共十三大上所做的政治報告中特別強調政治體制改革。之後，成立中共中央政治體制改革研究室，鮑彤任主任。然而，在實踐中，政治體制改革遇到了強大的阻力。

255. 吳敬璉等，〈我們的憂思和建議〉（吳敬璉執筆，一九八九年六月十四日完成初稿），《要報》一九八九年第九期（北京：中國社會科學院）。

256. 有一種看法：以一九八四年九月「莫干山中青年經濟研討會議」為標誌，中青年經濟學家步入歷史舞臺，由此推動激進的「價格改革」，而「他們開始看不起老一代的經驗，把陳雲經濟思想貶低為計劃經濟的消極靜態平衡。在引進西方經濟學的初期，對於市場經濟的知識也只是鳳毛麟角。」「更有人指名道姓」。如香港學者陳文鴻認為，一九八八年價格闖關「應屬」六四民運的原因之一，是朱嘉明提出的價格闖關。「有關價格改革的政策，在當時有頗大的爭議，特別是在中國通脹高企、社會反應強烈時。當時中信國際所所長朱嘉明出訪拉丁美洲，考察高通脹情況，回來提出『高通脹無害論』，認為高脹無礙拉丁美洲當時的發展。因此，中國開放價格，進行市場化改革，即使帶來高通脹也不會有嚴重後果。這樣說法反對者不少，筆者亦強烈反對。理由是他所見到的拉丁美洲只是官方宣傳的情況，不是實況。我相信趙大有可能是從他的主張。」「闖價格關是鄧小平最後決定，但趙作為中央財經領導小組的負責人（不單只是總書記），統管全國財經政策的決策權。以中共中央的決策程度來說，只有趙建議鄧才會作決定。若是趙聽從朱嘉明，便當然不涉及吳敬璉，更與弗里德曼（或張五常）無關。」（八九前趙紫陽經濟決策內幕，陳文鴻，《亞洲週刊》多維新聞網，二〇〇六年十一月二十四日。）還有一種說法：一九八八年五月二十五—二十七日，趙紫陽召開中央十個部委和一部分經濟學家開會討論價格改革，會議最後一天，「趙紫陽看到體現所負責人去拉丁美洲考察發回的電報說：拉美的通貨膨脹高達百分之幾千，在北京的人却無法想像那裡的經濟是多麼繁榮。可見通貨膨脹沒那麼可怕。」（柳紅，《吳敬璉評傳》，陝西師大出版社，二〇〇二年）這裡所說的拉美考察，與陳文鴻說的是同一件事，發起人、組織者和負責人是陳一諮和朱嘉明。

257. 此次考察包括了巴西、阿根廷、智利、墨西哥和委內瑞拉五國，通貨膨脹是其中一個主要內容。在考察報告的「彙報提綱」的第四部分是「拉美五國的經濟發展與通貨膨脹」問題：「毫無疑義，拉美地區是戰後世界範圍內的高通貨膨脹區。我們所考察的五國，除個別年頭外，通貨膨脹始終處於穩定的上升局面。在對付通貨膨脹問題，這些國家既有經驗，也有教訓。其中值得注意的是以下幾個方面：一、從政府官員、企業家到居民，決不存在對通貨膨脹的恐懼。普遍持之以理智態度。一致認為，這是發展中國家決然不可避免的現代經濟現象。政府的目標是抑制過高的通貨膨脹率，而從不認為可以消除通貨膨脹。居民早已習慣於在通貨膨脹中生存，關心的不是物價是否上升，而是實際生活質量的穩定和提高。二、在經濟發展的某些階段和特別時期，通貨膨脹對經濟增長具有顯著的刺激作用。政府自覺地運用通貨膨脹政策，對於調整和開放匯率、刺激出口也有一定作用。三、在對外開放的經濟環境下，通貨膨脹的最不利後果是可能引起資本外流。四、通貨膨脹條件下，收入以及存款的指數化，在一定時期是必要的。但是。「指數化」政策不宜持續地無條件地實行。五、在發達國家通常實行「反通貨膨脹」的貨幣主義政策，在發展中國家不宜實行，因為其常常導致經濟的過度衰退。拉美五國都曾經搞過「貨幣計劃」，內容包括凍結物價、工資，但是效果通常是暫時的，往往導致下一輪更為嚴重的通貨膨脹。六、智利提供的經驗表明，只要採取合適的配套經濟政策，在保證增長、擴大出口的前提下，開放價格、匯率和工資，使通貨膨脹率穩定在一個低水平是完全可能的」。見朱嘉明，〈拉美五國經濟考察彙報提綱〉，《朱嘉明文選》卷二，頁五二四。

258. 一九八九年六月十四日，在六四血跡未乾之時，吳敬璉執筆完成了《經濟學家的憂思與建議》，對趙紫陽時代的經濟政策作了全面系統地歪曲，用「文革」式語言加以批判，並將對在八〇年代為改革起了重要作用的三所一會（中國經濟體制改革研究所、國務院農研中心農村發展問題研究所、中國國際信託投資公司國際問題研究所、北京青年經濟學會），牽扯其中。而因此奠定了吳敬璉在後來二十年獨領中國經濟學界風騷的重要前提。當然，吳敬璉深知這篇上書難以面對歷史，長期否認和掩蓋這篇文章的存在，反而以改革的旗手和自由知識份子的代表人物自居。

259. 美國S&L公司金融分析師汪康懋論文《通脹行為：對中國通貨膨脹的理解和對策》中的觀點。趙紫陽於一九八八年六月十二日就這個論文作了批示。

260. 一九八九年五月十九日，鄧小平在人民大會堂會見朝鮮政府軍事代表團時指出：「理順物價，改革才能加快步伐。」「最近我們決定放開肉、蛋、菜、糖四種副食品價格，先走一步。中國不是有一個『過五關斬六將』的關公的故事嗎？我們可能比關公還要過更多的『關』，斬更多的『將』。過這一關很不容易，要擔很大風險。」「但是物價改革非搞不可，要迎著風險、迎著困難上。」

261. 趙紫陽，《改革歷程》（香港：新世紀出版社，二〇〇九年）。

262. 據華生：「按國家物價局物價研究所對十七個省、自治區、直轄市的統計，一九八九年企業按計劃價購進生產資料占全部消費的比重，以實物量計算為四四%，即已不足一半。其中煤炭的計劃調撥數量為四五．四%，鋼材為二九．七%，木材是二一．七%，水泥為一五．五%。但如果以金額計算計劃部分則更低得多，占二八%，即已不足三分之一。同時，所謂計劃內價格也不是一個價格，鋼材和煤炭都有十多種價格。而且計劃內價格水平也差距很大，如鋼材差價率大都在五〇%上下，原油價格更是高達幾倍。同時，計劃內高價比重逐年上升。到一九九〇年，計劃內高價部分，鋼材為二九%，有色金屬為四九．六%，木材為三三．七%。這就是說，所謂計劃價也已面目全非，全面向市場價靠攏」。載華生，〈價格改革的順利推進和真正經驗（一九八九—一九九四年）〉，《二十一世紀經濟報導》，二〇〇八年十一月八日。

263. 《價格改革三十年（一九七七—二〇〇六）》，頁九〇。

第十八章

接軌

——中國貨幣經濟納入世界貨幣金融體系（一九七九年——）

中國改革開放的核心是實現中國貨幣經濟與世界貨幣經濟的再融合。
如今，中國重建的貨幣經濟已經與世界貨幣金融經濟體系緊密相連，
不能脫自外於國際大環境，
不論是中國的貨幣供給、外匯儲備，
還是人民幣匯率波動，不可能完全取決於中國。
一九九七年亞洲金融危機、二〇〇八年國際性金融危機，
以及二〇一一年歐洲主權貨幣危機，

對於中國貨幣經濟制度產生了深遠的影響。
中國政府對貨幣經濟的管制和國際貨幣經濟制度
所要求的自由開放的矛盾，
中國國民經濟的自身平衡和國際間經濟平衡的矛盾，
正在積聚和深化，且構成對中國日益嚴重的挑戰。

「而古老的中國，在經歷了二十世紀後二十年的改革開放後，發展至今，似乎正在引導發展中國家與發達國家『脫鉤』。但是，事實表明，中國不僅無法脫鉤，甚至將與美國『融為一體』。

——尼爾．弗格森，《貨幣崛起》

中國貨幣經濟的回歸和重建始於一九八〇年代初，既要補習歷史中斷的課，也要縮小與急速發展的世界貨幣經濟體系的差距，實現與世界國際貨幣經濟的接軌。一九八〇年代的世界金融貨幣體系與一九五〇年代前後中國廢棄貨幣經濟時候已經大不相同。所以，中國貨幣經濟回歸和重建的起點要更高、速度要較快，包含「輸入」和「引進」當代貨幣經濟框架、制度和機制，形成與世界貨幣金融體系對接和互動。在這樣的過程中，當代世界貨幣金融體系既是中國的參照系，也是一個對中國重建貨幣經濟具有強烈影響的外部因素，且在很低程度上決定了中國貨幣經濟回歸重建的格局與趨勢。中國貨幣經濟已經成為世界貨幣經濟體系的一部分，同時正在成為世界貨幣金融體系中的一個日益重要的新變項。

匯率制度的演變

匯率制度是當代世界經濟體系和世界貨幣金融體系中最重要的制度。發達國家和絕大多數的發展中國家都是當代匯率制度的成員，再也找不到脫離這個制度的孤島。不僅如此，匯率還是一種新的「世界語言」，而且本身已經成為金融市場上的新產品。匯率制度不僅打破傳統的地域觀念，意味著自由市場和開放經濟的擴展。中國在計劃經濟體制下，實行高度集中的外匯管理體制，造成人民幣匯率的扭曲，影響外貿出口和外匯收入。

人民幣匯率制度變革的若干階段

中國經濟改革幾乎一啟動，就開始著手改革匯率制度。在過去三十餘年間，中國的匯率制度，大體經歷了四個變革階段：

「外匯留成」階段（一九七九—一九八三）。一九七八年八月，中國政府實施買賣外匯額度合法化，是外匯制度改革的起點。一九七九年八月，中國實行貿易外匯和非貿易外匯留成體制：出口企業將出口收入的外匯賣給國家，國家按規定比例給予出口企業的地方外匯留成額度；用匯單位則按國家規定的外匯牌價購買外匯。[1] 外匯留成制度是以官方匯率與貿易外匯內部結算並存的「雙軌制」為基礎度。所謂貿易外匯內部結算匯率仍屬於計劃性匯率，官方匯率繼續沿用一籃子貨幣加權平均計算調整為基礎。在當時的條件下，推行、實施外匯留成制度的主要目的是鼓勵對外貿易，獎勵出口，促進企業經濟核算，也收到積極效果。但是，此時的經濟環境變化很快，出口換匯成本逐年上升，內部結算匯率僵化。此外，外匯留成制度造成外匯額度與實際外匯資源分離，發生有外匯留成的企業卻並不需要使用外匯，需要使用外匯的企業卻沒有外匯留成額度，形成外匯供需的錯位，不僅難以獎勵出口，使用範圍上出現混亂，甚至刺激外匯黑市的出現，需要國家的介入和調節。國際社會基本上不肯定中國的雙重匯率制度，國際貨幣基金組織多次建議改變這種做法。一九八〇年四月，中國推出外匯券制度。外匯券制度實為「一國二幣」，引發了「一幣二率」，因而造成人民幣兌換外匯券的交易，形成人民幣的官方匯價和黑市價格。在一九八〇年代初，中國還有過在經濟特區發行特區貨幣的想法，但因為存在發生人民幣和特區貨幣之間的匯率，而且人民幣和特區貨幣各自都有官方匯價和黑市價格的風險，甚至動搖整個人民幣幣制，最終沒有實施。

外匯調劑市場階段（一九八三—一九九四）。針對外匯留成制度造成外匯供需脫節的情況，出現有償轉讓外匯資源使用權的呼聲，以及對外匯調劑市場的內在需求。[2]在這樣背景下，自一九八五年底，深圳和其他經濟特區相繼設立外匯調劑中心。外匯調劑的仲介機構是中國銀行；參與外匯調劑的主體僅限於國營、集體企事業單位；調劑價格以美元兌人民幣的貿易內部結算價（一美元合二．八元人民幣）為基礎，並在一〇％的幅度內波動，（即最高限價為一美元合三．〇八元人民幣）；調劑的外匯限於現匯，留成額度先要換成現匯才能進行調劑。在外匯調劑中心，放寬了對外匯調劑價格的限制，這是在當時歷史條件下，為了鼓勵出口，增加創匯，改善中央、地方和企業在使用外匯效用方面的一種不得不然的手段。

為了徹底解決外貿核算、出口虧損和限制非必需品出口等問題，一九八八年九月，中央政府批准上海在創辦第一家公開的外匯調劑市場，即上海外匯調劑中心。[3]之後，各省、自治區、直轄市以及「計劃單列市」也都設立了外匯調劑中心，辦理本地外匯額度和現匯的調劑業務。在北京設立了全國外匯調劑中心，辦理中央部門之間和各省市之間的外匯額度和現匯調劑業務。到了一九九三年，中國初步形成全國性的外匯市場框架：一，國家外匯管理局制定《調劑外匯投向指導序列》，替代中國銀行主導外匯的投向。二，根據國務院頒布的《關於鼓勵外商投資的規定》，允許外商投資企業在經濟特區和沿海開放城市調劑外匯，但不能與國營、集體企事業單位之間進行外匯交易。三，經濟特區、海南行政區，外商投資企業的外匯調劑陸續放開了價格，調劑價格根據外匯供需自由浮動，由買賣雙方自由議定。四，允許地方政府的留成外匯。五，華僑、港澳臺同胞的捐贈外匯進入外匯調劑市場，六，自一九九一年開放中國境內的中國公民以及定居在中國境內的外國人參加外匯調劑。七，堅持管理與經營相分離的原則，將外匯調劑中心辦成獨立核算的機構。

但是，中國的外匯調劑市場並不是一個嚴格意義上的外匯市場：一，市場調節匯率與官方匯率的「雙軌制」並存，導致兩個人民幣對外價值和兩個核算標準，不利於外匯資源和有效配置，也不利於企業之間的公平競爭和經營機制的轉變。二，外匯調劑市場局限於客戶之間相互調劑的市場，銀行只是一個結算的仲介結構。三，外匯調劑市場所能交易的是現匯和額度。四，外匯調劑市場的交易主體局限於企、事業單位和居民，沒有包括銀行和非銀行金融機構。五，外匯調劑市場匯率高於官方匯率，對於出口者形成了隱性補貼。六，外匯市場基本上按照行政區劃設置，形成地區性匯率，阻礙外匯資源的跨地區流動。七，外匯調劑市場，多種匯率並存，刺激炒賣外匯的投機行為和外匯黑市。八，外匯調劑市場與國際性外匯市場接軌困難，增大中國與國際貨幣基金等國際組織協調和溝通的難度。九，外匯調劑市場嚴重依賴政府干預，市場失真嚴重，加之投機因素，會加劇匯率波動。

一九九〇年代初期，中國外匯短缺，實行官方匯率和調劑市場匯率並存的雙重匯率制度，畢竟向外匯制度規範化目標邁進了重要一步，彌補了計劃分配外匯的不足；避免了官方匯率的過多波動，有利於控制出口和生產建設必需品進口的外匯成本，使匯率起了調節外匯收支的作用，為國營、集體、企事業單位、外資企業與居民供給提供了一個外匯需求融通的場所，使原本國家集中以外的外匯資源可以流向經濟效益高或迫切需要外匯資源的行業、部門。所以，外匯調劑市場建立之後，很快就趨於活躍，成交量大幅增加。[4] 此時，中國雖然實行官方匯率與調劑市場匯率並存的制度，但是，隨著國際市場美元匯率持續上揚，不得不逐漸下調官方匯率，使之與貿易內已結算匯率相接近。

銀行間外匯市場階段（一九九四—二〇〇五）。一九九三年底，中國在參加關貿總協定的會議中，承諾將在五年內實現官方匯率和市場匯率的統一，實行以市場匯率為基礎的單一浮動匯率。一九九四年一月一日，中國人民銀行公佈《關於進一步改革外匯管理體制的公告》，全面實行改革外匯管理體制：在原有外匯調劑市場的基礎上建立銀行間外匯市場，取消外匯留成，停止發行外匯券，結束外匯收支指令性計劃，實行銀行結售匯制度，將一九八一年至一九九三年期間建立的兩次「雙軌制」（即「官方匯率與貿易外匯內部結算並存的『雙軌制』」和「市場調節匯率與官方匯率並存的『雙軌制』」）予以並軌。同年，中國還進行了重大的銀行改革和稅制改革。

中國透過一九九四年的外匯體制改革，初步奠定了市場對外匯資源配置的主導地位。外匯市場走向制度化和規範化，具有里程碑意義：一，告別了計劃經濟色彩較濃，地區分割的外匯調劑市場，形成了全國統一的外匯市場，全國的外匯交易透過銀行結售匯體系和代理交易全部納入全國銀行間外匯市場，保證了外匯資源在全國範圍內根據市場信號合理流動。二，統一了人民幣市場匯價，全國銀行間外匯市場實行聯網運作。三，形成了兩個層次的市場：客戶與外匯指定銀行之間的市場，銀行間外匯市場，包括外匯指定銀行之間以及外匯指定銀行與中央銀行之間的外匯交易，這種市場結構基本上與國際規範的外匯市場相一致。四，在交易品種上，從美元和港元的交易擴展到日圓的交易。五，改變過去對中資企業實行了銀行強制結匯制度，允許部分中資企業開立外匯帳戶，保留一定限額的經常項目外匯收入，有利於中資企業一定範圍內自行決定保留或賣出外匯收入，提高利用外資效率，這使得中資企業成為外匯市場的間接參與者。一九九四年底，中國外匯交易系統已連通上海、深圳、北京等二十二個中心城市。

在一九九四年外匯體制改革和實現外匯管理體制並軌過程中，央行為了維護匯率穩定，經常干預外匯市場，參與外匯買賣，由此貨幣政策長期陷入兩難境地：一方面是宏觀調整要緊縮貨幣，另一方面是為了收購進入中國的外匯，相應增加基礎貨幣供給。在穩定匯率和緊縮貨幣這個兩難選擇，中國政府歷來認為穩定匯率比較重要，因為匯率牽涉到出口，而出口左右了經濟增長。一九九四年後所實行的有管理的浮動匯率制度，基本上是管理多，浮動得少，並不是真正的有管理浮動匯率制。

一九九六年十二月一日，中國成為國際基金組織第八條款國，除了對私人的單方面轉移仍有一定的限制之外，開始實施在經常項目下的人民幣自由兌換的階段性目標，履行經常項目下廢除歧視性貨幣措施、實現支付自由化和貨幣可兌換等三項義務。二〇〇二年，對照國際貨幣基金組織確定的資本項下四十三個交易項目，中國完全可以兌換和基本可兌換（經登記或核准）的有十二項，占二八%，有限制的十六項，占三七%，暫時禁止的有十五項，占三五%。[5]相較於人民幣經常項目，在人民幣資本項目可兌換方面嚴重滯後。[6]從一九九〇年代中期至二〇〇五年，中國實行的是「以市場供需為基礎的、單一的、有管理的浮動匯率制度」。期間，影響人民幣匯率形成的參數包括：銀行結匯制度，銀行結匯同頭寸管理，央行外匯市場操作，銀行間市場撮合交易制度，以及銀行間市場匯率浮動區間管理。這個

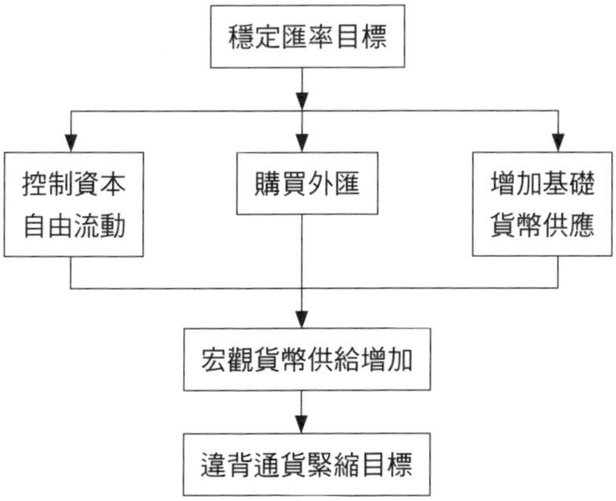

時期的匯率制度一方面實現了從官方匯率到市場生成匯率的轉折，有利於匯率的穩定，還為實現匯率制度的國際市場接軌奠定了基礎。另一方面，人民幣匯率的形成不完全由外匯的供需狀況決定，而是以中央銀行對各外匯指定銀行的結售匯周轉外匯餘額實行比例管理為基礎。因為政府對人民幣匯率保留相當的調節空間，影響市場機制的發揮，在某種程度上有可能扭曲人民幣的市場價格。隨著資本的自由流動增加，人民幣匯率的決定因素將更為複雜，中央銀行管制定價的成本和維護匯率穩定的成本不斷增加。

人民幣「新匯率制度」階段（二〇〇五—二〇一〇）。改革開放以來，以美元代表的世界主要國際貨幣對人民幣體制變化的影響力，超出人民的想像。遠在一九九七年，中美在國際貿易範疇內已經達成共同貨幣安排。隨著中國對外開放程度不斷提高，中國經濟實力上升，經貿夥伴多元化，資本流入多區域特徵，人民幣匯率盯住單一貨幣的制度，已經不能全面反映人民幣匯率的實際水準。中國開始明白，要從中美雙邊匯率轉向多邊匯率，更關注一籃子匯率變化。實現人民幣匯率兌一籃子貨幣，迫在眉睫。[7]

在人民幣匯率制度史上，二〇〇五年七月二十一日是個里程碑。在這一天，中國央行宣佈，人民幣匯率不再盯住單一美元，實行以市場供需為基礎，參考一籃子貨幣進行調節、有管理的浮動匯率制度。[8] 同天，根據對匯率合理均衡水準的測算，人民幣對美元即日升值二%，即一美元兌八．一一元人民幣。人民幣新匯率制度還包含希望透過人民幣升值，提高中國出口商品價格，降低出口增長速度，減少貿易順差，降低進口商品的價格，緩解國內物價上升的壓力等初衷。從此，人民幣升值的閥門啟動，人民幣匯率彈性不斷增強，人民幣升值的列車駛上快車道，是中國邁入高通膨、高利率時代的轉折點。人民幣很可能走上日圓當年被動升值之路，但是，今天人民幣已經沒有當年日圓的國際形勢。無論如何，中國實施人民幣新匯率制度，是對國際壓力的一種回應，邁出了人民幣成為世界貨幣體系成員的重要一步，人民幣的「價值」開始得到世界範圍的肯定，中國經濟外匯制度的改革進入相對穩定的時期。[9]

在一九八五年至二〇一〇年之間，中國經歷了內部結算、外匯調劑、管理浮動、盯住美元等不同的外匯制度和政策。[10]

人民幣匯率制度之「錨」

從理論上說，自由市場的經濟運行需要價格自由浮動，作為價格尺度的貨幣需要有「錨」。在金本位時代，黃金本身就是「錨」。一九七〇年代初，布林頓森林體系瓦解，跨境的資本流動不斷擴大，回到固定匯率制度已經完全不可能。人們已經試了三種替代「錨」：一，中間貨幣總量目標；二，盯住某一中心國家穩定貨幣的固定匯率；三，確定一個通貨膨脹目標。由於很難預測貨幣流通速度的變化，中間貨幣總量目標已經基本上被放棄。因此造成了需要在第二和第三個「錨」之間

一九八五—二〇一〇年人民幣匯改制度變遷

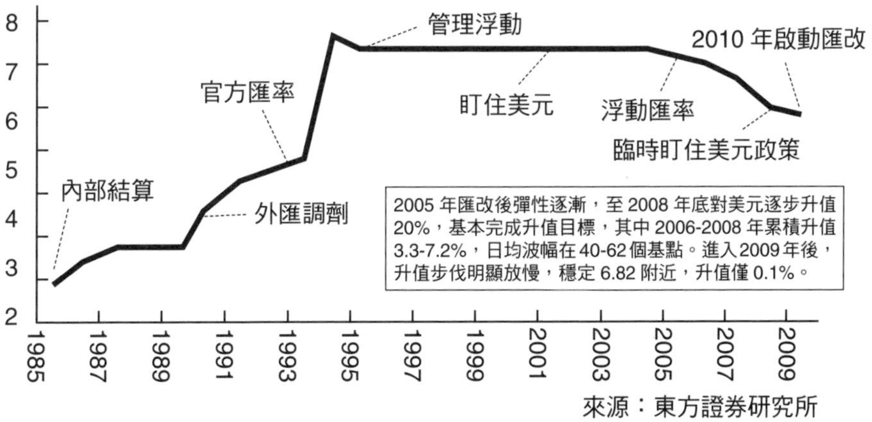

來源：東方證券研究所

進行選擇。但是，以外幣為「錨」永遠不是最佳的選擇，而是次選。

根據人民幣新匯率制度，以中國主要貿易夥伴國家（美元、歐元、日圓和韓元）的國際貨幣管理人民幣，這就意味著結束人民幣以美元為基礎或以美元為「錨」（Anchor）的歷史，改為以「一籃子貨幣」作為「新錨」。但是，舊「錨」換新「錨」，談何容易？這是因為：一，美元的「權重」過大，這樣籃子的結構設置只具有名義有效匯率。[11] 二，人民幣與美元之間存在「套利交易壓力」。三，「籃子」裡的其他貨幣並不受中國影響，繼續以美元為「錨」。四，世界範圍內的絕大多數公司繼續選擇美元作為結算幣種。所以人民幣兌主要貨幣的升值節奏和幅度，除了取決於國際收支順差情況，其匯率會繼續取決於美元的走勢。只要人民幣兌美元升值速度高於一籃子貨幣中其他貨幣的升值速度，意味著削弱人民幣兌一籃子貨幣的整體升幅。二〇〇五年以來的歷史證明，因為「籃子」結構沒有可能發生根本變化，美元作為結算幣種的做法沒有減少的跡象，中國匯率改制的承諾已經落空。

中國自經濟改革以來，在人民幣匯率制度方面，始終沒有清楚選擇一個「錨」。有的中國學者明確認為，「以今日中國之經濟發展水準、資本市場、金融體系之發達程度，固定匯率之錨是最佳策略，浮動匯率則是最劣策略」。[12] 但是，從長遠來看，伴隨中國貨幣金融體系市場化進程，確定人民幣匯率的「錨」，已是不可避免。一位香港經濟學家提出以「一籃子物品」為「錨」。「一籃子物品」可以是期貨，也可以是批發市場現貨，組合後的一個指數就是「錨」。只要某個數量的人民幣可以直接購入某大小籃子的物品，人民幣就穩如泰山。「一籃子物品勝過一籃子外幣」：可以實現人民幣最終與美元脫鈎，減少美國壓力，改變通貨膨脹機制，物價指數按時調整，市場信心穩定，經濟自主，推進人民幣國際化進程。一籃子物品為「錨」，還會導致薩伊定律會大顯神通。[13]

在世界上，還有一些經濟學家提出過幾乎相同的理論主張，用「市場籃子」，或簡單用「籃子」為基礎，建立一個指數化的帳戶單位，不僅有效代表「生活費用」，還可以透過「籃子」的數量來買賣，「從本質上而不是從形式上，就是給出或者得到這些市場籃子以交換其他商品」。[14]智利在通貨膨脹比較嚴重的一九六七年創造了「智利發展單位」（unit of development），這是世界上第一個「指數化的帳戶單位」，並沿用至今。UF不是貨幣，卻比智利貨幣披索擁有穩定的價值，成為了披索的所謂「錨」。[15]到目前為止，沒有跡象表明中國官方願意接受和實驗上述建議。

還需要認清，發展人民幣與世界其他主要貨幣的關係需要時間。一，人民幣和歐元。人民幣需要實現人民幣兌美元的升值速度與歐元兌美元的升值速度同步，或者說，人民幣兌美元升值的速度至少等於美元兌歐元的貶值速度。如果不是這樣，會發生人民幣兌歐元的相對貶值，自然會影響中歐貿易。在一九九〇年代前，歐盟對中國一直保持貿易順差，近年來，因為歐盟是中國的第一大貿易夥伴，歐盟對中國貿易逆差呈現繼續走高的趨勢。歐盟國開始強烈要求人民幣對歐元升值。二〇一〇年的歐元匯率滑坡，強化中國抵制人民幣升值的國際壓力。二，人民幣與日圓。日本是繼歐洲，美國之後的中國第三大貿易夥伴。一九九九年以來，日本對中貿易開始發生逆差。期間，人民幣兌日圓如同兌歐元，也表現為貶值。原因也是日圓兌美元的增幅超過美元兌人民幣的貶值速度所致。三，其他主要貿易國家和地區貨幣。中國對所有相對美元貶值的貨幣，南美一些國家，亞洲國家（包括臺灣）都或高或低的升值。

近來，中國和海外學者專家呼籲建立人民幣匯率指數，人民幣匯率指數不僅包括美元，涵蓋人民幣對非美元貨幣匯率的變化，包括其他主要國家貨幣匯率進行加權。[16]建立人民幣匯率指數有利於：改變人民幣升值和貶值通常是指人民幣對美元的關係，市場和公眾對人民幣匯率變動做出綜合的判斷，引導市場預期，為央行貨幣政策提供決策依據。

「國際金融三元悖論」和中國匯率制度空間

在中國政府看來，貨幣政策的前提就是自主權，而貨幣政策中的重要內容之一就是穩定匯率。為此，中國歷來嚴格限制資本的流入和流出，不斷放慢金融市場的全方位開放。但是，中國並沒有因此有效透過控制貨幣發行數量，實現穩定匯率的目標。隨著資本流動規模的加大和金融衍生工具的發展，匯率風險有增無減。在這樣的背景下，中國貨幣當局、金融界和主流學界備加推崇「國際金融三元悖論」，並以此作為中國匯率制度和政策的基本思路理論根據。[17]

根據「國際金融三元悖論」理論架構：對於開放經濟體而言，在資本高度流動的情況下，如果採取固定匯率制度安排，則貨幣政策是無效的；如果採取浮動匯率制度安排，則貨幣政策是有效的。在M–F模型的基礎上，克魯曼進一步提出了所謂「三元悖論」。[18]其含義是指在匯率的穩定性（confidence）、資本的完全流動性（liquidity）和本國貨幣政策的獨立性（adjustment）之間存在著難以調和的矛盾。「三中擇二」是國際經濟體系內在的「三元悖論」的體現。

如果回顧一九六〇年代以來的世界貨幣制度的演變史，不難發現「國際金融三元悖論」主要符合布林頓森林體系存在的那個時代：受制於「管

國際金融三元悖論

	資本自由移動	獨立的貨幣政策	固定匯率制（匯率穩定）	例
資本限制	X	○	○	2005年7月以前的
貨幣同盟	○	X	○	中國香港，EU，日
浮動匯率制	○	○	X	本，澳大利亞

制資本移動」框架，以及國際貨幣基金組織規範了匯率，主要發達國家的選擇實際上大體相同，在三難之中，以放棄完全自由的跨國資本移動為前提，採用了固定匯率和以國內目標為導向的貨幣政策。這樣做，雖然有助於恢復自由貿易，但是卻扼殺了自由資本流動。[19]

伴隨布林頓森林體系瓦解，「國際金融三元悖論」存在基礎發生動搖。美國在放棄美元與黃金掛鉤的固定匯率制度後，在堅持貨幣政策的獨立性同時，維持了匯率穩定性的同時，允許資本自由流動，甚至主導歐元、日圓的變動。由此可見，對於美國而言，三者並不是排斥關係，而是協調關係。這是因為在固定匯率制度崩潰以後，美元成為世界軸心貨幣，美國的金融和貨幣政策成為主導和支配世界的政策。這種一定程度上保持三者平衡的情況至少適合歐元區。在歐元區，允許資本自由流動是一貫的，歐元匯率曾經是固定匯率制度，過渡期結束後是自由浮動匯率制度，但是，歐洲央行也保持了貨幣政策的獨立性。由於日圓匯率被美國支配，日本始終未能很好協調三者的關係。由此可見，在本幣充當國際貨幣的國家，尤其是本國貨幣是全球主要儲備性貨幣的國家，三元悖論可能並不一定成立。[20]

一九九〇年代以來，經濟全球化，國際資本流動不斷加快。在資本能頻繁流動的背景下，金融資本膨脹，資產價格上漲，任何一個單獨國家已經很難糾正金融市場價格的波動；主要國際貨幣和金融資產之間的套利關係不斷，套利空間逐漸降低；全球短期實際利率的離散度下降，趨同性上升，通貨膨脹和通貨緊縮同步國際化。所以，全球各國金融政策趨勢不是擴大分歧，而是擴大共性，已經沒有一個國家能夠執行獨立的貨幣政策。於是，在沒有絕對獨立的貨幣政策前提下，可以同時滿足資本自由流動，且不用實施某種程度的匯率管制。也就是說，「國際金融三元悖論」將成為當今世界貨幣金融體系變動中的一種特殊或極端情形。在這樣的情況和趨勢下，各國金融市場相互依存，相互影響和相互滲透關係不斷強化，更需要國際間的協調、合作、妥協，每個國家的經濟政策目標可能是偏向於其中的兩個方面，而不是絕對地處於三角的兩點。21

中國推崇「國際金融三元悖論」，這和對一九九七年至一九九八年的亞洲金融危機的認知有極大的關係。在中國看來，韓國之所以受到亞洲金融危機的衝擊，同資本項目的開放是緊密相聯的；中國和新加坡之所以能順利度過金融危機，當時兩國資本項目的嚴格管制發揮了決定性作用。馬來西亞等國以及一九九八年香港「港幣保衛戰」，也受到「國際金融三元悖論」影響。在過去的十餘年間，中國已經逐漸意識到「國際金融三元悖論」有悖於新的歷史條件，但是依然以「國際金融三元悖論」作為貨幣政策的一種依據。在短期之內，中國可能需要在固定匯率和資本自由流動之間做出選擇，一定程度上在穩定和效率之間進行權衡，因而，訴諸政府干預，「操縱」人民幣升值，盯住外部匯率，調整利率等手段，限制資本流動，放慢美元貶值速率的效果，減慢中國以美元為主體的外匯資產縮水，放緩人民幣相對於其他主要國際硬通貨的升值速度，避免中國對外出口的逆轉和萎縮，實現國內價格穩定。從長遠來看，資本自由流動和浮動的匯率制度將是中國的必然選擇，若是如此，則意味著中國不得不放棄「國際金融三元悖論」。

人民幣匯率：自覺貶值到被迫升值階段的比較

一九八八年之後，設在上海的「中國外匯交易中心」開始決定人民幣匯率變動，這是一個由數百個有權在中國經營外匯業務的中外銀行和其他金融機構組成的會員制交易所，或稱「銀行間外匯市場」，背後就是中國貨幣當局，即央行和國家外匯管理局。在外匯管理局的背後是政府意志和政府的操作，這個政府不可以完全不顧市場信號和壓力。22

縱觀過去三十多年的人民幣匯率演變過程，可以劃分為兩個主要時期：一九七九年至二〇〇五年的「自覺貶值」階段和二〇〇五年以後的「被迫升值」階段。

「自覺貶值」階段（一九七九—二〇〇五）。一九七九年至二〇〇五年，人民幣的貶值與外匯管理體制改革幾乎同步。從一九七九年調低人民幣匯率算起，人民幣一路貶值到二〇〇五年。在一九八〇年前後，中國決策者已經充分認識到，實現人民幣貶值是降低出口成本的基本手段，而只有降低外匯成本，加上中國勞動力便宜的優勢，會有效刺激出口，增加外匯收入，引進先進設備，加快經濟增長。所以，「自覺貶值」成了不成文的國策。

人民幣持續貶值時期（一九七九—一九九三）。一九八一年，中國實行貿易外匯內部結算匯率，以當時出口換匯成本加一〇%利潤為根據，從一．五三人民幣兌換一美元貶值到二．八〇元人民幣兌換一美元，貶值幅度高達四六%，跨出人民幣貶值的第一步。之後，中國政府加快人民幣貶值。一九八五年，二．八〇元人民幣兌換一美元下調到三．二〇元人民幣兌換一美元，下調幅度一三．六七%。如果以一九

人民幣匯率的制度框架圖[23]

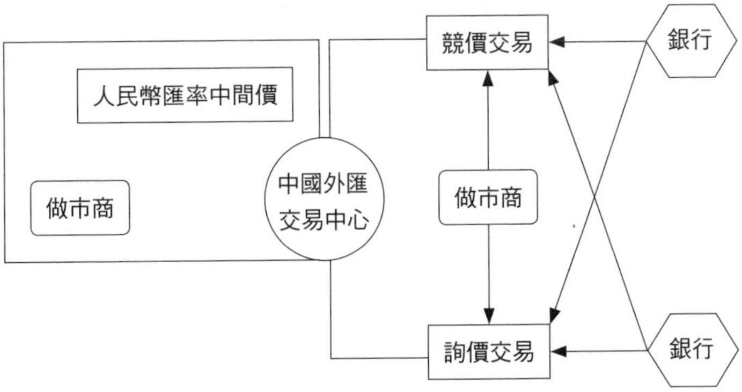

八一年的人民幣對美元匯率為基準，至一九八五年的五年多時間裡，人民幣兌美元匯率貶值大約一倍多。一九八六年，人民幣匯率發生了第一次跳躍性貶值。人民幣對各國貨幣的匯率下降一五·八%，由過去的一百美元兌換三二〇元人民幣調整為一百美元兌換三七〇·三六元人民幣。這是經過深思熟慮的人民幣匯率調整，其幅度和時機依據的是中國國內市場和國際市場價格變動情況，主要目的是鼓勵出口，平衡國際收支，吸引外資。一九八九年春夏之際，中國發生全國性政治危機，但是並沒有影響人民幣貶值的步伐。從一九八九年至一九九〇年的一年多時間中，人民幣兩次貶值。一九八九年十二月，中國人民銀行授權在國家外匯管理局，宣佈人民幣匯率下調二一·二%，各種外國貨幣相對升值二七%。十一個月後，一九九〇年十一月，國家外匯管理局再次宣佈人民幣匯率下調九·五七%。這期間的人民幣匯率下調的主要原因是：人民幣匯率高估，出口平均換匯成本上升，國內通貨膨脹和人民幣幣值下跌。從一九九一年四月九日起，官方匯率的調整改為小步緩慢調整，至一九九三年底，人民幣匯率下調九%，五·七〇人民幣兌換一美元。

一九七九年至一九九三年，因為人民幣持續貶值，對中國

一九七九－一九九三年人民幣匯率的變動 24

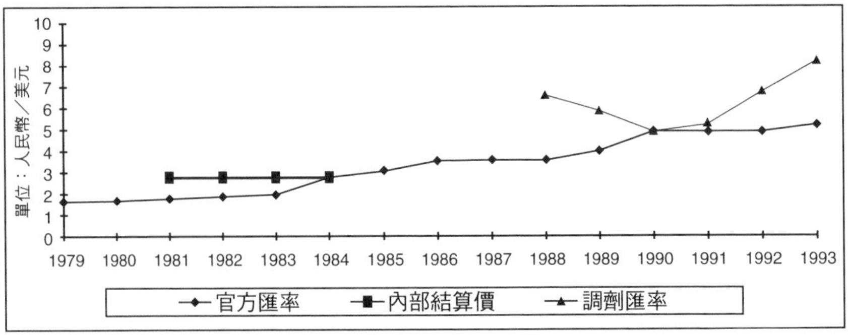

出口產生立竿見影的正面效果，進口商品總額增長了一．二六倍，而同期出口商品總額增長了二．二六倍，出口對經濟發展速度的貢獻開始顯現。當然，因為不斷改變和改革外匯體制，特別是按照市場供需調劑市場匯率，波動較大，一度形成物價上漲—人民幣貶值—物價上漲的不良循環。此外，因為進口需求上升，對外匯資金供需形成持續的壓力，以及因為通貨膨脹日益加劇，城鄉人民對人民幣信心不足，紛紛購買外匯保值，民間外匯需求增長的局面。

人民幣大幅度貶值和拒絕升值時期（一九九四—二〇〇五）。一九九四年，中國結束實行多年的匯率雙軌，進入單一的管理浮動匯率制，取消了外匯收支指令性計劃。[25]與此同時，人民幣發生大幅貶值。一九九四年一月一日，人民幣兌換美元匯率是八．七二人民幣兌換一美元，與一九八一年相比，貶值幅度達四到五倍，與一九八四年相比，貶值三倍以上。初期，八七〇元人民幣合一百美元，不久長期穩定在八二八元人民幣合一百美元的水準上，人民幣對美元名義匯率貶值率高於三〇%。從此，人民幣貶值不僅是主要趨勢，而且幅度加大。

一九九七年，亞洲金融危機爆發，周邊國家的貨幣發生大幅貶值，中國政府出於政治考慮和經濟原因，承諾人民幣不再貶值，將人民幣匯率控制在上下〇．二五%的波動幅度內，並採取了一系列措施維持人民幣匯率的穩定，包括：提高出口退稅率；嚴格監管外匯交易，提高換匯和外匯匯款的要求條件；打擊逃匯、套匯、騙匯行為和黑市外匯交易；停止審批外向的直接投資；暫停從中國銀行的外國銀行賬戶匯出人民幣資金，並關閉所有的離岸人民幣賬戶，使離岸人民幣不能匯回中國或轉換為外幣。總的來說，一九九四年到二〇〇五年七月，屬於中國不顧美國和其他國家壓力，拒絕對人民幣進行重新估值階段，實行人民幣盯住美元，與美元的事實上掛鈎的匯率體制。期間，民幣對美元名義匯率固定在八．二七六人民幣合一百美元，交易波幅只在一個非常狹小的空間，大約〇・〇〇七%。[26]

人民幣貶值的宏觀經濟效益

如前所述，一九九三年至一九九四年，人民幣大幅貶值，一九九四年至一九九五年成為中國對外貿易出口飛躍的歷史拐點。進入一九九七年，一九九四年人民幣貶值的滯後效應開始出現，當年外貿進出口總額首次突破三千億美元，貿易順差則呈跳躍式增長，並首次突破四百億美元。中國高度重視一九九七年的亞洲金融危機。不到一年，中共中央金融工作委員會正式成立。[27]

中國在一九九〇年代的外貿結構特徵，對人民幣匯率的波動影響顯著，導致匯率政策對於調節進出口貿易具有顯著效果，具體分析如下：一，進出口商品結構變化。初級產品在中國出口中比重下降；製成品在出口中的比重上升。在進口中，初級產品和製成品所占比重基本上穩定。由於製成品的價格需求彈性較大，特別是出口結構中工業製成品比例大幅提高，使得匯率變化的影響作用無論從影響力度，還是從影響時間來看，對出口的效應均大於對進口的效應。二，進出口主體變化，外商投資企業進出口所占比例急劇上升。一九九一年，外商投資企業進口和出口分別占到四五・八%和二八・七%，一九九六年，進口和出口所占比例分別增加到五四・五%和四〇・七%，外商投資企業的進出口已經影響了中國進出口的半壁江山，由於外商投資企業中的大部分「兩頭在外」，對匯率變化的反應特別敏感，這無疑增強了人民幣匯率變化對進出口的影響力度。三，經濟環境的變化。隨著商品市場、貨幣市場、資本市場、外匯市場等日趨成熟，價格、利率、匯率等經濟槓桿作用日益增強，以及企業市場主體地位的確立，經濟主體對多種經濟槓桿、經濟參數的反應日益敏感，必然增強匯率調節進出口貿易的效應。

二〇〇一年，美元一度升值造成人民幣被動貶值，加上中國加入WTO，以及不期而來的九一一事件，再次刺激了出口行業，鞏固了出口貿易的經濟發動機的地位。外匯流入的膨脹成為推動貨幣化的重要因素。中國的出口擴張，有助於西方，主要是美國從網路經濟崩潰和九一一事件的雙重打擊中恢復。美國、英國和其他國家的中央銀行以數次降息來應對上述危機，以期促進投資和恢復金融信心，先決條件要將通貨膨脹保持在可控制的範圍內，而廉價中國商品不斷流入抵消了通貨膨脹的壓力。換言之，廉價中國商品掃蕩全球，相當於「出口通貨緊縮」和壓制了世界性的通膨。甚至可以說，中國輸出的通貨緊縮是全球經濟在二〇〇一年之後沒有陷入衰退的關鍵原因。從此中國成了世界經濟秩序中日益增長的新因素。有一種說法：一九九四年至二〇〇五年七月，所謂的中國貨幣制度對中國經濟有如「神助」。[28]

由於中國的國際貿易增長率高於GDP增長率，「外貿依存度」不斷上升。一九七八年，「外貿依存度」是九．八%，一九九一年至二〇〇〇年，外貿總額年平均增長率達到二〇%以上，二〇〇六年以後，「外貿依存度」上升到七〇%。也就是說，中國GDP增長的七〇%依賴於國際貿易，特別是出口貿易。在人民幣匯率變化曲線與中國出口貿易的變動曲線之間存在強烈相關性。一九九六年是一個節點，之後，呈現人民幣大幅貶值和出口的強勢增長的格局。[29]

當然，影響中國出口增長的因素，除了匯率之外，還有其他因素：一，勞動力工資長時間低廉，構成中國長期保持出口優勢的主要原因。即使在二〇〇二年以後，中國勞動力成本有所上升，依然極為廉價；二，各種體現在稅收，外匯留成、出口補貼，貿易信貸等方面優惠措施；三，出口企業經營主體多元化，國有企業在出口總額中所占的份額逐年下降，外商投資企業和民營企業所占比率逐年上升，特別是民營企業在國際市場上競爭力強，不斷調整成本利潤和價格的關係。但是，人民幣匯率對出口和宏觀經濟的影響無疑至關緊要，所以中國政府長期以來，寧可容忍國內貨幣供應量加大，減慢和限制資本自由流動，也要維持匯率穩定，延緩升值過程。

「被迫升值」階段（二〇〇五—二〇一一）

中國二〇〇五年七月實施人民幣新匯率制度，既是「被迫升值」的結果，又是「被迫升值」的開始。所謂「被迫升值」階段是相對於自覺貶值階段而言的。直到二〇一一年，仍然沒有可能預期何時可以結束人民幣「被迫升值」的時期。造成人民幣新匯率制度，既是「被迫升值」的外部因素包括：

人民幣升值的國際壓力。二〇〇五年以來的人民幣升值過程和速度，在一定程度上是對國際壓力的一種回應。中國人民幣匯率至少經歷了國際社會五波壓力。第一波始於二〇〇三年二月，在當時的西方七國集團財長會議上，日本財政大臣鹽川正十郎正式提出議案，要求效仿一九八五年《廣場協議》推動人民幣升值。[30]第二波始於二〇〇三年九月，美國財長來華訪問，要求中國政府放寬人民幣的波動範圍，讓市場自行制定匯率。第三波始於二〇〇四年十月，包括 IMF 在內的國外政界、機構再次強烈要求中國政府放棄盯住美元的匯率安排。第四波始於二〇〇五年四月，在博鰲亞洲論壇的部長級對話會上，央行行長周小川稱：中國「正加快準備人民幣匯率機制的改革步伐，確立了匯率改革的步驟」。[31]在國際範圍內，各國政要、財經官員、專家學者、國際投機家、公眾紛紛加入人民幣匯率討論和辯論的行列，在人民幣幣值低估問題上，趨於共識。其間，國際金融界多次投機人民幣升值。第五波始於二〇〇八年世界金融危機之後。由於西方主要國家經濟增長跌落，失業率不斷攀升，人民幣升值被低估造成世界經濟失衡，逐漸成為經濟界、學界、政界，甚至民眾的共識。二〇一〇年以來，人民幣匯率制度改革和人民幣升值的國際壓力與日俱增，已經成為二〇一〇年代的世界性「博弈」。值得提及的是，幾乎世界各國的政府、媒體和學者都過分誇大了二〇〇八年的國際金融危機。[32]其實，一九三〇年代美國的經濟大蕭條導致災難擴散全球，主要是因為存在金本位，國際貿易大幅收縮。如果當時沒有金本位，國際貿易沒有收縮，大蕭條不會擴散。[33]之後歐盟的主權債務危機也被誇大。

在人民幣升值的國際壓力中，來自美國壓力最大。在二〇〇八年世界金融危機之前，「中美經濟不平衡」，即美國經常賬戶的巨額赤字與中國經常賬戶的巨大盈餘之間的不平衡最引人注目。美國認為中國事實上一度重返盯住美元的貨幣政策，以及人民幣幣值低估加劇美國貿易赤字，所以人民幣升值可以減少中國方面的持續貿易順差。二〇〇八年世界金融危機之後，美國經濟部門、政治人物和國會，一致敦促政府需要採取行動，包括採取貿易制裁，迫使中國終止人民幣緊盯匯制，以解決中國「操縱匯率」問題，扭轉美國製造商的競爭劣勢。[34]二〇一〇年三月，美國國會參議院多位資深議員提出一項獲得兩黨聯署的《二〇一〇貨幣匯率監管改革法草案》，要求美國財政部與商務部對中國人民幣匯率問題採取強硬行動。[35]二〇一〇年五月，中美舉行了第二輪中美戰略與經濟對話，在人民幣問題上沒有取得任何進展。之後，美國財長蓋納表示：人民幣的彈性匯率將使中國能追求更有效而獨立的貨幣政策，尤其在當前中國經濟面臨貨物與資產價格上漲風險的情況下更顯重要。中國政府允許人民幣升值將有利於中國的消費者。人民幣盯住美元的貨幣政策，所造成的人民幣匯率扭曲，其負面影響將擴及其他國家，對全球經濟恢復均衡是一大障礙，中國現行的外匯政策妨礙全球經濟的均衡發展。[36]二〇一〇年至二〇一一年，美國眾議院和參議院不顧中國方面的強烈反對，先後通過了針對人民幣匯率的法案《匯率改革促進公平貿易法案》和《二〇一一年貨幣匯率監督改革法案》。[37]美國的媒體主流也在逼迫人民幣升值。[38]

除了美國之外，歐盟、日本，以及其他西方國家和地區也紛紛加入呼籲人民幣升值的陣營。在國際社會看來，中國不斷積累的外匯儲備本身，就是人民幣被低估的證據。人民幣問題逐漸演化成中國和美國、歐盟和日本之間的政治問題。二〇〇八年十月，西方七國集團（G七）財長和央行行長明確提出：「人民幣匯率被低估」造成「全球經濟失衡」，中國政府應該採取更靈活的匯率制度，提高人民幣匯率，減少出口，擴大進口，降低對西方國家的貿易順差，實現全球貿易「再平衡」，以支持世界經濟和金融市場的環境繼續改善，避免復甦中斷。二〇一〇年，IMF在《世界經濟展望》（World Economic Outlook）持支持人民幣升值的立場：「人民幣的適當升值可以提高國內收入和購買力；消除國內投資或消費（或二者兼有的）結構性瓶頸；增強非貿易環節或服務部門的生產力。」IMF建議對醫保、教育和養老體系進行改革，以增強社會保障網絡，同時對各種輸入型產品的定價體系進行改革，比如資本、土地、水和能源，以降低企業儲蓄水平。[39]二〇一〇年十月八日閉幕的西方七國財長和央行行長會議達成一系列共識，其中包括敦促中國提高人民幣匯率。此外，開始有新興市場國家認為中國低估人民幣匯率，人民幣需要升值。

二〇〇九年和二〇一〇年期間，美國「定量寬鬆」政策對人民幣升值的作用不可忽視。[40]美聯儲兩次實施「定量寬鬆」，注入巨額的流動性，併購買數千億美元長期國債，造成以美元計價的財富直接縮水和大宗商品價格上漲。美元貶值，迫使歐元、日圓、澳幣、韓元、人民幣、巴西雷亞爾等貨幣對美元的「被升值」。由此引發多國採取行動干預匯市，導致發達國家之間，發達國家和新興國家之間，新興國家之間競相讓本幣貶值，更多的競爭性貶值行動推動匯率的進一步波動。既然不能說服和影響別的國家提升匯率，只能選擇自己國家抑制貨幣升值，將貨幣貶值視作一種解決經濟問題的手段，以應對自己的貨幣劣勢。韓國、巴西、泰國、新加坡和秘魯等國均醞釀或採取市場操作影響本幣匯率。二〇一〇年九月，日本在市場拋售約兩兆日圓，同時推出將其主要利率從〇·一％下調至〇—〇·一％的區間，以阻止日圓對美元大幅升值。二〇一〇年八、九月間，人民幣對美元升值〇·八％，意味著外匯儲備損失了約九百億人民幣。或者說，中國的外匯儲備損失了八％以上。但是，中國為了放緩人民幣對美元升值，沒有選擇加息政策。二〇一〇年十月前後，世界性面臨「貨幣戰爭」的說法甚囂塵上。二〇一〇年十月二十三日，在韓國閉幕二十國集團財政部長和央行行長會議承諾避免「貨幣戰爭」，避免自二〇〇八年以來二十國為應對經濟危機所做的集體努力分崩離析。之後，「貨幣戰爭」的輿論衰退。因為，如果發生「貨幣戰爭」，沒有任何一個國家會是「贏家」。當然，在國際貨幣體系中各國的「博弈」還會持續下去。

人民幣匯率不完全取決於中國貨幣當局。面對世界對人民幣匯率制度壓力，中國貨幣當局的一貫態度是：否認人民幣匯率低估，拒絕承認人民幣匯率低估是造成全球經濟不平衡的原因之一，強調是美國貿易保護主義為了掩蓋美國競爭力下降而逼迫人民幣升值，中國會按照主動性、可控性、漸進性原則，穩步推進人民幣匯率形成機制改革。但是，中國最終不得不顧忌美國財政部是否將中國列入匯率操縱國問題，如果一旦發生這樣的情況，會使美國最終可以對中國實施貿易制裁，並促使其他國家效尤。同時，中國政府也非常清楚：雖然人民幣是不可自由兌換貨幣，但是卻無法與全球經濟金融一體化相分離。所以，人民幣匯率制度選擇已經不完全取決於中國貨幣當局的意志，而是決定於以美元為主導的硬通貨，決定於現實的世界自由貨幣體系和格局。

人民幣匯率調整的選擇無非是以下幾種：一，公開和繼續自二〇〇九年重新回到盯住美元的貨幣政策，小幅度持續升值；二，放棄人民幣事實上盯住美元，一次性大幅升值；三，轉而與貿易加權的一籃子貨幣連結；四，完全自由浮動制度。在實踐上，第二種和第四種選擇風險大，可能性低，第三種辦法需要比較長的過渡期。所以，唯有第一種辦法具有可行性。但是，只要維持緊盯美元的匯制，人民幣緊盯匯制對貨幣市場造成干擾，導致中國外匯準備繼續擴大，金融體系充斥遊資。[41] 特別是，人民幣對內貶值、對外升值的反向走勢，就已經說明盯住美元的人民幣發行機制面臨被撕裂的危險。

在如何實現人民幣升值的問題上，中國至少有三種意見：一，實行一次較大幅度升值，然後在較長時間穩定維持這個匯率；二，一步到位；三，小幅度升值。[42] 二〇一〇年以後，中國一些企業領袖公開開始支持人民幣升值，理由是：人民幣升值有助提升消費者購買力，有助放款機構根據市場動向調整利率，強勢貨幣有助壓低進口成本，減輕美元債務負擔。

人民幣升值預期的影響。自二〇〇三年至二〇〇四年，人民幣升值壓力不斷積累，導致預期不斷增強和不確定狀況上升，外資淨流入加速且加劇，成為推動中國外匯儲備的新因素。造成人民幣升值的預期頑強存在的重要原因是：一，全球性零利率政策，使得潛在的流動性達到空前充裕，刺激人民幣升值預期；二，美國定量寬鬆的貨幣政策，特別是美聯儲直接購入國債的舉措，造成對美元市場信心的打擊，美元中期弱勢將持續，低息的美元套利資金流出美國進入新興市場；三，中國在二〇〇八年的天量信貸投放之後，刺激國內投資和消費，出口環比數據隨著海外市場的走穩而止跌回升；四，中國的資產（股票和房地產）價格上揚。直到二〇〇九年，人民幣幾乎是主要新興市場經濟中唯一對美元沒有貶值，而是升值的貨幣，因而被稱為「孤獨」的人民幣。需要強調的是，人民幣在對外升值的同時，對內「貶值」程度加深，大宗商品價格價格上漲，CPI 居高不下，加之銀行利率低下，「負利率」幅度加大，資產價格「縮水」。

二〇一〇年之後的人民幣升值。進入二〇一〇年，繼續壓制或管制人民幣匯率升值已經完全不再可能。中國政府從來是說歸說，做歸做。二〇一〇年六月十九日，正值世界盃足球大賽關鍵時刻，中國央行發表關於「進一步推進人民幣匯改，增強匯率彈性」的公告，意味著「蟄伏」多年的人民幣匯率改革重新開始。從此，人民幣升值速度有所加快。

進入二〇一一年，人民幣升值加快，一再創匯改以來新高，進入六．三時代。[44]人們繼續相信人民幣存在升值空間，在較短的時間內，人民幣匯率可以從六．三時代進入六．二時代。對於中國政府來說，放鬆人民幣升值，固然有緩和國際壓力的動機，也包含疏解國內通貨膨脹壓力的目的。至於人民幣升值的前景，中外學者的主流意見似乎是：從中長期來看，由於美國和中國經濟增長差異，中國GDP增長高於美國近七個百分點情況下，假如人民幣國際背景不變，人民幣對美元長期升值是大勢所趨。但是，由於中國在短期不大可能放開國際資本賬戶，人民幣升值的態勢將歸於穩健和緩慢。在「十二五」期間（二〇一一至二〇一五），人民幣匯率會接近均衡，人民幣對美元匯率大約在五至六之間。但是也有相反的看法：二〇一一年以後，中國因為產能過剩，房地

二〇〇六—二〇一〇年人民幣兌美元匯率走勢[43]

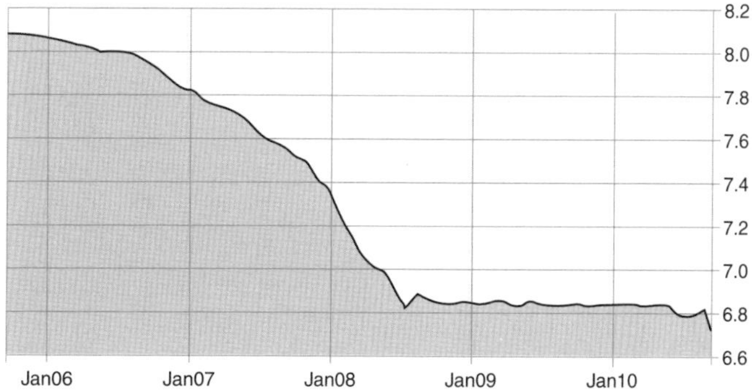

產「泡沫」破裂，增長放慢，中國經濟可能出現震蕩，人民幣兌美元的單邊升值進程可能進行到下半程，甚至是尾聲。也就是說，人民幣被低估的說法可能將成為歷史。受這種看法影響，中外的一些對沖基金已經開始做空人民幣，押注人民幣貶值。[45]二○一一年下半年開始，人民幣匯率確實呈現出新的趨勢：人民幣境內維持升值預期，但是，預期不斷收窄，甚至出現部分期限品種的倒掛，境內即期匯率頻繁遭遇跌停；香港離岸人民幣市場即期匯率和海外無本金交割遠期（NDF）全線出現人民幣貶值預期。這說明了海外市場對人民幣的升值預期已從原來的單邊升值變為雙向波動，其背後更深刻的原因是人們對中國宏觀經濟的趨勢發生變化，缺少信心。

人民幣升值和宏觀經濟效益

中國自二○○五年七月之後實行新人民幣匯率制度，人民幣的持續升值，對國民經濟的「一般均衡」發生深刻影響，涉及範圍包括了國際貿易、經濟增長、國際收支、外資、國內消費和收入分配，以及政府收支。可以從正面積極和負面消極兩個方面加以分析。

人民幣升值和國際貿易。關於人民幣升值對國際貿易的影響方式和機制相當複雜，很難簡單地說是正面效果大，還是負面效果大。一般而言，人民幣升值對進口和出口的影響不盡相同。「中國貿易夥伴國的實際收入和中國實際利用外資的增長，可以促進中國出口，出口的價格彈性較大。相對出口價格下降，明顯刺激出口增長。反之，價格上漲，導致出口下降。中國進口的增長則主要受實際收入增長的推動，但是進口收入彈性要小於出口收入彈性。相對進口價格的變動對中國進口影響較小，明顯小於出口的價格彈性。」[46]在短期內，人民幣升值對進口表現為正向衝擊，對出口表現為負向衝擊。在中國特定的國情下，政府所關注和憂慮的人民幣升值造成對中國出口的下降，對經濟增長和就業的負面後果。

事實上，因為人民幣升值，中國整個出口經濟體系確實受到前所未有的衝擊：一，對勞動力密集產業的負面影響明顯。「人民幣實際匯率對勞動密集型產品和資本密集型產品出口國的彈性是不同的，對勞動密集型產品出口的影響力大於資本密集型產品。」[47] 以外幣表示的中國出口品價格上升，增加企業經營成本，削弱中國出口產品的國際競爭力，致使出口減少及一些勞動密集型出口生產企業陷入困境，發生出口企業開工不足，甚至倒閉，減少就業。受人民幣匯率升值影響最大的是農業和典型的勞動密集型部門。紡織行業首當其衝，因為匯率變動對服裝類和棉紗類出口價格影響具有完全傳遞性，直接傳遞到出口產品的價格上，本來狹小的利潤空間會進一步惡化。二，對不同類型企業的效果，差異很大。國有企業、以出口為主的外貿公司、一般貿易企業出口受人民幣升值影響要大一些，而外資企業、民營進出口生產企業、以進口為主的外貿公司和加工貿易企業等由於可以透過各種方式自我消化一部分升值因素，因此出口所受的影響一般會小一些。如果企業自身品牌、有一定的優勢，且定價能力較強，本幣升值後提高產品的外幣標價，也可以減輕人民幣升值的壓力。三，人民幣升值的影響依區域而異。中西部地區、以能源和資源密集型產業作為出口支柱的地區出口受人民幣升值影響會比較大，而東部沿海地區、工業化程度較高和加工貿易比重較大地區出口受影響會小一些。因為沿海地區投資成本升高之後，推動一部分出口產業向中西部地區轉移。四，引發匯率波動幅度，造成投資者不穩定的預期，影響投資者信心，加之外商在中國進行直接投資的成本上升，在周邊地區存在著引資競爭的形勢下，導致引進、利用外商直接投資的減少，也就是出口產出減少。

中國政府曾經擔憂因為人民幣兌持續升值所導致中國外貿出口發生逆轉，經濟增長放慢，失業擴大，整體產出下降，產生所謂緊縮性的情況，但是，幾年下來，這種情況並沒有出現。中國出口貿易依然強勁，中國貿易順差繼續創新高。[48]不論是二〇〇八年的世界金融危機，還是二〇一〇年以來的歐洲債務危機和美國復甦無力，對中國出口貿易都沒有產生多大影響。主要原因有：一，人民幣的升值幅度沒有接近全面影響中國外貿產品出口程度的極限，人民幣升值的空間是存在的。特別是人民幣相對於非美元的歐元、英鎊、日圓等通貨的貶值，進一步刺激對這些地區的出口，也證明了人民幣匯率低估與出口的高相關性。二，企業勞動生產率加速提高，技術創新出口產品結構調整，抵消了人民幣升值對出口的抑制作用。三，中國的整體競爭能力已經形成，在基礎設施，產業度和規模、技術創新、勞動力素質和供給、國內市場潛力等方面所具有的優勢，並不是其他發展中國家在短期內可以超越的。以美國為例，人民幣兌美元升值，導致美元從中國進口的產品價格上升。但是，美國從中國進口商品的價格上漲，並沒有構成對中國產品價格優勢的負面影響，因為中國產品的價格依然低於從其他國家進口的商品，從而中國產品在美國市場中的份額是相對穩定的。進一步分析，只要國際市場對中國產品存在需求，國外進口商仍舊會接受中國企業因為出口成本上升，要求漲價和提高商品單價的要求。

不僅如此，因為「人民幣匯率的變動對出口價格的傳遞是不完全的，存在著顯著的實質效應。……中國整體本幣出口價格對匯率變動的敏感性在下降，表明外幣進口價格對匯率的敏感性在上升。隨著中國開放程度愈來愈高，與世界融合程度的上升，人民幣匯率變動對外國進口價格的傳遞程度會不斷上升，在中國出口商的定價過程中，會起到愈來愈重要的作用」。[49]人民幣匯率升值還為中國對外貿易帶來了積極的效果：一，帶來出口結構的改善，有效抑制勞動密集型部門的低價競銷和出口，減弱中國貿易順差不斷擴大勢頭，緩解貿易摩擦壓力，避免一些貿易夥伴的變相保護主義。二，激勵出口企業技術創新和技術進步，更依靠技術進步和提高附加價值，推動經濟增長方式的轉型。三，中國稀缺的進口原材料、進口技術、設備、資本品及中間產品價格下降。四，消費品進口價格下降，擴大消費者的實際財富和購買力，利於擴大國內的消費需求。五，中國企業到海外投資的成本下降，加大中國企業「走出去」的步伐，充分利用全球資源，建立全球性的生產、營銷網絡，打造中國真正具有國際競爭力的跨國公司。

所以，如果要全面評估人民幣升值對於中國對外貿易的影響，還需要更長時間的觀察。從長遠來看，人民幣升值無疑「有利於中國出口商品結構優化，當然不能反推出這樣的結論，中國出口商品結構優化會促進人民幣匯率的升值。也就是說中國出口商品結構的升級對人民幣匯率升值的推動力較小。」[50]在可預見的未來，在人民幣升值趨勢不可逆轉的前提下，中國是否可以繼續維持出口主導的經濟模式，緩和中國經濟內部失衡和外部失衡程度，推動外經貿增長方式的轉變，主要取決於在中國創新和勞動生產率的前景。如果中國創新能力和勞動生產率的提升速度不能抵消因人民幣升值和「加薪潮」所提高的勞動力成本，加上包括石油和各類原材料價格上升，企業用於消化人民幣升值和增加工資的能力逼近極限，產品價格會全面膨脹，出口企業平均利潤率進一步減少，中國出口產業依賴廉價成本模式和廉價商品時代迅速走向結束，也就是中國自一九八〇年代以來的經濟發展模式的終結。中國面臨兩種可能性：一，在世界沒有其他國家可以替代中國的情況下，中國製造的產品會繼續維持在世界市場中的份額，這意味著中國對全球價格的良性影響將更加迅速走向終結，這會把這個國家自己的通貨膨脹問題拋給西方。二，中國被迫開始從「世界工廠」到「世界市場」的蛻變，以尋求經濟發展新動力。[51]中國擁有十三億龐大消費人口，隨著中國國民收入的提高，必然成為第二個「世界市場」。但是，隨之而來的會是「蝴蝶效應」，凡是中國消費增加的品種，不論是生產資料或消費品，都出現供不應求，推動世界性通貨膨脹。

當然，人民幣升值對中國宏觀經濟的影響，不僅局限於對外貿易領域，還涉及宏觀經濟的方方面面。例如，人民幣升值有利於平抑國內資產價格，降低通貨膨脹壓力；人民幣升值，等於對外債務的美元價值上升和海外資產的價值貶值，結果是中國的淨國際投資頭寸，即總資產與總負債之差距會自動惡化，反映了財富從中國向美國的轉移；人民幣升值會造成虛幻的財富感，使資產泡沫化。中國現在還沒有完成工業化，人均GDP還很低，現階段人民幣升值，有可能斷送某些領域的工業化，造成大量資金不合理外流，重蹈日圓升值的覆轍。

人民幣的「真實匯率」和「名義有效匯率」

在評估人民幣匯率的升貶值問題時，有必要區分「真實匯率」和「名義有效匯率」。人民幣「名義有效匯率」是人民幣透過對其他國家匯率加權所得到的一個綜合匯率變動指數，即人民幣對美元和非美元匯率的加權平均。

人民幣「名義有效匯率」對中國國內價格的傳遞機制體現在：一，中國進口的原材料產品以及替代性較高的消費品，匯率波動對這些進口品價格的傳遞率相對較大。二，匯率對工業品出廠價格的傳遞性比較高，因為進口原材料價格變動，直接影響出廠價格；本國工業品與進口品之間有替代關係，進口品價格的變動導致工業品出廠價格的同方向變動；隨著匯率變動，部分企業會透過調整出廠價格來減少出口價格變動。三，如果中國經濟工業產品可替代性強，進口品在工業生產過程的中間投入品比例較大，匯率作用自然強化。四，匯率變動對非貿易品影響較小，對消費品價格的影響相對弱。[52]人民幣「名義有效匯率」不僅考慮所有雙邊名義匯率的相對變動情況，還要剔除通貨膨脹對貨幣本身價值變動的影響，可以比較準確地反映兩國商品和勞務的相對價格。一般來說，人民幣實際匯率上升，意味著外國商品和勞務的本幣價格相對上漲，人民幣在外國的購買力相對下降，發生實際貶值，外幣實際升值；人民幣實際匯率下降，意味著外國商品和勞務的本幣價格相對下降，人民幣在外國的購買力相對上升，人民幣幣值實際升值，人民幣實際貶值，外幣實際升值。

在關於如何判斷二〇〇五年至二〇一〇年期間的人民幣名義有效匯率方面，不論是中國內部和國際社會，都存在嚴重分歧：一，升值論：人民幣在經歷二〇〇〇年至二〇〇五年間的貶值之後，從二〇〇五年七月至二〇一〇年三月初這段時間升值了一二·三％，現在的名義有效匯率大致處於二〇〇〇年的水準。[53]按照中國政府的官方說法，在世界經濟極為困難的時期，即二〇〇八年七月到二〇〇九年二月期間，人民幣實際有效匯率升值了一四·五％。二，貶值論：從二〇〇五年至二〇一〇年，人民幣名義有效匯率和實際有效匯率都經歷了貶值—升值—再貶值的變動趨勢，人民幣名義有效匯率和實際有效匯率分別貶值一五·一三％和二〇·四六％。實際有效匯率貶值幅度高於名義有效匯率幅度，主要是由於中國國內物價水準上漲速度高於國外物價水準的上漲速度。[54]國際清算銀行公佈的數據顯示，二〇〇九年，人民幣實際有效匯率貶值六·一％。名義匯率與實際匯率背離，人民幣實際有效匯率下降，造成貿易順差持續放大，加大流動性過剩，然後導致新一輪人民幣對美元的升值壓力。如果再加上美元貶值預期和實際走弱，人民幣名義有效匯率還將繼續攀高。

因為人民幣和美元的淵源，「人民幣真實有效匯率變動在很大程度上取決於人民幣名義有效匯率，而人民幣名義有效匯率變動則絕大程度上取決於美元名義有效匯率。」[55]美國和中國的經濟增長率，對各自貨幣匯率發生影響。美國的經濟增長率愈高，美元實際匯率愈高；中國的經濟增長率愈高，人民幣的實際匯率愈高。當然，在經濟規模、發展階段和增長質量方面，美國和中國存在相當的差異，美國經濟增長率和中國的經濟增長率對彼此實際匯率的影響並不是對稱的。[56]基於這樣的前提，中國學者認為，由於中國的通貨膨脹率（特別是CPI）高於美國，表示人民幣實際升值幅度要超過名義升值幅度。而西方學者認為，如果綜合考慮通貨膨脹和生產力增長的因素，例如，中國工人的生產力增長率高於美國工人二─三個百分點，人民幣的實際價值很可能繼續貶值，至少升值有限。所以，距離國際社會希望的「再平衡」還有很大差距。

中國的反人民幣升值陣營及其思潮

在過去若干年間，人民幣升值問題持續成為中國國民關注、討論和爭論的熱點，並且在政府內部、學界、企業界、甚至在民眾之間，形成了支持升值和反對升值的兩個陣營。在這兩個陣營中，還有不同的派別。相較於支持人民幣升值的陣營，反人民幣升值的陣營及其思潮具有更大的話語權。即使發生了人民幣匯率的實際升值，反人民幣升值的陣營及其思潮還在繼續影響著輿論和國民意識。反人民幣升值的陣營及其思潮之所以有如此大能量，是因為將人民幣匯率問題政治化，占據意識形態和民族主義的制高點。反之，支持人民幣升值的陣營，更傾向務實，在公眾輿論中，顯得理不直，氣不壯。[57]客觀地說，在中國思想界和民眾之中，反人民幣升值和否定存在人民幣匯率的高估的主張似乎一直處於主流位置。中國的反人民幣升值思潮的主要特徵是：

否定「浮動匯率」。在一九八〇年代和一九九〇年代，因為驟然停止的資本流入，世界大部分新興市場經濟體已經患了「浮動恐懼症」，不信任市場主導的匯率，對經濟帳戶赤字感到恐懼，只相信古老的出口導向增長機制，特別是出口製造品，幾乎新興市場經濟體竭力控制匯率。一九九七年的亞洲金融危機加劇了這種意識。在中國，一九九七年的亞洲金融危機更是揮之不去的陰影，也存在「浮動恐懼症」。中國的反人民幣升值思潮的核心思想是從根本否定「浮動匯率」的存在基礎，似乎浮動匯率「有百害而無一利」：導致匯率動蕩；刺激金融衍生產品（所謂金融創新）交易量不斷膨脹；資產證券化飛速發展；全球儲備貨幣發行失去外部約束；形成全球流動性過剩；迫使各國央行干預外匯市場；以及石油來賭戰略資源價格暴漲。總之，浮動匯率是當代世界的萬惡之源。[58] 中國可能面臨一九八〇年代日本的困境。當年，迫使日本被迫接受美國主導的「廣場協議」，導致日圓大幅升值，拖累日本經濟陷入長期衰退，中國要汲取的教訓。因為蒙代爾、麥金農始終是不遺餘力論證和批評浮動匯率之害的代表經濟學家，所以在中國極有市場，成為中國媒體的寵兒，受到中國官方和一般民眾的歡迎。在中國，歐元的誕生被誤讀為歐洲各國擺脫浮動匯率之害的劃時代創舉。[59]

否定當代世界貨幣體系。在中國的反人民幣升值思潮看來，當代世界貨幣體系，特別是浮動匯率制度都受制於美國和美元：美國透過貨幣和債券發行以及金融創新等手段不斷擴大其貨幣市場規模，加強其在國際貨幣市場、石油及鐵礦石等關鍵大宗商品市場的定價權。對貨幣發行國而言，鑄幣稅意味著可以計量的有限利益，而掌握貨幣政策以及貨幣和大宗商品的定價權，則意味著掌握著影響和控制別國財富的無限利益。全球金融領域的控制權，其金融早已脫離實體經濟和本體需求，透過一系列金融制度和金融衍生產品創新來獲取超額利潤。以往人們戲稱格林斯潘是「世界中央銀行行長」。「今日國際貨幣體系是純粹美元本位制，是美元霸權體系，歐元之誕生短期內仍無法改變此一事實。美國是當今貨幣體系最大受益者，自然沒有動機去改革國際貨幣制度，美國享受著最大的鑄幣稅，主宰著國際貨幣、金融、經濟之遊戲規則。他是規則的制定者。」美元儲備資產以天文數字劇增，拓展美國資本市場的規模、廣度和深度；美聯儲的貨幣政策對世界各國的貨幣政策具有更強大的影響力。[60] 根據反人民幣升值的思維邏輯，如果說金本位制之錨是黃金；美元本位制下，其他國家貨幣供應量之錨是美元；美元之錨是黃金；其他國家只能運用美元兌換黃金的機制來制約美國的貨幣政策，但美國可以踐踏國際協議，擺脫其他國家的制約。美元本位制的基本問題是一切霸權式貨幣本位制的共同問題。[61] 著名的「特里芬難題」（Triffin Dilemma）已經過時，因為它只是提醒人們注意到黃金儲備不足，而忽視在美元本位制下如何控制美元儲備增長的機制。[62] 人民幣升值問題的核心是相對於美元的升值，因為美國和美元在世界貨幣金融體系中的主導地位，人民幣升值的真正壓力是美國造成的。所謂人民幣是造成美國與中國經濟失衡原因，根本不成立。是美國經濟失衡根源其國內經濟的長期衰退和失業率上升，導致美國實施美元貶值政策。美國政府不斷提高人民幣升值壓力，陷人民幣於被迫升值的境地，意欲進一步撬動中國市場准入，轉移外債壓力之嫌。不僅如此，人民幣匯率問題還成了美國共和黨與民主黨之間博弈的籌碼。在輿論導向下，人們普遍認為，人民幣匯率升貶的緣由來自美國政府代表的西方國家的壓力。

拒絕承認人民幣升值的任何積極意義。根據反人民幣升值陣營的理論和邏輯，中國當前貿易和外匯儲備的增加和人民幣的幣值沒有直接關係，人民幣升值既不能根本增加中國經常性的盈餘，在相當程度上也不能減少外匯儲備的積累。更嚴重的是，因為人民幣升值預期，人民幣升值加快，而加息會刺激更多貨幣流向中國的新興市場，導致通貨膨脹壓力增大，資產價格上升。一旦投機資金享受完人民幣升值利益之後的拋售，將導致國內期貨市場價格震蕩。人民幣升值，出口貨品價格會提高，入口價格相對下跌，進而刺激國內消費，這樣，一部分居民將把儲蓄轉化為消費，推高通貨膨脹。此外，人民幣升值意味著高收入者可以受益於更多資產的上漲，他們購買奢侈品時可以花更少的人民幣。也就是說，人民幣升值會惡化中國本來已經相當不合理的財富再分配。總之，「人民幣大幅度升值有百害而無一利，會給中國經濟帶來災難性後果：經濟增長速度急劇下降和通貨緊縮，大量失業，社會問題更加突出，社會矛盾激化。所以，匯率政策關係國家最高利益。」[63]「人民幣之快速和大幅度升值乃至浮動，必將給中國經濟帶來災難性後果」。[64] 所以，中國的選擇不應該是升值，而是加息。這樣更能讓企業承受，也更能讓民眾受益。

人民幣匯率問題的政治化。二〇〇八年之後，人民幣匯率問題在中國國內被逐漸「政治化」，且與民族主義、國家主權、國家安全和意識形態掛鈎。二〇〇九年，中國出版一本編著的《貨幣戰爭》，雖然沒有得到主流學者認可，卻成了一本暢銷書。根據一份報告稱，負責中國金融事務的國務院負責人也讀了這本書。[65] 自《貨幣戰爭》之後，諸如「新的鴉片戰爭」、「金融恐怖份子」、「黃金保衛中國」、「貨幣崛起」、「金融超限戰」、「誰在謀殺中國經濟」、「捍衛中華民族金融財富」、「人民幣豈能屈從於美元霸權」等軍事術語和政治語言被全面引入貨幣金融領域。中國某些知名的人物公開表明支持「貨幣戰爭」的立場。一九九九年出版的《超限戰》作者認為，金融博弈可以被稱為一種新型戰爭，是指它可能成為一種國家間替代暴力戰爭的手段，從而演化成一種軟暴力、軟戰爭，而這種戰爭帶來的殺傷效果絲毫不亞於一場暴力戰爭，如東南亞危機向我們展示的那樣。「美國與其他國家的不同之處在於，一是它的國家利益主要表現為金融利益；二是它的軍事戰略可以直接為實現其金融利益服務。」[66]

進而，在中國還盛行用「陰謀論」作詮釋的包括二〇〇八年在內的金融危機根源。根據「陰謀論」，現代國家貨幣金融體系是西方國家少數人設計出來的，甚至是華爾街的一場驚天陰謀，利用美元的國際地位掠奪各國人民利益，坑害發展中國家。中國正面臨著來自西方的暗算，且時時刻刻處於國家危機之中。由於美元進入貶值週期，中國兩兆美元儲備成了待宰羔羊。中國為了自己利益，必須有「語話權」、「定價權」。不僅二〇〇八年的國際性金融危機，甚至二〇一〇年發生的「希臘危機」，以及「歐元區金融危機」都是華爾街或「新帝國主義」一手策劃的陰謀。[67] 二〇〇九年四月十二日，中國央視《對話》欄目對羅斯柴爾德家族的第六代掌門人做了訪談。受「陰謀論」影響，有人問羅斯柴爾德家族會怎麼進入中國經濟，並像過去掌控某些歐洲國家經濟命脈那樣，控制當前中國經濟。如今，中國的市井小民似乎都迷迷糊糊地知道，人民幣事實上的升值是美國等西方國家壓力所致，其背後一場貨幣戰爭，有著蓄意已久的謀略和陰謀。甚至一場美元對人民幣的「屠殺」已經開始，[68] 可見「陰謀論」在中國影響之深。值得注意的是，中國目前各種流行的金融「陰謀論」基本上沒有本土版本，幾乎都是美國的舶來品。[69]

中國大多數的知識份子對陰謀論並不認同。「戰爭是基於暴力，是基於強制力迫使另一方接受施暴方的安排，而金融市場所基於的是交易雙方的自由選擇。把任何基於自由自願選擇權的競爭關係說成『戰爭』，是混淆概念，沒有建設性價值。」金融就是金融，戰爭就是戰爭。當美元、歐元、人民幣和其他貨幣，互相之間有同等機會去競爭的時候，從國家主權基金到各國外匯儲備、到全球很多有錢的個人和企業，都自願選擇美元資產，不一定是其他貨幣資產，該做的不是指責美元霸權，而是去問為什麼其他貨幣沒有在競爭中勝出。人民幣沒有國際化是因為資本賬戶不開放，管制過緊，人民幣債券與股票市場對外國投資者不開放，本國人民幣投資市場不發達，利率匯率沒有市場化，而不是別人的圍堵，不是任何人的陰謀，更不是暴力壓迫的結果，因為這些政策不是其他國家強加的。進一步分析，中國所流行的「陰謀論」不可證偽，沒有科學依據。將「陰謀論」作為歷史主線，「陰謀論」才能成為一種流行文化，重要根源在於中國經濟不發達，又要捍衛主權，需要民族主義，其實是弱者心態，不甘心在眼前格局中的地位，拒絕反思制度和發展差距，變態自尊心的反映，或是對現代經濟、社會、政治生活持有偏狹態度的不健康心態的反映。只要匯率問題政治化，變成國家主權問題的時候，導致中國在貨幣和金融領域的改革政策不穩定，推後人民幣的匯率制度改革，以及人民幣成為可以自由兌換貨幣的時間表。二〇一〇年十月，終於有中國學者站出來，呼籲中國應該塑造國家的陽光心態和健康心態，而不至於透過激發人們的陰暗心理，使人們對民族未來發展產生晦暗的心態。70

外匯儲備和貨幣供給

中國在一九七〇年代末，外匯儲備水準低下，美元和各類外匯堅挺而稀缺，制約了中國參與國際經濟活動能力，為了防範國際金融風險和集中國際金融資源辦大事，實行高度集中的外匯管理體制。所以，在中國在經濟改革初期，如何增加外匯儲備，改革外匯管理制度幾乎與農村改革具有同樣的重要性和迫切性。過去三十年間，伴隨著外匯管理體制的改革和人民幣匯率制度的演變，外匯儲備數量及結構發生深刻變化，對宏觀經濟影響力日益增強。

外匯儲備的意義和外匯儲備數量的增長階段

外匯儲備是貨幣當局所持有的國際儲備資產，國際性可兌換貨幣是其中的組成部分，並非投入國內生產使用。外匯儲備規模主要決定於進口狀況，外匯儲備表現為持有一種以外幣表示的金融債權。一定的外匯儲備是一國進行經濟調節、實現國內外經濟平衡的重要手段。在中國，外匯本身獨立於國內的經濟運行，被中國央行在國際金融市場上用於保值增值，外匯儲備的增加意味著相對應的人民幣供給的增加，或者說，央行人民幣投放的增長，也是國家多儲備擴大的一種反應。一九九○年代以來，在中國外匯儲備高速增長的過程中存在著波動，但是，絕大部分年份都維繫了三○%至五○%的增長率。[71]

根據過去三十年間的中國外匯儲備的數量變化，可以劃分為四個階段：

低於百億美元階段（一九七八—一九八九）。在此階段，中國處在對外開放的「試驗」階段，受社會主義計劃經濟體制框架約束，外匯儲備也基本上處於「零儲備」狀態。一九七八—一九八九年的十二年間，除一九八九年為五十六億美元外，其餘各年的外匯儲備餘額均未超過五十億美元；一九七八—一九八九年的十二年間，僅有一九八二年和一九八三年這兩年存在少量貿易順差（分別為三○．三億美元和八．四億美元），其他十個年份均為貿易赤字。在這一階段，中國對外開放與引進外資的規模較小，各年實際利用外資總額均只有幾十億美元。一九七八—一九八九年這十二年間，中國實際利用外資累計總額僅為五八○億美元。

百億美元儲備時期（一九九○—一九九五）。一九九○—一九九五年是中國經濟改革開放的轉軌時期，開始走出「計劃經濟」的陰影，逐步走向「市場經濟」。六年間，中國對外貿易總額從一千億美元增長到接近三千億美元，六年中共有五年出現了貿易順差。同時，中國開始加大外資引進力度，尤其是進一步拓寬了國際融資的管道和空間，中國對外開放的吸引力也在不斷增強。實際利用外資年度總額從一百億美元增至接近五百億美元，而且其中九○%以上的引入外資都是「直接投資」性質的。正是基於外貿進出口和利用外資形勢的明顯好轉，這一時期中國外匯儲備餘額從一百億美元快速上升到七百多億美元。外匯儲備快速而穩定的增長，標誌中國外匯儲備走出「短缺」的時代。

千億美元儲備時期（一九九六—二〇〇五）。一九九六年底，中國經濟運行成功實現「軟著陸」，一九九七年，貿易順差則呈跳躍式增長，首次突破四百億美元。二〇〇五年，貿易總額接近一兆四千億美元，而且貿易順差第一次跨越了一千億美元的「絕對」大關。與此同時，中國在實際利用外資總額方面，一九九七年創下了歷史最高記錄，達六四四億美元。在之後的八年中，每年實際利用外資總額一直保持在五百—六百多億美元之間另一方面則表明中國引入外資脫離「饑不擇食」的歷史時段。一九九六年底，中國正式接受國際貨幣基金組織第八條款，實現人民幣經常項目可兌換。這標誌著企業和居民有了更多持有外匯存款的機會。這一年，中國外匯儲備餘額首次突破一千億美元，隨後幾年，外匯儲備大幅度增長。

以兆美元為單位的儲備時期（二〇〇六—二〇一〇）。其間，中國外匯儲備實現了從一兆美元，超過日本，成為世界第一，再跳躍至二兆美元，再逼近三兆美元。[72]二〇一〇年末，中國外匯儲備餘額為二．八四億美元，同比增長一八．七%。[73]二一．八四億美元實在巨大，相當於美國二〇一〇年一五．二兆美元GDP的一八．七%。與此同時，中國外匯儲備占全球外匯儲備的比重進入了「舉足輕重」的時期。一九九九年至二

一九九七—二〇〇七年外匯儲備增長率

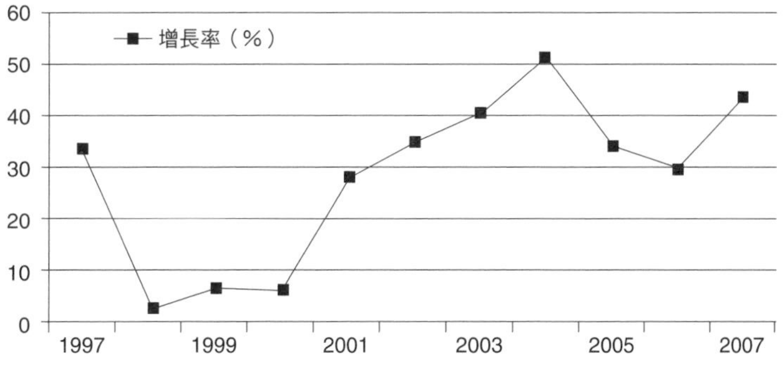

〇〇〇年，中國外匯儲備占全球儲備比重是八%至九%之間，二〇〇九年之後，這個比重持續超過了三〇%。

中國外匯儲備增長結構、原理和過程

在當代世界，每個國家外匯儲備數量主要決定於國際收支狀況，順差增加外匯儲備，逆差積案是外匯儲備，而國際收支則巨額的與經常性項目和資本項目。所以，中國外匯儲備的高速擴張歷史，是貿易順差和資本流入所形成的結果。

中國在一九八〇年代，國際經濟活動主要是國際貿易和為國際貿易服務的銀行國際業務，經常性項目主要是貨物貿易，國際收支結構簡單，貿易規模狹小。一九九〇年代之後，國際收支流量大幅增長，經常性項目中的服務貿易比重上升，出口貿易膨脹；同時，金融市場開放程度擴大，大量的外國資本進入，FDI增長，資本項目日益重要，資本和金融項目對中國外匯儲備增加貢獻較大。其中的一九九三年，貨物貿易發生短

外匯儲備形成機制

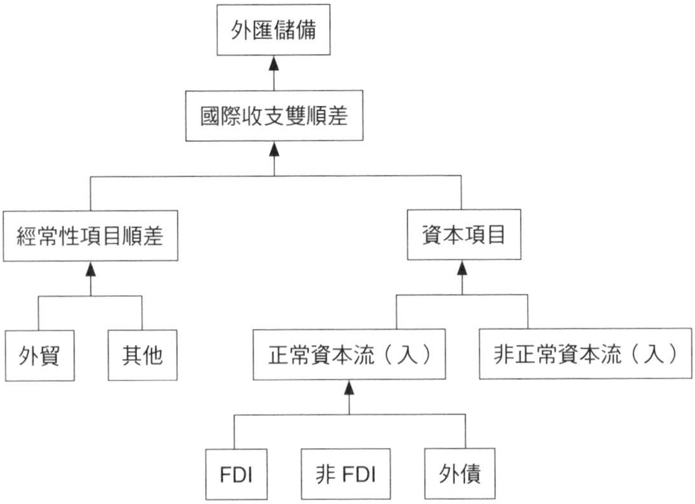

期逆差，但是資本和金融項目順差，外匯儲備依然增長。一九九七年，亞洲金融危機，經常性項目沒有明顯下挫，資本和金融項目縮水。但是，因為這次危機，中國取消了外匯留成制度，代之以銀行的結售匯制，採取盯住美元的人民幣匯率政策。從這一年開始，中國的經常項目和資本金融項目餘額都變成正數，國際收支雙順差進入快速增長期。二〇〇〇年至二〇〇八年，外貿順差急劇擴大，經常項目逐漸增加，資本和金融項目相對下降。

以二〇〇一年中國加入WTO為里程碑，中國的外匯儲備進入高增長階段，持續維持經常性項目，資本和金融項目的雙順差。一九九〇年以來，除了經常項目在一九九三年和資本和金融項目在一九九二年、一九九八年，中國持續國際收支雙順差。二〇〇七年與一九九〇年相較，經常項目餘額增長三十倍左右，資本和金融項目餘額增長二十倍以上。二〇一一年，中國的資本項目盈餘為兩千三百億美元。

中國的外匯儲備增長（減少）機制包括：一，外匯儲備的增長機制：國際收支順差→中資企業外匯淨收入→在結售匯制下，中資企業賣出大部分外匯→外匯銀行外匯淨買入→外匯銀行賣出外匯→中央銀行買入外匯→外匯儲備增加。在增長機制

一九八五—二〇〇七年本和金融項目餘額增長 [74]

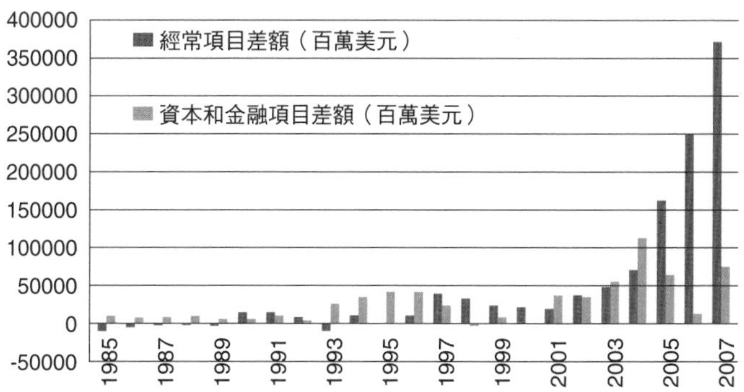

下，外匯從最初的國際收支順差（A），經過中資企業（B）、外匯銀行（C），最終流入中央銀行（D），導致外匯儲備（E）增加，這一機制表現為外匯順流；二，外匯儲備減少機制：國際收支逆差↓中資企業外匯淨支出↓外匯銀行賣出外匯↓中央銀行賣出外匯↓外匯儲備減少。在減少機制下，外匯儲備（E）透過中央銀行（D），流入外匯銀行（C）、中資企業（B），最終彌補了國際收支逆差，這一機制表現為外匯逆流。

如果深入觀察中國國際收支變動過程，人民幣匯率的變動對經常性項目和資本項目的作用相當大。人民幣匯率向來是導致外匯儲備規模的一個深層因素。近年來，人民幣升值趨勢對資本和金融項目順差影響強烈。在中國資本和金融項目中，所謂的「正常」的非FDI資本流入的增長速度最快，並形成了規模優勢。而非FDI資本流入表現出很強的波動性，其規模大小和增長速度與人民幣升值預期的強弱形成正相關的曲線。根據中國國家外匯管理局二〇〇七年「國際收支報告」，「正常」的非FDI資本流入主要來自兩個途徑：一，證券投資（證券投資負債）流入規模持續擴大；二，外債總規模增速回升，改變了以往外債淨減少的局面。一九九

一九九〇—二〇〇八年經常性項目和資本項目貢獻率[75]

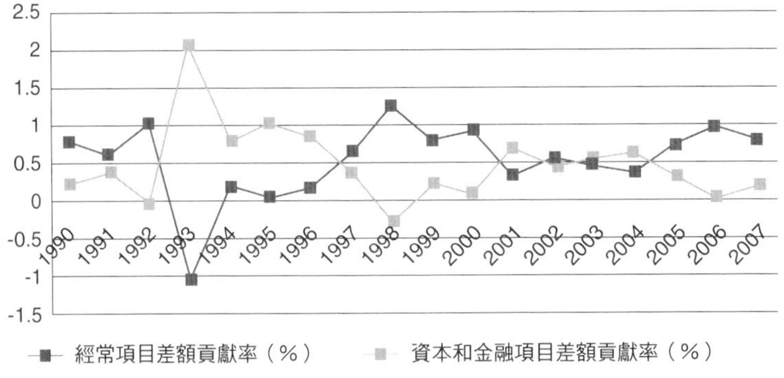

〇年至二〇〇六年，中國非FDI資本流入，FDI資本流入和貿易差額的數量比較，見下圖：[77]

二〇〇八年世界金融危機之後，中國外匯儲備出現了新的趨勢：一，歐美面臨財政緊縮，儲蓄率將逐步上升，人民幣升值，出口成本上長，進口擴大，貿易盈餘出現下降趨勢。但是，中國經常項目順差與GDP之比可以維持在四%至五%左右。二，海外大宗商品價格上漲，推動和吸引中國企業對外直接投資，加之對外證券投資增多，將會降低外匯儲備的累積速度。但即使是二〇一一年，中國與世界主要經濟體比較，中國的國際收支的總順差可能還是比較大的。[78]

外匯儲備不是國家資產

根據「貨幣當局資產負債表」，外匯儲備並不是國家資產，而是央行的負債。從外匯儲備的經濟關係來看，外匯儲備表現為持有一種以外幣表示的金融債權，在整個銀行體系的資產負債表上，儲備資產對應的「來源」是銀行對居民的負債（現金和銀行存款）。中國所有的外匯持有機構和個人，其實都是央行的債主。伴隨中國外匯儲備膨脹，不僅人民幣投放的規模會同步膨脹，而且央行的負債規模也要同步膨脹。以外匯儲備為基礎的貨幣發行是央行之負債。

中國外匯增減機制 [76]

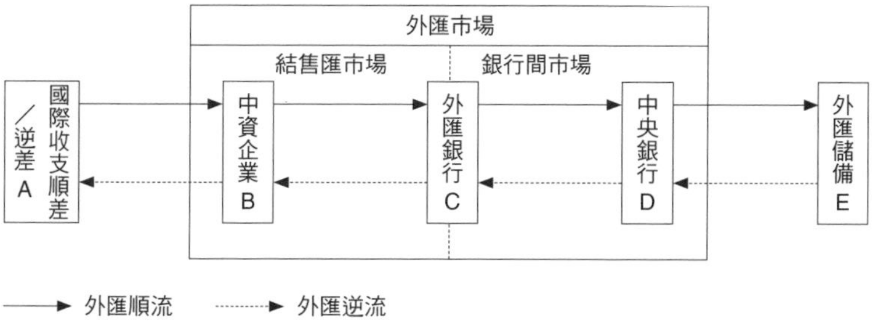

從外匯儲備供給來源來看，可以分為債權性外匯儲備和債務性外匯儲備。債權性外匯儲備主要源於外貿出口，勞務出口等經常項目，由經常項目順差形成；債務性外匯儲備主要來源是國外借款，利用外資等資本項目，資本項目順差引起外匯儲備增加。由於中國對外資本流出和國外借款數額比較小，因此，分析外匯儲備中的債權性外匯儲備和債務性外匯儲備，主要集中在貿易順差和利用外資兩個方面。其中，利用外資一項不可以分解為FDI資本流入和非FDI資本流入。[79]一般來說，貿易順差帶到的外匯儲備增長是實質性的，穩定性較好，而外資的流入導致的外匯儲備增長，則具有較強的流動性和非穩定性。如果深入分析，中國巨額貿易順差並不意味具有同比例的債權性外匯儲備。以二〇〇六年為例：從二〇〇〇年至二〇〇六年十一月底，中國外貿順差累計為三，九三〇億美元，同期吸收外資累計為三，六九〇億美元，到二〇〇五年底外債餘額二，八一〇億美元，三項合計為一〇，四三〇億美元，構成外匯儲備。在外貿順差中，由於外資企業比重超過一半，導致外貿順差中有相當比重屬於外資企業。所以，在中國高達的外匯儲備中，真正屬於中國自己的僅僅

一九九〇—二〇〇六年非FDI、FDI、貿易差額

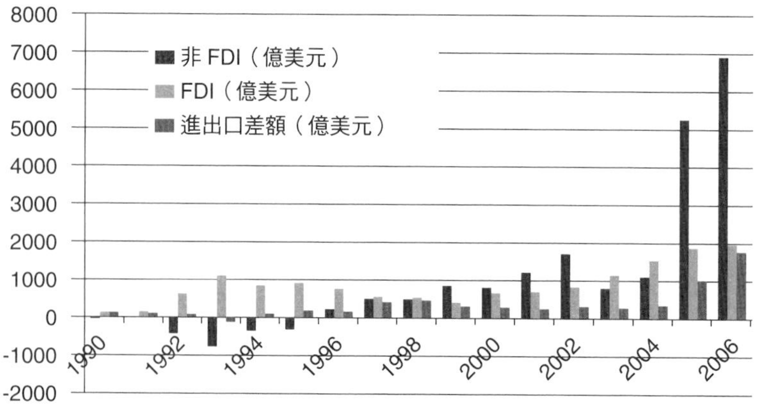

是外資順差中扣除外資企業的那一部分。

總的來說，在中國高達三兆的外匯儲備中，債務性外匯儲備高於債權性的外匯儲備。中國十三億人，經過三十餘年所累積屬於自己的貿易順差部分，是相當有限的。

此外，中國外匯儲備始終存在著結構性矛盾：一，規模擴大，但缺乏穩定的制度基礎。二〇〇三年以來，貨幣當局逐步放鬆了外匯管制，漸次開放了資本項目，穩步改革了人民幣匯率形成和決定機制。這些改革舉措是值得肯定的，但無疑會衝擊既有的外匯管理體制，增大外匯儲備來源與穩定性的變數。二，增速過快，週期性波動縮短而頻繁。三，外債期限結構出現劇變。因為短期資本的多變性，中國對此類資本的依賴程度最低，二〇〇一年之前，短期外債占全部外債的比例一直低於二〇％，但是，二〇〇一年以後短期外債的比例急劇上升。四，外匯儲備中的非美元部分影響力會加強。在中國外匯儲備中，七〇％為美元資產，其餘的三〇％則主要是歐元、日圓、瑞士法郎。儘管外匯儲備最終以美元計價，但是，因為中國需要增加非美元外匯儲備比重，所以其他幣種兌美元匯率的變化，會影響最終的美元計價外匯儲備的數量。上述結構性矛盾表明，中國外匯儲備管理所面臨的體制轉型不確定性，呈現增長趨勢。

「熱錢」和人民幣升值預期

中國外匯儲備增長，正在進入一個新的階段：相比較於貿易順差增長，外資淨流入要快得多，而且會不斷強化。在外匯儲備增長結構中，其增加額劃分為「合理增加部分」及「不可解釋部分」。這個「不可解釋部分」可以是或正或負的「誤差項」。可以認為這個「不可解釋部分」的正「誤差項」屬於非 FDI 流入的淨額。所謂「熱錢」既是非 FDI 流入的主體。「熱錢」屬於投機性的短期資本，與貿易項下不同，形成負債性儲備，造成短期外債大幅增長；與對外負債相對應，需要還本、付息或利潤匯出。二〇〇八年，中國社科院提出關於計算「熱錢」公式：「熱錢＝調整後的外匯儲備增加額－貿易順差－FDI＋貿易順差中隱藏的熱錢＋FDI中隱藏的熱錢」，影響較大，被廣泛引用。[80]

二〇〇二年之後，中國的「誤差項」不僅是正數，持續增長，而且有明顯的加速態勢。這是因為外匯儲備中債務性外匯儲備增長快於債權性外匯儲備增長，過渡資本流入導致中國外匯儲備非均衡增長。具體地說：中國的非 FDI 資本流入在二〇〇二年十二月開始由負值轉為正值；二〇〇三年開始，非 FDI 資本流入開始表現為大幅度波段式增長，二〇〇四年十二月達到一兆八千多億美元。同年，中國外匯積累達到兩千一百億美元，貿易順差只有三二〇億，占當年 GDP 的二%，在剩下一千七百多億美元中，直接投資總量有突破性增長，這年中國的 FDI 是世界第一，美國資本流入退居世界第二。但是，在扣除了貿易順差和 FDI 之後，「不可解釋部分」比重極大，也就是說，「熱錢」比重極大。二〇〇五年，中國外匯改制，熱錢進入中國的步伐加快。有一種推算，二〇〇三年至二〇〇八年，流入中國的熱錢合計一．二兆美元，熱錢利潤合計〇．五五兆美元，二者之和為一．七五兆美元。二〇〇八年世界金融危機之後，中國多次發生「熱錢」大舉流入，「熱錢」暴增，大量隱蔽性資本內流也明顯增加，大幅超過了貿易順差和 FDI 的綜合。二〇〇九年，流入中國「熱錢」減少，個別月份甚至是「負數」，整體來說，不但沒有萎縮，還有所增加。二〇一〇年，在中國三兆美元外匯儲備中，約兩兆是歷史上進出口順差、投資、勞務、僑匯、黃金生產等結餘，一兆多則與國際「熱錢」有直接和間接的關係。還有一種相對保守的數字，中國目前大約有七千至八千億美元的「熱錢」。即使是八千億美元，也意味著中國央行至少發行五兆以上的人民幣，可見

「熱錢」對於貨幣投放量影響之大。中國政府力求阻擋全球的資產配置資金分享中國資產「盛宴」是困難的。[81]

一般來說，「熱錢」流入的主要管道集中在傳統貿易和投資領域。「熱錢」流入中國，主要參與地產、期貨，甚至高利貸、農產品炒作。還有相當的「熱錢」是為了賺取人民幣與美元的息差與匯差。在當今世界，「熱錢」無所不在，無時不在。但是，美國無疑是「熱錢」的策源地，也是「熱錢」回流的中心。[82]只是在中國，除了和美國有關直接和間接關係的「熱錢」之外，港、澳和臺灣居民儲蓄資金成為流入中國大陸「熱錢」的一個特殊來源，這些「熱錢」多採用「螞蟻搬家」的方式，主要透過個人管道，借道香港流入內地。目前一些在香港和大陸有分支機構的銀行基本在香港都提供人民幣存款服務。[83]中國嚴格的外匯管制和控制「熱錢」流入的制度，對於來自港、澳和臺灣的「熱錢」，不得不效果大打折扣。

人民幣升值預期和事實上的人民幣升值，包括房地產和股市價格上升的預期和事實，構成了國際「熱錢」流入中國的根本原因。匯率升值預期造成短期投機資本流入，擴大外匯儲備，其結果是進一步放大了人民幣升值壓力。

中國央行正式承認外匯儲備中的「熱錢」存在，不過是近年的事，說明開始正視「熱錢」的存在和影響力。在中國，不乏對「熱錢」充滿憤恨的人群和輿論，甚至與「愛國主義」的情懷連在一起，人們普遍相信，由於美元在國際儲備和國際結算中的地位和需要，美國大開印鈔機，大量美元注入美國的金融系統，在成為流入國際金融市場的「熱錢」。例如，美國創業基金持有中國新型產業企業股份的資產價值不低於五百億美元，這筆錢就是「熱錢」的來源。上千億美元投機資金透過虛假貿易、地下錢莊、香港財團、外資銀行等管道進入中國，以個人帳戶的形式瘋狂建倉A股，尤其是期貨市場所能操縱價格波動的板塊，實現「高速套利」。[84]所以，「熱錢」是個壞東西。在中國，少有關於「熱錢」的理性輿論，更沒有什麼人可以為正名。其實，湧入中國的「熱錢」是雙面刃，對中國宏觀經濟有積極和消極兩方面的作用。如果有一天，「熱錢」沒有意願流入中國，說明中國經濟發生了嚴重問題，國際資本市場對中國經濟喪失預期。

外匯儲備增加對基礎貨幣的影響

在中國，基礎貨幣增量是外匯儲備增量和國內信貸增量的總和。但是，外匯存款增加額對基礎貨幣的影響顯著高於國內的信貸增加額。因為，中央銀行外匯儲備是透過人民幣買進外匯所形成的。或者說，央行收購絕大多數外匯，再轉為國家外匯儲備。實質上等於中央銀行用發行鈔票或舉債（如發行央行票據）的方法兌換了大量外幣資產。在技術層面，因為央行收購外匯需要使用人民幣現金，所以必須加大印發人民幣。

分析外匯儲備和基礎貨幣的關係，需要引入「外匯占款率」概念：央行從商業銀行那裡購買外匯佔用的基礎貨幣的幣值。中國在一九八〇年代，外匯占款率始終低於一〇％。一九九四年外匯體制改革是個分水嶺，從此，中央銀行基礎貨幣投放的結構已發生根本的變化，外匯占款成了基礎貨幣增加的主要原因，國內信貸量變動構成中國基礎貨幣投放主要因素的時代終告結束。一九九七年亞洲金融危機之後，外匯占款的因素日趨明顯，「外匯占款率」持續增長。如果更動態地考慮外匯儲備和基礎貨幣的關係，需要增加「外匯占款增加速度」和「基礎貨幣增長速度」的關係。毫無疑義，是前者帶動後者，從而加速了基本貨幣的增長速度。二〇〇五年，「外匯占款率」達到九〇％以上。

因為外匯儲備數量增加，直接導致基礎貨幣增大和「高能貨幣」擴張，進而推動M_2膨脹，M_2占GDP的比重持續上升。值得注意的是，從一九九七年亞洲金融危機至二〇〇六年，外匯儲備增加額總計七六，二七四．四三億人民幣，產生的基礎貨幣為三，八一，三七二．四人民幣，如果以貨幣乘數計算，可投放派生貨幣為一九一，三〇一億人民幣，同期的M_2增加總額為二六九，五〇九人民幣，可投放派生貨幣／貨幣供銷量增加額的平均值為一〇五．三八％。[86]

二〇一〇年，「外匯占款」規模是二十二兆人民幣，淨增近二十兆，同年的廣義貨幣（M_2）存量七二．三兆人民幣，比二〇〇二年底淨增了五三．八兆。反映到貨幣運動上，央行的資產負債表上增長迅猛，其後果是高貨幣量的投入、高通貨膨脹率，以及經濟繼續高增長率。所不同的是，中國進入了「雙順差」、外匯儲備擴大、貨幣供給、通貨膨脹、經濟增長、人民幣匯率同時處於上升趨勢的新階段。

中國的問題是，因為中央銀行無法有效擴張外匯儲備，意味著對貨幣供應量的實際控制能力在逐步衰減。外匯儲備的擴張，加大基礎貨幣的投放，外匯儲備膨脹成了中國通貨膨脹事的初始原因之一。一九九四年至一九九六年，中國的通貨膨脹與當時外匯儲備的過快增長有直接關係。但是，如果中央銀行力求控制通貨膨脹，在外匯市場不得不持續購買外匯，外匯市場上外匯供給大於需求，外匯貶值，人民

一九八一—二〇〇五外匯占款、基礎貨幣和外匯占款率演變[85]

	外匯占款	基礎貨幣	外匯占款／基礎貨幣（%）
1981	75.82	698.2	9.43
1985	77.64	1440.8	4.2
1990	530.60	5907.4	9.98
1995	6146.08	21264.3	28.9
2000	13706.87	29677.7	47.7
2005	67079.53	69777.7	96.13

幣則要面對升值的直接壓力，違背中央銀行維繫人民幣匯率穩定的目標。因為中央銀行在用人民幣購買外匯方面的被動地位，中央銀行所面臨的是到底是要穩定匯率，減少人民幣升值壓力，還是忍受因為基礎貨幣擴張所導致的通貨膨脹，可謂「魚和熊掌不可兼得」。

總之，中央銀行在如何消化外匯儲備增長過快壓力的出路上，選擇空間極為有限。依據經濟學原理，似乎只有擴大進口，減少出口；增加對外投資，減少外國資本流入兩種管道。但是，現實經濟一再證明，這種選擇的可行性並不高。因此，中國擺脫外匯儲備高增長和基礎貨幣投放增長的循環是相當不容易的。

外匯儲備成本分析

對絕大多數國家來說，外匯儲備是實現國內外經濟平衡的重要手段。從理論上說，外匯儲備存在一個合理的結構，如果結構不合理，就會發生安全性、盈利性和流動性之間的矛盾。除了外

一九九七－二〇〇六年，中國外匯儲備增加和貨幣供給[87]

	外匯儲備增加額	可投放基礎貨幣	可投放派生貨幣（1）	M2 增加額（2）	（1）／（2）%
1997	2864.28	14321.40	90995	14900	14.98
1998	404.69	2023.49	104499	13504	14.98
1999	803.15	4015.79	119898	15399	26.07
2000	902.41	4512.08	134610	14712	30.66
2001	3854.01	19270.09	158302	23692	81.33
2002	6145.01	30725.05	185007	26705	115.05
2003	9671.17	48355.88	221223	36216	133.52
2004	17105.76	85528.83	254107	32884	260.09
2005	16596.68	82983.42	298756	44649	185.85
2006	17927.27	89636.36	345604	46848	191.33

註：1）單位：億人民幣；2）可投放派生貨幣：以當年匯率折算，並以貨幣乘數五計算

匯儲備結構的問題，還有外匯儲備規模的合理數量區間問題。超過這個合理區間，就會發生社會資源浪費。中國外匯儲備的高度膨脹是現代世界經濟史上少有的，不但反映了外匯儲備結構存在不合理的因素，而且說明外匯儲備超出了合理區間。其後果是邊際成本就會隨著外匯儲備數量的增加而增加，造成財政損失和機會成本過大，外匯福利效應不斷下降。討論中國外匯儲備成本的既定前提包括：

財政損失。如前所述，因為中央銀行以「外匯占款」形式被動地投放等值的基礎貨幣，引起政府債務的增加。如果貨幣當局進行沖銷操作，就必須透過發行央行票據或國債等方式回籠基礎貨幣。對於大量購買美國長期政府債券的國家而言，這種沖銷成本直接取決於本國央行票據與美國債券的利差。或者說，財政成本等於外匯儲備的投資收益與政府借債成本的差額。長期以來，中國維持其外匯儲備中七〇%左右用以購買美國政府債券，短期內難以改變這個結構，所以，中國必然受制於美國長期政府的債券利率水準。在一九九〇年代，美國長期政府的債券利率平均高出中國央行票據利率三個百分點，表明等量沖銷美元不僅可以抑制基礎貨幣的供給擴大，而且還可以給央行帶來一筆可觀的利差收益。但是，二〇〇〇年開始，美國長期債券利率幾乎是一路下滑，中國央行票據利率和美國長期債券利差逐步縮小，加上近期人民幣匯率已開始實現浮動，如果人民幣兌美元不斷升值，央行處於因為人民幣升值效應而遭受額外的利益損失的壓力，且必須承擔匯兌損失，這個損失甚至會超過購買美國債券的收益。在中國國內，央行可以利用利率市場化滯後的時差，以較低的利率向國有商業銀行出售央行票據，但是，隨著利率市場化進程的不斷推進，大幅增長的票據供給必然會使國內央行票據的發行成本變得愈來愈高。

機會成本。除了顯性的會計成本之外，持有外匯儲備還包括隱性的機會成本。如果貨幣當局不持有外匯儲備，就可以把這些儲備資產用來進口商品和勞務，增加國內生產資源，從而增加就業和國民收入；維持外匯儲備則意味放棄了這種利益。中國的情況是，那些由中央銀行購買外匯轉而購買美國聯邦債券的資金或資本，原本可以透過國際貿易購買更多的商品性服務，或者在國內外資本市場形成更大的投資。外匯市場干預引起的利率上浮，在一國經濟接近有效需求時會對國內的投資和消費產生排擠效應。由於機會成本是未實現的收益，所以很難直接衡量，通常情況下，外匯占款占M_2的比重愈大，機會成本就愈高。從二〇〇一年開始，中國外匯占款的規模以及占M_2的比重呈現明顯加快。央行為了阻止貨幣供給增加被迫採取「對沖」方式，削減或回收對商業銀行的再貸款，以穩定信貸總規模，但外匯占款卻「擠占」了基礎貨幣的平穩投放，造成國內信貸的收縮，企業資金的普遍緊張。中國國內固定資產投資收益率大致在八％左右，而用外匯儲備投資美國政府債券的收益率僅為四％，持有過多的外匯儲備對國內投資和消費的「擠占」效應非常明顯。[89] 根據商務部的資料，從二〇〇二年到二〇〇六年，近五年外國投資者從中國匯出利潤近五八〇億美元，其投資報酬率在二〇％以上。中國不可擺脫的「怪圈」是：中國要將外匯儲備中的很高比例購買美國公債，而不用於國內直接投資，與此同時，要吸引外商在中國投資，並使外商在中國獲得相當高的投資報酬率。有的中國學者認為，衡量外匯福利效應，除了需要比較外匯資產收益率和票據利息率進行成本收益，還有看這些資本留在國內的經濟效益。「如果資本留在國內帶來的邊際收益率大於將這些資本換成外匯所能得到的收益率，這將意味著國民福利的損失。」進而提出關於外匯儲備的損益分析公式：當年外匯資產的損益＝（外匯資產收益率－國內投資收益率）×外匯資產規模×當期匯率。他們的結論是，「除央行的直接損益為正以外，其他均是福利損失。這可以說是外匯資產持續積累的機會成本。」二〇〇六年中國持有外匯儲備的機會成本為一〇，九二六．三億元，約占

GDP的五・六%。[90]

中美「負利率」的疊加成本。中國外匯儲備急速擴張，貨幣供給同步，通貨膨脹居高不下，出現日益加劇的「負利率」。幾乎與此同時，二〇〇一年以來，美聯儲持續和多次降息，聯邦儲備利率一度減至一厘，處於四十一年來的歷史低位。之後，美聯儲雖然有過數次調息，但是沒有改變美國利率仍處於偏低水準的狀況。考慮通貨膨脹的因素，美國處於穩定負利率時期。在這樣背景下，中國用很低的利率購買美國國債，等於增加美國貨幣和資本供給，或者說，中國用自己的外匯儲備在支持著美國的負利率，而且在持續為美國負利率支付成本。在這個意義上，中國的巨額外匯儲備既是中國負利率的原因，也是美國的「負利率」的源頭之一。為此，中國需要承擔的主要後果是：一，接近於零的美國短期利率，尤其是負利率，對美元貶值影響極大。投資者現在以極低的成本借入美元，然後賣出美元，買入那些股市和債券報酬率更高的國家的貨幣。便宜的美元資本流入中國，會引發中國資產價格全面上升。二，因為負利率與美元貶值不可分割的關係，中國外匯儲備中美元部分和海內外的美元資產，都會遭受貶值損失。三，美元負利率，使美元報價的金屬和能源價格大幅上升，中國進口原材料和能源，隨進口成本而上升，導致原材料和能源的相關產業產品價格全面上升，推動中國通貨膨脹。也就是說，與中國長期向美國輸出所謂通貨緊縮形成了反差，美國透過外匯儲備傳導，間接向中國輸入通貨膨脹。簡言之，中國最終支付的是中美「負利率」的疊加成本。當然，從長遠看，負利率不僅會導致銀行儲蓄貶值，而且意味著在利率回升時的貸款負擔增大，如果居民實際收入下降，特別是房屋持有者收入可能會喪失支付銀行貸款利息的能力。

在實際經濟的運行過程中，外匯儲備的合理結構和合理規模，不論在定性或定量方面，都是相當困難的，尤其適度外匯儲備規模本身就是動態的。國際金融制度演變，海外投資規模的擴張或收縮，通貨膨脹率的波動、匯率變動，都是影響所謂適度外匯儲備規模的因素。世界各國的外匯儲備都呈現增長的趨勢。[91]關於中國適度外匯儲備規模，有不同的方法和數量性結論。[92]可以確定的是，「如果外匯儲備超出了合理的用匯需求，就形成了超額儲備，在這種情況下，如果繼續將超額儲備投資到收益率較低的債券市場上，會使持有外匯儲備的成本愈來愈大。同時也造成本國資源配置的扭曲。一般認為，發展中國家持有外匯儲備的社會成本約占GDP的一%」。[93]所以，判斷外匯儲備規模是否適度，需要參照通貨膨脹和通貨緊縮的主要指標，最終確定本國資源配置是否扭曲及其程度。道理並不複雜，過度的通貨膨脹意味著國際收支順差增長過快，而過度的通貨緊縮，與國際收支逆差關係很大。兩者都反映了本國資源配置出現扭曲。中國過去經歷通貨緊縮沒有持續過長和深化，國際收支順差擴張是化解原因之一。

在中國，關於外匯儲備過度的問題幾乎是朝野共識。問題是，只要中國需要高增長，國內儲蓄率高於國內投資率，擴大生產能力，就要擴大國際市場，經常項目順差就不可避免，就會繼續積累外國資產。除非人民幣實現完全的國際化，人民幣本身就是儲備貨幣，中國或許可以有效控制外匯儲備，停止累計外國資產，例如美元或歐元債券，推出本國貨幣計值的債券。但是，人民幣成為一種真正的全球籌備貨幣，無疑是「遠水解不了近渴」的一種期望。在近中期，關於如何化解中國外匯儲備過高問題的建議很多：增加黃金儲備；增加政府石油儲備；以貸款換石油；增加外匯資產，在國外購買土地、礦山、效益好的企業股票；將部分外匯轉為信貸資金；購買先進設備，技術和原材料；擴張海外投資規模，不一而足。其實，在如此複雜和積重難返的過度外匯儲備面前，這些建議可以一言以蔽之地稱之為「雕蟲小技」。

中國高額美元儲備，「美元悖論」和美元債券

布林頓森林體系解體之後，美元取代黃金成為世界性支付手段，成為各國貨幣兌換的媒介貨幣，是最重要的國際儲備貨幣。以美元為核心的國際貨幣體系，不僅得到各國貨幣當局的認可，而且關係全世界的企業和民眾的經濟利益，形成制度慣性。經濟全球化，世界外匯交易市場開放廣度和深度不斷加大，國際間對貨幣的需求量愈來愈大，加強了美元作為世界主體貨幣的地位。美國金融持續改革，新型金融機構湧現，市場參與者多樣化，對沖基金興起，支撐美國成為世界最主要的定價中心。[94]

美元悖論

二〇〇〇年來，美國持續增加的財政和外貿的雙赤字，美國經濟占世界總產值比重的下降，綜合競爭優勢趨於弱化，在大部分製造業領域已不具比較優勢，作為全球增長引擎的重要性下降。特別是，近年來美元相對於世界主要貨幣貶值週期之長，貶值幅度之大，歷史少見。所以，世界各地彌漫著美國走向衰落，美元正在失去其傳統優勢和世界貨幣地位的輿論和看法。

然而，美元並沒有像人們預期的那樣走向衰落，美元在國際貨幣體系中的核心地位不但沒有動搖。各國所累積的美元儲備資產幾乎並沒有停止攀升跡象，呈現「貶值美元」與美元儲備資產急劇增長，以及外國、外國企業、個人所持有的美元資產——特別是美國國債——持續增長的並存現象，這種似乎相互矛盾的現象就是所謂的「美元悖論」現象。例如，截至二〇〇六年，各國中央銀行持有的貨幣儲備中，美元比例為六六％，歐元大約二五％。跨國交易中美元四三％，歐元三九％。從

二〇〇八年至二〇一一年，儘管先後發生了美國次貸危機，世界金融危機和歐盟主權債券危機，美元和美國國債仍然是全球資金的避難所。到二〇一〇年底，全球美元紙幣的總供應量大約為九千三百億美元，世界外匯儲備資產超過五兆美元。[95]

那麼，如何解釋「美元悖論」現象？

美元的世界性貨幣地位不可替代。美元是公認的世界金融的計價單位，貿易結算貨幣和外匯儲備貨幣，這是由世界各種力量的總體格局與世界經濟的地位決定的，具有歷史慣性。事實上，自一九七〇年代以來，美元的「主權」特質早已弱化，美元的七〇—八〇%流通於美國本國之外，深入到美國本土之外的民間，成為各國政府、公司和居民外匯儲備的主要形式，具有不可替代性。美國貨幣市場每天的交易量達到幾兆美元，占全球交易量達六至七成。可以認為，美國聯邦儲備銀行不僅是美元的中央銀行，而且是世界的中央銀行。相對於美元，很多國家的貨幣不過是輔幣而已。世界現有的外匯儲備總額為七．五兆美元，六〇%為美元，如果三分之一為流動性美元，如果這些資產的報酬率為一〇%，意味著美國可以無償獲得二．五兆美元資產。改變這種既定的世界貨幣格局和制度，風險不可預測，且成本不可估計。所以，各國視美元貶值為美國政府透過美元向全世界徵收的一種可以容忍的「鑄幣稅」而已。

美元資產的風險比較低。二〇〇九年，美國聯邦政府對內債務達八．六兆美元，對外債務為三．七兆美元，占GDP比率高達八六%，是財政收入的五．五倍。這無疑是個巨大的數字。但是，人們往往忽視了，美國借入的完全是自己的貨幣，這可以使赤字對美國本身更安全。美元資產至少還不會出現像一些歐元區國家那樣的違約風險。所以，當中國多次要求美國確保投資安全，前美聯儲主席格林斯潘直言，美國不會違約，美國會開動印鈔機。還有，從理論上說，多元化投資可以減低投資風險。但是，在全球化的今天，所有的實物性資產，包括黃金、石油等，都已經金融化、期貨化、貨幣化，最終與美元有著直接間接的聯繫。美國金融市場在規模、結構、自由度、法律制度、政府監管以及金融創新方面，比其他發達國家都更成熟而完善。絕大部分的美國資產整體收益高，安全、流動性好，尚無其他資產能取代，具有吸引公共部門和私人企業所需資金的法律和金融市場條件。美元還以堅實的政治基礎和強大的軍事實力作後盾，支持投資者的信心。這一切使得美元仍然是可以信賴的「避險」工具。二〇〇八年世界金融危機之後再次證明，美元債券是較為安全、風險較低和流動性收益性是最好的資產。所以，在黃金、石油價格波動的情況下，世界主要國家的選擇不是拋售美元，而是繼續收購美國國債。

美國是國際金融資產的淨流入國。在一九五〇年代，美國債權占其GDP的比重很低，在國際經濟中，美國維持債權國地位直到二十一世紀。二〇〇四年以後，美國從淨債權國變為淨債務國，債務占GDP的比重持續上升。但是，美國雖然淨債務國和基本處於貿易入超狀態，且貿易赤字不斷累積，對美國並不是過於嚴重的事情。因為美國具有儲備貨幣發行國和世界銀行家地位，其商業銀行具有世界商業銀行和投資銀行功能，舉借廉價資金和便宜的外債，再投資到其他地區，獲取高收益。[96]

美國收益於雙向「國際循環」。一，美國是外貿大國。美國用不斷增長的貨幣收入在境外購買其需要的產品、資源和服務，以維繫其低成本、高質量的生活，造成貿易逆差和經常項目赤字，為了支付貿易逆差，向世界輸出的美元就愈來愈多。二，美國是資本出口大國。境外的美元透過購買美元金融資產回流美國，美國藉此為其對外貿易逆差或經常項目赤字進行融資。美國在國外的資產總額在達到二十兆美元，其中私營部門的資產總額約為十六兆，在國際上的收益率遠遠高於美國長期國債平均五%的收益率。[97]

美國是「總收益股權互換」收益國。從發達國家到新興國家，特別是亞洲國家，市場容量不足，無法吸收過剩的儲蓄，所以將不斷積累的儲蓄和外匯儲備投放到美國市場。根據「杜利—加伯—福克茨學派（Dooley-Garber-Folkerts）理論，這種安排對雙方都有益，「是亞洲和美國之間的一種『總收益股權互換』，亞洲向美國提供廉價資金，換取本國勞動力的就業機會。」[98]

美元貶值和升值交替。長期以來，美國修復經濟失衡的一個重要選擇是貨幣貶值。有一種說法，美元升貶，七年一輪迴。[99]美國的美元貶值，只是手段，不是目的。弱勢美元或美元貶值，既反映美國經濟的現狀，也是美國的國家利益所在。美國持續的貿易赤字無疑是美元貶值的內在邏輯。美元貶值對美國的積極作用包括：一，向全世界各國徵收間接的「通貨膨脹稅」，並收取巨額的「鑄幣稅收入」。有利世界各國分擔美國債務。美元對所有全球主要貨幣貶值二五%，這個幅度與房地產史無前例的三〇%下跌大致相當。這將意味著兩美元才能換一歐元。二，美國貨幣當局的政策目標與只是盯住通貨膨脹目標的歐洲央行和英格蘭銀行不同，除了關注通貨膨脹之外，還對就業、經濟增長等給予很大的關注。美元貶值有益美國製造商全球競爭力的提升。三，外國遊客會湧入美國。四，美元大幅貶值將使得其他國家更難把產品出口到美國，有助於抑制美國進口增長速度，縮小貿易逆差。當然，美元貶值也會引發對美國經濟一系列不利的影響。例如，美國進口產品成本會上升，刺激通膨。而為了對抗通膨，美聯儲不得不提高利率，這又不利於刺激經濟復甦；美元貶值使得美元的購買力下降，從而讓美國人變得更為窮；隨著外國買家撤出債務市場，美國人獲得貸款將更為困難；美元貶值，包括歐元在內的其他主要貨幣可能會再度被動升值，更多資金流入美國，加大美元過剩壓力；美元貶值會削弱美國在全球經濟的地位。

美國實體經濟可持續增長的優勢。全球經濟不僅依賴美國金融經濟，而且高度依賴美國實體經濟。二〇〇八年的金融危機，暴露很多發達國家在財政和金融體系、技術創新、勞動力市場等方面的內在缺陷，經濟增長前景暗淡不明。美國卻利用這個大環境，調整經濟結構和經濟體制，似乎可能「因禍得福」，反而成為此次危機的大贏家。到二〇一一年十月一日，美國股市是全球碩果僅存的幾個仍處在「牛市」形態的市場之一。美國實體經濟所具有的增長潛力，超過人們的想像：一，「人口紅利」和人口增長潛力。近年來，美國人口增長率比俄羅斯、德國和日本高出五〇%以上。同時，美國每年有大量在年齡、教育和資本上有優勢的新移民。二，強大的教育和技術創新體系。三，具有彈性的就業市場和靈活的私人經濟部門。美國為了實現實體經濟的復甦，不惜繼續低利率政策，以致逼近零利率。[100]世界主要國家中央銀行不得不跟進，對抗衰退。如果加上通貨膨脹因素，世界開始進入一個零利率、甚至負利率的時代。

美國擁有穩定的財政。一，美國公共債務增長面臨一定法律約束。按照美國法律，聯邦政府有權擁有赤字，但各州不允許長期保持財政赤字。而且，美國公共債務的實際利息負擔不重，融資仍有較大迴旋餘地。與私人部門的債務問題不同，國家債務人即使違約也不會交出對大部分收入和現金流的控制權，且永遠保留就任何債務進行再談判的權利。二，財政支出尚屬穩健，長期性債務支出仍在可控制的範圍內。二〇〇八年危機後，美國出臺了總額為七，八七〇億美元的經濟刺激方案，其中三五%用於減稅、六五%用於政府投資。儘管這一方案被稱為「美國史上最大規模的經濟振興計劃」，但與經濟規模和財政收入能力相比仍是穩健的。三，金融危機的損失漸趨明朗，金融救助未形成美聯儲的巨大負擔。危機之初，各界普遍估計金融機構損失巨大。隨著危機不斷演變，金融機構的損失逐步暴露，直接損失小於最初估計。四，美國擁有巨額的海外投資利潤。據美國商務部經濟分析局數據：截止二〇一〇年底，美國累計出現兩萬七千兆美元的對外金融淨負債。[101]美國巨額的對外直接投資產生大量利潤，為了避開美國稅，未匯回美國母公司利潤高達兩兆多美元，足以抵消美國全部對外金融淨負債。這是美國人發起「占領華爾街運動」的主要原因。

因為上述原因，美國政府敢於容忍美元貶值而不在乎外國投資者變現美元資產，甚至推出一輪又一輪的量化寬鬆政策，擴大美元的流通規模。[102]在美元貶值被認為是公認事實的面前，各國繼續大量持有美元儲備，實際上是「明知不可而為之」的選擇。二〇〇八年的全球金融危機以來，發展中國家的資本流出數量明顯增加，而美國是主要目的地。還要看到問題的另一層面：美國政府債券及公司債券中，有相當大的比重是由外國投資者持有，美元匯率不斷走低，是有底線的，美國政府終究要避免美元匯率大跌，從而永久性損及投資者信心。否則美元資產將會失去吸引力，外國投資者將可能大量拋售美元資產，美國債券價格將會出現暴跌，由此將導致美國資金成本大增，對美國企業、人民均將帶來嚴重負面後果。

從長期看，主導美元匯率的將是各國勞動生產率的變化，美國在這方面具有優勢和潛力，美國經濟預期良好。如果美國走出危機，美元再度走強的趨勢幾乎不可避免。美元匯率仍然會再次重複從貶值到升值的週期。

中國持有美國國債：沒有選擇的選擇

在過去二、三十年，中國政府選擇美元作為主力匯種，且不斷加持美國公私債權。[103]中國持有的美國國債的份額，始終在四分之一左右徘徊。二〇〇八年，中國第一次超過占據持有美國國債首位的日本。當然，中國持有美國國債的第一位置並不是絕對的。二〇〇八年世界金融危機以來，中國持有美國國債經歷過減持、增持，持平，但趨勢是增持，始終是美國前三大債權國之一。二〇一〇年以來，中國所持有美國國債規模穩定在一兆美元以上。美元資產在中國三．二兆的外匯儲備中，始終維持六〇—七〇%的比重。有人測算過，美國透過發行國債向外國政府借得的每一美元外債中有將近二毛五分錢來自中國。中國的美國國債投資平均報酬率遠遠低於美國公司在中國的FDI平均報酬率，前者在二〇〇八年的平均報酬率高達三三%，後者只有三—四%。那麼，為什麼中國要把這麼多儲蓄投資在低回報的美國國債上，而不投資於高回報的國內項目？可以梳理出來的原因至少包括：

美元債券具有吸納中國外匯儲備的能力。目前中國超過三兆以上的美元的外儲規模，除了美國債券，世界上沒有更多的投資管道能夠容納這些錢，美國債券幾乎成為唯一能吸納中國龐大外匯資產的市場。歐盟債券和日本債券不僅受制於其容量，而且受制於所有權，日本國債的九〇%左右都是由國內民眾持有。至於黃金的規模也很有限，如果中國把全球可交易的黃金全部納入儲備，也還不足以吸收中國如此大規模的資產。

美元債券具有保值功能。中國外匯儲備的絕大部分屬於官方儲備，民間外匯儲備比重很小。因為中國外匯儲備盡集於官方之手，中央政府肩負著管理巨額外匯儲備的全部責任，這使其在外儲的投資上，具有相當大的保守性。中國擁有美元國債，意味著中國對美國「低息」貸款，換取美國經濟的復甦和美國市場購買力穩定。不僅如此，中國購買美國國債，可以在一定程度上阻止和減緩美元貶值，等於間接停止人民幣貶值，自然有利於中國的出口。二〇〇八年金融危機之後，中國外匯儲備之所以沒有遭受多少損失，就在於持有美國國債。而對國際金融市場上的其他資產來說，這期間縮水三〇%以上十分普遍。[104] 而中國在美國房地美（Freddie Mac）和房利美（Fannie Mae）（「兩房」）債券總額近五千億美元。不僅被深深套牢，而且已經對中國外匯儲備資產造成巨大損失。[105]

美元債券具有流動性。從短期和中期來看，美國公債市場不僅規模夠大，而且流動性夠高。中國外匯儲備需要保持一定程度的流動性，只有國庫券這樣的資產具備流動性。購買實際資產，例如房地產和公司股票，可以享受經濟復甦的好處、新技術、擴大市場影響。但是有風險，沒有流動性。

中國和美國經濟的相互依存。一，美國是中國最大的貿易夥伴，美國市場是中國最重要的海外市場。中國經濟對外貿的高依存度，首先是中國對美國貿易不可替代的地位，在美國，到處都有中國製造的商品。對美國出口有力支撐著中國的出口擴張和經濟增長，「實際上，中國出口製成品所換來的美元經過再循環都存入了中國的中央銀行——中國人民銀行的帳戶裡」。[106]對美國而言，中國是廉價產品的一大來源，有助於美國維持較低的通貨膨脹，減輕美國中低收入家庭的負擔。只要美國繼續保持中國第一大出口國的地位，中國從美國市場獲得的美元收入，必然以美元形式積累，再轉化為美國債券。二，美國對華直接投資。[107]在中國，街上到處都有美國的店鋪，每個商場都有美國品牌的商品。三，美國企業、基金擁有中國各種壟斷性國營企業的股權。根據香港聯交所的公開資料可以查到，美國企業、基金佔有壟斷性國有企業，包括金融產業的工行、建行、中行三大行；資源產業的中石化、中石油、中海油、中煤、中鋁、中國神華，通信產業的移動、聯通、電信的五九％左右的股份。於是，中國賣股票收美元買美國國債，美國用美元買中國企業股票。[108]中國互聯網產業的發展主要依賴美國的創投基金。[109]中國的美國創投基金約有兩百億至三百億美元的規模。這些風險投資基金、投資處於起步階段、迅速增長的公司，待公司發展壯大或IPO上市後，即賣出所持股份，獲利往往是幾倍到幾十倍，而接盤他們賣出的股份的，多是以美國為主的各類基金。四，中美資本市場關係日益緊密。截至二〇一〇年底，美國企業、基金和個人投資者擁有中國A股股票價值一千多億美元，在香港上市的H股股票價值約兩千億美元，在美國上市的中國企業股票價值約三百億美元，合計三千三百億美元。

中國對美國處於淨負資產狀態。是中國對美國，而不是美國對中國，處於淨負資產狀態。其後果是中國對美國資本的依賴程度高於美國對中國資本的依賴程度。有一種按照市值法，即國際會計準則對中美兩國間的資產負債狀況的計算：中國所持有美國國債、美國企業債券，以及在美國直接和間接投資相加，中國（包括政府、基金、企業、個人）對美國的總金融資產約一．五兆美元。美國對中國的金融資產包括股票、直接投資、創投及流入熱錢，總計二．二五兆美元。中美之間的金額資產值互為抵消平衡後，中國對美國淨負債七千五百億美元。這些數字還沒有計入中國因移民而產生的巨額資產轉移。[110]

綜上所述，不能不認為中國動用三分之一左右的外匯儲備購買美國美國國債務是一種理性和深思熟慮的選擇。中國政府非常明白：中國經濟對美國的依存率過高，人民幣和美元、中國外匯儲備和中國持有的美國國債具有不可分割的依存關係。只要中美雙方貿易結構沒有出現根本變化，中國沒有替代市場，繼續買進美國公債，支援美元幣值相對穩定的立場，維繫人們所說的G二經濟利益共同體，是中國的最大利益所在。[111]

所以，中國如同其他與美國有順差國家那樣，既希望擁有安全的外國資產，又能持續巨額順差。為此，需要加強美國的債權安全，促成全球收支平衡。[112]近幾年，中國放鬆資本賬戶控制，加強共同貨幣安排，也是一種進步。在對待美元的立場上，日本和中國本質上是一致的。因為不僅日本擁有幾倍於中國的美國國家債券，而且日本也以美國為其根本市場。所不同的是，中國以出口產品形成外匯儲備，透過實物的貿易順差轉換，而日本發行貨幣形成外匯儲備，由本國貨幣直接轉換。日本之所以能做到，因為日圓本身就是硬通貨，而人民幣不是。既然人民幣不能自由兌換，中國的外匯儲備的基本手段就只能是貿易順差。二〇一一年夏天，標普公司改變過去七十年對美國最高的AAA評級，破天荒下調美國評級展望至AA+級。一時之間，美國國債零風險神話似乎瀕於破滅。中國、日本、韓國和印度等持有美國巨額債券的國家相當理性，無意考慮減持美國債券。至少到二〇一一年，中國，俄國，巴西和印度總計四兆美元以上的外匯儲備，因為沒有替代品，其主要出路只能是美國國債。但是，對於國際評級機構下調美國主權信用評級，中國各家媒體爭相報導，似乎是美國國家信用危機由此全面爆發的標誌，不少經濟學家為此提出各種「中國今後應該採取的對策」的建議。整個過程如同一次滑稽戲。[113]

中國減持美元債券的後果

二〇〇七年十一月，中國人大副委員長成思危提出：鑒於美元持續疲軟，美元這個長期以來被看作是最安全保值貨幣的地位現在危危可岌，歐元和英鎊兌美元匯率升值，中國應該利用強勢貨幣的升值來抵消弱勢幣種的貶值，實現匯儲備的幣種組成多元化。這之後，在中國，對持有美國國債的反對意見日益強烈，甚囂塵上。[114]自二〇〇八年夏天至二〇一〇年，中國的一些經濟學家就如何減持美國國債問題，提出了各種建議。有人主張，立即把美國債券全部兌換成股票，投資入股華爾街。[115]還有人主張，中國應該要求美國用真金白銀的資產、技術專利、礦產資源、黃金儲備作為中國國債抵押的建議。重新思考和評估其債權國地位，要將作為債權國的金融權力轉化為國家金融話語權。更有人低估美國的承受能力，認為還會「第二波」世界金融危機，諸如花旗銀行都有可能破產。[116]事實上，美國沒有出現「第二波」，花旗銀行沒有破產。更為極端的看法是，美元正在處於「崩潰」過程中，甚至給出了具體的時間區間。[117]經濟學家需要理智和客觀，為什麼在中國經濟學家可以出現如此極端的看法、判斷和語言，實在值得世界和後人深思。

反對中國持有美國國債的意見主要基於兩點：一，中國風險過大。美國已經衰落，「美元危機」，正在積聚，嚴重威脅著中國擁有的巨額外匯儲備。二，中國不合算和吃虧。中國持有美國國債是「用窮國的財富來補貼富國」，減少自己國民消費和投資的機會，而中國內部的投資資本收益率是高於美國的。所以，中國應該儘快擺脫深陷的「美元陷阱」。在這樣的國民情緒下，中國政府在對待美元匯率政策，對待美國國資和其他美元資產的政策選擇方面，不得不與愛國主義、民族主義和政治「掛鈎」。所以，中國官員在公開場合多次質疑美元資產的保值能力。中國政府負責人和央行行長公開表示憂慮美國公債的安全，做出調整美國國債持有量的承諾。[118]

事實上，如果中國實施拋售美國國資和其他美元資產、甚至清零，在操作和技術上的層次上並無困難。但是，中國政非常清楚拋售美國國債是非理性選擇，所以繼續購買美國債券和繼續支撐美元匯率。這是因為：一，美國的經濟實力完全能夠承受中國拋售美國國債的衝擊。美國國債很難被一個國家或少數國家左右，有賣就有買。中國減持的可以由其他國家增持抵消。世界大約有十兆美元外匯儲備等待機會。例如，當一些各國央行減持美元國債，一些大型銀行、退休基金等機構投資者就是接盤者。此外，美聯儲必要時也是美元債券的買家。二，美國國債市場並不是一個完整的競爭市場，存在類似寡頭壟斷的格局，國債被幾家官方機構持有，稍有動作便會引發匯率的劇烈變動。中國大規模地減持美元資產，可能會損害美國這架全球經濟引擎的穩定性，衝擊全球經濟。中國自己也會是受害者。三，如果中國拋售美國國債造成連鎖反應，出現恐慌性拋售，觸發國際金融市場動蕩，加深美元危機，中國會發生儲備資產賬面損失，最終違背減持美元、使儲備資產保值增值的初衷。而中國經濟現狀卻不一定經得起因拋售美國國債所產生的反作用。而美國可能因為中國拋售美國國債，弱勢美元反而有助於美國減少貿易赤字，增加美國出口競爭力，加快美國經濟復甦。四，中國所持有的美國債券規模過大，只要不能一次性拋售，勢必帶來美國債券價格跌落，剩餘部分同步損失。[119]五，假設中國拋售美國國債，用所得到的美元現金購買公司股權和實物資產，例如石油和黃金，這些實物資產的價格會立即上揚。在這幾年黃金、石油、鐵礦石等價格持續上升的背景下，中國增加黃金儲備量、建立石油等戰略儲備，推動了相關產品價格攀升。不僅如此，一旦中國實現對儲備資產的購買，本來騰升的價格就會回落和貶值。國際市場早就「盯死」中國巨額金融資產的任何動向，如同衛星觀測中國軍事動態一樣，中國不論買什麼，什麼就漲；賣什麼，什麼就跌。這是因為中國國內期貨市場規模大約只有一千億美元的規模，完全沒有能力主宰全球大宗商品市場。進一步說，國際市場上，不是說中國具有購買力和足夠現金，就可以買到想買的東西。二○○九年中國國有企業中鋁公司收購澳大利亞礦業巨頭力拓股份失敗一案，以及中國某個所謂富人購買冰島土地遭到立法系統否決一案，凸顯出這個事實。所以，如果中國選擇挑戰美元資產，無疑等於挑戰世界現存的經濟秩序，會觸發中國本身和世界的危機。

對於這個選擇拋售美國債券對中國的傷害，美國人「洞若觀火」。在美國看來，如果中國最終斷定，拋售美國債券，自己金庫所蒙受的損失將小於美國，說明中國如同個人投資者一樣，是理性的。所以，華盛頓市場分析人士普遍認為，中國不可能拋售美元，因為那樣引起美元對人民幣更大貶值，不利於中國對美出口。西方官員比喻，中國拋美債就會像是「對著自己的腳板開槍」。二○一○年初，美國經濟學家克魯曼更是在《紐約時報》上發表文章稱，贊成用保護主義來解決美國就業不足的問題，中國的重商主義已經讓美國喪失了一百四十萬個就業機會，「如果中國人真的大量拋售美元，我們應該跟他們說聲謝謝。」[120] 其實，中國已經得到了教訓。二〇一〇年夏天，中國因為美國房利美及房地美（「兩房」）股票下市，蒙受巨大的損失。事實證明，放棄美國國債，而選擇股市，風險加劇。

中國外匯儲備多元化的局限性

多元化投資符合新興國家利益。從中長期看，中國作為新興國家，需要外匯儲備結構優化，將手中龐大美元資產的一部分轉移成更加穩定的長期戰略資產，其前提是實現資產配置多元化和分散化。但是，中國貨幣當局在不斷增加的外匯儲備面前，有三個有區別又不可分割的問題：一，如何有效使用三兆多美元的外匯儲備，又能避免風險；二，如何調整約占「七成」的現有美元資產，是否可以實現所謂多樣化；三，如何提高剩餘的「三成」非美元資產效能。

在一般人眼裡，解決上述三類問題似乎沒有太大難度，無非是提高英鎊、歐元、日圓、澳元比例；證券資產多元化，如美元證券多樣化，增持歐美市政債券、高等級公司債券；在全球股市買入上市公司的少數股權；增持實體黃金。但是，中國貨幣當局明白，解決上述三個問題談何容易。一方面，資產組合風險管理要求有較高的風險管理水準和豐富的技術手段，而中國自身的利率、匯率仍處於市場化進程之中，金融衍生產品及其交易極不發達，沒有足夠的外匯風險管理的人才、技術和手段；另一方面，中國其實沒有足夠的選擇空間，因為除了美元資產，只有歐元和日圓以及兩種貨幣資產，具有現實性和可行性。但是，與美元、美元資產比較，歐元和日圓資產都有同樣的缺陷：歐盟和日本缺乏類似美國的經濟實力基礎；歐盟和日本推行銀行主導型金融體系，兩大經濟體的資本市場相對不發達，證券（主要是國債）發行規模及收益率均不及美國，無法滿足大規模的外匯儲備投資需求。

歐元的弱點。二〇〇六年是歐元走向成熟的一年，現鈔發行量超過美元。歐元在全球外匯儲備中比例達到二五%，歐元國際地位不斷上升，成為僅次於美元的幣種。日本降低美元儲備和增持歐元儲備。

但是，這不意味歐元具備完全替代美元的條件。因為歐元有其先天設計和根基不實的問題：一，歐元貨幣聯盟獨立於政治一體化之外單獨存在；二，使用歐元的國家和歐元區以外的國家在歐盟內部共存。歐元區的歷史經驗證明，擁有一個共同的單一市場，不等於可以自動解決在一個靈活多變的地理框架裡的經濟失衡問題。一方面，歐盟中央銀行制定統一貨幣政策，卻沒有一個中央機構管理區域內貨幣政策的執行情況；另一方面，歐元區的成員國卻因為存在歐洲中央銀行而失去了利率和匯率兩大工具，只能依靠財政政策調節經濟。所以，在單一貨幣區的背景下，歐元各成員國都有一種內在的財政赤字擴大傾向。這樣可以刺激經濟，增加就業，又可以讓歐洲中央銀行承擔通貨膨脹責任。

在歐元區，居於核心地位的國家，特別是德國和法國，看起來很穩固。而一些處於歐元區邊緣的國家因為高失業率、持續預算赤字，市場缺乏競爭力，一旦發生經濟危機，需要富裕鄰國的緊急救援。導致歐元區國家就會普遍出現高額財政赤字和高額主權債務。[121] 二〇一〇年至二〇一一年，從希臘到葡萄牙、愛爾蘭、西班牙和義大利，先後爆發了主權債務危機，這些國家國家無力償還二〇一一年至二〇一二年合計三兆歐元的債務，需要歐元區、國際貨幣經濟組織和整個國際社會參與救援。但是，被救援國家需要出讓一定的政治主權，削減開支或提升稅率，改變養老金計劃，裁掉國企員工等等。而受援國的議會往往不贊同，影響援助計劃實施的效率和效果。

歐盟的債權債務危機之後，人們開始思考和面對歐元區和歐元的命運問題。以致有人開始談論恢復德國馬克、法郎、西班牙披索。此外，歐元區相關法規排除了脫離的可能性，猶如一個「蟑螂旅館」的貨幣聯盟，正如這個產品的廣告詞說的那樣：蟑螂一旦入住，就別想叫它們出去了。[122] 對於歐盟的債權債務危機值得重視，但是，沒有理由高估和誇大其嚴重性。那是因為：一，歐洲經濟高度一體化，且不斷深化和擴大。歐盟國家之間實現了商品、資本、技術和人員的自由流動。歐盟國家對外貿易的主要部分是成員國之間的貿易。歐元區核心成員國的實體經濟沒有想像的那麼困難。二，歐元地位沒有削弱。至少到二〇一一年第一季度末，歐元在世界可調撥的官方外匯儲備貨幣的比重仍舊達到二六．六％。按照國際清算銀行公佈的實際有效匯率指數，二〇一一年八月歐元指數是九五．八九，比一九九四年一月的九八．〇五只下跌二．二％。三，希臘、愛爾蘭、葡萄牙三國經濟規模合計不到德國的三〇％。四，歐元區已經建立總額四百四十億歐元的歐洲金融穩定基金（ESFS），規模可以提高到一兆歐元。五，歐盟對世界經濟的重要性，國家貨幣基金組織不得不竭盡全力。六，美國二〇一〇年底對外直接投資總存量五．二七兆美元中，三分之二投向發達國家，主要是歐盟。歐洲經濟對美國至關重要。美國不得不出手相助。二〇一一年十二月九日，歐盟二十七國高峰會議推出財政協定，在克服所謂的主權債務危機方面，邁出根本的一步。從此，歐盟的政治和經濟形態會有所改變，因為這次財政協定的實質是一種「財政聯盟」的雛形。[123]

所以，那種「歐元崩潰論」是沒有根據的。中國官方和媒體一度高估了歐盟的主權債務危機，並且認為歐盟的債權債務危機證明歐元的風險不僅存在，很可能惡化。隨著歐洲主權債務危機的發展，IMF 成員國對融資需求大幅增加。但是，IMF 可用的金融資源可能不足以應對陷入危機國家的潛在需求。美國的判斷與中國相左，認為IMF有充足的資源。無論如何，中國徹底動搖了可以用歐元替代美元的想法。中國一度希望購買歐洲債券，換取歐盟在二〇一六年以前承認中國的市場經濟地位。事實證明歐盟自身具有解決這次危機的能力和實力。[124]

特別需要指出，歐盟的主權債務危機是一種政府的財政危機，並不是全方位的國家經濟危機。這種情況的發生，說明這些歐盟國家無權訴諸增發紙幣或提高稅收。因為貨幣發行權在歐洲央行手中，增加稅收需要透過民主程序，在這個意義上說，這是歐盟制度一種先進的表現。總比政府權力絕對化，可以濫用貨幣發行權和稅收手段要好。但是，從長遠看，歐盟不是沒有值得憂慮的問題：照歐盟現在的路走下去，就要建立具有統一發行債券和徵稅的中央財政機構，那樣的話，歐盟的政府干預經濟的能力會大為增加，自由市場經濟會受到進一步削弱。

日圓的弱點。日圓不是一個穩定的國際貨幣。造成日圓不穩定的主要原因包括：由於經常項目賬戶上持續有盈餘，日本是世界上主要債權國；日本是主要資本輸出國，日本不斷輸出資本，市場上始終是美元過剩，日圓短缺；以日圓計價的官方和私人的債券形成大規模的日圓債務，因為市場參與者急於支付日圓債務，日圓任何突然升值都會造成套期保值交易的巨幅增加；日本出口商習慣買進遠期日圓，賣出美元，買進日圓，把從出口獲得的美元收入換成日圓，進行套期保值；另外，那些介入日圓從事利差交易者，不僅從正利差中獲益，而且從日圓升值中獲得兌換利益。利差交易鼓勵了資本輸出，但是付出了貨幣劇烈波動的代價。這是近年來日圓不斷對美元貶值，儘管日本經濟項目一直有盈餘的原因。[125] 二〇一〇年九月，由於擔心日圓持續升值可能威脅日本經濟復甦，日本央行在對外匯市場進行直接干預，這是過去六年來第一次。

深入分析，雖然日本經過一九九〇年代「十年蕭條」，直到二〇一〇年，制約日本經濟的中、長期問題，諸如設備投資持續擴大，民眾消費不足，人口減少和老化，沒有能夠真正解決。日本為了復甦實體經濟，不得不持續投資，執行減稅計劃以促進國內消費，增加社會福利支出，改變控制海外投資傳統政策，這些都意味著日本主權債務風險正在顯著加大。[126]二〇一〇年，中國增加了日本國債購買量，成為僅次於英國，投資日本國債的第二大國，表明中國正努力實現其巨額外匯儲備的多樣化。[127]儘管如此，中國在二〇一〇年前後，還是增持了日本債券。這樣做，既為了縮小美元風險，也為了避免日圓貶值，甚至為了推進日圓升值，實現人民幣對日圓的相對貶值。但是，日圓在規模和質量方面，都沒有替代美元的可能。

近年來，中國開始自覺調整外匯儲備，諸如有限度降低美元資產，放緩購買美國國債的節奏，減持美國債券，增加持有購美國短期債券，加快海外資產，尤其是能源資產的收購步伐，以避免因為美元的進一步貶值，造成過大損失。所以，中國的根本出路是改善中國自身的經濟結構和制度，因為中國外匯儲備的各類問題，所反映的是經濟結構和經濟體制的困境，例如儲蓄過剩和內需不足。中國需要平衡近期和遠期選擇。就近期而言，需要改革利率和匯率的決定和形成機制，擴大匯率浮動幅度，實現有序的資本流動，降低對FDI的「超國民待遇」，推進區域性貨幣合作；從長遠角度來看，需要降低經濟增長對出口和投資的依賴程度，推進經濟增長模式向內需主導型的轉變，透過體制轉換和技術創新優化中國產業結構，提升中國在全球產業鏈上的位置，改變外匯儲備膨脹的內在邏輯，建立可持續性發展的穩定基礎。

二〇〇八年金融危機，國際貨幣體系改革和「超主權貨幣」

二〇〇八年爆發的世界性的金融危機，不僅衝擊和動搖了當代世界貨幣經濟體系，也為歐盟，新興經濟體，特別是中國提供挑戰以美元為核心的全球金融體系，與美國爭奪話語權和參與改革國際金融體系的契機。一時之間，全球的輿論將全球金融危機歸咎於美元超額供給，以及單極國際貨幣體系的利己性、缺乏約束制衡機制、權利與義務不對稱等內在缺陷。改革國際貨幣體系，成了大勢所趨。

在國際金融危機逐步升級之際，二〇〇八年十一月，在華盛頓召開了G二十金融高峰會。美國、歐洲、日本與「新興經濟體」紛紛就國際金融新秩序提出不同的主張和方案。但是，整體而言，各類的主張和方案與之前的聖保羅G二十財長和央行行長會議上的立場沒有太大差別。[128]長期以來，中國在國際貨幣金融規則的制定上介入有限，沒多少話語權，其中有些限制發展中國家的規則，中國只能被迫接受，處於被動地位。原因並不複雜，因為中國過去經濟實力有限，金融國際化程度過低。隨著中國經濟的崛起，擁有巨大外匯儲備，全球都在關注人民幣匯率制度。中國有效利用了這次高峰會議，做出了前所未有的反應，挑戰美元為主體世界貨幣體系。中國國家主席胡錦濤提出了四點建議，其中專門談到國際貨幣體系多元化問題，涉及人民幣的國際化。顯見中國政府視人民幣國際化為中國國家戰略的重要組成部分的立場。

對於改革現存的國際貨幣體系的原則，包括美國在內的發達國家沒有異議。問題是怎麼改？世界是否已經到了可以觸動和改變以國際貨幣基金組織和美國政府主導世界貨幣體系的時候？二〇〇九年四月二日，倫敦召開G二十金融峰會，並在應對金融經濟危機議題達成多項共識。[129]會議之前，籌備國英國專門向一些中國專家諮詢關於會議的預期，以及對國際貨幣體系改革的建議和想法。中國政府高度重視倫敦二十國集團金融峰會，並做了充分的輿論準備。在倫敦G二十金融峰會召開前夕，多位中國財經高官就所謂「國際金融貨幣體制改革」的問題屢屢放話，闡述美國政府失職和這次金融危機的邏輯關係。央行周小川的表述具有代表性：「此次金融危機的爆發並在全球範圍內迅速蔓延，反映出當前國際貨幣體系的內在缺陷和系統性風險。」核心問題是無法克服所謂的「特里芬難題」，即儲備貨幣發行國家無法在為世界提供流動性的同時確保幣值的穩定。所以，「創造一種與主權國家脫鈎、並能保持幣值長期穩定的國際儲備貨幣，從而避免主權信用貨幣作為儲蓄貨幣的內在缺陷，是國際貨幣體系的理想目標。」目前，需要調整 SDR 結構，拓展 SDR 使用範圍。[130] 國際社會對周小川講話的解讀是：中國圖謀終結美元時代、中國開始對美元說「不」。中國要求提升人民幣地位。「建立超主權的國際儲備貨幣」主張成為世界關注的問題，自然周小川成為世界範圍內最有影響的央行行長。世界對「超主權儲備貨幣」的反響是有限的。[131] 不僅如此，不僅國外，中國國內媒體對周小川國際貨幣體制的「改革」方案也冠以「勇敢」二字，而非「建設性」或「合理性、可行性」等客觀分析詞語。

但是，二〇〇九年的倫敦二十國集團金融峰會並沒有對「特別提款權」比例和結構作出顯著調整，中國的影響和地位並沒有發生明顯改變。[132] 二〇一〇年十月，在韓國首爾舉行 G 二十財長和央行行長會議，向新興經濟體轉移了超過六％投票權，新興經濟體持有份額達到四二・二九％。其中，中國擁有份額超過德國、法國和英國，從第六位升至第三位，即從不足四％升至六・一九％。美國持有一七・六七％投票權。這意味著美國繼續擁有在國際貨幣基金組織重大決策的否決權，因為重大決策提供需要至少八五％支持率。在顯著提高發展中國家在國際貨幣基金組織中地位方面，在增強中國和「新興市場國家」在 G 二十、IMF 和世界銀行的「話語權」方面，這次首爾會議是一次里程碑式的會議。但是，歐洲和美國主導 IMF 和世界銀行的既有利益格局，不可能、也不會完結。[133]

在中國，關於「建立超主權的國際儲備貨幣」主張和討論，卻在一夜之間成了媒體的焦點；SDR 這個本來不被人關注的金融專業詞彙，一時成了街談巷議。一般的中國民眾以為「超主權儲備貨幣」集中體現所謂的金融貨幣主權，與國家安全和國家利益不可分割，且具有極大可行性。與此同時，人民幣的國際化問題再次搬上檯面，關於人民幣國際化問題也陡然升溫。中國如此大張旗鼓地提出「超主權貨幣」，是衝著美元而發的，缺少現實基礎，帶有神話色彩，至少是包括理想主義情結。中國的外匯是主權外匯，可以選擇各種不同流向，不是美國或什麼力量逼迫中國，是中國自己看好美元與美國的各種公債和私債並大量購買；中國有權隨時拋售，只是中國沒有做非理性選擇。中國還以二〇〇八年在巴西和二〇〇九年在莫斯科舉行「金磚四國」會議作為論壇，向世界表明加速人民幣國際化的決心，主要目的之一是爭奪定價權。[134]在中國還有一種說法：二〇〇八年金融危機反映了國際貨幣體系不合理，即使「超主權貨幣」不具有現實可能，也需要調整國際儲備貨幣和增加一兩個關鍵貨幣國，而「最現實可行的選擇是讓人民幣成為具有國際儲備貨幣地位的關鍵貨幣，中國成為關鍵貨幣國」。[135]在整個二〇〇九年，中國都堅持推進所謂「超越主權」的立場。二〇〇九年六月二十六日，中國央行在《中國金融穩定報告（二〇〇九）》中，再次提出為避免主權信用貨幣充當儲備貨幣的內在缺陷，需要創造一種能夠維持長期幣值穩定的國際儲備貨幣。中國央行的這份長篇報告提及範圍廣泛的眾多問題，重申了央行行長周小川二〇〇九年三月的建議。就在中國央行網站刊登《中國金融穩定報告（二〇〇九）》的前一天，中共中央政策研究室經濟局局長李連仲說，中國的人民幣應當成為 IMF 及其成員國所用「特別條款權」的第五種組成貨幣，並占二〇%的權重。

歷史很快就證明，周小川所提出了發揮 SDR（特別提款權）作用的建議和相關的方案，顯然過於零星而不夠系統，操之過急，也缺少深思熟慮。「特別提款權」本質上是主權貨幣之間的一種協作。只具有結算和比較浮動匯率的某種協商匯率的參考價值。把特別提款權與「超主權貨幣」相提並論是不對的。或者說，「超主權貨幣」是以「特別提款權」為母體，而「特別提款權」完全是由主權貨幣支撐起來的架構，是以承認他國既定主權下的合作為基礎的。最初特別提款權由十五種「主權貨幣」組成，之後調整為美元、德國馬克、日圓、法郎和英鎊組成，確有當時的歷史和國際的背景。[136]所以，不論在邏輯和實際經濟上看，所謂的「超主權貨幣」都是「緣木求魚」。從本質上說，世界貨幣體系是各國主權貨幣體系，「超主權貨幣」不存在任何現實基礎。而強化「特別提款權」的地位，更不是解決金融危機的關鍵。改革世界現存貨幣體系的真正出路是調整主權貨幣之間關係，而不是打壓其中的任何一種主權貨幣。美元和美國主導的國際貨幣體系，美元繼續維持其唯一國際貨幣的地位的情況，在短期之內不可逆轉。希望在短時間內徹底改變現有國際金融秩序，不可能得到世界主要國家——包括所謂的新興國家——的理解和支持。至少二〇〇九年的中國，並不具備主導國際貨幣體系的實力和經驗。

進一步說，布林頓森林體系解體之後，任何國家的貨幣國際化除了「國家信用」之外，更多是一種市場自發的選擇。主導當代世界上經濟活動的畢竟還是市場經濟，誇大政府作用，是與市場經濟主導的現實相背離的。從理論和實踐兩個方面看，那種以為可以透過國家之間的合作，用政府疊加的力量改變世界貨幣金融體系和避免經濟危機是不可能的。全球化之後的經濟是共通的，一國政府的經濟舉措可能對其他國家經濟產生影響，但是這不等於說，世界經濟問題可以透過一國政策的改善而得以化解。事實上，歷次經濟危機主要是透過市場機制自癒的。[137]

奧運之後的中國，高估了中國對世界經濟的影響力，過於看重在所謂國際組織內部的話語權，不甚明白民眾、企業和市場與現存的世界貨幣經濟體系的深層聯繫，以及對世界貨幣經濟體系的最終影響力。中國的立場在二〇一〇年有所調整，稱「中國無意以人民幣取代美元，成為國際儲備貨幣，但希望美國在制定經濟政策時不能只顧自己的利益，還要本著負責任的方式，關照其他國家的利益。」[138]

不得不說，中國關於「超主權貨幣」和挑戰現存世界經濟秩序的這番言論，助長了市場對儲備貨幣走向多樣化將對美元不利的擔憂。這段期間，中國因素成了對於美元匯率施加下行壓力的新變數。各國開始考慮比較與衡量打破美元慣性的收益和成本。在二〇〇八年至二〇一〇年的中國，因為「超主權貨幣」思潮衝擊，大有抬高人民幣在世界貨幣體系地位的說法，有人將人民幣稱為與美元、歐元並列的三大貨幣之一，成為世界的儲備貨幣。其他貨幣只能擔任局部貨幣的角色，[139]甚至有人說出「沒有人民幣，世界經濟將躊躇不前」。[140]殊不知，在世界貨幣經濟面前，無知和狂妄是沒有立足之地的。

開放金融市場

一九九〇年代上半期，中國開始開放金融市場，其中最重要的是資本市場和外匯市場。但是，一九九七年至一九九八年間的亞洲金融危機延緩了中國資本賬戶自由化的進程。期間，整個中國銀行的外國銀行賬戶匯出人民幣資金，並關閉所有的離岸人民幣賬戶，使離岸人民幣不能匯回中國或轉換為外幣。一九九九年四月，IMF 開始將中國匯率制度歸為盯住安排。隨著亞洲金融危機的結束和中國加入世界貿易組織效應的推動，二〇〇一年以來，中國的資本賬戶自由化進程重新加快。受二〇〇八年世界金融危機影響，中國的資本賬戶自由化進程再次放緩。總體來說，中國在開放資本賬戶方面，似乎存在著寧「慢」勿「快」的既定方針，取決於中國政府對國內和國外經濟形勢的判斷。在中國官方的說法則是：中國開放金融市場，選擇的是漸進的，而不是激進的改革方式，

資本市場

資本市場亦稱「長期金融市場」，或者「長期資金市場」。資本市場包括：國債市場；股票市場；企業中長期債券市場；中長期放款市場，該市場的資金供應者主要是不動產銀行、動產銀行。與貨幣市場相比，資本市場特點主要有：一，融資期限長。至少在一年以上，也可以長達幾十年，甚至無到期日。二，流動性相對較差。在資本市場上籌集到的資金多用於解決中長期融資需求，所以流動性和變現性相對較弱。三，風險大而收益較高。

開放資本市場是中國金融體系改革的重要組成部分。因為，資本市場對於推動金融體系結構的轉型，改善商業銀行的治理結構，增強金融體系的抗風險能力，實現金融機構的盈利模式至關緊要。但是，中國在過去的二十餘年間資本市場開放方面，步履艱難。探究其原因是中國有一種貨幣管理和金融發展的哲學：那就是盡可能延長封閉經濟體系，使得外國投資組合基金無法影響中國本土資產價格，本土資金沒有自由進出權利，以保持對匯率的牢固控制。只有這樣，貨幣當局才可以無須擔心外部的套利交易，在需要寬鬆舉措出臺刺激經濟時，也無須擔心銀行系統的資產質量，特別是不必擔心因為開放資本賬戶，實行人民幣自由兌換，人民和市場影響人民幣匯率。因此，中國在資本市場的早期制度設計中顯然有其局限性，措施不配套，中國資本市場發育緩慢，是無足為奇的。

中國資本市場到二〇〇〇年開放的規模還非常有限，資本市場國際化只停留在從外部獲取融資、解決企業發展中金融資源缺乏的初級階段，證券市場基本還是一個與國際資本市場相隔絕的獨立市場。境外投資者只能投資中國的 B 股市場。從二〇〇一年，中國加入世界貿易組織。二〇〇六年底，中國需要全部履行加入世界貿易組織時有關證券市場對外開放的承諾，資本市場開放不得不有所加快。[141]但是，中國資本市場面臨著一系列基本問題：一，市場長期處於分割狀態。中國股票市場分為國內 A 股市場、國內 B 股市場和香港市場（紅籌股和 H 股），債券市場則分為銀行間債券市場、交易所債券市場和銀行櫃檯交易市場。市場間相互分割，缺乏必要的套利機制，降低了中國股票市場和債券市場的有效性。二，資本市場的國民經濟代表性不足。在中國上市公司構成中，藍籌股偏少；具有較強創新能力、較高生產效率的民營群體的比例過低。近年，中小企業板塊形成，情況有所改善，但是並沒有改變上市公司的結構，全面反映國民經濟的發展特點和趨勢。三，債券市場落後。中國資本市場整體規模偏小，缺乏深廣的國內市場，可供投資的產品不足。特別是本土債券市場狹小，公司債券市場發展滯後，股票市場和債券市場的比例失衡，且固定收益市場的成熟程度遠遠落後於大多數主要新興市場國家。此外，商品期貨和金融期貨市場規模較小。四，品種結構簡單。品種創新不足，金融衍生品市場尚未形成。五，中國現有證券公司的規模仍然普遍偏小，缺乏核心競爭力。六，投資者結構不合理。機構投資者整體規模偏小。個人投資者（尤其是中小個人投資者）比例偏高。七，投資行為和投資理念尚處於初級階段。與境外成熟市場同類型機構投資者相比較，中國缺乏真正的長期投資者，中國股票市場投資者平均換手率偏高，股票市場上的各類機構投資者以短線投資為主，持股期限普遍較短，交易比較頻繁。現有各類機構投資者之間在投資理念、投資標的等方面顯示出較大的雷同性，阻礙股票市場的成長。與機構投資者相比，至於中小個人投資者更偏向於持有和交易小盤股、低價股、績差股和高市盈率股。八，中國資本市場與海外資本市場的雙向聯接滯後。一九九三年起，中國政府支持符合條件的境內企業到境外上市，發行A股，擴大融資管道，參與國際競爭。二〇〇一年起，中國證監會允許符合條件的外商投資股份有限公司可以在境內市場發行股票和上市。但是，距離實現中國資本市場與海外資本市場的結合，還有經濟制度，法律體系和政治因素的嚴重制約。九，市場管理制度不夠發達。在股票發行體制，市場化篩選機制，交易機制登記結算的法規制度和風險管理體系方面存在缺陷。在上述問題中，一些在資本市場發展初期並不突出的問題，逐步演變成市場進一步發展的障礙，影響了中國資本市場的有效性。

中國開放資本市場既是中國履行作為WTO成員國的承諾的要求，也是中國資本市場的內在需求。資本市場開放，一般包括服務性開放和投資性開放兩個方面。前者是指允許外國金融仲介機構在本國證券市場上為證券投資、融資提供服務和允許本國金融仲介機構在他國證券市場提供服務；後者屬於資本流動範疇，是允許資金在國內與國際資本市場之間的自由流動，包括融資的開放和投資的開放。所以，解決中國資本市場各類問題的出路是實行真正和全方位的開放。為此，中國需要：一，在服務性開放方面，保證落實二〇〇六年底頒布新的《外資銀行管理條例》以及實施細則，外資法人銀行可以從事全面外匯和人民幣業務。外資銀行可以按照自願和商業原則，根據自身業務發展定位，自主選擇在華商業存在形式。與此同時，允許外資銀行金融創新，在華開辦金融衍生產品交易業務、境外合格機構投資者境內證券投資託管業務、個人理財業務、代客境外理財業務、電子銀行等業務，實現外資銀行業務品種和服務方式的多元化，中國外資銀行本外幣資產和人民幣總額增長，占中國銀行金融機構總資產的比重上升，存款和貸款數額得以相應上升。二，在資本市場開放方面，在對資本項目管制，尤其是對短期資本流入實行控制方面，需要有實質性突破，改革對資本市場交易主體資格條件限制和審批程式。[142] 二〇〇二年，中國政府以批准境外合格投資者（QFII）的方式，開放了外國投資者直接投資中國證 市場的路徑。二〇〇五年，中國政府推出了符合條件的境內金融機構投資國外金融產品（QDII）的項目，開放了中國投資者直接投資境外證 市場的新管道。至此，中國建立了「雙 Q」，形成了本國資本市場與國際資本市場間資金直接流動的管道，打開了國內資金投資於國際金融市場的一扇門。[143] 在中國沒有實現人民幣自由兌換或資本帳戶開放的情況下，推進雙 Q 制度是開放資本市場最主要的一種方式。但是，到目前為止，中國的 QFII 和 QDII 的規模還不大，在具體操作中仍舊受到許多嚴格的限制。中國需要為合格境外機構投資者（QFII）與合格境內機構投資者（QDII）體制的運行和發展，提供穩定的制度和政策環境。從長遠看，「雙 Q」制度畢竟屬於一種過渡的制度，是一種在沒有可能實現資本項目開放情況下的放鬆配額，控制風險變通手段，其存在的必要性將隨著資本賬戶的開放而喪失。中國最終是實現外資進入本土市場和本土資本流，實行資本自由流動。

伴隨中國資本市場開放程度的提高，以下六方面的效應會逐漸顯現：一，國際因素強化效應。在資本市場開放條件下，中國公司可以在海外上市，外商投資股份有限公司可以在境內市場發行股票和上市，各國之間資金流動，市場與市場之間的關聯性增強，貨幣市場受到本國經濟運行因素的影響外，也勢必受到其他國家——尤其是發達國家資本市場——的影響。二〇一一年九月，歐美市場大跌導致重創 A 股。這說明了，中國 A 股已經不再可能獨善其身，中國資本市場開始與歐美等國際資本市場的走勢息息相關。二，增加貨幣供給效應。中國資本市場的開放，無疑增加海外非 FDI 資本在中國的數額，提高資本帳戶的順差水準，最終提高M_2的供給量，使「流動性過剩」繼續擴大。三，增長效應。一般認為資本市場開放有利於解決發展中國家的金融抑制，優化金融機構，促進金融體系發展，改善國內資本積累和配置效率，從而促進經濟增長。四，穩定效應。資本市場是吸納所謂「流動性過剩」最有效的場所，或是「蓄水池」，可以減緩通貨膨脹壓力。五，改善公司治理效應。開放的資本市場可以在更大範圍內發揮融資和併購機制，要求有更透明的資訊披露制度和規範化的會計制度，從而促進公司治理結構的改善。其中增長效應的顯現需要較長的一段時間。六，財富轉移效應。外資企業在中國上市，有利於中國股票市場的成熟，增加高質量上市企業的比例，從正面影響中國股市的穩定，但是，也可能導致外資企業上市後募集資金轉移問題，以及B股帶來財富轉讓問題。[144]

外匯市場

資本市場開放和外匯市場的開放有著邏輯的和現實的聯繫。中國開放資本市場，資本產品價格與人民幣匯率價格休戚相關，需要外匯市場的介入。長期以來，中國實行資本管制，割裂匯率決定與資本流動關係，匯率升降的壓力主要來自經常項目的順差或逆差。在成熟的貨幣金融制度下，匯率實際上是一種價格信號，是以外匯市場作為平臺的。實現中國外匯市場的開放，就要讓企業和個人都成為外匯市場上的投資主體和交易主體，允許非銀行金融機構進入外匯市場，並引進貨幣交易商制度。

一九九四年，中國初步建立外匯市場，支撐中央銀行調節市場供需，穩定匯率，保障銀行和企業結售匯業務的正常開展和新匯制的運行。其間，在交易主體，外匯市場在組織形式，交易方式，清算方式等方面都有持續的改革，得到法律保證。[145]二〇〇六年，中國外匯交易中心與美國芝加哥商業交易所達成協議，這是中國外匯市場發展和對外開放的一項重要舉措，意味著中國外匯交易中心能夠為市場參與者提供更多的外匯交易產品，眾多國內金融機構可以享受到交易中心與芝加哥商業交易所建立業務聯繫。

146

總體而言：中國在資本市場上的開放方面，始終處於步履艱難，審慎、保守狀態，各方面約束條件沒有削弱的跡象。與國際上成熟發達的外匯市場相比，中國外匯市場的市場深度和廣度有限，存在的主要問題是：一，外匯管理體制僵化，受制於貨幣金融體系本身脆弱性和監管制度以行政性管制的剛性特徵；二，市場主體單一，交易過於集中。四大國有銀行的交易量占銀行間市場交易的九五%以上。三，交易品種較少，交易幣種僅限於人民幣對美元、歐元、港幣和日圓四種貨幣，其中美元交易占九八%，除四家國有獨資商業銀行可以向客戶提供一年期以內遠期交易之外，期貨、期權和掉期等衍生產品交易均未進行；四，市場交易規模較小。因而，中國外匯市場不可能充分發揮其在價格發現、資源配置和避險服務方面的功能；五，微觀基礎不健全，主要表現在企業和專業化的投資者不足，自我約束機制薄弱，風險意識不強，對匯率波動的承受能力有限，對市場創新的要求也不強烈。

產生這些問題的根本原因是制度約束。在現行的匯率體制和固定的匯率的背後，隱含著政府的操縱和政府擔保，國家直接或間接調控的外匯市場機制。中國對外匯市場的從來是由政府所主導，透過央行實施，必要時容許財政部參與。強制結匯制度、實需交易原則、實行壓制資本交易的管制，必然抑制了外匯供需。這樣的外匯市場干預模式還會導致外匯交易僅僅集中於商業用途，金融和資本性交易過少，市場流動性不足，限制了市場功能的作用，弱化了產品創新的需求和動力。加之非市場化的利率，不能給出外匯衍生產品的合理定價，不利於複雜產品的設計和推廣。

在近中期，中國外匯市場在技術層面是可以有所作為，例如，建立即期外匯市場和引入遠期交割合約。為此，需要進一步協調整個金融體系改革，提高金融機構整體抗風險能力，平衡外匯市場的供需關係。從長期看，中國外匯市場的現代化最終取決於開放程度和速度，其核心問題是以什麼樣的步驟實現資本項目的自由兌換，外資流入管理符合國際準則，以及人民幣的國際化。

人民幣資本項目可兌換：不可逆轉的方向

到了一九九八年，IMF的一百八十二個成員國中有一百四十四個國家實現了經常項目可兌換，不少發展中國家也實現了資本項目可兌換。可以說，資本項目放開管制成為金融全球化的重要內容。但是，中國在人民幣資本項目可兌換方面的保守、甚至僵化立場始終難以改變。二〇一〇年之後，中國實現人民幣資本項目可兌換的壓力急劇上升，壓力除了來自國際社會，還來自中國自身的外匯儲備膨脹。所以，如何加快人民幣資本項目可兌換，形成本土資本和國際資本合理雙向流動格局，成為中國當局的重大政策挑戰。但是，在中國既定的貨幣制度架構下，可供貨幣當局選擇的方式其實是有限的：

QFII制度。資本項目的開放，也就要接受國際資本流動的模式。國際資本的流動結構經歷了從「國際債券投資—國際銀行貸款—國際證券投資」的發展過程，即國際證券投資開始成為國際資本流動的主要形式。光是依靠投資政策優惠的傳統模式已經無法適應國際資本流動的新趨勢要求了。在這樣的背景下，二〇〇二年中國資本市場正式引入QFII制度。[147]為了防範少數外資投資者對中國股市進行操縱，中國政府設定了較高的QFII門檻，基本上把範圍確定在國際大型金融機構。從已獲得批准的QFII機構來看，有三個特點：國際大型金融機構投資者眾多；機構的種類分佈和地域分佈廣泛；在投資額度的配置中也體現了分佈廣泛、單個機構投資額度不大。中國證監會和外管局是繼續貫徹這個原則的主要機構。這樣做確實控制了方向，卻導致QFII的初級階段過程過長，原本期待透過QFII的投資表現，及其與國內機構投資者不同的價值取向和更廣泛的國際視野，對國內機構投資者產生了正面的示範效應，對中國股市產生正面的影響的效果微乎其微。中國外資規模、資本市場成份、股市盈利率、資本市場的資源配置效率，都沒有發生實質性進步，且拖延了中國國內資本市場與國際資本市場接軌時間表。二〇〇八年之後，中國境內證券市場有明顯擴大開放的趨勢，資本賬戶，資本和金融交易規模擴大；資本和金融項目占國際收支交易額的比重上升；資本流入以國際產業投資為主；證券及債務融資比重有所上升。但是，總體而言，中國在資本項目可兌換方面，步履蹣跚。中國應該明白，真正實行QFII制度，就是要向外資開放，需要反省QFII制度，隨著國有股、法人股向外資開放，使之成為海外投資者可以分享中國經濟實質性增長好處的制度。

148 **QDII 制度**。QDII制度是指開放本國專業投資機構直接投資境外證券市場，從運作上來看，可視為反向的QFII制度。二〇〇五年，中國實施QDII制度。按照本來的設想，中國公司海外上市會產生一系列正面深刻：加快企業的資本積累；在高素質投資者和更規範的國際資本市場監督下，可以提高企業經營效率，推動國有企業改革和企業走向國際化，參與國際競爭；國內優質上市資源的流失和海外上市的壓力，促進國內資本市場重組和改革，實現國內外資本市場和國際資本市場良性循環。但是，中國國內有反對國企海外上市的意見，其主要理由是：大中型國企海外上市都是在剝離不良資產，國家注資之後，這些成本其實都是中國百姓的納稅，而優質化企業在中國經濟高速發展中獲得高利潤卻為海外投資者分享；部分海外上市公司，都是低價上市，海外新股認購者或戰略投資獲得無風險的股票套利，使得本屬於本國民眾的價值轉移到海外，導致國有資產流失；企業海外上市，籌集大量外匯，結果增加境內的貨幣供應，壓低市場利率；大中型優質企業的大規模海外上市，加劇國內資本市場的空心化和邊緣化，導致市場穩定性失衡，資源配置功能下降，導致國家意志失去微觀基礎，影響國家經濟安全。可以預見，中國關於本土企業，特別是國有企業海外上市利弊得失的爭論還會繼續下去。[149]

中國貨幣當局對於QDII的資格和投資額度審批體制同樣嚴格。[150]但是，中國畢竟缺乏國外資本市場投資的經驗，有經驗的專業人才也不夠。因為香港政府比較早提出QDII制度，所以，中國的QDII投資地域主要集中在香港。在資產配置中，除了美國和歐洲的國債、企業債券等固定受益的產品之外，非固定收益產品的配置主要集中在香港股市，尤其是H股和大陸紅籌股。因為香港是中國的特別行政區，中國的QDII並沒有在真正的意義上走入國際金融市場，離透過資產多元化配置實現國內金融資產分散風險、獲得穩定收益的目標還很遠。值得注意的是，近幾年出現的中國企業海外市場IPO的規模不斷創新高的局面。一方面，中國國內企業生產、製造、出售等主要環節都是在本國完成的，國內市場會對定價的影響程度上升。另一方面，中國企業海外上市加強了中國資本市場和海外資本市場的互動關係，海外上市對中國股票價格波動性與流動性已經產生影響，海外市場和國內市場在定價上會走向平衡。此外，QDII制度對於境內居民「資金出海」，實現投資多元化和分散風險是一個選擇，有利於拓展境內金融機構海外投資範圍。但是，與資本流入相比，中國資本流出管道比較狹窄，中國的QDII，「路漫漫其修遠兮」。

海外直接投資（Outward FDI）。[151]從國際經驗來看，發展中國家的人均GDP在四百至兩千美元之間，外國投資增加，對外投資很小，這是所謂的第二階段。進入人均GDP在兩千至四，七五〇美元之間，外資流入仍然大於對外投資，對外投資明顯上升，兩者差距縮小。[152] 一九八〇年代中期，中國對外投資起步，一九九〇年代有過明顯增長，但規模有限，對中國國內經濟和世界經濟沒有實質影響。根據投資發展路徑理論：二〇〇四年和二〇〇五年，中國的人均 GDO 分別達到一，四九〇美元和一，七〇三美元，是第二和第三階段的分界點，成為全球 FDI 的新興國家。中國在全球外資的流量和存量的比重呈現加速趨勢，中國進入海外直接投資的活躍期和高增長期。二〇〇四年，中國海外直接投資規模是五十五億美元。二〇〇八年，超過五百億。[153] 二〇〇九年，中國海外投資額，無論是過去的實際存量還是新投資的數量，都約為流入中國國內投資的一半。但是，中國很快進入中國海外投資和 FDI 持平的階段。「二〇一一年，中國海外投資達到五九〇億美元，全球排名由二〇〇五年的第十九位躍升至第五位。」[154]

二〇〇八年全球經濟危機，為中國海外投資提供了重要的機會。中國的對外投資大國地位已經全面顯現。[155]「貿易順差的擴大和外匯儲備的積累，表明中國的儲蓄大於投資，是一個資本輸出國。」[156] 二〇〇七年，中國對外直接投資達到二六五．一億美元，其中非金融類對外投資二四八．四億美元；二〇〇八年，中國對外直接投資達到五五九．一億美元，同比增長一一〇．九％，其中非金融類對外投資四一八．六億美元；同比增長六八．五％。[157] 造成中國海外直接投資增長的動力來自企業和國家：中國企業進入大規模尋求海外資源的發展階段；中國政府因為外匯儲備過高的壓力，為了緩和國內流動性過剩，避免資本和房地產市場泡沫惡化，鼓勵民間主體和相關政府主體的海外投資，確信中國加快海外直接投資是有效途徑，可以達到同時實現「瘦身」和保值的目標。二〇一一年以來，在中國政府的支持下，一些中央企業廣為尋找境外投資併購項目。增加進口可以抵消經常項目的順差，增加海外投資，將被分別記在國際收支平衡表的金融和資本項下「流出」，透過增加進口和海外投資，可以緩解國際收支雙順差繼續上升的局面。二〇一一年八月，中國商務部、國資委簽署《協作備忘錄》，旨在支持中央企業的海外直接投資，將相當一部分外匯儲備轉換為資產。[158]

中國海外直接投資的領域集中在購買資源、能源以及大宗商品產業；地區集中在亞洲、非洲和拉丁美洲地區，而在北美和歐盟地區比重低下。中國對外投資中，併購投資快速增長，正成為海外直接投資的重要形式。二〇〇七年，併購投資為六十三億美元，占當年對外投資額的二三・八％；二〇〇八年，併購投資陡升到二八〇億美元，占當年對外投資額的五〇％。二〇〇八年金融危機之後，中國海外投資，以及併購繼續增長。[159]因為，中國企業需要投資在正在運營，且經濟效益較好的海外企業。值得注意的是：一，中國海外併購在美國的進展難度明顯。美國政府以國家安全為由，持續發生拒絕中國企業收購行為的情況，甚至直接宣佈不允許中國企業參與收購。二，從國際經驗看，企業的海外併購成功率處於較低的水準。

主權財富基金。主權財富基金是使用政府所有的資金在國際資本市場上進行商業化、市場化運作的基金。造成主權財富基金興起的原因包括：國際貨幣體系的變革；能源價格上漲；經濟全球化，外匯儲備增加，國家逐步將盈餘財富用於投資。主權財富基金是國際金融市場一類新型的和有影響力的投資機構者。全球的主權財富基金的現有規模大約在三兆美元左右，其規模還將不斷增長。

主權財富基金與官方外匯儲備之間的共同點包括：皆為國家所擁有，同屬於廣義的國家主權財富，來源也頗相似。兩者主要的不同點則是：一，官方外匯儲備反映在央行資產負債平衡表中，後者則在央行資產負債平衡表以外，有獨立的平衡表和相應的其他財務報表。二，官方外匯儲備資產的運作及其變化與一國國際收支和匯率政策密切相關，而主權財富基金一般與一國國際收支和匯率政策沒有必然、直接的聯繫。三，官方外匯儲備資產的變化產生貨幣政策效應，即其他條件不變，央行外匯儲備資產的增減將透過貨幣基礎變化引起一國貨幣供應量的增減。而主權財富基金的變化通常不具有貨幣效應。四，各國央行在外匯儲備管理上通常採取保守謹慎的態度，追求最大流動性與最大安全性，主權財富基金通常實行積極管理，犧牲一定的流動性，承擔更大的投資風險，實現投資回報最大化目標。因為這些區別，近年來有愈來愈多的國家——特別是大部分新興市場經濟國家——紛紛將官方外匯儲備的多餘部分（即在足夠滿足國際流動性與支付能力之上的超額外匯儲備資產）從央行資產負債平衡表分離出來，成立專門的政府投資機構，即主權財富基金，或委託其他第三方投資機構進行專業化管理，使之與匯率或貨幣政策「脫鈎」，只追求最高的投資報酬率。新加坡政府投資公司（GIC）是這個模式的先驅。近年來，以俄羅斯、阿聯酋的「石油美元」基金、瑞士、新加坡的「養老金」基金為代表的主權財富基金在國際資本市場上非常活躍，因其資本規模大、運作機制靈活，這些基金已成為國際資本市場上引人關注的一股力量。

成立於二〇〇七年九月的中國投資有限責任公司（China Investment Corp.，「中投」），是中國主權財富基金的管理公司。中國財政部透過發行特別國債的方式籌集一兆五千五百億元人民幣，購買了相當於兩千億美元的外匯儲備作為中投公司的註冊金本金。「中投」資產攤在每個國人身上一五〇美元。[160]之前於二〇〇三年十二月成立的中央匯金投資有限責任公司（「中央匯金」），也是中國主權財富基金。現在，「中央匯金」成了中投公司的全資子公司。中央匯金投資並持有國有重點金融企業的股權，並代表國務院行使股東權利。「中央匯金」持中國銀行八〇%股份，持中國工商銀行三五．三%股份。[161]

「中投」作為中國專門從事外匯資金投資業務的國有投資公司，透過使用部分的外匯儲備進行海外投資，緩解中國外匯儲備超常增長的壓力，解決國內目前流動性過剩的問題，在美元貶值、人民幣升值的情況下實現外匯儲備的保值和升值，並發揮穩定宏觀經濟的作用。但是，「中投」成立近四年，為公眾知道的投資失利的案例頗多，在購買摩根士丹利的可轉換股權債券，以及雷曼兄弟債券的一系列投資中，賬面損失巨大。[162]至於成功的案例似乎寥寥無幾。根據報導，二〇一一年初，「中投」已將財政部原始注入的兩千億美元資本金投放一空。中國政府再次注資一千億至兩千億美元，折合人民幣或將逾兆。[163]

「中投」掛牌後，發生了世界金融危機，「中投」主權基金業績相當不理想，固然和世界經濟大環境有關，但是幾個經驗教訓是值得注意的：一，擴展投資方向，應該採取分散投資的策略，給與新興市場一定的關注，不可在產業上只集中於金融行業，投資地區集中於美國。二，合理分配龐大的國家主權資金，平衡股票、債券和貨幣基金的資金。為此，需要一套持續而連貫的投資模式和程式。這套模式和程式還要兼顧國家的地緣政治和戰略經濟利益。三，如此巨資的管理需要有豐富經驗的專業投資人士和相應的獎勵機制。

主權財富基金的制度化、商業化、專業化是重要的，其透明度更是國際社會關注的焦點。主權財富基金的活動空間是有邊界的，必須符合國際金融的遊戲規則。而美國就是對既定遊戲規則有重大影響的國家。中國主權基金成立之後，美國高度關注。美聯儲等多次要求中國解釋。美國格外憂慮中國主權財富基金源於兩個方面：一，中投和中央匯金的資金來自中國的外匯儲備，而西方一直有人指責中國貿易不平衡和中國政府操縱匯率；二，是服務中國政府意志的工具，質疑透明度。中國在接受美國相關法律方面，沒有其他選擇。美國《銀行控股公司法》只是規範公司形式的投資者，而將外國政府的直接投資排除在外。但是，鑒於中國主權財富基金的中投公司和中央匯金都選擇了公司制形式，無法排除該法的適用。所以，中國主權財富基金在美國的運行，必須得到美聯儲批覆，包括所謂豁免。[164]

民間外匯儲備。如果包括民間儲備，中國並非外匯總體儲備最多的國家，日本的外匯儲備穩居世界第一。日本外匯儲備結構與中國不同，日本官方的外匯儲備低於民間外匯儲備，政府只有一兆多，民間還有兩、三兆美元，民間外匯儲備是官方儲備的三倍多，而日本民間對外匯儲備的投資和使用非常多元，其增值效益也遠遠高於官方儲備。中國需要實現外儲多元化，推動外儲持有者的多元化，使中國巨額外匯儲備由官方一家獨享轉為官民共用。「中國有愈來愈多的企業和家庭參與到國際市場的活動中，他們在一些特定領域和行業，對國際市場信號的反應要比政府更加靈敏。中國要儘快放寬國家對外匯儲備資源的控制，讓民間企業和家庭享有更多使用和持有外匯儲備的權利，鼓勵他們對外匯儲備進行更加積極的多元化投資，這比國家集中管理更有助於外匯儲備的增值。而一旦規模如此龐大、且長期近似閑置的資金走上了迅速增值的快車道，中國不啻又增加了一個財富增長的引擎。」[165]二〇一〇年以後，中國貨幣當局逐漸明確了擴大民間外匯儲備的思路。[166]在中國，民間外匯儲備的很大部分被用於海外移民。[167]

國家對外優惠貸款。近年來，中國在世界各地對一些國家實行優惠貸款。例如，南美的阿根廷和歐洲的白俄羅斯。[168]

簡言之，中國的資本市場開放過程有兩個明顯特徵：一，所有政策和法令以服從於國內宏觀經濟形勢的需要為前提。二，中國資本市場的開放完成了從以吸引外資為主導向以國內融資為主，海外直接投資急速擴張的轉變，似乎意味著中國在國際資本市場上從單純的吸收資本角色向資本輸入輸出雙向角色的轉變。

人民幣國際化

中國是經濟大國，但不是經濟強國，更不是金融強國。近年來，中國與主要西方國家在人民幣匯率問題，在國際貿易方面的爭議、磨擦，其實都與人民幣的非國際化相關。中國逐漸認識，只有實現人民幣國際化，中國才會擁有對世界經濟和金融體系有更多的發言權和影響力，擴展對東南亞以及中亞國家的雙邊貿易，削弱世界各國外匯儲備對美元的依賴，減少全球經濟和金融體系動蕩的損失，成為亞洲經濟真正的領導者或主導者，實現向經濟強國和金融大國的轉型。

根據國際貨幣基金組織（IMF）的定義，貨幣國際化是指某國貨幣超越該國國界，逐漸擴大在世界範圍內的自由兌換、交易和流通，最終成為國際貨幣的過程。根據近現代主要國際化貨幣的經驗，國際貨幣具有三個基本特徵：自由兌換性，即一國通貨持有者可以為任何目的而將持有的通貨按照市場匯率兌換成另一國通貨的權利，國家和有關法律保證這種通貨兌換權利；普遍接受性，即該貨幣在外匯市場上或政府間清算國際收支差額時能被普遍接受；相對穩定性，即該貨幣的幣值能夠保持相對穩定。貨幣國際化的過程本身是貨幣的各項職能由國內向世界範圍擴張的過程。一國的貨幣職能的作用範圍一旦超出國界，就意味著貨幣國際化進程的開始。

人民幣國際化的障礙

一九九三年，中國官方正式提出「逐步使人民幣成為可兌換的貨幣」的目標，並寫在當年中國共產黨十四屆三中全會決議之中。但是，一九九七年的「亞洲金融危機」喚起中國政府對人民幣國際化的風險意識，導致中國政府在人民幣國際化的立場轉向保守和守舊。在中國政府看來，如果中國實施資本項目開放，實現人民幣國際化，將面臨一系列的金融風險：一，貨幣替代問題，即外國貨幣作為國內儲藏手段或交易媒介，並有可能取代本國貨幣，不僅外幣的流入和流出影響匯率，還可能影響傳統的貨幣供給機制和構成，使利率決定複雜化。二，資金逃避，即在經濟不穩定或通貨膨脹時，由於資金逃避削弱國家的資本積累。資金逃避也會導致政府財政收入減少。由於資金逃避，國內資金供給減少，借貸成本上升，引發債務危機。三，經濟週期和通貨膨脹的「輸入」，強化傳遞的力度和擴大影響的幅度。

人民幣國際化實際的進程緩慢，往往處於「風聲大，雨點小」的狀態。中國的主流看法是：人民幣國際化就是開放資本項目，這意味著放開人民幣匯率浮動空間，進而由市場供需關係決定匯率，最大限度地減少政府（中央銀行）對外匯市場干預，同時實施利率市場化。中國也具備管理開放資本項目的能力和條件。不僅如此，此時的中國

一九八五－二〇〇五年中國資本流入流出總額占 GDP 比重變化 [169]

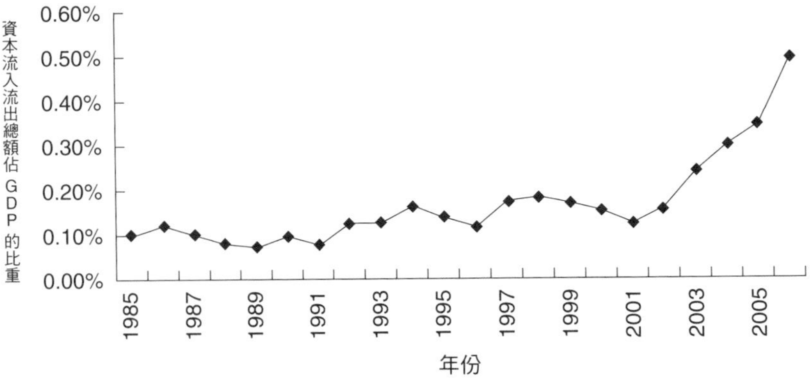

金融界主流在關於人民幣國際化的風險分析中，無法擺脫一個互為因果和互為前提的邏輯，形成了心理恐懼。

二〇〇一年，中國加入 WTO 之後，人民幣國際化的迫切性有所升高。這是因為：一，中國作為 WTO 的成員國，實行資本項目可兌換是遲早的事，終究是不可避免的。中國在開放資本市場，實行 QFII、QDII 制度，證券市場的 A、B 股合併，取消對非本國居民投資中國證券市場的限制，開放中國企業到海外投資，開放中國居民投資海外（包括海外股票在內）的金融資產，實現人民幣可兌換所需要的資本賬戶自由化，資金在國內與國際資本市場之間的自由流動，都需要有清楚的日程表。[170]二，中國是國際貿易大國，貿易發展既對人民幣國際化提出迫切需求，成為推進人民幣國際化的重要力量。三，外匯儲備規模巨大。唯有人民幣國際化可以從根本上改變外匯儲備的不合理結構。四，無論是用 M_2 還是用 M_3 來表示廣義貨幣供應，人民幣都已躋身於全球五大貨幣（美元、歐元、日圓、英鎊、人民幣）之列。[171]但是，在五大貨幣中，人民幣是唯一不能自由兌換的貨幣，與貨幣發行規模極不相稱。五，在中國現階段，金融資產是 GDP 的兩倍之多，相當於借兩元才有一元產出。中國金融機構的資產總量效率低下，反映實體經濟對金融有效需求不足，或者金融資產的服務能力無法適應實體經濟。只有實現人民幣自由兌換和國際化，資本項目開放，人民幣自由買賣，滿足中國企業海外投資的金融要求，提高金融資產效率。二〇〇一年，中國參加 WTO 之後的人民幣國際化的內在邏輯如圖示。

但是，直到二〇〇三年，中國對於實現資本項目下人民幣完全可兌換仍舊沒有設定時間表。中國中央銀行行長強調，實現上述目標「需要一個較長的努力」。[172]二〇〇八年世界金融危機，中國官方和輿論在人民幣國際化問題上，突然發生扭轉，從消極被動轉到積極主動，並且在政府主導下，全面啟動人民幣國際化進程。

二〇〇八年的世界金融危機發生之後，主要國際貨幣發行國的經濟受到很大的衝擊，其國際影響力在下降，而中國「逆市而上」，成為世界第二大經濟體，為人民幣國際化提供歷史契機。在中國，推進人民幣國際化的意見成了主流。還有兩個因素不可忽視：一，中國的自信心明顯增長。中國龐大的外匯儲備也為人民幣國際化提供了信心保障。中國開始認清實現人民幣國際化是國家根本利益所在，有助於擴大人民幣在全球金融市場中的空間、擁有國際價格的話語權、以及資產定價競爭的主動權，可以避免國民財富或經濟權益在的國際交易中流失。二，中國作為一個有相當經濟實力的新興市場，在一體化的國際環境下，與國際貨幣和金融體系形成日益相互依賴的關係，共同利益已經和正在超過差異和衝突。

人民幣國際化的時機非常重要，現在主要國際貨幣的國際化都藉助過某個時機。每一次社會大變革或經濟大危機都會帶來一些機遇，一定程度上都是社會變革和危機的產物。英鎊的歷史地位和英國過去的殖民主義相聯繫，美元地位的確定和兩次世界大戰有關。從大歷史和全球的角度來看，中國人民幣的國際化，將從根本上建立人民幣與其他貨幣正反饋的關係，使彼此具有合作與協調的堅實基礎。這樣做是中國與世界「雙贏」的選擇。最終使中國央行具有更高的「國際責任感」。所以，中國希望以二〇〇八年的

人民幣國際化內在邏輯

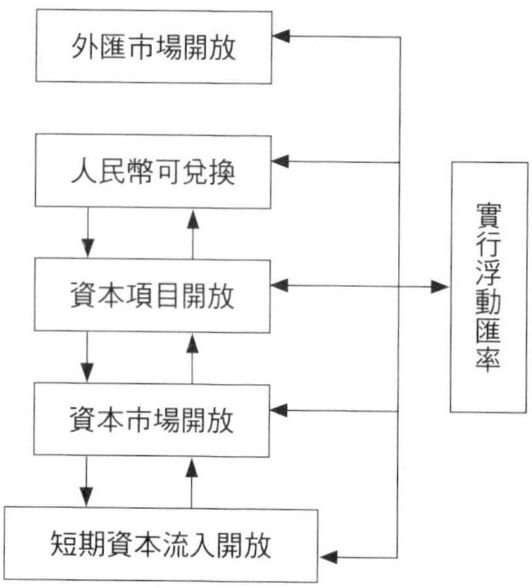

世界金融危機為契機，加快實現人民幣國際化的過程。人民幣實現可自由兌換，成為國際貨幣的目標不能無限期拖延，而且要有明確的時間表。

實現人民幣國際化問題的目標，標準和障礙

人民幣國際化目的。從根本上說，實現人民幣國際化指人民幣境外自由流通，成為國際貿易的一個結算貨幣和儲備貨幣，人民幣如同美元和歐元，本身就是所謂的「外匯」。[173]中國透過人民幣國際化所能得到的收益包括：一，人民幣匯率將主要取決於市場，中國央行不必繼續承擔購買外匯的主要角色，匯率的風險將由國家、企業、人民共同承擔。二，中國央行的基礎貨幣與外匯存量就可以脫鉤，避免過度的「流動性過剩」發生，中國M_2的內涵單純化，央行對影響貨幣供給量的影響能力加強。三，人民幣具有和其他國際貨幣同等重要的地位，人民幣就是一種「硬通貨」，中國央行印發出來的人民幣本身就是間接的「外匯儲備」，有利於調整外匯儲備的總量及結構，降低外匯儲備的規模，為貨幣供應量的控制帶來更大的空間，緩和貨幣供給和需求的壓力。不僅如此，人民幣是可以隨時隨地兌換任何一種其他的國際貨幣。中國長久以來的「外匯儲備拜物教」從此失去了存在的歷史基礎。四，人民幣匯率的波動必然與國際外匯市場對人民幣的需求掛鉤，構成緩和國內通貨膨脹和通貨緊縮的「防火牆」。五，人民幣匯率市場化，必然強制人民幣在國內的利率市場化，匯率與利率的內在關係會使中國貨幣金融體系更為嚴密，利率機制作用更為顯著。六，人民幣完全自由兌換，提供了人民幣與港元、澳門元，以至新臺幣最終掛鉤的前提條件，推動中國、香港、澳門、臺灣形成真正的「共同市場」和經濟的真正一體化。[174]六，有益於中國的資本市場、債券市場、外匯市場主要金融產品的真正國際化，實現中國金融市場與國際金融市場的「對接」，中

國金融資本、傳統實物經濟與傳統生產經濟相互促進，最終使中國不僅是傳統生產的基地，並且成為世界金融市場和金融經濟的基地。八，有利於更多的國際貿易將採用人民幣作為報價貨幣和結算貨幣，增進國際經濟合作能力，更廣泛地利用國際經濟資源，有利於減少中國持有外匯儲備的過程損失。九，人民幣可以成為全球儲備貨幣，相當於從別國徵收基本無成本的鑄幣稅。十，有利於減少企業的匯率風險，給中國企業及進出口商及時準確的價格信號，實現國內、國際商品市場的價格接軌，推動海外投資和資本輸出，優化資源配置。

人民幣國際化標準和中國面臨的挑戰。如前所述，一國國家貨幣成為國際基準貨幣，必須具備如下條件：一，綜合國力強大，在經濟、政治、軍事、外交、技術、理念（意識形態）領域，具有領導地位。政治制度和社會結構穩定。二，任何一個貨幣作為國際貨幣都有其優勢，貨幣優勢的背後就是貨幣發行國經濟的優勢。如澳幣國際化背後輸出的是資源，瑞士法郎背後輸出的是政治中立國地位，美元、日圓和英鎊背後輸出是技術或政治軍事力量。三，市場機制完善，形成金融市場，價格水準穩定，貨幣政策獨立。四，國際貨幣交易市場規模龐大，擁有如同英鎊時代的倫敦，美元時代的紐約那樣的國際金融中樞。五，國際貨幣能自由兌換，供給量足以滿足國際市場需要。

如果上述標準成立，中國距離人民幣國際化的前提條件還相差甚遠：一，缺乏發達的金融市場，資本市場尚未完全開放和債券市場相對落後，利率與匯率市場化沒有完成。二，承擔經常賬赤字來支撐資本市場的流動性供應和其他國家的國際清償能力。三，貨幣政策獨立性差，其傳導機制還不完善。四，金融機構國際化水準程度較低。五，人民幣在國際範圍內的影響處於初級階段，與滲透到世界價值鏈的每個環節的美元比較，還有相當的差距。六，政治、文化和歷史等非經濟條件滯後，不能展示世人普遍接受的政治制度和願意追隨的理念，其所堅持的意識形態與普世價值之間有不可逾越的難度。七，只有在相當長的時間內能夠承受穩定國際貨幣體系的貨幣，方可成為一種被普遍接受的國際貨幣。在現階段，人們可以肯定中國經濟發展的成就，並不意味著世界多數國家和企業對未來中國發展持肯定和樂觀的判斷，願意因為接受人民幣作為國際貨幣而分擔人民幣的風險。

顯而易見，中國要推進人民幣的國際化，人民幣實行彈性較低的匯率制度，資本流動的管理將面臨巨大而嚴峻的考驗：一，如何加強有效的宏觀調控能力。如果人民幣作為一種國際貨幣，外國政府、企業、人民可以持有人民幣，那麼人民幣名義貨幣需求不僅受中國國內物價、國民生產總值及國內利率等國內經濟變項的影響，還要受到其他國家相關經濟變項的影響。自由流動的資金國際資本（正常移動和投機性移動）以國際化的人民幣為媒介，影響中國的利率、匯率和物價。當國內為控制通貨膨脹而採取緊縮的貨幣政策，提高利率時，國際上流通的人民幣則會擇機而入，增加人民幣的供應量。同時，人民幣的流通速度也會發生變化，導致貨幣需求及貨幣流通速度難以控制，中央銀行的貨幣供給也有內生化的傾向，貨幣政策難以藉助貨幣供應量這個中介目標來實現對國內價格和產出的宏觀調控。在這種情況下，中央銀行可能被迫選擇利率目標作為貨幣政策的中介目標，削弱貨幣政策的實施效應。二，如何避免大規模的國際套利。如果本幣的實際匯率與名義匯率出現偏離，或是即期匯率、利率與預期匯率、利率出現偏離，都將給國際投資者以套利的機會，可能出現一九九七年亞洲金融危機時產生的「群羊效應」，對經濟金融穩定產生一定影響。三，如何實現人民幣現金管理和監測。人民幣的國際化，加速資本項目對外開放，為了保障人民幣作為國際貨幣的投資和儲備功能，需要建立防範資本外逃和引發金融危機的制度。伴隨人民幣現金流量不斷增加，業務量愈來愈大，其中有假幣、國際炒作等風險日益增加，還必須建立完整的防範風險制度。

人民幣與美國和美元的關係。美元是主權貨幣，又具有強烈的世界屬性，流通於世界，成為世界各國國際經濟的支付或結算工具。二〇〇八年金融危機，美國對國際金融體系的主導權有所削弱與下降，各種力量之間博弈，並不意味美國主導的國際金融秩序走向解體或不存在所謂全球金融新秩序的共識。美國經濟穩定好轉不僅是美國民眾利益所在，也和各國民眾息息相關。現在世界經濟體之間，早已是唇亡齒寒。

中國以二〇〇八年世界金融危機為轉捩點，力圖爭取擴大國際金融秩序話語權的機會，在對美國說「不」的同時，正式挑戰美元地位。在一些中國學者看來：市場經濟是不是實行完全可兌換，取決於本國利益和國際利益的平衡。[175]人民幣成為世界貨幣的條件已告成熟，批評對人民幣國際化「風險」持過分保守態度，中國應該儘快加入國際的貨幣俱樂部，加快推進人民幣成為世界貨幣。不僅如此，在人民幣國際化問題上，中國也出現泛意識形態和政治化的傾向：一，將人民幣國際化與國家利益等同。似乎人民幣國際化是中國崛起的體現，是國家綜合實力的表現。其邏輯是一國貨幣的國際化對於提升該國的國際經濟與政治地位有著不可替代的重要作用，或者說，一國貨幣成為國際貨幣，是該國崛起和成為經濟強國的前提之一。中國要實現經濟大國向強國的轉變，必須解決貿易大國與金融小國的矛盾，這需要依托於金融的崛起。二，將人民幣國際化和國際政治掛鈎。面對各國綜合實力此消彼長的較量，隨著世界經濟多元化和區域一體化的深入發展，圍繞國際金融領域領導權的鬥爭日益激烈。人民幣國際化是中國經濟和金融發展道路上必須要達到的目標。三，人民幣國際化可以解決中國宏觀經濟的主要難題。例如，可以破解因為國際收支不平衡而積累出的巨額外匯儲備，以及由此產生「被美元綁架」的問題。[176]四，形成人民幣圈，形成西方人持美元，東方人持人民幣，美元霸權就會崩解。更激進而極端的看法是，實現人民幣自由兌換，取消外匯管制的根本目標是為了最終取代美元成為唯一的國際儲備貨幣。甚至中國需要像亨廷頓所描述的美元帝國那樣，能壟斷或控制國際資本流動，成為全球的金融寡頭。[177]中國還有人建議：更名人民幣為「中國元」，其理由是：人民幣的概念是中華人民共和國建國初期的產物，在建國後計劃經濟時代履行過使命。現在將人民幣更名為「中國元」，簡寫成「CN$」，可以與國際貨幣簡寫標誌接軌，「名」「實」合一，將有利於中國人民幣自由兌換目標的實現。[178]

但是，中國政府和金融界主流學者似乎很快就意識到，中國並不具備實力和條件，動搖美元在世界經濟體系中的地位。事實上，美元作為世界性貨幣的地位與世界各國根本利益是一致的，而不是矛盾的。所以，中國以為人民幣和中國一樣已經崛起，是一種自我感覺良好的「虛幻」，完全不符合中國現階段的現實，也沒有技術的可操作性，更不可能得到世界任何正常國家的支持，而且對中國自身的反作用極大。因此，中國政府很快調整位置，承認現行國際貨幣體系框架難以在短期內有大的變動，只是敦促最大債權人的美國，保證中國美元資產的安全性，勸美國少印鈔票，因為「你的貨幣容易成為我的問題」。[179]

人民幣國際化是一個涉及諸多因素的複雜工程，而且不是完全取決於中國。它也一個緩慢漸進的過程，中國需要學習相關的國際經驗。以法國、義大利、日本為例，這些國家一直到一九八〇年代後期，在接受國際貨幣基金組織協定第八條款義務，而且實行經常項目貨幣自由兌換之後的二十多年，才完全取消資本項目往來的外匯限制。一九七〇年代，日圓國際化啟動，經歷了一九七三至一九八四年的起步階段，一九八五至一九八九年的擴張階段和一九九〇年以來的困頓階段。直到一九九〇年代，日圓國際化才獲得相當的進展，[181]但是還不能認為日本多年來所推動的日圓國際化獲得成功，其主要教訓包括：一，它和主要貿易夥伴國家長期處於順差，沒有辦法讓處於逆差的國家和地區持有日圓；二，貨幣國際化的基本要求是幣值穩定，如果存在緩慢升值趨勢，則更具有吸引力。但是，日圓匯率不穩定，波動幅度過大，阻礙了日圓成為區域性或國際性貨幣角色。三，歐元體系形成，與美元形成擠壓日圓在國際貨幣體系中的發展空間。應該說，日本是一個善於調整的國家，不斷調整日圓國際化進程的定位，採用日圓區域化替代國際化，即以東亞為重心。所以，直到二十一世紀的第一個十年，與其說日圓是國際貨幣，不如說是區域性貨幣。表面上看來，中國在擁有大量的美元外匯儲備方面近於日本，與相當多的亞洲國家存在貿易逆差，又與日本不同。似乎中國在人民幣國際化方面更有優勢。但是，由於中國和日本在經濟制度，特別是政治制度的差別，人民幣國際化的劣勢更大。所以，中國要實現日本在過去所達到的成就，並非易事。人民幣國際化過程不太可能比日圓快。

簡言之，在可預見的未來，人民幣的影響力會有

影響人民幣國際化的變量及其關係[180]

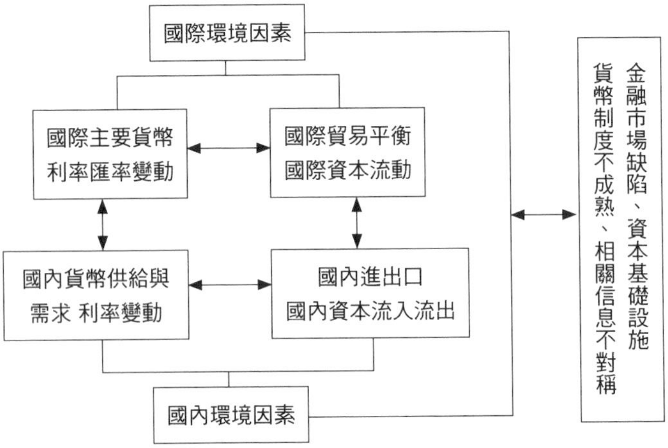

所增加，但實現人民幣國際化的可能性很小。這不僅因為對照實現資本項目可兌換所需要的條件，中國在建立和維持貨幣自由兌換的配套機制方面需要很長的時間，而且因為中國建立以自由市場經濟為基礎的改革貨幣金融制度和實現向民主政治制度的轉型，顯然需要更長的時間。至於人民幣取代美元成為全球儲備貨幣，機會是零，即使挑戰日圓和英鎊的地位，對人民幣也不是一件輕而易舉的事情。是二〇〇八年的國際金融危機，把人民幣國際化問題「過早」地推上檯面，但是人民幣國際化的條件還未成熟。中國國內若是以一貫的「運動」方式推動人民幣國際化，必然是適得其反，產生一個人民幣國際化的「早產兒」，但其背後是愚昧、是「皇帝的新裝」的心態作祟。在這個問題上，美國經濟學家蒙代爾的見解還是比較客觀的。[182]

人民幣國際化的初級階段

在中國，不乏關於人民幣國際化的淺薄看法，以為香港開始接受和使用人民幣，中國銀聯卡可以在海外很多地方使用，在一些國際空港，人民幣可以兌換外幣，或者以為人民幣結算和將人民幣作為一種「避風港」投資選擇，都是人民幣國際化的發端和重要標誌。二〇〇三年，中國政府允許邊境小額貿易中在商業自願基礎上使用雙邊本幣計價結算，確實是人民幣國際化的一種初級試驗，是人民幣國際化的萌芽。之後的跨境貿易人民幣結算，推動人民幣成為周邊國家的「區域貨幣」，以及啟動建立「人民幣離岸市場」，都屬於人民幣國際化初級階段的主要步驟。此外，建立人民幣的「離岸市場」也是這個階段的重要內容。其間，在人民幣國際化的初級階段，人民幣作為貿易貨幣、投資貨幣和儲備貨幣的功能正在逐漸顯現。

實施跨境貿易人民幣結算。二〇〇八年，中國政府決定，將在上海市和廣東省廣州、深圳、珠海、東莞四城市開展跨境貿易人民幣結算試點。[183]幾乎同時，國際金融危機爆發，作為國際貿易最主要結算貨幣的美元和歐元匯率經歷劇烈波動，中國企業和貿易夥伴國企業出現希望使用幣值相對穩定的人民幣進行計價和結算的需求，以規避使用美元和歐元結算的匯率風險。二〇〇九年七月，中國央行下發《跨境貿易人民幣結算試點管理辦法》。上海等五城市的指定企業將獲得以人民幣進行跨境貿易結算的資格，同時，符合條件的境內商業銀行可以為這些企業提供跨境貿易人民幣結算服務，並在條件成熟時，向境外企業提供人民幣貿易融資，正式啟動跨境貿易人民幣結算試點。中國銀行、交通銀行、招商銀行都開始人民幣跨境匯款結算業務，中國跨境貿易人民幣結算正式啟動。二〇一一年初，中國央行公佈《境外直接投資人民幣結算試點管理辦法》，允許試點內的境內機構以人民幣開展境外直接投資，涵蓋在跨境貿易人民幣結算試點地區內登記註冊的非金融企業。這意味著在資本項下打開一個缺口，加快了人民幣國際化進程。

二〇一〇年前後，中國跨境貿易人民幣結算試點地區已擴至國內二十個省區市及境外所有國家和地區。但是，對於國際市場是否接受中國推出的貨幣互換和跨境貿易人民幣結算，難以過於樂觀。「傳統的貨幣互換作為一種債務以及利率的交換，是為了規避未來債務升值的對賭，而中國央行與其他央行的貨幣互換脫離了這個規則，只是把別國貨幣作為質押物留在央行，而把人民幣注入對方金融體系充當貿易結算的貨幣，這只是為了解一個燃眉之急，使其他國家在美元短缺的情況下也可以進口中國產品。」進一步說，「貨幣互換和跨境貿易人民幣結算的推進路徑也有些問題，貨幣互換應該在之後推出，由於沒有人民幣結算的具體辦法，匆忙推出貨幣互換也只能是擺設，而且還會引起貨幣互換國貿易保護主義勢力的抬頭。例如，二〇一〇年以來，阿根廷產業界普遍擔心，如果七百億元貨幣互換的資金主要以貿易融資的形式提供給阿根廷的進口商，會對國內產業帶來沉重打擊。這也從側面表明了貨幣互換其實只是拉動中國國內出口的一個手段。而且，在其他國家央行與美聯儲進行貨幣互換得到了美元後，我們的貨幣互換真的成了擺設。」[184]

走向「區域貨幣」的人民幣。人民幣不是可兌換貨幣，但是，不等於不可實現人民幣輸出。近年來，在中國政府、國家企業和民間的推動下，人民幣在與中國邊境接壤的周邊經濟體中的流量和存量不斷上升。二〇〇七年以來，中國陸續和越南、緬甸、俄羅斯、蒙古、韓國等八個周邊國家，以及歐洲和拉美的一些國家簽訂協議，貿易結算時自主選擇雙邊貨幣結算。其中中國央行與韓國、香港和馬來西亞簽署貨幣互換協定，實現人民幣和美元互換，等於中國向這些國家和地區提供人民幣的流動性支援，即滿足這些國家和地區對美元的需求，又緩解中國持有美元不斷貶值的危險，對現存國際貨幣體系意義明顯。從此，「貨幣互換」這個對老百姓來說相對陌生的詞彙，頻繁出現在新聞報導之中。[185]

在現階段的人民幣「區域化」，首先反映在人民幣在邊境貿易中結算比例的上升，已經高達四五%至九五%，超過兩百億人民幣透過邊境貿易流到境外。[187] 數百億人民幣走出大陸，往北到俄羅斯和蒙古，往東北到朝鮮，往西南順著瀾滄江、湄公河，流進東南亞；往東南，越過臺灣海峽和珠江，流進臺澎金馬和港澳，具有濃厚的周邊滲透特徵。緬甸、越南、柬埔寨等到東盟國家，是僅次於港澳臺的人民幣流通活躍地區。在中緬邊貿中，每年跨境流動的人民幣達十多億元；人民幣可以在越南全境流動。人民幣在一些地區的準國際化和半國際化，中國透過自己的管道向國際市場提供了一定的美元流動性，減少周邊國家對美元結算的依賴性，已經成為事實。在這個過程中，有兩個現象值得注意：一，人民幣已在一些亞洲國家的外匯儲備中出現。二〇〇六年，菲律賓中央銀行首次將人民幣列為官方儲備貨幣，二〇〇七年白俄羅斯跟進。越南國家銀行已開展人民幣存儲業務。

[188]二，一些國家在匯率上也開始考慮人民幣因素，印度和歐洲央行二〇〇五年宣佈將人民幣納入一籃子貨幣。

二〇一〇年，中國－東盟自由貿易協定（FTA）生效後，雙方九〇%產品將享受零關稅待遇，這標誌著「中國－東盟貿易自由區」全面建成。這是擁有十九億人口、六兆美元國內生產總值、四．五兆美元貿易總額、由發展中國家組成的世界最大自由貿易區，也是繼歐盟和北美之後的第三大自由貿易區。如果亞太自由貿易區能夠建成，和北美自由貿易區合一，整個WTO時代就會被自由貿易區時代改寫。因為中國與東盟國家的巨大貿易額，對亞洲新興市場經濟保持外貿逆差的貿易模式，有助於人民幣成為區域結算貨幣，進而推動成為區域儲備貨幣，加快人民幣區域化的進程。此外，中國還有一個優勢，人民幣升值壓力大而貶值壓力較小，可以保證了人民幣作為儲備貨幣的安全和收益性。如果實現人民幣在資本項目下的可兌換，在亞太地區必將成為各國外匯儲備的一大優良選擇。在未來十至二十年中，人民幣在亞太地區實現區域化，還是具有相當可能性。

建立「人民幣離岸市場」。根據國際經驗，建立一種貨幣的「離岸市場」，有助於提高該貨幣的國際化程度，但這並不是說一個國別貨幣的國際化是取決於「離岸市場」。美元的離岸活動中心主

二〇〇八－二〇一〇年與中國簽訂人民幣互換協議[186]

時間	對象	人民幣金額（億元）	期限	協議類別
2008.12	韓國央行	1800	3 年，經雙方同意可展現期	框架協議
2009.1	香港金管局	2000	同上	正式協議
2009.2	馬來西亞央行	800	同上	
2009.3	白俄羅斯央行	200	同上	正式協議
2009.3	印度尼西亞央行	1000	同上	正式協議
2009.4	阿根廷央行	700	同上	框架協議

要是紐約、倫敦、東京和新加坡。

如果建立人民幣的「離岸市場」，香港無疑最具備成為「離岸市場」的條件。[189] 這些條件包括：一，雙方貿易規模。自二〇〇三年，中國內地和香港兩地建立緊密的經貿關係（CEPA）之後，中國內地貿易對於香港的比重持續上升。二，人民幣在香港規模。人民幣出境，以香港流通量最大。人民幣存款從二〇〇四年的一二一億元人民幣（約合一，八九九萬美元），增至二〇〇九年底的六二七億元人民幣（約合九，三七四萬美元），二〇一一年超過一兆。其中，主要為企業是來自跨境貿易結算資金的存款；個人存款主要是香港居民兌換的人民幣以及內地遊客帶來的資金。[190] 三，金融產品的互補性。中國內地要發展一個成熟的人民幣債券市場，無法滿足投資者對債券評級的要求，香港正好彌補了這個缺陷。此外，香港可以提供其他人民幣產品服務，包括存款服務、流動資金管理、貿易融資及結算、匯款、外幣兌換、現貨及遠期、人民幣對沖，以及利息率優化。四，制度和政策保障。在一國兩制下，在人民幣業務服從國家基本規則的前提下，有較大的靈活空間。二〇一〇年，中國內地和香港簽署修訂《清算協議》，實現香港人民幣賬戶的跨行轉賬，清除了香港金融機構開發人民幣金融產品的障礙，被視為香港發展為人民幣離岸中心的重要里程碑之一。同年，中央政府對國企壟斷的九大領域開放，擴大民企投資商機，民企成為在港上市的新主體。二〇一一年，國務院負責人在香港正式宣佈中央政府支持香港成為「人民幣離岸中心」。

但是，在香港建立「人民幣離岸市場」，透過香港在境外發行人民幣，讓人民幣在境外透過存款、貸款、股票、債券等業務，實行自我循環，始終存在一系列難以逾越的問題：一，香港的人民幣交易規模不夠。雖然人民幣交易在香港增長迅猛，但是，在日均交易量達四兆美元的外匯市場上，其份額非常有限。二，中國內地和香港的債券市場落差過大。通常一國發達的資本市場，其債券市場必然強於股票市場。中國內地債券市場滯後，在二〇一〇年至二〇一一年的人民幣債券不過是幾百億的規模，被稱為「點心債」。如果在香港或倫敦率先建立境外建立人民幣債券市場，缺乏很好的人民幣產品和匯率機制配套措施，中國內地和香港不易防範風險。三，人民幣產品品種不足，衍生品市場嚴重滯後。四，缺乏實現人民幣匯率合理均衡的機制。在外國居民、企業和政府有了人民幣收入後，其出路包括：儲存在中國銀行或商業銀行生息；兌換成美元，作為儲備的一部分；購買能靈活變現的資產，首先是中國國債，其次是公司債，或是金融債；購買中國的資產。但是，因為中國靈活的匯率機制，不具備匯率大幅波動的基礎，很難實現人民幣匯率在合理均衡水準上保持基本穩定，所以「不要以為人民幣變成儲備貨幣很近，其實差得很遠」。[191] 五，缺乏回流機制設計。[192] 中國境外也沒有人民幣投資市場，所以人民幣所能帶來的收益，只能來自中國大陸，否則更大的交易、更活躍的產品就無法開發。任何一個貨幣的國際化，需要其自由而不受限制地進入國內固定收益市場。美元和歐元可以提供這樣的選擇，日圓基本上也可以。人民幣幾乎沒有可能。所以，如果希望香港人民幣離岸業務形成規模，必須有足夠的回流途徑，允許公司透過債券、股票、期貨及利率衍生品所募集所得的人民幣資金返回境內；允許大陸企業發行人民幣股票，從國外匯入的資金不再是外幣，人民幣的直接投資也應與外匯直接投資管理有所區別。但是，中國尚沒有在回流機制方面的成熟方案。因此，很有可能發生這樣的情況，當香港金融體系以貿易結算方式「囤積」數以千億計的人民幣資金後，由於缺乏實體經濟領域的投資管道，大量的人民幣存款又以「熱錢」形式回到內地，並沒有像政策制定者預期的那樣，進入境外的貿易和投資領域。[193] 六，動搖港元和美元之間的「貨幣聯盟」。長期以來，香港和美國之間的貨幣政策、經濟體融合程度和承受經濟衝擊的直接存在對稱性，構成香港經濟穩定的基礎。如果因為在香港形成「人民幣離岸市場」，加快香港和內地在貿易、金融、投資等各方面的一體化，利用香港國際金融中心的地位發展人民幣市場，港元盯住美元的經濟基礎勢必發生鬆動。甚至有這樣的可能：如果人民幣存款占香港公眾持有港元現金比重持續上升，人民幣不僅可以直接和間接影響香港的貨幣供應量，而且可能導致港元和人民幣融合，如同宇宙的黑洞現象。有人以為港元和人民幣的融合趨勢，有馬克和法郎等貨幣融合成為歐元那般，其實是不對的。因為歐元創建的前提是德國和法國創建自己的主權貨幣。[194]因此，對香港來說，需要面對如何與中國內地形成更高級形式的貨幣合作；對中國政府來說，需要評估人民幣與港元，港元消失的全面風險和後果。[195]如果出現這樣的趨勢和局面，香港的風險難以評估。[196]針對這種可能性，中國官方有個倡議，美國政府和世界銀行可以考慮在香港及上海發行人民幣債券，以鼓勵這些金融中心的債市發展，增進國際流通量，提升人民幣國際地位，有利人民幣成貿易結算貨幣。[197]七，政治制度框架的限制。香港市場沒有獲得獨立於內地的「治外法權」，香港市場金融產品從規模到品種都在中央政策的監管之下，隨時可能發生來自北京的行政干預。

對於香港民眾來說，香港建立「人民幣離岸市場」是賺錢的新機會，看好人民幣長遠的升值潛力，人民幣產品和人民幣債券市場。因為有大眾需求，香港發行人民幣債券公司的名單每週都在增加。但是，香港專業人士則是相對保守的。在他們看來，人民幣國際化不能寄望於離岸市場，人民幣國際化也不等於不斷推出人民幣產品。按照經驗，本幣離岸中心應建立在該幣種已經是國際貨幣的基礎上。否則，本末倒置不利於境內本幣秩序。現在是釐清的時候了，如果混淆人民幣國際化的三大職能（計價、結算、儲藏）的概念，盲目推進人民幣國際化，過快設立等於變相自由兌換的人民幣資金池，可能事與願違，衝擊現行制度。所以，人民幣流通市場難以在「幾年內達到兩三兆」的理想規模。與其說是「離岸市場」，不如稱之為人民幣海外流通的一個實驗場所。但是，也存在對香港建立「人民幣離岸市場」的樂觀看法。匯豐銀行在二〇一一年七月十九日發布報告，預期人民幣離岸市場將會高速增長，人民幣國際化進程也將比預期要快。保守估計，三年內人民幣在跨境貿易結算中的份額將達到中國總體貿易額的三〇%，相當於一．五億至兩兆美元，屆時人民幣將成為全球貿易結算中的三大貨幣之一。[198]

在中國建立「人民幣離岸市場」的構想和試驗中，也有輿論將臺灣作為香港之後的「人民幣離岸市場」候選地。二〇一〇年，兩岸經濟架構協議（ECFA）實施，經濟合作更為緊密。臺灣立法院預算中心在二〇一一年度「中央政府總預算案整體評估報告」中提出，香港在簽署 ECFA 後，人民幣規模膨脹，港人對人民幣使用接受度漸提高，港幣的實質定位價值減弱，存在有被人民幣取代的隱憂。如果以香港為借鏡，在國際普遍預期人民幣升值的情勢下，臺灣有可能發生捨棄新臺幣，轉存人民幣的風潮，不利新臺幣維持穩定性；如果未來簽署兩岸貨幣清算協議，人民幣取代美元，成為兩岸跨境貿易清算基準的貨幣，這將讓人民幣對新臺幣產生制約效果。[199]

基於中國是新加坡第二大貿易夥伴，新加城也被視作一個潛在的「人民幣離岸中心」。[200] 此外，二〇一一年，中國銀行向美國客戶開放了人民幣交易，美國媒體稱此舉為人民幣國際化的一項重大舉措，是在美國建立「人民幣離岸中心」或「人民幣清算中心」的重要步驟。目前在倫敦，已經可以進行人民幣和英鎊的自由買賣。二〇一一年，人民幣在倫敦日交易額已達二十億美元，相當於一三〇億人民幣，而一年前這個交易量還是零。[201] 因此，倫敦也成為了「人民幣離岸中心」的又一選擇。[202] 雖然媒體對「人民幣離岸中心」看法過於簡單，且不講人民幣國際化，即使實現「人民幣離岸中心」，也取決於中國內部金融制度的改革和金融市場的發育和發展，需要很長時間。但是，人民幣國際化和建立「人民幣離岸中心」，無疑已經得到世界的關注。

人民幣國際化，「亞元」和「世界貨幣」

二〇〇〇年後，歐元推出，雖然歐元區佔有率不到二〇%，遠低於美元超過七〇%的佔有率，卻打破了美元的絕對壟斷局面，結束單一國際貨幣格局。歐元產生的前提是政治和社會具備一體化的基礎，背後有一個長期的政治和社會一體化的訴求。從此，世界的貨幣格局主要有三個層次：第一個層次為美元、歐元，接著是日圓和英鎊，然後才是其他的貨幣。

但是，這種新的世界貨幣格局仍舊與世界經濟格局存在差距。現代的世界貿易已經多元化，形成美洲、歐洲、亞洲三足鼎立的格局。從趨勢上看，亞洲已經逐漸成為重要經濟體，比如說GDP和出口貿易都差不多占了全球的三分之一；發展中國家和外匯儲備多的國家主要集中在亞洲，占外匯儲備四二%。[203]在這樣的國際貨幣經濟和實體經濟的新格局背景下，卻並沒有出現代表亞洲經濟實力的整體性亞洲貨幣。中長期趨勢和理論看，兩元化的國際貨幣體系一定比一元化要穩定。如果建立「亞元」，形成包括美元、歐元和亞元的「三足鼎立」，可以增加制衡美元和歐元的貨幣力量，會有利於維繫全球政治經濟的長期穩定。所以，關於建立亞洲貨幣體系或「亞元」的主張，應運而生。日本尤其積極，首先提出仿造歐元模式創建「亞元」。一九九七年的亞洲金融危機和二〇〇八年的世界金融危機，致使發展中國家和外匯儲備多的國家蒙受巨大損害，促進了東亞在貨幣經濟方面合作的意識。所以，在未來四十年到五十年看到亞洲貨幣的興起，絕不會感到吃驚。[204]

毫無疑義，二〇〇〇年是走向亞洲貨幣一體化的歷史轉折點。在過去十年間，亞洲貨幣體系主要經過了兩個階段：第一階段：建立雙邊貨幣互換機制（二〇〇〇—二〇〇九）。二〇〇〇年五月，東盟加三（日本、中國和韓國）財長在泰國清邁簽署「建立雙邊貨幣互換機制」協議，即清邁倡議（Chiang Mai Initiative）。二〇〇九年四月，八國間共簽署了貨幣互換協議（Network of

Bilateral Swaps and Repurchase Agreements，簡稱 BSA），合計六四〇億美元。第二階段：建立多邊貨幣互換機制（二〇〇九年到現在）二〇〇九年五月，在印尼巴里島舉行的「東盟加三」財政會議上，就清邁倡議多邊化具體形式——區域外匯儲備庫的所有主要要素達成共識，在建立外匯儲備庫的規模、各國出資份額、出資結構、貸款額度、決策機制等方面達成協議，實現了清邁倡議從雙邊到多邊的實質性轉變。[205] 二〇〇九年十月，東盟與中日韓（十加三）領導人會議及東亞峰會，推動建立總規模一千兩百億美元的區域外匯儲備庫。其間，關於東亞債券市場列入議事日程。這是因為在東亞金融市場，相對於各國銀行體系和資本的膨脹，非銀行金融機構作用弱化。所以，建設亞洲債券市場意義明顯。在這樣背景下，東亞及太平洋地區中央銀行行長會議組織（EMEAP）與國際清算銀行（BIS）合作建立了亞洲債券基金。[206]

對於亞洲貨幣經濟的全面合作，中國和日本都抱持積極的態度。人民幣和日圓的存在合作和競爭的雙重關係。日圓在亞太地區的影響時間早於人民幣多年。但是，人民幣也存在比較優勢，中國相對獨立一些，和亞洲文化更為通融。人民幣能否在全球——尤其是亞洲——流通起來，需要擴充中國銀行分支機構，創造一個使用人民幣的環境。[207] 因為有利於增強東亞地區抵禦金融風險的能力。中國目前與東亞地區的貨幣合作方式主要是雙邊貨幣互換和多邊儲備貨幣基金。二〇一〇年一月一日，中國—東盟自由貿易區（CAFTA）正式全面啟動。這個中國與東盟十國組建的自由貿易區涵蓋十一個國家、十九億人口、GDP 達六兆美元的巨大經濟體，佔了世界貿易的一三%，成為目前人口最多的自貿區，也是發展中國家之間最大的自貿區。中國—東盟自由貿易區有助於創建「亞元」區。[208] 二〇一一年，在中日韓首腦就三國間的 FTA 問題進行探討，預計三國的 FTA 應該可以在二〇一五年得以實現。第二個過程是實現人力、物力、資金和服務方面的自由化（實現統一市場）。日本解除中國公民的簽證障礙，中國允許日本商品與日本服務的自由化是兩大要點。這些進展都促使人民幣在亞洲地區擴張，為「亞元」的建立提供了新的基礎。長程來看，亞洲貨幣一體化需要一種向心力，「它的形成將不得不等待中國人民幣可以自由兌換」。[209]

關於「亞元」的長遠目標，也有專家進行可行性設計和實施路線探討，分三步完成：第一步，中國應該和香港、臺灣和新加坡一起，形成大中華貨幣區，大中華區整體的 GDP 已經超過日本。區域內的貿易、資金、勞力的流動程度已超越歐元區了。區域內都說中文，交流起來非常容易，大中華區已經具備條件實現一體化貨幣區。第二步，建立東南亞貨幣區，東盟十國，加中日韓三國（十加三）。十加三體系中有一個共同貨幣儲備基金，已增加到一千兩百億美元，獨立於 IMF 之外，但是與 IMF 的規則掛鈎。核心的問題是要形成金融中心。第三步，擴及整個亞洲。

從現實出發，「亞元」區的創建還有很長的路要走。建立「亞元」區域，實現亞洲金融經濟的一體化，面臨著一系列障礙：一，亞洲集團缺少一個真正而確切的定義，例如，俄羅斯和澳大利亞可否屬於亞洲；二，如何平衡亞洲一體化和全球化的關係；三，亞洲國家的歷史、政治制度差異，其社會政治環境比歐洲要複雜得多。日本和二戰因素至今沒有消除。最大障礙是亞洲社會心理準備不足，政治互信不夠。亞洲各國在政治、經濟等方面的差異太大，甚至存在著潛在的戰爭風險，因此亞洲實行共同貨幣目前在政治上難以成行。四，亞洲各國經濟規模、經濟類型、經濟結構和發展水準互不相同；五，各個金融中心市場仍然狹小，且以國內為主。目前，美國和歐盟主宰著全球股票市場和債券市場，亞太地區的比重過低。六，如何平衡「亞元」和事實上日圓與美元的「一體化」關係。七，亞洲貨幣一體化，還要以貿易一體化為前提。所以，在可預見的將來，在亞洲沒有採用統一的貨幣之前，還是有可能形成一個「亞洲貨幣區」或「共同貨幣區」。[210]

從較長的觀點看，創建的「亞元」區的重要前提是建立各國貨幣自由浮動和協調機制。二〇一〇年初夏，歐洲發生主權債務危機，一度歐元貶值及，經濟恐慌，暴露出歐盟內部經濟社會結構的深層矛盾，歐元體系的設計弊端和潛在風險，這對於東亞學術界的亞洲統一貨幣構想來說，至少在短期內造成沉重打擊。

這些年來，各國都有人一再提出「世界貨幣」的想法。有的中國人甚至提出了一個實現世界貨幣的時間表：二〇〇八年的金融危機之後，世界會出現所謂的美元為主，其他貨幣為輔的「一主多元」格局，之後三十年，再從「一主多元」向「多元」轉變。「世界貨幣」是必然趨勢，是「秦漢統一」。[211]其實，由於世界經濟體是多元的，發展水準是多元化的，平衡世界實體經濟的唯一有效手段，只有匯率。歐元的歷程已經表明，一種歐元愈來愈不能適應歐元區各個經濟實體的經濟發展水準。歐元匯率的堅挺，使很多需要透過歐元貶值的國家產業區域透過刺激出口成為不可能。歐元無疑是人類的一次嘗試，在盡可能的範圍內統一貨幣。目前，歐元存在很多現實和潛在問題。人類沒有建立世界貨幣的條件。世界貨幣要求有一個世界性統一貨幣政策，這當然不可行。此外，建立世界貨幣，究竟以什麼作為擔保呢？是以黃金呢，還是以現在的主要貨幣呢？所以，在可以預見的將來，不具備任何可能性。此外，二〇〇八年金融危機以後，關於世界應該「回歸金本位」的看法和理論再次提出。只是因為沒有多少科學性和可行性，沒有真正的影響力，歷史早已翻過金本位這一頁。

黃金、石油和人民幣

隨著人民幣與世界貨幣體系的聯繫加深，中國金融市場逐漸開放，黃金和石油價格的變化，對人民幣匯率和外匯儲備產生直接或間接的影響。

第一次世界大戰後，各國相繼廢除金本位。但是，直到一九七一年八月尼克森關閉所謂的黃金視窗，金本位才算是壽終正寢，斷絕了長達幾個世紀之久的貨幣和貴金屬的聯繫。但是，美元與黃金脫鉤、金價鬆綁之後，金價不但沒跌，反而飛速上升，在美國和其他西方國家的通膨率升高的背景，以及美國公民經過四十年，重新獲得擁有黃金的權利下，交易商和個人投資者對黃金的需求大增，黃金持續上漲，一九七三年破一百美元大關。一九七六年召開的牙買加會議，確定了黃金非貨幣化原則，黃金的貨幣功能徹底弱化。黃金非貨幣化後之後，持有黃金並不能直接帶來利息投入（比如貨幣資金可以有利息，房產出租可以有租金，股票有股息、紅利等），又不是經濟發展中急需的資源（如原油，有色金屬等），因此，黃金在國際儲備體系中的地位下降。一九九〇年代，世人和各國央行信任以美元為代表的紙幣系統對世界經濟的作用，黃金作為貨幣的日子已經過去，沒有必要再囤積這種歷史遺留物，許多國家和地區紛紛減持黃金儲備。美聯儲在一九九〇年代實行黃金租賃計劃，讓央行的黃金進入市場，收取利息。這種做法可以讓央行的黃金儲備生錢，各央行也紛紛仿效。但是，大量黃金入市，造成黃金價格不斷下跌。到一九九九年，黃金價格達到二五〇美元。[212]低價黃金嚴重阻礙了黃金業的發展，金礦公司紛紛倒閉。沒有金礦公司生產新的黃金，租賃出去的黃金很可能無法返回，租金者若從市場上購買，勢必會引起金市的恐慌。各國央行遂於一九九九年簽訂了所謂的華盛頓協議，規定每年只能賣四百噸黃金。央行公開賣金的舉動才告結束。但是為時已晚，央行的金庫業已嚴重空虛。據統計，主要國家的央行在賬面上總共約有一．五萬噸黃金。若扣除租賃出去的黃金，實際存量只有七百萬多噸左右。

事實上，黃金的貨幣的屬性不可改變。黃金的貨幣的屬性反映在和美元之間的互補關係上。美元貶值，黃金價格上升，因而黃金儲備代表的貨幣儲備量（不論以美元計算，還是用美元折合成其他世界貨幣）上升；美元升值，金價下跌。黃金與美元如同蹺翹板的兩邊，一邊上升，一邊就下降；互為因果，相互依賴。這是當今世界貨幣金融體系中的一個支點。美元貶值是有底線的，其背後是美國巨大的黃金儲備，而黃金儲備又以美元為價格。而主要西方國家都有相同的情形。例如，所有歐共體主要國家的黃金儲量和歐元的關係，與美國的黃金儲備和美元的關係非常近似。

一九九七年亞洲金融危機，二〇〇八年世界金融危機，美元貶值，黃金價格上漲。黃金的地位重新引起人們的重視，黃金地位更是顯著上升。因為：一，黃金是穩定金融貨幣體系的重要因素，或說是金融貨幣體系中的重要成份。現在世界的貨幣金融體系多元化，各經濟體維護自己經濟發展和貨幣穩定，都要尋求一種「硬通貨」。二，黃金的供需的市場化程度非常強烈。由於黃金的「硬通貨」和特殊商品的雙重功能，全球的黃金需求量將持續增長。據世界黃金協會估計，實際需求每年接近四千噸，而供給大約在兩千至兩千五百噸，形成一千五百到兩千噸的年缺口。缺口很難依靠採礦產出的增長彌補，需要中央銀行售金，生產商出售黃金期貨和廢金再生等方式來縮小缺口。黃金的供需矛盾會推動黃金價格的上漲。這絕不是說黃金價格只漲不跌，也不是說沒有波動，只是說金價上漲是不可避免的趨勢。

二〇〇〇年之後，面對全球通貨膨脹壓力，更多國家的央行考慮增持黃金儲備，提高黃金的持有總量以及在本國儲備結構中的比例，強化黃金的地位。為黃金價格的飆漲提供了動力。其中，一些新興國家面對各自經濟環境變化的內部壓力，以及外部美國經濟的種種結構性危險，增持黃金儲備已逐漸成為一種趨勢。供不應求的形勢加劇了黃金價格的上升速度。從較長的週期看，黃金價格的升降，受美元影響極大。而美國經濟的產業調整和技術，會產生巨大的財富效應和機會成本，造成美國通貨膨脹或通貨緊縮，美元的強弱自然會強烈刺激或擠壓黃金價格。但是，黃金作為稀有貴金屬，價格維持上升趨勢。一九九七年至二〇〇七年，黃金價格從每盎司三八七美元左右上漲到一千美元左右。[214]

在黃金的國際清償貨幣的計價結算功能不復存在的情況下，究竟是什麼原因造成黃金價格不可抑制的上升？最主要的看法包括：一，價值儲藏功能。在國際市場仍然扮演一種「硬通貨」的功能，而且是具有投資功能的金融產品。在法律上，美元與黃金不再掛鈎，但是美國向來擁有世界最多的黃金儲備。黃金事實上仍舊是美元的基礎。雖然黃金儲備量與各經濟體的經濟實力並不呈正比關係。但是世界主要發達國家都有相當的黃金儲備。雖然這些國家的本幣就是國際儲備傾向，可以直接用於對外支付，依然維持較高的黃金儲備比重，尤其是美國。[215]當年德國馬克之所以價格穩定堅挺，不僅和德國的經濟有關，也和雄厚的黃金儲備有關聯。二，地球的黃金資源是有限的，並非取之不盡，用之不竭。美國長期執行保存本國資源，消耗世界資源的戰略，貴金屬顯然包括在內。人類有史以來共開採了約十二萬噸黃金，但絕大部分散落在民間，有些可能永遠深埋地下或葬身海底，官方可監控的數量少於四萬噸。現在保有的金礦基礎儲量還有約七萬噸，黃金資源枯竭已為期不遠。當黃金產量下滑

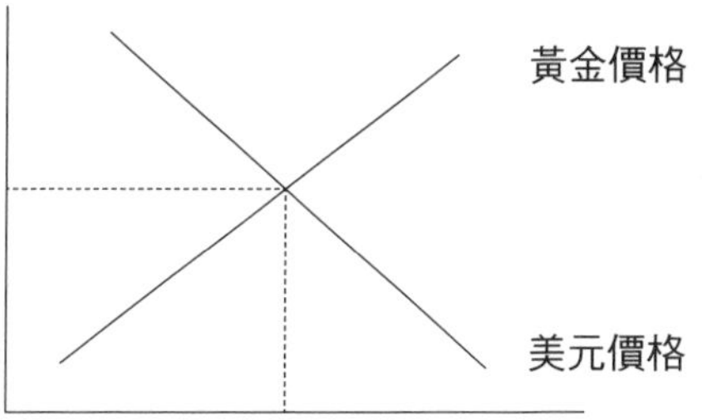

供需矛盾突出時，黃金價格必然攀升，那時誰儲備得多，誰對黃金市場及金融市場就掌握支配控制權。三，黃金價值低估。根據美國消費物價指數因素，二〇一〇年前後的黃金價格僅僅相當於一九八〇年一月的每盎司四百七十多美元，比當時黃金歷史新高每盎司八七〇美元還低近半。若扣除通貨膨脹因素，黃金價格至少漲到每盎司二，四五〇美元以上，才可稱為所謂創歷史新高。[216]四，黃金是重要的金融市場交易產品。金價持續上漲是流動性過大所致。五，黃金需求膨脹。以中國為例，黃金市場開放以後，將使得黃金需求每年至少上升三百到四百噸。其六，黃金是「永不腐朽變質的金屬」。作為貴金屬的黃金，不同於其他金屬或材料，具有優越的物理化學性質，在現代工業和高新技術發展中有其他金屬或材料取代的特殊應用。[217]六，民間黃金儲備要求。世界目前黃金民間儲備高達三．一萬噸，其中發達國家的民間儲備占一半。直到一九八二年，中國政府在法律上正式解禁國內黃金飾品銷售。中國目前的民間儲備水準極為低下。儘管如此，一九九七年亞洲爆發金融危機之後，中國開放白銀市場，加快黃金市場的建立過程。[218]

黃金投資成為世界性的最為熱門的投資方式。黃金投資者不再關心市場日常起伏，而是立足長遠收益。相信黃金價格長期的上升空間。一個稱之為全球黃金 ETF 基金市場應運而生。所謂黃金 ETF 基金（Exchange Traded Fund，交易所交易基金），是一種以黃金為基礎資產，克服了實體黃金投資的眾多限制，追蹤現貨黃金價格波動的金融衍生產品，可以在證券市場交易。世界十大黃金 ETF 基金持有二，一三三噸黃金。除了美國、德國、法國和義大利之外，這個數字超越了其他各國的官方黃金儲備。美國專業人士認為，當今世界有一，二三〇噸的黃金在流動和交易之中，按照黃金和美元匯率，其價值接近五九〇億美元。一些人質疑市場上透過 ETF 基金交易的黃金總量是否已經超過了所有 ETF 基金的儲備量。只要新的危機不發生，質疑永遠只是質疑。[219]

世界上始終有人或組織機構主張恢復「金本位制」。例如，一九九五年在西方國家出現了各種電子黃金交易（E-Gold）平臺。在二〇〇八年世界金融危機之後，這種主張極為活躍。在中國，已經有人提出，沒有政府的支持，「金本位回歸」也具有現實可能性。「人民幣國際化必須以增持黃金儲備為戰略支撐」，甚至「黃金儲備和航空母艦是中國和平崛起的戰略兩翼」，「黃金保衛中國」是「共和國新六十年攻略」。[220]

二〇〇八年金融危機和黃金價格

因為二〇〇八年的世界金融危機，人們再次認識到，黃金仍然是主權貨幣信譽的重要根基。從二〇〇八年冬季到二〇一一年夏季，世界金價不斷攀高。二〇一一年七月以來，國際金價一度進入飆升期，八月中曾突破一千九百美元大關。當時有的分析指出，金價將在二〇一二年美國總統大選之前達到每盎司兩千一百美元。「每次黃金大漲都和 QE 的推出密切相關。黃金朝著兩千美元前進沒有問題，現在市場猶豫的，是美國推出的 QE3 的時間和數量不確定，在加上上調保證金的擔憂。因為上漲過猛，必然引來 CME 的壓制。」[221] 幾乎是同期，白銀隨黃金走高。二〇一〇年和二〇一一年，現貨白銀價格達到每盎司四十三美元，再到每盎司五十美元左右，上漲幅度一七五％。創三十餘年新高，上漲速度超過黃金。

全球主要央行增加黃金儲備，是這波推動黃金價格上漲最主要的因素，導致在過去的七、八年中，黃金的供應方產生了本質性轉變。二〇〇九年十一月，國際貨幣基金組織九年來第一次拋售黃金儲備來加強融資，印度央行就立刻搶購兩百噸。二〇〇三年，約有七％的全球黃金供應來自各國央行，到二〇〇九年，這個比例下降至零，這表明各國央行都採取了「惜金」戰略，在努力增持而非拋售黃金儲備。在過去十年，CBGA（央行售金協議）年平均銷售三八八噸黃金，二〇一〇年的歐洲各國央行和國際貨幣基金組織的銷售黃金是九四．五噸，創下一九九九年以來CBGA以來的最低水準。[222]像美國這樣面臨世界最大主權債務規模的國家，寧願一再提升債務上限，借新債還舊債，也絕不向市場拋售黃金儲備來緩解財政困境。這也就是為什麼美聯儲主席柏南克能公然對外宣稱，一看到美國國庫中的黃金儲備，他就可以安心回家睡覺的緣故。[223]二〇一一年，世界一些國家進入買入黃金和增加黃金儲備的高峰期。[224]各國將實物黃金儲備存放在國內是一種新趨勢。二〇一一年，委內瑞拉總統決定將長期將黃金儲備存放在英格蘭銀行、巴克萊銀行和匯豐銀行金庫中的部分黃金（約二一一噸）運回國內。如此巨大的黃金運輸，在歷史上並不多見。[225]

但是，黃金和白銀價格上漲的局面沒能繼續下去。二〇一一年九月二十三日，國際大宗商品全線暴跌，黃金、白銀更是出現崩盤式暴跌，為一九八〇年代中期以來的最大周跌幅。大宗商品市場已出現巨大恐慌。[226]造成金價銀價創紀錄跌落的原因是：美元上漲；對沖基金清倉傳言；近期全球金融市場動蕩；投資者拋售高風險資產並將資金轉移至美元及美債市場避險。此外，難以排除一些國家央行拋售黃金等背後運作。黃金之前不斷上漲，嚴重傷害了紙幣的公信力和政府信用，一些國家的央行透過拋售一部分黃金，既可以回籠資金，又可能保證貨幣地位。當然，並不能就此認為黃金價格持續攀升的歷史已經告一段落，黃金價格趨於穩定。

在中國，自二〇一一年初至六月，僅僅半年左右的時間，上海市場白銀交易量飆升了近三十倍。金銀比價從歷史上長期保持的四十倍左右，下降到三十五倍。黃金和白銀價格暴跌，對中國影響很大，幾乎是「猝不及防」，投資者的保證金頭寸很有可能被打穿，「爆倉」可能性很大，殃及商業銀行的資金安全。還觸發了金飾品市場金價暴跌。但還是有人繼續看好黃金市場前景，稱二

○一一年九月黃金價格跌落是回調，是長期投資的機會。[227]

中國黃金儲備不足

中國黃金儲備數量。據中國黃金協會的統計，一九四九年中國黃金產量僅為四．五噸。中國在一九七三年至一九七四年，透過從世界上購買的黃金，黃金儲量有所增加。中國鑒於美元與黃金脫鈎，國際貨幣動蕩，具有升值潛力，而黃金產量跟不上商品增長，加之黃金的其他工業用途，決定運用中國當時在瑞士銀行的一批外匯，買入黃金，增加國家的黃金儲備。應該說，這樣做不僅幫助中國在美元貶值的情況下，提高了外匯儲備的安全，還為以後對外開放提供了硬通路的基礎。陳雲作為中國此次購買黃金決策最重要的推動者，確實對世界經濟的格局和趨勢有相當的洞察能力。[228]

從一九七八年至二○○○年，中國的黃金儲備始終停留在六百噸左右，或者一，二五○萬盎司左右徘徊，黃金產量長期在年產百噸左右。一九九五年黃金產量首度達到一百噸。二○○○年之後，中國黃金產量出現了高速飛躍，二○○三年首次突破兩百噸，二○○七年，提高到二七○．四九噸，超越美國成為世界第二大產金國，二○○八年達到三百噸，排在美國、南非、澳大利亞之前，成為世界第一產金大國。二○○八年是中國黃金儲備飛躍的一年，一年增加了四五四噸的黃金儲備。二○○九年四月，中國官方公佈：中國黃金儲備已達到一，○五四噸，在世界黃金儲備超過一千噸的六個國家中，中國排名五。這是自二○○三年以來，中國首次披露黃金儲備變動情況。[229]

中國進入了黃金擁有在一千噸以上的國家行列，改寫了國際黃金儲備秩序，但是，中國黃金儲備在世界黃金儲備總量中的比重難以發生根本改變。

中國黃金儲備和外匯儲備比例失衡。在過去三十餘年中，中國在黃金儲備方面缺乏戰略遠見，沒有充分認識增加黃金在外匯儲備中比例的必要性。從全世界來看，黃金的外匯儲備比重是一〇·二％。中國達到一千噸的黃金儲備，占外匯儲備的比重是一·六％，最樂觀估計約也不會超過二％。中國是外儲大國，黃金儲備只有一千零五十四噸，在世界排名第六，落後於美國、德國、國際貨幣基金組織、義大利和法國。比較美國、德國、法國、義大利、瑞士及國際貨幣基金組織的絕對量和黃金在外匯儲備的比例上，還是落後。二〇一〇年的中國增加了部分黃金儲備，在整個儲備資產中的占比不到二％。發達國家的黃金在外匯儲備中的占比普遍高達四〇—六〇％。中國外匯儲備主體是美元，黃金比重過低，人民幣又不是世界貨幣。當美元貶值時，中國外匯儲備事實上就要同比例縮水。如果折合成黃金儲備，與美元貶值同比例的縮減，如果折合成其他世界貨幣，也同樣與美元貶值同比例的減少。進一步分析，如果以黃金為標準，中國的外匯儲備損失是「雙重」的，因為一方面是美元貶值，一方面是黃金升值。假定美元貶值一〇％，黃

中國黃金儲備[230]

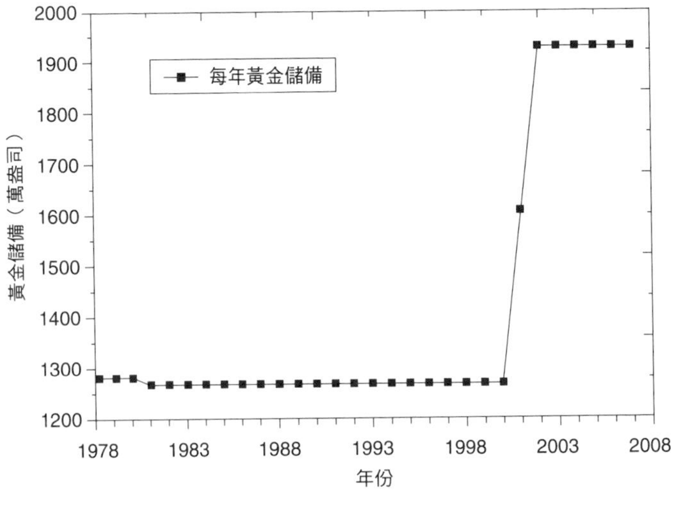

金升值一〇%，在一個時點上，用貶值一〇%的外匯儲備去購買升值一〇%的黃金，其損失超過二〇%。二〇〇八年，美國的黃金儲備高達八，一三五・五噸，黃金占外匯儲備的比重是七六・一%；德國為三，四二二噸，比重是六三・二%。黃金儲備在外匯儲備中高於三〇%以上的國家，除美國、德國之外，還有法國、義大利、瑞士、荷蘭、葡萄牙、西班牙、比利時和黎巴嫩。[231]尤其值得一提的是，即使像義大利這種一直面臨主權債務危機的國家，黃金儲備也高達兩千四百多噸。

從黃金市場占國內生產總值的比重來看，英國超過一〇〇%，美國為一二%，日本為二五%，而中國為〇・九三%。中國二〇〇六年黃金儲備為六百噸，這個數量正是說明，在過去三十五年間，中國的黃金幾乎都出口換成美元紙幣了。外匯儲備總量過於巨大，在短期內，中國不可能像歐美國家那樣使黃金儲備成為外匯儲備的主要管道。

如果按照黃金市場價格計算，如果按人均計算，中國就更落後了。目前全球黃金總存量為人均三十克，中國如果以一千噸為分母，除以中國人口，人均大約是〇・八一克。

中國在黃金需求方面相對落後。中國的黃金需求排在美國和印度之後。從二〇〇八年開始，中國在黃金的需求，增長超過二〇%，對黃金的需求已經是世界第一。根據國外的相關推測：二〇〇九年以後，增加黃金儲備是中國黃金需求擴張的重要動力，中國的黃金消費很快會達到世界黃金總產量的四〇%。[232]中國的黃金市場交易極為活躍，已經進入世界黃金期貨成交量的前十位。黃金珠寶成為在金融危機背景下中國零售行業的亮點。中國在二〇〇九年是唯一在首飾市場上享有唯一增長的國家。中國增加黃金儲備，既要增加存量，又要顧及流量，滿足現實需求增長壓力，絕非易事。中國已經處於在黃金需求方面高速增長的時期。

毫無疑義，中國需要提高黃金儲備在外匯儲備中的比例。關鍵是怎樣「比例」是合理的？在這個問題上，中國經濟學的主流、甚至政府有關部門尚無定論。最低目標是三千噸，最高目標是五千噸。[233]如果「要達到國際平均水準，需要六千噸」。否則不可能實現黃金儲備占外匯儲備五％的目標。[234]中國要實現五％的目標始終會受制於兩個條件，一，黃金增長速度不可低於外匯儲備規模的增長速度；二，中國黃金存量的增加額大於黃金消費額。

中國增加黃金供給的途徑

中國黃金儲備不足的原因。如果上溯中國歷史，在漢代以前黃金流通總量一度很充裕，到漢代中後期突然減少，中國開始成為一個「貧金」的國家，導致中國從根本上失去了實行金本位的可能性。從明朝中葉一直到一九三五年，中國以白銀為主體貨幣，一度實行事實上的「銀本位」。一九四〇年代末，數百噸的黃金白銀儲備運往臺灣，對中國黃金儲備的基礎也曾有過重要影響。現實原因主要與中國黃金礦產資源和產量直接相關。

依靠本國生產。根據有關資料顯示，中國國家的黃金探明儲量為四千至五千噸，到二〇一一年為止，全球已查明黃金資源儲量約為十萬噸。其中，南非是全球最大的黃金擁有國，已查明資源儲量為三・一萬噸，其次是俄羅斯，約有七千噸，中國目前已探明黃金儲量達六千三百多噸，居世界第三位，約占世界探明儲量的一〇％以上。[235]這個比例不低。但是，中國金礦規模相對較小，其中七五％以上為小型礦，且品位較低，相當一部分是難處理的黃金資源。

近年來，中國之所以能夠實現黃金生產的高速增長，主要原因是：一，黃金開採與生產絕對是一個勞動密集型產業。由金礦到成品金，無論是開採礦石，或是篩選、液煉、提煉等工序都需要大量的勞動力。中國金礦多數為低品位礦，相對來說，需要的勞動力就更多。大量使用廉價的農民工，保證了黃金生產的低成本。236 二，引進外資和新技術。根據報導，最近幾年中國新出現的大型金礦幾乎都被外資控制，有七十多家境外初級礦業公司進入中國展開金礦勘探。中國開始實行內外資企業所得稅並軌，一些外資金礦生產商為了充分享受「三免兩減」的稅收優惠政策，加之面對前所未有的高金價，普遍採取加快開採的做法。三，中國對礦產資源的管理相當不完善，幾乎沒有採礦權的概念，特別是金礦，品位低、開採難度大，長期均由國有企業開採，政府對採礦權未予以足夠重視。近幾年國際金價逐步攀升的情況下，地方政府為了發展當地經濟，無償或低價出讓採礦權給民營企業和外資企業。四，中國國內黃金價格已經與國際接軌。二〇〇二年以後，金價開始上漲，國際市場黃金價格的上漲對中國黃金產量是一個重要的動力，各家黃金生產企業加大馬力，加班加點地開採和提煉黃金。據預測，在二〇〇九年之後，中國大約有相當於三六〇億美元的資本從私人部門湧入黃金開採產業。237 五，與黃金生產的利益比較，對環境保護不力。

相較之下，一些傳統產金大國，例如南非、澳大利亞、美國、加拿大等，受到勞工成本提高、環境保護等制約，黃金產量持續下降，即使最近幾年金價持續攀升，也沒有改變產量下滑的勢頭。自一九〇五年以來，南非黃金產量持續占據世界首位，曾經年產黃金超過六百噸，近年來產量則持續下降，二〇〇二年時產量還在四百噸左右，二〇〇七年下降到二七二噸。但是，即使可以維持黃金生產的高速度增長，實現年產量黃金三千噸的目標，也需要十年左右的時間。

國際黃金市場上的購買。本世紀以來，中國在二〇〇一年和二〇〇三年兩次提高黃金儲備，分別從三九四噸調整到五百噸和六百噸。此後的七年間，中國黃金儲備增加了七六%，其增加的四五四噸絕大部分是在二〇〇八年在金融危機的刺激下匆匆購買的。這期間，黃金從一九七〇年每盎司的三十五美元上升到現在的一千美元。理論上說，中國應該等待在黃金價格下跌，美元升值的時候在國際市場上購買黃金。但實際上，這樣的機會很難形成。因為，中國在世界黃金市場上的購買量必將從根本上改變黃金市場的供需格局，對持續上漲的金價推波助瀾。中國過去的教訓是在黃金低價時出售黃金換取美元，在黃金高價時用貶值美元購買黃金。這個代價難以估算的。而人民幣相對於美元的不斷升值，又加劇了這個問題的難度。黃金價格的上漲顯然是由美元貶值和對黃金需求增加兩個主要因素推動的，而這兩個因素都與中國有很深的關聯。

中國央行多次表示並無大計劃購買黃金，並稱就目前而言對應外匯儲備的二%的黃金儲備已經足夠。但是，不過分析人士表示，由於中國外匯儲備持續增長，將黃金儲備的比重保持在二%就意味著必須適度購買黃金。中國的實際情況是，每年生產的黃金增量主要用於滿足經濟發展和市場的需求，而真正增加黃金儲備則不得不依靠國際黃金市場。中國成為國際黃金市場的主導因素是不可避免的。中國對黃金需求量增大，而購買黃金主要依賴現有以美元為主體的外匯儲備。但是美元貶值，導致以美元作為價格尺度的黃金價格上漲，而黃金價格上漲，加強了黃金在金融體系中的地位，進一步刺激了對黃金的需求。同時，黃金需求增大，又推動了黃金價格上漲，使美元相應貶值。中國在面對拓寬外匯儲備的投資管道，增加外匯中的黃金儲備是重要選擇，而中國在二〇〇七年後大規模黃金「建倉」，為時已晚。[238] 在金價還是二五〇美元／盎司左右時候，曾有一位非主流學者上書中央政府增加黃金儲備，並沒有引起重視。據說當時主流經濟學家將增加黃金儲備的建議斥為「不懂金融」。如今可以說，那些主流經濟學家之謬大矣。[239]

購入海外金礦公司的股份或開採權。[240] 由於黃金「至今已經開採了地球大半的存量，確定蘊藏量僅有九萬噸」，成為高度稀少的金屬。[241] 中國找到價格可以承受的賣方，相當困難。

建立黃金市場和增加民間黃金儲備。這樣做的好處至少包括：一，投資黃金，可能緩和所謂的

「流動性過剩」。二，投資黃金，避免通貨膨脹損失，避免儲蓄利率損失。三，黃金價格上漲，由民眾分攤，黃金價格波動的風險，由民眾承擔。在黃金價格不斷走高的同時，儲蓄存款利率偏低，證券市場低迷，房地產市場價格上漲過快，期貨市場風險過高，也就是，在其他投資市場情況的不盡如人意，使得具有良好避險和套利功能的黃金投資魅力凸現，逐漸為日益廣泛民眾所接受。這一點在中國尤其明顯。

從法律意義上，中國的黃金市場還沒有與國際黃金市場對接，但事實上中國黃金市場與國際黃金市場透過人民幣與美元的匯率聯繫在一起。[242]現階段影響中國國內金價的因素有兩個：一，國際金價，二，美元兌人民幣匯率。黃金價格與美元幣值成反向互動，卻與人民幣購買力同步上升。在這種情況下，中國內行利率的變化，雖然對人民幣幣值有正面影響，但是對金價都沒有直接影響。如果國際市場金價上升更快，黃金投資者則可以完全忽略人民幣加息的影響，因為黃金投資保值預期更高。目前，中國黃金市場規模過小，如果交易規模擴大，並且對外開放，黃金可以流入中國，中國民眾可以用人民幣購買更多的黃金，避免人民幣兌換美元之後在國際黃金市場購買黃金的過程。這樣可以既吸納中國流動性過剩的壓力，又能有效增加黃金儲備的「民間化」。當然，黃金流入中國金市，並沉澱在中國民間，須有整個金融市場開放的配合。

可以預見，中國在未來十年可能成為世界黃金市場的主導力量。這是因為：黃金的生產和需求方面都處於「大爆炸」的前夜；可以動用外匯儲備購買黃金，改變外匯儲備結構；可以透過海外對金礦的投資，佔有更多的黃金資源；黃金貸款，為礦山提供融資服務，都會成為黃金市場的基本產品；發展黃金的 ETF 產品；加快人民幣國際化的步伐，實現可以直接購買黃金。

中國依賴國際石油資源

在大宗商品中，石油的地位舉足輕重。根據高盛指數，大宗商品的七九%都是石油或與石油相關的產品，剩下二一%是穀物（一〇%），工業品包括銅（六%），貴金屬（二%），其他（三%）。中國進入經濟「起飛」的時期，廉價能源時代早已完結，面對的是一個「後石油世界」。[243]

中國對石油進口依存度。自一九七八年以來，中國石油消費大體經歷了兩個階段：一九七八年至一九九一年，石油消費處於平穩增長階段，消費量從一九七八年的九，一三〇萬噸增長到一九九〇年的一一，〇三〇萬噸，年均增長五十八萬噸，年遞增率只有一．六%。一九九一年後，隨著中國經濟發展和工業化進程加快，中國石油消費增長速度也開始加快。由於受到中國國內石油資源的限制，石油產量的增長遠遠趕不上需求的增長，供需矛盾日益突出。[244]一九九三年是中國石油進出結構徹底改變的轉折點，中國從石油出口產量每年高達三千萬噸的出口國變為石油進口國，中國成了成品油淨進口國。一九九六年，中國開始已成為原油淨進口國。

據統計，二〇〇〇年到二〇〇九年，中國石油資源的自給和進口的矛盾加劇。中國的原油生產卻呈現下降態勢，原油生產明顯減緩。二〇〇九年國內原油產量一八，九四九噸，與去年同期相比下降〇．四%。中國原油消費量由二．四一億噸上升到三．八八億噸，年均增長六．七八%，缺口只能依靠原油淨進口填補。原油淨進口總量由二〇〇〇年的五，九六九萬噸上升至二〇〇九年一．九九億噸，進口依存度也由二四．八五%升到五一．二九%。到二〇一五年，中國石油的進口依存度預計將達到六五%，到二〇二〇年可能達到七〇%以上。美國是全球第二大石油進出口國。[245]

中國可以透過諸如減少石油消費，尋找替代能源，改善探勘開發技術，提高採收率技術，擴大石油開發，以及收購海外石油資產等方式緩和石油消費高增長率的壓力，但是，由於中國的石油消費連年高速增長的原因主要在國民生產體系內部石油消費的累積性衝擊，中國以重化工業為主的經濟結構也難以發生根本性改變，目前石油消費的基數已經很大，從短期來看，減少石油消費是一個近乎不可能實現的目標。有關專家認為，二〇〇八年中國人均年石油消費為二八三公斤。如果中國人均石油消費達到目前的世界平均水準，中國石油消費總量將達到六．六億噸。所以，中國在二〇二〇年前，在石油消費方面很可能會進入新一輪增長週期。[246]

中國對國際石油價格影響力有限。中國是石油市場和消費的大國，也是石油進口大國。但是，中國卻難以利用自有資源從供給上來影響國際市場價格。同時，中國尚未在國際資本市場上取得相應的地位。中國進口需求與國際石油價格走勢之間相關程度不斷上升。

隨著中國進口石油規模不斷擴大，中國成為國際市場上最主要的石油進口國之一，在國際市場上對於油價的影響力必然加大，對於國際市場油價的影響呈強化趨勢。但是，中國透過運用金融手段來影響國際市場石油定價的難度很大，中國參與其他國家石油資源開發還處於起步階段，所以，中國對國際石油價格具有主動的「話語權」，還有漫長的路途，還會受制於國際市場油價走勢，甚至成為石油市場價格變動的犧牲者。[248] 在這種情況下，研究中國對於國際市場石油定價影響力的過程中，關注重點要落實在國際市場需求環

主要石油進口國對於國際市場大宗資源性商品價格走勢的影響 [247]

時期	價格上漲（%）	各國進口與國際市場油價之間關係係數				
		中國	日本	德國	美國	韓國
1988-1995 年上漲週期	16.4	0.1993	0.6365	0.6519	0.7930	0.0592
1996-1998 年下跌週期	-35.9	0.4202	0.9682	0.9281	0.9752	0.9998
1999-2005 年上漲週期	88.9	0.9846	0.9957	0.9908	0.9953	0.9886
1988-2005 年總計	261.9	0.9589	0.9793	0.9688	0.0232	0.9128

節。在中國取得貿易大國的地位之後，這種需求轉化過程最終會體現在國際市場價格變化上。中國學者研究成果表明，在滯後期為三周和五周的情況下，中國大慶原油價格和布倫特原油價格之間存在長期雙向 Granger 因果關係，而在短期內中國大慶原油價格變化只能受到布倫特原油價格變化的單向影響，卻不能反過來也對布倫特原油價格變化產生影響。

249

世界石油價格波動的原因。自一九七〇年代至今四十年間，國際石油價格跌宕起伏，從每桶兩美元一度上升到每桶接近一五〇美元。一九七〇年，沙烏地阿拉伯的官方油價每桶一．八美元；之後，油價有跌落，有回升。影響石油價格波動的原因複雜，主要是：一，石油資源方面，只要消耗，存量就要減少，最終總會消耗殆盡，價格上漲趨勢不可改變。二，全球石油需求持續增長，其中中國和印度石油需求的快速增長給國際石油市場造成一定的緊張。三，原油庫存。美國、中國、印度都在迅速提高原油庫存。原油庫存的增加有助於提高緊急時期的石油供給能力和打擊石油投機。但是，石油消費庫存也有惡化石油供給不平衡的另一方面。供需關係的不平衡構成了石油漲價。四，國際資本和石油投機。據紐約期貨交易所統計，紐約市場入市基金家數由一般情況下的四千到五千增加到八千五百多家，基金淨多頭寸一度高達二十七萬手左右，相當於二．七億桶，是正常全球需求量的三倍多。據估計，目前高油價中有十五到二〇美元的「投機溢價」。石油資本多元化，中國、印度、巴西在各地尋求穩定的油源，且爭取石油開發和生產的份額，也進一步加劇了石油的「投機溢價」。五，政治和戰爭。一九七四年，因為第四次中東戰爭，石油危機之後上升到每桶十美元；一九七九年，伊朗的伊斯蘭革命之後，每桶二十美元；一九九〇年，伊拉克入侵科威特，每桶四十美元；二〇〇二年伊拉克戰爭以後，石油價格一直上漲；二〇〇八年一月，尼日暴亂，油價首次突破每桶一百美元。

石油價格、人民幣匯率和中國通貨膨脹

世界石油以美元定價，美元匯率變化自然會影響石油價格。一九七三年的石油危機與美元實行自由浮動制度是有關聯的。二〇〇〇年以來美元持續貶值，同樣衝擊了油價。一般情況是，油價上揚，會打壓美元走低，而美元走低又會進一步引起油價上升。中國石油消費在對外依存度高於五〇％之下，加上中國進口石油的絕對量持續快速膨脹，國際市場石油價的波動與上升對中國影響重大。因為中國購買石油，不僅要接受既定的國際石油市場的價格，而且必須用外匯儲備支付，主要是美元支付。中國石油進口幾乎是外匯支出最大項目。

人民幣與美元的匯率變化，直接影響中國在國際石油市場上的購買力。例如，在二〇〇〇年到二〇〇三年左右，中國外匯儲備約兩千億美元，當時的國際石油價格在三十美元／桶，中國可以購買近七十億桶石油。二〇〇七年以後，雖然中國外匯儲備達到一．四兆美元，世界第一，但是油價上漲到一百美元／桶，按此計算，中國可以購買一四〇億桶石油。這就是說，這幾年中國外匯儲備以美元計算增長七倍，但是，以石油計算的真實購買力只增長二倍。或者說，中國外匯儲備的石油購買力就跟黃金購買力一樣，大幅下降，貶值。再以具體的兩個年份加以比較：二〇〇三年和二〇〇六年。如二〇〇六年原油平均價格為每桶六十美元的話，則相對二〇〇三年每桶漲價三十三美元，即漲價約一．二倍。二〇〇六年中國進口原油一．四五億噸，為計算方便，將二〇〇三年中國進口原油也定為一．四五億噸。每桶漲價三十三美元，意味著每噸原油漲價約兩百四十七美元左右。這樣，二〇〇六年進口原油要支付六百五十多億美元，約合五，三三〇億元人民幣（還是按一美元兌換八．二人民幣計算）。相對二〇〇三年要多支付約三五八億美元，人民幣計算要多花費二千八百多億元。據某種推算，國際油價每桶上漲一美元，中國就將多支出六十億人民幣。

石油是化工產品的基本原料，也是絕大多數運輸工具的必備能源，國際原油價格上漲，必然會引起中國內部工業產品生產成本上升。並透過傳導機制和擴散效應，引起中下游物價連鎖上漲，積蓄整體性的通貨膨脹壓力。

250

從理論上說，國際市場油價上漲雖然不能消除，但似乎可以緩解人民幣的升值壓力。從人民幣升值的角度，將直接降低中國的原油進口成本。但是在實際經濟活動中，這種分析不能成立。這是因為：一，人民幣升值的速度，遠遠慢於石油價格上漲的速度，以及美元貶值的速度。二，人民幣升值，將增強國際市場對於中國經濟發展的「信心」，刺激國際原油價格上升。三，中國國內的成品油價格的確定主要是參照國際成品油市場而定，原油進口成本降低所帶來的益處將主要被處於壟斷地位的流通和生產環節以跨國公司轉移定價等策略所截取，而終端消費環節受益將非常有限，也就是說，以人民幣計價的各種成品油的價格還不會有明顯回落。

總之，中國已經進入了這樣一個時代，油價與人民幣匯率的變化相聯繫，中國石油儲備與中國外匯儲備相聯繫的時代。目前階段的主要傾向是：原油進口增加和石油價格上漲，意味著中國對外匯需求的增加。如果中國開放外匯市場，外匯升值，人民幣貶值。中國目前尚未實現外匯市場的全方位開放，且有足夠外匯儲備，這種情況沒有明顯出現。但是，中國石油進口要求上升，引發外匯儲備的石油購買力下降，已經毋庸置疑了。

黃金、石油價格的互動和人民幣

至少自一九七〇年代以來，黃金和石油在價格波動上有著顯而易見的聯動性。雖然金價與油價的漲跌幅度不盡相同，但是共同趨勢是肯定的，當國際油價上漲時，金價往往隨之上漲；反之，國際油價低迷時，金價亦常常走低。黃金和石油之間顯然也有互動關係。在第二次世界大戰之後，主要的互動階段如下：

二戰以後到一九七〇年代。其間，油價和金價之間的比率幾乎保持不變，基本上維持在一比六，也就是一盎司黃金大約兌換六桶石油。官方規定的黃金兌換價格為每盎司三十五美元，石油為每桶七美元。黃金的價格不是由供需所決定，而是由官方負責維持固定價格。石油價格也一直處於較低的水準，十分穩定，被稱為廉價石油時代。

一九七〇年代初期直至一九七〇年代中期。從一九五〇年代後期到一九七〇年代中期，布林頓森林體系下的金價是每盎司三十五美元，油價的美元標價很少變化。一九七三年布林頓森林體系瓦解，金價和油價的穩定關係完結。首先變動的是金價。在短短的幾年內，黃金價格迅速上升到每盎司九〇．八五美元，之後每盎司一二〇美元。黃金價格累計上升二五〇％。黃金上漲了數年後，石油價格亦開始上漲。一九七三年十月，第四次中東戰爭爆發。此前石油輸出國決心要提高油價，戰爭爆發提供了千載難逢的機會。一九七二年，原油價格由三美元一桶漲到一九七四年年底的超過十二美元一桶，油價飈漲了四倍。這就是第一次世界石油危機，廉價石油時代徹底結束。客觀地講，油價上漲的勢頭基本趕上了先前金價上漲的勢頭。

一九七〇年代中期至一九八〇年代初期。爆發第二次世界石油危機（一九七九—八〇）。又是黃金率先大幅上漲，石油緊隨其後，並且雙雙達到歷史高點。最初，為了解決第一次世界石油危機引起的經濟問題，美國主動美元貶值，金價因此上升。一九七九年底，因為美國在伊朗的人質危機，一九七九年十二月前蘇聯對阿富汗出兵，全球政局動蕩，導致國際市場對黃金的巨大需求和價格上漲，金價上衝到每盎司六百多美元。一九八〇年一月十八日，倫敦黃金市場每盎司金價高達八

三五．五美元，紐約當天的黃金期貨價格則為每盎司一千美元，這是黃金有史以來最高價。一九八〇年一月二十一日，紐約市場黃金價格略有回落，仍高達每盎司八七〇美元。在這個時期，美元貶值損害了石油輸出國的利益，使之財富縮水。因此，在美元貶值引發金價上升的同時，每桶石油的價格從十四美元漲到三十五美元以上，上漲了約一五〇%，恢復了石油與美元價格的相對平衡。

一九八〇年代初至一九九〇年代。在這個階段，金價和油價雙雙下跌。以一九八〇年初黃金每盎司八百美元為基數，在一九八二年和一九八三年間下跌幅度超過了五〇%。油價大幅下跌緊隨其後，一九八六年的第一個季度，油價下跌超過五〇%。一九九〇年之前的黃金和石油價格比率曾一度接近長期的標準值（一五．五）。一九九〇年代，石油和黃金又同步下跌。二十一世紀初，黃金和石油才再次雙雙跳躍式上升。其間，一九九〇年，金價和油價的波動發生過一次短時間背離。

一九九〇年代末至二〇一〇年代。在二〇〇一年「九一一」事件後，油價出現短期上漲，隨後下跌。二〇〇三年伊拉克戰爭爆發，導致金價和石油價格大幅上升，屢次刷新近二十年來的歷史最高記錄。二〇〇五年後，受基金的多頭推動、加息政策、煉油廠事故頻傳、自然災害的影響，油價持續走高，特別是卡崔娜颶風的刺激，油價突破每桶七十美元的價位。

簡言之，過去二十年間的黃金與石油價格，呈現長時期的高度吻合。例如，一九九九年到二〇〇一年期間，石油與黃金都處於過去三十多年以來的歷史價格最低水準。一九七〇年代以來，黃金和石油都持續呈現漲價。一九七一年八月，美國宣佈美元對黃金貶值七．八九%，黃金官價提高到每盎司三十八美元，美元與金價脫鈎，並自由浮動。二〇〇八年金融危機之後，金價持續上漲。二〇〇七年十一月，石油價格達到九十九美元一桶。二〇〇八年的六月，石油價格達一四七．二美元一桶。與一九七〇年代初每桶價格三美元比較，上漲了近五十倍。由於國際公約的約束，歐洲央行對黃金的拋售受到遏止，金價處於穩步上漲階段。油價和金價有過幾次幾乎同步漲跌，存在默契關係。

金價與油價的正相關關係主要和以下幾個因素有關：美元匯率的波動，貶值，通貨膨脹，石油出產國的黃金運作，國際大事的發生。其中黃金、石油和美元之間有緊密的內在聯繫。從目前的情況來看：黃金價格依然有上漲的空間，這是因為：一，黃金資源日益稀缺。二〇一〇年，全世界共開採二，六八九噸黃金，似乎可觀，其實不及過去十年黃金產量的零頭。黃金並非可再生資源，供給呈下降態勢，需求卻不斷攀升，價格必然不斷上漲；二，黃金開採成本急速升高。十年前，從地下提取一盎司黃金所需要的成本是兩百美元，如今到達八五七美元。三，黃金的探勘費用急劇提高。二〇〇二年，礦主勘探黃金的資本是五億美元，二〇〇八年，上升到三十億美元。四，黃金和石油價格的同向變動關係。世界經濟對石油的耗費量日益擴大，石油價格的上漲必然帶動黃金價格同步上漲；五，每盎司黃金兌換石油桶數較低，黃金價格應該有上升空間。六，美國貿易赤字擴大，從長期來看，美元走軟不可避免，從而刺激黃金需求，促使金價上漲。

中國的選擇

中國儘管是黃金和石油的生產大國，但是短期內需要透過進口彌補供需缺口；而且從長程看，中國要不斷擴大在國際黃金和石油

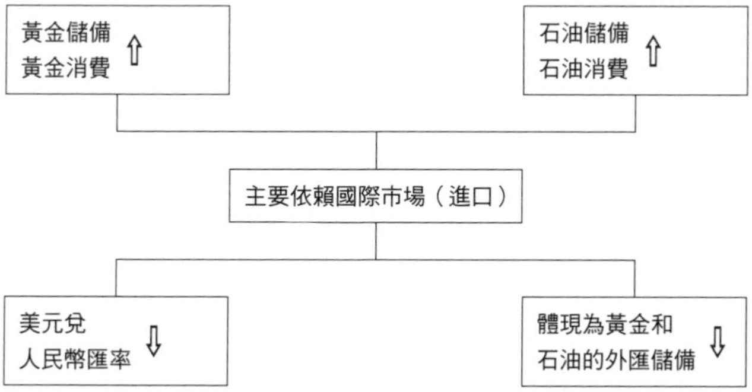

石油、黃金、美元、外匯儲備對一些經濟體的影響

	美國	歐共體	OPEC	俄國	中國	日本
石油價格	−	+，−	+	+	−	+，−
黃金價格	+	+	+，−	+	−	+，−
美元匯率	+	+，−	+，−	+，−	−	−
外匯儲備	+	+	+，−	+	−	+，−

市場的購買數量。由於黃金、石油和美元的內在聯繫，中國選擇空間有限，受制於四個因素的相關關係，見上圖：

假設中國有足夠的黃金儲備或足夠的石油儲備，或者兩者兼有，就不會因為美元貶值，致使中國外匯儲備的價值實際上貶值縮水。又假如中國人民幣是國際貨幣，人民幣升值，等於相對於黃金，石油的購買力增強，進口成本下降，成為真正的人民幣匯率升值的受益者。但是，人民幣不是國際貨幣，中國沒有從人民幣升值在黃金和石油進口方面，成為真正受益者。如果以石油、黃金、美元、外匯儲備作為四個基本因素，對一些國家和經濟體加以比較。可以看到，美國因為外匯儲備黃金為主，且美元又是國際貨幣，所以二、四項是正。美元貶值刺激美國出品，三項也是正，只有石油價格是負。歐盟外匯以黃金為主，歐元是世界貨幣，二、四項是正。石油價格上漲為歐元升值抵銷，正負都有。美元相對歐元貶值，有利於進口，不利於出品，正負。OPEC，一項受益，二、三、四項有正負兩面。俄國是石油價格上升的受益國，黃金儲藏量大，一、二是正面。美元貶值有正有負。外匯儲備因為石油收入膨脹而增大，正面。日本的關鍵是日圓升值，所以至少一、二、四項有正有負，三項可能為負。中國情況相當困難，從長程看，「兩頭在外」，出口賺外匯，進口花外匯。與日本比較，同樣資源短缺，依賴國際貿易，但是日圓是國際貨幣，人民幣不是。所以，從長遠戰略眼光看：中國需要

加快金融體系改革和人民幣國際化過程，早日達到日本在三十年前實現日圓國際化的階段。這就要求中國要面對從發展中國家向發達國家轉型，還有經濟制度變革的雙重風險。

二〇〇八年全球金融危機以來，中國成為世界最大經濟體和全球最大債權國，美國成為全球最大負債國。在國際石油交易的貨幣標準方面，出現了兩個新的方案：一，以「一籃子貨幣」，即日圓、人民幣、歐元和黃金等取代美元，二，沙烏地阿拉伯、科威特、卡達、巴林等海灣阿拉伯國家合作委員會（GCC）成員國未來可能聯合推出的單一貨幣來取代美元。這些方案的提出，一度對美元匯率造成衝擊，美元兌歐元和兌日圓的匯價出現降幅，威脅美元作為國際貨幣地位。所以，美國輿論稱「必將打擊這項國際陰謀」。[251] 後來的歷史證明，不論是改變石油交易以美元為標準的方案，還是美國對這樣方案的過度反應，都沒有足夠的現實基礎，美元與石油、黃金的相互依存關係，在可以預見的將來，是難以改變的。所以，中國在處理美元、黃金和石油方面的選擇空間，也不會有顯著擴展。

註釋

1. 一九七九年八月十三日國務院頒發了《關於大力發展對外貿易增加外匯收入若干問題的規定》，並制定了《出口商品外匯留成試行辦法》。
2. 這種供求的脫節對外匯調劑市場產生了一種內在的需求。一九八〇年十月中國銀行和國家外匯管理局制定了《調劑外匯暫行計劃》，中國銀行開始在北京、上海等十二個大中城市辦理外匯調劑業務，有償轉讓外匯資源的使用權，中國外匯調劑市場開始產生。
3. 上海外匯調劑中心實行：（1）中心實行會員制，會員分為代理客戶進行交易的金融機構即經濟商和根據自己的業務需要進行交易的國營、集體、企事業單位和外商投資企業即自營商。（2）實行竟價成交，外匯調劑公開市場按前一天的收盤價公佈當天買賣雙方的外匯額和價格，一九九〇年八月，又實行了自行報價、複數成交，即交易員可在營業時間內的任何一個時點進行報價，根據價格優先、時間優先的原則逐筆成交，報價只能在開盤價的基礎上浮動一五五〇點，一九九二年七月二十七日該浮動幅度被取消。（3）實行資金集中清算，買賣成交當日分別將人民幣轉帳支票或外匯額度支用單交給中心結算部辦理結算。

4. 一九八六年後三季度，中國調劑外匯成交額為一八．九億美元；一九八七年增長到四十二億美元；一九八八年達到六二．六億美元，一九九二年為二五一．〇五億美元。

5. 國家外匯管理局綜合司，《十三年來外匯管理體制改革與發展》，《中國外匯管理》（二〇〇二年第十一期，北京）。

6. 資本項目可兌換可以定義：避免對跨國界的資本交易及與之相關的支付和轉移的限制，避免實行歧視性的貨幣安排，避免對跨國資本交易徵稅或補貼。具體包括：（1）避免限制內資投資境外或外資投資境內所需轉移的外匯數量；（2）避免對到國外投資的人民幣購匯流出或相應外匯流入結轉人民幣實行審批或限制；（3）避免限制資本返還或外債償還匯出；（4）避免實行與資本交易有關的多重匯率制度。對上述個別條款進行限制，便是資本項目有條件可兌換。

7. 中國的前五大貿易夥伴是：歐盟、美國、東盟、日本和中國香港地區。

8. 二〇〇五年七月二十一日，中國人民銀行發布公告稱當日十九時起人民幣實行有管理的浮動匯率制度，改原來單一盯住美元為參考一籃子貨幣。當天，人民幣對美元匯率即刻升值二％。

9. 在計劃經濟時代，人民幣匯率對世界經濟幾乎完全沒有影響，說明人民幣的價值沒有被世界承認，人民幣的價值基礎建立取決於國內糧食物資以及政府的信用，人民幣始終沒有擺脫「戰時本位貨幣」的本質。一九九〇年代之後，人民幣匯率的市場化對人民幣的價值基礎的形成作用極大。

10. 孫健芳、胡榮萍，〈二〇三〇——人民幣預言〉，《經濟觀察報》，二〇一〇年七月二十六日。

11. 二〇〇五年八月十日，周小川在解釋人民幣新匯率制度時承認：「美元所占比例遠遠低於五〇％」；美元和其他主要貨幣占七〇％以上。

12. 向松祚，《匯率危局》（北京：北京大學出版社），頁一九二。

13. 張五常，《貨幣戰略論》（北京：中信出版社，二〇一〇年），頁一四七、一五九、三八三。

14. 羅伯特．希勒，郭豔、胡波譯，《金融新秩序》（北京：中國人民大學出版社，二〇〇四年），頁二〇六。

15. 《金融新秩序》，頁二〇四。

16. 二〇〇八年，中國經濟學家王健等人嘗試編制人民幣有效匯率指數，共選取了十一種主要貨幣構造貨幣籃，分別是美元、歐元、日圓、韓元、新加坡元、英鎊、林吉特、盧布、澳大利亞元、泰銖和加拿大元。之所以選擇這十一種貨幣，是因為上述貨幣對應的經濟體與中國的雙邊貿易額總和占到中國對外貿易總額的大約七五%。二〇〇五年八月，與中國人民銀行行長周小川在在公開場合所承認的人民幣匯率改革所參考的「一籃子貨幣」所包含的幣種是一致的。

17. 蒙代爾與弗萊明（Robert Mundell and Marcus Fleming）在提出的Mundell-Fleming模型（即M-F模型），最早體現了「國際金融三元悖論」（Trilemma），或稱「不相容三角」（thee ternal triangle）。

18. 克魯曼（Paul Robin Krugman）論文，*The return of depression economics* (1999)。

19. 「管制資本移動」係凱恩斯語言。

20. 陳炳才，〈重新認識匯率制度和匯率理論〉，《中國金融》（二〇〇四年第十九期，北京）。

21. 中國學者易綱在「三元悖論」基礎上（又稱「不可能三角」）提出了擴展三角理論框架，並提出簡明的X+Y+M=2公式。其中X為匯率，Y代表貨幣政策，M代表資本流動狀態。三個變量變動範圍均在0到1之間。X=0表示完全自由浮動，X=1表示完全的固定匯率制度，Y=0表示貨幣聯盟，Y=1表示貨幣政策完全獨立；M=0表示資本完全管制，M=1表示資本自由流動。其餘中間值表示中間狀態。易綱，〈匯率制度的選擇〉，《金融研究》（二〇〇〇年第九期，北京）。

22. 周其仁，〈央行購匯的支付手段〉，《經濟觀察報》，二〇一〇年五月三日。

23. 《中國金融崛起》，頁三八五。

24. 《輝煌的三十年》。

25. 一九九三年中國居民消費物價指數（CPI）一四%，一九九四年則高達二一．四%，總理朱鎔基意識到：已經出現經濟過熱及泡沫問題，諸如固定投資大增，股市高漲，銀行信貸增加過快，特別是通貨膨脹劇增。

26. 在西方經濟學界有一種理論：人民幣一九九四年的大幅貶值，以及因此推動的出口擴張，是造成一九九七年亞洲金融危機的主要原因之一。

27. 一九九八年六月二日，中共中央金融工作委員會成立（《人民日報》，一九九八年六月二十二日，國務院新聞辦公室門戶網站www.scio.gov.cn）。

28. 《貨幣戰略論》。

29. 《輝煌的三十年》。

30. 二〇〇二年十二月四日，時任日本副財長的黑田東彥在《金融時報》上第一次公開提出人民幣低估造成國際間不平衡問題。

31. 中國央行行長周小川二〇〇五年四月二十三日在博鰲亞洲論壇的部長級對話會上發言。

32. 中國有些學者過分渲染二〇〇八年的國際金融危機，全國彌漫著高估此次危機的氣氛，不僅將此次危機和一九二九年之後的經濟危機，而且認為比一九二九年危機更為嚴重。甚至以一九二九年危機和第二次世界大戰的關係，暗示二〇〇八年危機的後果。許成鋼，〈解釋金融危機的新框架和中國的應對建議〉，《比較》，第三十九期（二〇〇八年，北京）。

33. 英國經濟學者希克斯（John Hicks）的觀點，*Republican Ascendancy, 1921-1933* (New York: Harper & Row, 1960)。

34. 二〇一〇年四月，美國聯邦儲備委員會主席伯南克（Ben Bernanke）在美國國會聯合經濟委員會（Joint Economic Committee）作證時提出，人民幣幣值被低估了，美國必須對中國實行在人民幣升值問題上的壓力。

35. 美國國會相關提案：（S3134）*The Currency Exchange Rate Oversight Reform Act of 2010*。

36. 據二〇一〇年六月十日彭博資訊報導。人民幣匯率問題，正在成為美國政治問題。三月十五日，一百三十名美國眾議員聯名致函美國財長蓋特納和商務部長駱家輝，敦促美國政府立即採取行動，解決中國「操縱匯率」問題。由此開啟了中美兩國此次的匯率爭端。在二〇一〇年六月，參院將表決一項法案，要求中國讓人民幣升值。

37. 二〇一〇年九月二十九日，美國眾議院以三百四十八比七十九通過《匯率改革促進公平貿易法案》；二〇一一年十月十一日，美國參議院以六十三票對三十五票通過《二〇一一年貨幣匯率監督改革法案》。其時，「占領華爾街」示威遊行持續升溫。

38. 《華爾街日報》刊載文章，列舉出逼迫人民幣升值的方法：推動亞洲區國家訂立貨幣協議；透過國際貨幣基金組織逼中國就範；透過美國本土政治舉動逼中國就範；在世界貿易組織內向中國開火；透過IMF促成另一次廣場協議（Plaza Accord）；透過緩慢的多邊會談達致人民幣升值。

39. Roberto Cardarell, "Financial stress, downturns and rocoveries", *World economic outlook* (Washington: IMF, 2008.10).

40. 「定量寬鬆」的英文是quantitative easing。

41. 〈中美匯率戰 部分中國企業家不挺溫家寶反而挺奧巴馬〉，《中國日報》，二〇一〇年三月二十五日。

42. 第一種意見代表是林毅夫，第二種意見代表是左小蕾，第三種意見代表是陳志武，第四種意見代表是程兵。資料來源：孫健芳，〈升值：漫長的博弈〉，《經濟觀察報》，二〇〇八年四月七日。

43. 〈美元對人民幣匯率五年來走勢〉，《求是論壇》，二〇一一年十月二十一日。

44. 歐陽曉紅，〈人民幣匯率步入六．三時代，資金流隱現回流信號〉，《經濟觀察報》，二〇一一年八月二十二日。

45. 得克薩斯州沃思堡顧問公司Corriente Advisors LLC的創始人哈特（Mark Hart III）就在使用看跌期權做空人民幣。擔心人民幣未來走勢的不只哈特一人。高盛集團證券部駐倫敦的銀行家韋斯特伍德（James Westwood）建議客戶退出一項看漲人民幣的交易。高盛於二〇一〇年六月份建議客戶進行該交易，押注人民幣升值。一位不願具名的對沖基金經理表示，此舉表明，高盛的人民幣升值預期略有下降，至少近期是這樣。

46. 穀宇等，〈人民幣匯率波動性對中國進出口影響的分析〉，《世界經濟》（二〇〇七年第十期，北京）。

47. 曾錚等，〈人民幣實際匯率升值與中國出口商品結構調整〉，《世界經濟》（二〇〇六年第五期，北京）。

48. 一九五〇年代和一九六〇年代，日本和德國經濟起飛，其匯率升值，出口成本上升，也沒有因此發生抑制出口的情況。中國並不是唯一的案例。
49. 畢玉江，〈人民幣匯率變動對中國商品出口價格的傳遞效益〉，《世界經濟》（二〇〇六年第五期，北京）。
50. 〈人民幣實際匯率升值與中國出口商品結構調整〉。
51. 二〇一〇年開始，中國工人因為對自己待遇過低不滿，引起一系列的勞工糾紛，標誌著中國單純依賴廉價勞動力的低成本模式彷彿一夜之間進入臨界點。如果勞動力成本和其他成本持續上升，中國製造的優勢會削弱，其世界工廠地位將難以為繼。
52. 施建淮等，〈人民幣匯率變動對我國價格水準的傳遞〉，《經濟研究》（二〇〇八年第七期，北京）。
53. 高路易等，《中國經濟季報》（北京：世界銀行，二〇一〇年三月十七日）。
54. 劉玉紅，〈匯改以來人民幣名義與有效匯率波動特徵〉，《上海證券報》，二〇一〇年七月二十二日。
55. 張斌等，〈貨幣升值的後果〉，《經濟研究》（二〇〇六年第五期，北京）。
56. 趙志君等，〈大國模型與人民幣對美元匯率的評估〉，《經濟研究》（二〇〇九年第三期，北京）。
57. 支持人民幣升值的主張主要基於的常識是：一國價格水準的提高意味著該國貨幣的升值和經濟競爭力的下降。人民幣匯率的升值的根本原因是國內，而不是國外。所以，人民幣對美元的實際匯率主要是由兩國的價格水準、經濟增長率和利率差異所決定的。中國可貿易品部門相對於不可貿易品部門的勞動生產率增長很快，導致人民幣真實匯率被低估。中國近年來貿易順差增長過快，也是人民幣價值低估的反映。所以，人民幣匯大幅度升值有助恢復貿易平衡，控制通貨膨脹，有利於發展服務業，減少對出口的倚重。自二〇一〇年，中國國內企業，尤其是拉動經濟增長的出口部門和企業對人民幣匯率的影響力日益增強。
58. 《匯率危局》，頁一六五。
59. 前引書，頁二二—二三。
60. 向松祚，《不要玩弄匯率》（北京：北京大學出版社，二〇〇六年），頁二一四。
61. 前引書，頁一九四—一九五。
62. 一九六〇年，美國經濟學家羅伯特·特里芬（Robert Triffin）在《黃金與美元危機——自由兌換的未來》一書中，首次提出的布林頓森林體系存在著其自身無法克服的內在矛盾：「由於美元與黃金掛鈎，而其他國家的貨幣與美元掛鈎，美元雖然因此而取得了國際核心貨幣的地位，但是各國為了發展國際貿易，必須用美元作為結算與儲備貨幣，這樣就會導致流出美國的貨幣在海外不斷沉澱，對美國來說就會發生長期貿易逆差；而美元作為國際貨幣核心的前提是必須保持美元幣值穩定與堅挺，這又要求美國必須是一個長期貿易順差國。這兩個要求互相矛盾，因此是一個悖論。」
63. 《不要玩弄匯率》，頁九五，一六三，二一四。

64.《匯率危局》，頁一九二。

65. 梅麗莎・墨菲（Melissa Murphy），〈中國挑戰美元？〉，《財經文摘》（二〇一〇年第一期，北京）。

66. 喬良、陳志武，〈金融與國家安全——中國將軍學者與美籍華人經濟學家的對話〉，《經濟觀察報》，二〇一一年六月十三日。

67. 郎咸平，〈新帝國主義在中國如何操控和侵蝕我們的經濟〉，在「東方出版社」在北京主辦的「郎咸平百家媒體見面會」的發言，二〇一〇年五月二十一日。

68. 郎咸平，〈USD 對 RMB 的大屠殺正在展開〉，《強國論壇》，二〇〇七年九月二十日。

69. 在影響力的「陰謀論」著作中，除了編著的《貨幣戰爭》之外，還有一本譯著《彼德伯格俱樂部》（丹・伊斯圖林，北京：新星出版社，二〇〇九年）。

70. 任劍濤，〈中國人心態要遠離「陰謀論」干擾〉，《環球時報》，二〇一〇年十月十一日。

71.《輝煌的三十年》。

72. 根據中國央行二〇一一年四月十五日關於二〇一一年一季度金融統計數據報告：二〇一一年三月末，國家外匯儲備餘額為三〇，四四七億美元，同比增長二四・四%。三月末人民幣匯率為一美元兌六・五五六四元人民幣。

73.〈二〇一〇年中國外匯儲備二・八兆美元同比增一八・七%〉，《中國新聞網》，二〇一一年一月十一日。

74.《輝煌的三十年》。

75. 前引書。

76. 吳志明等，〈亞洲金融危機之後我國外匯儲備高增長對貨幣供給的影響研究〉（湖南：武漢大學商學院、長沙：湖南大學金融學院，二〇〇五年），頁四。

77.《輝煌的三十年》。

78. 中國人民銀行行長周小川在二〇一一年十月二十四日估計：中國經常項目順差與 GDP 之比將在四%左右。二〇一〇年的經常項目順差與 GDP 之比為五・二%。周小川承認，「從國際收支總平衡，也就是從經常項目和資本項目總和來看，中國今年國際收支的總順差可能還是比較大的」。

79. 非 FDI 資本流入＝外匯儲備增量－貿易順差－實際利用外商直接投資（FDI）。

80. 中國社科院報告，〈全口徑測算中國當前的熱錢規模〉，《鳳凰財經》，二〇〇九年六月二十六日。

81. 李保華，〈一位香港居民的人民幣投資〉，《經濟觀察報》，二〇一〇年七月二十二日。

82. 歐陽曉紅，〈外匯占款驟降五成 熱錢進出這次不同以往〉，《經濟觀察報》，二〇一〇年七月十二日。

83. 在深圳羅湖口岸旁邊的羅湖商業城，港幣早已成為通用貨幣。資料顯示，黑市交易的地下錢莊一般是充當銀行仲介的職能，內有地客戶要匯出人民幣換成港幣，香港那邊有客戶要匯入港幣購買人民幣，對沖後，一般收取五%左右的手續費。如果時間緊急，手續費更高，有法院判決書的數據顯示，最高有收取過二〇%的手續費。

84. 〈USD對RMB的大屠殺正在展開〉。

85. 《輝煌的三十年》。

86. 前引書。

87. 前引書。

88. 〈亞洲金融危機之後我國外匯儲備高增長對貨幣供給的影響研究〉。http://www.doc88.com/p-65221872963.html

89. 同前引。

90. 張曙光等，〈外匯儲備持續積累的經濟後果〉，《經濟研究》（二〇〇七年第四期，北京）。

91. 二〇〇〇年三月，世界的外匯儲備是一三，三〇五億特別提款權，二〇〇九年三月，上升到四三，八三三億特別提款權（一個特別提款權＝一．五八七八美元）。

92. 例如，有人主張，在考慮扣除大約七千億美元「熱錢」因素之後，中國的適度外匯儲備規模一兆二千億美元。李翀，〈我國外匯儲備若干問題研究〉，《中山大學學報》（二〇一〇年第一期，廣東）。

93. 梅松等，〈超額外匯儲備的宏觀風險對沖機制〉，《世界經濟》（二〇〇八年第六期，北京）。

94. 農產品價格形成於芝加哥期貨交易所（CBOT），金融衍生品價格形成於芝加哥商業交易所（CME）和芝加哥期貨交易所。而石油定價權的競爭，實質上是美國兩家公司的競爭。紐約商品交易所（NYMEX）的輕質低硫原油期貨合約是世界上成交量最大的商品期貨品種之一。另一定價基準——布倫特原油所在的倫敦洲際交易所（ICE），二〇〇一年就被美國洲際交易所收購。目前，除了倫敦金屬交易所（LME）的期銅外，世界大宗商品定價權幾乎盡落美國之手。

95. 沈姝華，《英報：美國因印刷錯誤封存千億美元新鈔》，二〇一〇年十二月八日，原出自英國《每日郵報》，二〇一〇年十二月六日。

96. 于曉華，〈中國和美國的債務關係〉，《聯合早報》（新加坡），二〇一一年十月二十七日。

97. 前引文。

98. 沈聯濤，《十年輪迴》（上海：上海遠東出版社，二〇〇九年），頁一三。

99. 劉勘，〈美元升貶七年一輪迴〉，《北京青年報》，二〇〇八年十一月二十四日。

100. 二〇〇九年十二月十六日，美國聯邦儲備委員會決定將聯邦基金利率即商業銀行間隔夜拆借利率降到歷史最低點，下調至〇—〇．二五%，趨於零利率。

101. 據徐以升在〈中國入世十年來大置換〉一文：從一九七一年一直到二〇一〇年，美國各年度貿易逆差之和累計達到九．七萬億美元。以美國十年期國債收益率進行調整，這一負債規模到二〇一〇年達到一七．七萬億美元。《金融時報》中文網，二〇一一年十二月九日。

102. 二〇〇八年九月三十日，金融危機爆發不久，日本央行收到美國的指示，要求日本央行立即印製兩兆美鈔。美國同時也指示印尼印製美鈔。國際輿論將此類美元稱為「日本美元」或「印尼美元」，即「海外美元」。此消息被日本著名的政治評論家中丸薰女士知悉，並得到前首相橋本龍太郎的證實。

103. 中國決定大規模和持續購買美國國債，且成為不成文的一種國策，始於朱鎔基擔任國務院總理的時期。朱鎔基承認他說過：買美國國債利率最高，年初利率為六・五%，現在降到四%，但還是最高的。「我每年可以拿七、八十億美元的利息，有什麼不好？美國敢凍結麼？除非發生中美大戰，世界大戰。那時候我們在國外的外匯是三千個億，但是外國在我國的投資是五千個億」。

104. 易憲容，〈美國國債仍是理想投資選擇〉，《環球時報》，二〇一〇年二月二十一日。

105. 據美國財政部「外國持有美國證券」年度報告，截至二〇〇八年六月三十日，外國持有美國長期機構債券總量為一．五兆美元。其中，中國持有五千兩百七十億美元（占三六%）。雖然中國從二〇〇八年七月開始持續拋售美國政府企業債券。畢竟原本持有量巨大，截至二〇〇九年底，中國依然持有超過四千億美元的長期機構債券，其中絕大多數為兩房債券。二〇一〇年六月十六日，美國聯邦住房金融局發表聲明，要求其監管的美國兩大抵押貸款巨頭房利美與房地美從紐約證交所和其他全國性證交所退市。中國是房地美與房利美兩大按揭公司債券外資機構最大債權人，持有房利美和房地美三千七百六十億美元的債券。這兩家企業陷入危機，會對中國外匯儲備資產價值造成重大損失。

106. 恩道爾，《金融海嘯》（北京：知識產權出版社，二〇〇九年），頁三五九。

107. 美國透過利用中國資源，中國製造和中國市場，獲取品牌及營銷價值。透過品牌和消費方式，美國的飲料業、零售業、汽車、快速消費品、體育用品和服飾，以及電子和其他消費品，滲透到每一個中國人和每個角落。美國企業在中國的資產價值，高達一．五兆。二〇一一年上半年，可口可樂在中國生產、賣出超過二百四十億瓶水（冰露、水森活）、茶（雀巢冰爽、茶研工坊）、果汁（美汁源、酷兒）、汽水（可口可樂、雪碧、醒目、芬達）等飲料，全年銷量將高達五百億瓶。可口可樂和百事可樂每年在中國市場實現的淨利潤三十億美元以上，按「兩樂」平均十八倍市盈率計算，在中國的資產價值超過五百四十億美元。美國在中國最賺錢企業是全球最大日用品公司：寶潔公司。看美國有多少企業在中國占據龍頭地位，美國標準普爾五百企業在中國的分支每年盈利而超過八百億美元，按其十四倍的歷史平均市盈率，其在中國的資產價值約一兆一千億美元。

108. 根據從香港聯交所的公開資料：二〇一一年八月，美國第一大銀行「美國銀行」資本充足率不足，需在金融市場上籌集資金。消息傳出，中國「建設銀行」H股股價應聲暴跌，六個交易日跌了二〇%，二〇一一年八月九日一天就跌了七．

三%。在建行股價的帶動下，H股A股的銀行板塊，恒生國企指數和上證指數均大幅下跌。說明「美國銀行」乃「建設銀行」第二大股東。最多時擁有建設銀行一九%的股份，「建設銀行」是「美國銀行」的搖錢樹，美銀需要錢時就會出售建行股份套現。

109. 僅美國國際數據集團就投資了中國的騰訊、攜程、百度、搜房、當當、同程、威客、土豆網、如家、漢庭等兩百多家企業。

110. 于曉華，〈中國和美國的債務關係〉，《南華早報》（新加坡），二〇一一年十月二十七日。

111. 二〇〇五年，美國彼得森國際經濟研究所所長弗雷德·伯格斯騰（Fred Bergsten）首次提出構建中美經濟關係的G-2模式。但伯格斯騰設想的G-2並非與中國分享共同治理世界的權力與尊榮，在伯格斯騰看來，中國是一個逃避經濟責任的超級經濟強國，有必要通過G-2這樣的雙邊機制，規範中國的經濟行為。二〇〇八年九月，美國哈佛大學著名經濟史學教授弗格森（Niall Ferguson）和柏林自由大學石里克教授共同創造出「Chimerica」的新詞，以強調中美經濟關係的緊密性，稱中美已走入共生時代。

112. 高盛（Goldman Sachs），《儲蓄過剩、資本收益率以及避險意識增強》（*The Savings Glut, the Return on Capital and the Rise in Risk Aversion*）（二〇〇九年五月二十七日）。

113. 據美國財政部數據和美國彭博社報導：二〇一一年六月和七月，在將近兩個月時間裡，全球多個國家的央行都爭相拋售美債，合計減少了四．四八兆美元。從未來的風險因素來看，目前美債的安全性的確受到各國質疑。其中，中國減持美國國債三六五億美元，從而結束了此前連續四個月的增持。幾乎同時，國際評級機構標普調降美國的三A主權信用評級。中國大幅減持美國國債可能與此有關。但是，八月持有美國國債量排名第二的日本，卻增持二一八億美元美債，第三名和第四名也是雙雙增持，似乎大家意見並不一致。中國減持可能是由於美債集中到期的原因，並不能代表減持趨勢出現。

114. 據美國《新聞週刊》題為〈中國的獨立幻想〉的文章（二〇〇九年七月十三日）：中國的《環球時報》在同月份進行的一項調查顯示，有八七%的人反對購買更多美國債券。就在美財長蓋特納六月初抵達北京前不久，對中國最主要經濟學家的調查顯示，二十三名經濟學家中有十七人認為美國的債券存在「風險」，美國股票對中國經濟構成潛在威脅，中國政府應該離開美國市場尋求資產多樣化投資，轉向能源和礦產資源。這種獨立精神的增長正在使全球市場感到緊張。只是奉行穩定壓倒一切的中國領導層並不贊同獨立於美國經濟的這個流行觀點，他們明白除了美國，沒有其他國家比中國從全球化中受益更大。中國向內轉會走多遠也有諸多限制。外國知名大公司在中國的工廠一直是就業來源之一，並且在中國繁榮的出口產業中占據很大份額。北京將不會斷絕最大的外國投資者，也不會中斷在美投資，沒有其他市場能夠吸收中國外匯儲備。

115. 中國經濟學界的李稻葵和謝國忠是這種觀點的代表性人物。李稻葵，〈中國抄底美國債券〉，《中國第一財經》，二〇〇八年九月二十三日；謝國忠，〈將美國債券換成股市證券〉，《鳳凰財經》，二〇〇八年九月二十八日。

116. 代表人物是宋鴻兵。〈宋鴻兵vs龍永圖：如何看待中國持有美國國債〉，中國中央電視臺《東方時空》節目《金融危機會來第二波嗎？》，二〇〇九年一月十三日。

117. 中國經濟學家王建是提出「美元崩盤論」的代表人物。王建在二〇〇三年就提出「美元崩潰是遲早的事情」的論斷。（〈美元崩潰屈指可數〉，《經濟學消息報》，二〇〇三年十月十七日。）王建在二〇一一年又說：「我估計在二〇一二或二〇一三年，可能會出現美元崩潰的局面。」（〈如何走出美元困境〉，《二十一世紀經濟報導》，二〇一一年八月十三日。）

118. 據美國聯邦儲備委員會統計，在二〇〇七年在八月份的前五個月，中國已將其所持有的美國國庫券減少了五%，達到四千億美元。中國是第二大持有美國政府債券的國家，僅次於日本。

119. 中國持有的美債太多。相對於中國，俄羅斯可以拋售美國國債，甚至達到很高的拋售幅度，俄羅斯不會因此傷害自己，因為俄羅斯的美元債券規模從來有限。

120. 克魯曼，〈和中國打一場貿易戰吧〉，《華爾街日報》，二〇一〇年一月五日。

121. 張斐斐，〈歐元走到十字路口〉，《經濟觀察報》，二〇一〇年二月二十六日。

122. Floyd Norris，孫悅編譯，〈歐元區分崩離析〉，《財經文摘》，第九十二期（二〇一〇年七月十三日，香港）。

123. 根據這個財政協定，歐盟國家以雙邊貸款向國際貨幣基金組織注資兩千億歐元，供財政危機國家申貸，原本建立五千億歐元的歐盟常設救助機制「歐洲穩定機制」（ESM）提前一年啟動，取代臨時抒困機制的「歐洲金融穩定基金」（ESFS）。

124. 歐盟不願意以市場經濟地位換取中國投資。市場地位的實質是政治問題。很大程度取決於中國。

125. 《十年輪迴》，頁六四—六五。

126. 二〇一一年，日本的全國債務規模將達到九五〇兆日圓（約合九．五兆美元），占（GDP）的二〇〇%，相當於每個日本人背負著七五〇萬日圓的債務。

127. 日本是發達國家中發行國債最多的國家，到二〇一〇年三月底為止，日本共發行了八〇四兆日圓國債，與國內生產總值（GDP）的比率為一五七．五%，比歐洲財政瀕臨破產的各國比率都高。不過，日本與其他國家不同，國債基本被國內消化，到二〇一〇年三月底為止，外國人持有日本國債的比率僅占日本國債的四．六%，與歐美各國對比，顯得極低。日本的國債，從財務收益上比不過美元資產。

128. 發達國家與新興經濟體之間存在明顯對立：發達國家希望保住自己的既得權益，而發展中國家則希望擴大發言權。在發達國家中，歐美之間的鴻溝較深，日本則韜光養晦。歐洲主張強化對市場的監管，而美國仍然固守自由市場主義。美國仍然堅守自己的主導權。布希二〇〇八年十一月十三日在紐約告訴各國領導人，尋求金融危機的應對策之時，切勿輕言放棄自由市場經濟原則。他認為，當前金融體系仍然是促進生產的「最好制度」。第二，歐盟極力鼓吹「新版布林頓體系」。歐盟在二〇〇八年十一月七日召開非正式會議之後，出臺了金融改革「路線圖」。主要內容包括：加強金融監管，不留任何「死角」；改革國際金融機構，賦予國際貨幣基金組織在新金融體系中的中堅地位；建立金融預警機制，儘早評估風險預防危機；制定一套行為準則，避免金融業為追求高回報忽視高風險，審查高管薪酬；嚴格監督信用評級機構等。公報還提出，峰會應制定一份工作構想，以確保有關各方在未來一百天內就落實方案提出具體且有操作性的建議。在金融體系未來的發展方向上，美國依然堅持市場原則，而歐盟主張對市場實行干預；在匯率政策上，歐盟建議美元、歐元設參考匯率，美國則強調由市場來決定。這些都顯示了歐盟在指導思路與美國主導權的爭奪。維持美元中心體制正是日本努力的目標。支援美元救市的積極姿態。

129. 英國首相布朗在會後的記者會上表示，二十國集團領導人同意為IMF和世界銀行等多邊金融機構提供總額一兆美元資金，國際貨幣基金組織資金規模將擴大三倍，由兩千五百億美元增加到七千五百億美元，幫助陷入困境的國家。在加強金融監管方面，二十國集團領導人認為要加強有對所有具有系統性影響的金融機構、金融產品和金融市場實施監管和監督，首次對沖基金置於金融實行監管。此外，國際貨幣基金組織增發兩千五百億美元特別提款權分配給各成員，以增強流動性。各國政府將嚴厲取締「避稅港」。

130. 周小川，〈關於改革國際貨幣體系的思考〉，中國《金融時報》，二〇〇九年三月二十一日。

131. 對「超主權儲備貨幣」持支持態度的經濟學家為數有限，諾貝爾經濟學獎獲得者斯蒂格利茨是其中一位。IMF總裁斯特勞斯．卡恩只是說中國的「超主權儲備貨幣」的建議有「合理」性，但並不表明美元已經喪失主導地位。國際媒體中國的「超主權儲備貨幣」的建議有所報導，但是並沒有成為熱點。

132. 根據這次會議決定，IMF將獲得總額五千億美元注資增加歐盟、日本等國的注資份額，歐盟一千億美元，日本有資格增資一千億美元，中國作為今日世界的第三大經濟體，其出資額度應該與日本國相當，但只有四百億美元，為日本注資量的四〇%。增量資金中占比為八%，並無任何優勢可言。

133. 二〇〇九年十一月，IMF在華盛頓舉行的會議上已經決定增加金磚四國在「新借款安排」（New Arrangements to Borrow，簡稱NAB）中的出資份額，從原來的八百億美元提升至一千億美元，這樣金磚四國在IMF擁有的投票權總數就超過了一五%。意味著新興國家將擁有愈來愈大的發言權。根據IMF重大事項均需獲得八五%以上投票權同意通過的規則，金磚四國實際上擁有了對重大事項的集體否決權，足以與美國、日本和歐洲國家相抗衡。

134. 二〇〇八年十一月七日，「金磚四國」在巴西舉行的G二十財政部長會議上，呼籲改革國際金融體系，使之能夠正確反映世界經濟的新變化。會議期間，與會各國同意改革IMF和世界銀行等多個國際機構，為增加發展中國家在這些機構中的投票權打開了缺口。二〇〇九年六月，「金磚四國」會議在莫斯科舉行。據俄新網報導，俄羅斯總統助理阿爾卡季．德沃爾科維奇十六日表示，重要的是改革特別提款權和一籃子貨幣，使之能夠反映原料商品在世界經濟發展中的作用。俄羅斯、中國和其他一些國家的貨幣應當成為國際貨幣基金組織特別提款權（SDR）的一籃子貨幣，「盧布、人民幣和其他一些貨幣理應包括在特別提款權的貨幣籃子中。」他還強調，貨幣籃子中還應該有黃金。二〇〇七年，歐盟與美國的經濟總量相當，各約十五兆美元，各占全球經濟總量的約三〇%。

135. 方明，〈國際貨幣體系改革：中國成為關鍵貨幣國〉，《金融實務》（二〇〇九年第十二期，北京）。

136. 一九四四年七月，在美國新罕布夏州的布林頓森林小鎮，舉行了關於二戰後世界貨幣制度的會議，即布林頓森林會議，中國是參加國。建立IMF是這次會議的重要成果。SDR最初是為了支援布林頓森林體系而創設，最初，每個特別提款權單位被定義為〇．八八八六七一克純金的價格，也是當時一美元的價值。隨著布林頓森林體系的瓦解，特別提款權現在已經作為「一籃子」貨幣的計價單位。發展中國家配額少、投票權小。國際貨幣基金組織協定的規定每五年為一個分配特別提款權的基本期。現在世界貨幣基金組織資金嚴重不足，只剩下幾百億美元了，沒有能力去挽救全球金融危機和幫助陷入困境的國家。美國要求各國借錢給世界貨幣基金組織，特別是像中國、日本這樣有大量外匯儲備的國家。日本已承諾借一千億美金給基金，中國還未表態。有消息稱美國和歐洲有可能建議基金組織增設兩位副總裁，讓發展中國家擔任一個副總裁。不過，關鍵在於美國是否放棄它在基金決策內的一票否決權。據悉，美國已表示不會放棄一票否決權。按照IMF的規定，SDR一般以倫敦市場午市歐元、日圓、英鎊對美元的匯率中間價作為計算標準，先計算出含有多種貨幣的特別提款權對美元的比價，得到一個用美元標價的特別提款權價格；然後再根據成員國央行公佈的各自貨幣對美元的匯率，計算出各種貨幣對特別提款權的兌換比例，得到其他各種貨幣標價的特別提款權值。同樣，對於人民幣對特別提款權的折算率來說，需要先計算美元對於特別提款權的比例，然後再根據人民幣對美元匯率，換算得出人民幣對特別提款權的匯率。

137. 聶慶平，〈堅持人民幣穩定是中國成功的唯一道路〉，《中國新聞網》，二〇一〇年五月十一日。

138. 朱盈庫，〈中方稱人民幣無意取代美元 憂在美中資企業遭打壓〉，《環球時報》，二〇一〇年十一月二十一日。

139. 周寂沫，《世界三大貨幣》（北京：中國經濟出版社，二〇一〇年），頁一。

140. 《財富的覺醒》，頁六四。

141. 「根據中國加入WTO達成的雙邊協議中有關資本市場開放的條款規定，資本市場服務業的開放承諾主要包括：（1）B股業務。中國承諾在加入WTO時開放B股業務。外資證券商可直接從事B股業務，無須透過國內證券商與之合作。外資證券商在中國的代表處可成為證券交易所的特殊會員。（2）合資證券經營機構。在中國加入WTO三年後，外國證券商、投資銀行可與中國證券經營機構合資成立外資股份不超過三三%的證券經營機構，從事A股、B股、H股以及政府債券的承銷服務。合資證券公司可承銷、自營和代理外幣債券和股票，可承銷本幣證券。（3）資產管理服務。中國加入WTO後，外資證券經營機構可與中國證券經營機構成交合資資產管理公司，外資股份不超過三三%。三年後股份上限提高到四九%。」合資企業可以從事股份承銷，B股、H股及政府與公司債券的承銷和交易，基金的發起。

142. 長期以來，中國對境外投資者投資境內證券市場實行較嚴格的控制。中國境內機構需經有關部門批准後，可在境外發行股票、債券和貨幣市場工具。具備相應業務資格的境內銀行和非銀行金融機構可以買賣境外債券、境外貨幣市場工具和集體投資類證券。經主管部門審批，境外發行H股的公司可以回購境外流通股票。經審批，國有企業可以進行商品期貨交易；符合資格的中資外匯指定銀行可以在境外購買衍生工具，交易性質應為避險和保值；中資企業經審批可以進行外債項下保值業務，如委託境外銀行或境內外資銀行辦理；外商投資企業外債項下保值業務不須事前審批，但事後需要登記。

143. QFII (Qualified Foreign Institutional Investors), QDII (Qualified Domestic Institutional Investor).

144. 王洛林主編，《二〇〇三—二〇〇四中國外商投資報告》（北京：中國社會科學出版社，二〇〇四年），頁四四九—四五〇。

145. 一九九六年一月二十九日，中國政府發布《中華人民共和國外匯管理條例》；一九九七年四月十四日對此條例進行了修改。

146. 中國外匯交易中心與芝加哥商業交易所的合作項目包括：芝加哥商業交易所多種金融衍生品的交易和清算服務、跨市場交易、優惠的匯率和交易條件等。中國外匯交易中心不涉及人民幣的匯率和利率產品提供技術平臺和清算服務。

147. 中國實施QFII制度，沒有很大的輿論宣傳，大體上是悄然開始。中國從一九八〇年代就已經開始嘗試發行海外債券，一九九〇年代國內企業發行了B股、H股和N股等，為數不少的企業進入到香港和紐約證券市場進行融資。其中，最主要的步驟是中國證監會和中國人民銀行於二〇〇二年十一月七日，聯合發布了《關於向外商轉讓上市公司國有股和法人股有關問題的通知》和《合格境外機構投資者境內證券投資管理暫行辦法》，該辦法並於同年十二月一日起正式實施，標誌著中國資本市場正式引入QFII制度，在一定程度上實現了中國上市公司A股的非流通股和流通股的對外資開放，正式開啓了外資直接投資中國證券市場的通道。自二〇〇三年瑞士銀行（UBS）成為首家獲批投資中國資本市場的合格境外機構投資者，至二〇〇八年四月底，中國證監會已批准設立七家中外合資證券公司和三十一家中外合資基金管理公司，其中十五家合資基金公司的外資股權已達四九%。

148. 二〇〇七年七月，中國實施《境外證券交易所駐華代表機構管理辦法》，紐約交易所、倫敦交易所等七家境外證券交易所獲准設立駐華代表處，獲得了QDII境外理財的資格境外的銀行、證券公司、基金管理公司、保險公司的數目。基金公司的QDII業務進入快速發展階段。中國支持境內證券期貨經營機構「走出去」，允許境外證券交易所設立駐華代表機構。中國官方批准可以從事以「套期保值」為目的的境外期貨交易的證券公司、期貨公司不斷增加。二〇〇八年四月，累計批准五十二家境外機構投資額度共一〇三．九五億美元。二〇〇五年，批准亞洲開發銀行、國際金融公司在境內發行人民幣債券。二〇〇七年，資本和金融項目交易額達一．七七兆美元，比二〇〇二年的兩千兩百億美元增長八倍；資本和金融項目占國際收支交易額的四〇．八%，比二〇〇二年提高了一七．五%。

149. 二〇〇七年三月六日，全國人大代表、中國人民大學校長紀寶成在北京團發言時表達了對目前大量大中型企業赴海外上市熱潮的擔憂。他認為，一九九三年至二〇〇五年大中型國有企業在海外上市過程中，涉及國有資產流失至少六百億美元。中國社科院金融所研究員易憲容隨即撰文，發表了不同的意見。由此，關於大型國企海外上市是否會導致國有資產流失的問題引起了公眾的關注。

150. 中國的監管部門對銀行、保險公司對QDII投資方向有比較嚴格的規定，而對於基金和證券公司的QDII產品投資則沒有明確的限制，這種差別是與銀行和保險公司的「風險規避型」和基金與證券公司追求高收益的「風險偏好型」特徵相吻合的。QDII制度原則下，中國政府允許中國內的社保基金、保險公司和其他大型投資者透過海外投資獲取更高回報。

151. 海外直接投資（Outward FDI），又稱之為「非金融類對外投資」。

152. 投資發展路徑（Investment Development Path，簡稱IDP）的概念和理論，是英國經濟學家鄧寧（John Dunning,1927-2009）於一九八〇年代提出的。

153. 周生起，〈中國對外直接投資：現狀、趨勢與政策〉，《東亞論文》（二〇〇九年第七十五期，新加坡）。

154. 張斐斐，〈這裡是中國投資時間〉，《經濟觀察報》，二〇一一年三月七日。

155. 李輝，〈經濟增長與對外投資大國地位的形成〉，《經濟研究》（二〇〇七年第二期，北京）。

156. 張曙光等〈外匯儲備持續積累的經濟後果〉，《經濟研究》（二〇〇七年第二期，北京）。

157. 舒眉、陳楠，〈中國企業赴美投資的第一個小高潮正在湧現〉，《南方週末》，二〇一一年八月十八日。

158. 雷敏、陳雅儒，〈商務部、國資委簽署《協作備忘錄》規範央企走出去〉，《新華網》，二〇一一年八月二十三日。

159. 張文魁，〈中國企業海外並購的基本情況、總體評估和政策討論〉，《開放》（二〇〇九年第十二期，香港）。

160. 二〇〇七年九月二十九日，中國投資有限責任公司正式在北京新保利大廈掛牌成立，註冊資本金二千億美元，其中可用於海外投資的資本總額大約九四〇億美元，其餘資金控股國有五大銀行，負責管理中國部分外匯儲備。

161. 郭靂，〈中投：主權財富基金的控股公司路徑〉，《中外法學》（二〇〇九年第四期，北京）。

162. 中國官方海外投資和IPO的重要合作夥伴是黑石集團，又稱百仕通集團（The Blackstone Group）。該公司於一九八五年創建於美國紐約，是一家資產管理公司，其另類資產管理包括對企業私募股權基金、房地產基金、對沖基金的基金、夾層基金、優先債工具、專有對沖基金和封閉式共同基金等的管理。據悉，該基金受到中國政府機構，國有企業和一些國內大型企業的支援，目標規模為五十億元，投資階段主要是PE-Growth。

163. 齊軍玲，〈年年慘敗無米下鍋政府向中投輸血萬億〉，《一財網》，二〇一一年四月二十六日。

164. 二〇〇八年八月五日，美聯儲對「中投」和「中央匯金」做出批覆，明確兩家公司在美國的法律定位，給與中投公司和中央匯金其非銀行業務的豁免。中投公司和中央匯金如果收購在美開展業務的任何一家公司二五%以上股份，或收購在美國從事金融控股公司業務之公司五%以上股份，必須通知美聯儲。

165. 李巍，〈中國應增加民間外匯儲備〉，《環球時報》，二〇一〇年二月二十四日。

166. 二〇一一年十月二十四日，中國人民銀行行長周小川肯定：中國在未來，可能將更多的資源分配轉向民間，「藏匯於民」，讓國民自行決定外匯的用途。「我們可能將更多資源從分佈的角度轉向民間，更多地『藏匯於民』。」「所謂『藏匯於民』

並不是老百姓把外匯藏到自己手裡，而是他們自行決定運用包括投資等機會。」

167. 據鍾偉，《英才》（二〇一〇年第十期，北京）：在二十一世紀的第一個十年，中國移民海外人數年平均達四十五萬人，攜帶到海外資產高達兩千五百億美元，相當於中國政府和國內企業迄今在海外直接投資的兩倍。

168. 二〇一一年，中國向白俄羅斯提供十億美元的優惠貸款，兩國簽訂了《中國投資者參與白俄羅斯二〇一一—二〇一三年企業私有化金融合作》的協議。俄國警惕中國和白俄羅斯的「金融聯盟」。國際社會認為，中國的巨額貸款打亂了白俄羅斯進行民主改革的計劃。

169. 《中國金融自由化效應研究》，頁二三三。

170. 「從資金的流向角度考察，資本市場的投資性開放包括融資的開放和投資的開放，融資的開放是指本國居民在國際資本市場上融資和外國居民在本國資本市場上融資，投資的開放則是外國居民投資於本國的資本市場和允許本國居民投資於國際資本市場。對於發展中國家來說，吸引資金的流入一直在政策導向上占主導性地位，具體措施包括吸引合格的外國機構投資再投資於本地市場、融資主體跨境上市等。」根據國際貨幣基金組織的定義，資本項目開放是指消除對國際收支資本和金融賬戶下各項交易的外匯管制，如數量限制、課稅及補貼，其實質是資本項目下的人民幣可兌換。根據〈國際收支平衡表〉所列的有關主要項目，資本項目的開放應該包括：消除對外商直接投資的匯兌限制、消除對外商投資證券市場的限制、取消國內企業向境內外資銀行融資的限制、取消對境內企業境外投資的匯兌限制等。

171. 截至二〇〇八年六月底，全球狹義貨幣M_1發行量：歐元為六．〇七二七兆美元；美元為一．三八八三兆美元；人民幣為二．二三六二兆美元；日圓為三．六四一四兆美元；英鎊為一．九九〇七兆美元。按照M_1供應量排序，世界五大貨幣排列順序是：①歐元；②日圓；③人民幣；④英鎊；⑤美元。其中，美元M_1供應量淪為五大貨幣中的最後一位，這是十分耐人尋味的。從廣義貨幣M_2發行量來看，歐元為一二．〇三九九兆美元（五月八日），美元為七．六八八一兆美元（六月八日），日圓為六．九〇一六兆美元，人民幣為六．三六三〇兆美元，英鎊為三．二九一一兆美元。按照M_2供應量排序，世界五大貨幣排序是：①歐元；②美元；③日圓；④人民幣；⑤英鎊。廣義貨幣M_3的發行量：歐元為一四．二兆美元，美元為一三．八兆美元，日圓為一一・三六七兆美元，英鎊為三．八八二兆美元，人民幣沒有統計。

172. 王洛林主編，《中國外商投資報告（二〇〇三—二〇〇四）》（北京：中國社會科學出版社，二〇〇四年），頁四五八，四六〇。

173. 國家外匯，一般是指他國兌換貨幣，以及黃金，美元計算自己的貨幣。如果美國將自己的美元計入外匯儲備，美國自然就是擁有世界最大的外匯儲備。

174. 香港特首二〇〇六年五月十九日提出，港元同人民幣掛鈎的前提是人民幣可自由兌換。人民幣完全自由兌換還有很長一段路要走，目前只能是政策性選擇。在人民幣可以完全自由兌換之前，香港和大陸可以適當增加港元與人民幣的接觸面，繼續穩定港元與人民幣的關係，加強港元的國際地位。曾蔭權建議，研究在香港發行人民幣債券的可能性。此外，他也建議中央政府，在貸款給其他發展中國家時，可以考慮使用港元作為結算貨幣，而不是完全使用美元。曾蔭權還建議大陸允許積存在香港的人民幣在香港進行交易和結算。

175. 王元龍，〈我國進入企業跨國並購對外投資新階段〉，北京國際金融論壇（寧波），二〇〇九年六月二十六—二十八日。

176. 趙海寬，〈人民幣成為世界貨幣條件基本成熟〉，《新華網》，二〇〇七年三月二十六日。

http://finance.sina.com.cn/hy/20090627/16076409281.shtml

177. 聶慶平，〈人民幣能取代美元形成國際儲備貨幣嗎？〉，《上海證券報》，二〇一〇年五月十一日。

178. 二〇〇五年二月，中國民建吉林省調研委委員吳樹實，民建會員胡學源聯名建議。

179. 二〇〇九年七月三日，全球智庫峰會在北京舉行，來自世界各地的數百位政要、學者、諾貝爾獎得主、全球五百強執行長，就全球金融危機與世界經濟展望的主題進行深入探討，共謀全球發展。

180. 一九九〇年，日本進出口貿易中的日圓交易額分別是七五．五％和三七．五％；日圓在歐洲市場存款餘額相當於一，七七〇億美元，占三．六％；國際債券市場的日圓債券總額相當於二，二九八億美元，占一三．四％，居第二位；日圓在國際間銀行貸款總額相當一，二四一億美元，占一．七％。日圓在世界外匯交易總額相當於四，八三〇億美元，占一七．四％，居第三位。這是一九八九年四月數字。《日圓國際化與東亞貨幣合作》，頁四一—五九。

181. 《中國金融自由化效應研究》。

182. 蒙代爾（Robert A. Mundell）在二〇〇六年說，「使人民幣成為一種世界貨幣，對中國本身來講並不是有益的事情。」同樣是蒙代爾在南開大學的一次演講中指出，亞洲應該儘快建立統一的貨幣組織，創立「亞元」，而中國可扮演主導角色。蒙代爾認為，在某種程度上來講，人民幣已經是一種國際貨幣，因為人民幣已經在東盟很多國家使用。蒙代爾還預言，二〇三〇年人民幣成為世界第三貨幣。因為蒙代爾這些說法，成了在訪問中國次數最多和中國最受歡迎的美國經濟學家。《人民網》，二〇〇六年二月十三日。

183. 二〇〇九年四月九日，中國國務院常務會議提出：在當前應對國際金融危機的形勢下，開展跨境貿易人民幣結算，對於推動中國與周邊國家和地區的經貿關係發展，規避匯率風險，改善貿易條件，保持對外貿易增長，具有重要意義。

184. 崔宇，〈人民幣國際化是「皇帝的新裝」〉，多維網，二〇〇九年七月四日。

185. 二〇〇七年十二月十二日，中國和韓國達成一千八百億元人民幣貨幣互換的協議，人民幣首次以官方姿態走出國門。二〇〇八年一月二十日，央行與香港特區簽署了貨幣互換協議，規模達兩千億元人民幣。二〇〇八年二月八日，中國與馬來西亞簽署了規模為八百億元人民幣的貨幣互換協議。在簽署上述三個貨幣互換協議前，中國已與俄羅斯、蒙古、緬甸、越南等周邊八個國家分別簽署了自主選擇雙邊貨幣結算協議。此外，中國央行已與中國香港地區、韓國、馬來西亞、印尼、白俄羅斯、阿根廷等六個國家和地區的央行及貨幣當局，簽署了總額達六千五百億元人民幣的貨幣互換協議，相當於中國外匯儲備總額的五％，增加了人民幣的國際使用量與覆蓋面。二〇〇九年四月二日，中國人民銀行和阿根廷中央銀行正式簽署了雙邊貨幣互換協議，這份協議的互換規模達七百億元人民幣，實施有效期三年，經雙方同意可以展期。中國政府的這些動作都為人民幣今後的跨境結算提供了資金支援。

186. 〈我國已簽署六千五百億元人民幣貨幣互換協議〉，《中國證券網》，二〇〇九年四月一日。

187. 中國和俄羅斯在雙邊貿易結算，大部分都以美元，而不是人民幣或盧布結算，原因包括：兩國企業對本幣結算還不是特別理解，有依賴美元的慣性；最近半年盧布匯率波動較大，也影響本幣結算的推廣；在中俄貿易中占最大比例的是石油、天然氣、木材等資源類產品。這些在國際上已習慣以美元結算。二〇〇八年以來，中俄兩國本幣結算的進程大大加快。俄羅斯央行宣佈，將俄國公司採用人民幣結算擴大到俄全境。中國央行消息人士表示，中國也考慮將中俄兩國的本幣結算範圍進一步向其他省份擴展。

188. 方明，〈國際貨幣體系改革：中國成為關鍵貨幣國〉，《金融務實》，二〇〇九年第十二期，二〇一〇年一月二日。

189. 二〇一〇年七月二十一日，在上海召開滬港金融會議，就上海和香港的分工達成共識：上海定位為人民幣在岸中心。

190. 吳海珊、劉真真，〈人民幣國際化：漫長之旅〉，《經濟觀察報》，二〇一一年七月二十五日。

191. 中國國家外匯管理局局長易綱接受《中國改革》專訪，二〇一〇年七月三十日。

192. 二〇一〇年，關於香港如何成為「人民幣離岸中心」的討論開始深化，涉及如何建立中國境外人民幣的回流機制。有人提出「設臨時資金池，解決離岸市場人幣水源不足」的建議：由於境外人民幣流通量不足，難以解決人民幣債券、股票及期貨等產品的全部需求，需要多種途徑擴大人民幣資金的來源。

193. 黃河，〈人民幣香港出海：中央明確授權香港為唯一的「人民幣離岸中心」〉，《南方週末》，二〇一一年八月二十五日。

194. 甚至有這樣的可能：如果人民幣存款占香港公眾持有港元現金超過三分之一、二分之一，人民幣直接和間接影響香港的貨幣供應量，導致資產價格上升，加速港元和人民幣融合，有如馬克和法郎等貨幣融合成為歐元那般。

195. 二〇〇八年五月二十四日，北京大學光華管理學院EMBA十周年巡迴論壇二十三日於香港舉行，北大光華管理學院院長張維迎做了這樣的預言。

196. 索羅斯代表的是比較理性和更符合邏輯的看法：不應該發生港元將與人民幣合併，這兩種貨幣將會獨立存在，有助於香港成為人民幣的離岸交易中心。《信報》，二〇一〇年九月十七日第一版。

197. 馬丁．豪厄爾，〈中國建設銀行行長郭樹清：美國政府和世界銀行應該在香港和上海兩地發行人民幣計價債券〉，路透社，二〇〇九年六月七日發自美國紐約的報導。

198. 〈人民幣國際化：漫長之旅〉，《經濟觀察報》，二〇一一年七月二十七日。

199. 丘燕玲，〈立院預算中心憂 新臺幣恐遭人民幣取代〉，《自由時報電子報》，二〇一〇年十月一日。

200. 劉真真，〈新加坡新賣點：人民幣離岸中心〉，《經濟觀察報》，二〇一一年五月十五日。

201. 歐洋曉虹，〈可怕的提速人民幣國際化歧路〉，《經濟觀察網》，二〇一一年九月二十七日。

202. 英國倫敦金融城市長白爾雅二〇一一年四月十二日在上海表示，對人民幣國際化充滿信心，人民幣離岸交易是塊非常大的蛋糕，希望倫敦也能在其中分一杯羹。《新華網》，二〇一一年四月十三日。

203. 《十年輪迴》，頁二七二。

204. 日本的小川英治教授等人設計出亞洲貨幣單位（ACU）。其中的人民幣的權重是三六%，日圓二一%，韓元是一六%，新加坡元大約是一一%。韓國學者為未來的亞元起名 ASIRO。日本的神原英姿為「亞元」起的名字是「亞細納」（ASEANA）。轉引自：李燕，〈東亞區域匯率合作：方案比較與路徑選擇〉。http://www.qikan.com.cn/Article/ssjj/ssjj200704/ssjj20070404-2.html

205. 在出資比例方面，中國和日本各出資三八四億美元，各占三二%的份額，韓國出資一九二億美元，占一六%的份額，中日韓出資總額占到儲備庫的八〇%，東盟十國出資二四〇億美元，占二〇%份額。一千二百億的儲備規模相當於東亞地區三．六兆外匯儲備的三．三%。

206. 亞洲債券基金於二〇〇三年發行過第一期債券，二〇〇四年發行過第二期債券。

207. 在東盟十個國家中，中國銀行分支機構的只有六個國家，除了新加坡以外，其他五個國家，最多只有一兩個銀行的非常有限的分支。老撾，緬甸等四個國家一個中國的銀行也沒有。在中國金融機構沒有布到的地方，產生人民幣的需求是非常困難的，充其量在邊貿的地方用現鈔交易，一旦縱深到其內地，就沒有人民幣的受理環境了。

208. 二〇〇九年，中國在 FTD 方面有了長足進展：除了中國—東盟，還簽署了中國—新加坡，中國—秘魯 FTD。此外中國正在和一些國家進行 FTD 談判，和一些國家進行 FTD 的可行性研究。〔沈銘輝，〈對構建中國 FTA 戰略的思考〉，《新視野》（二〇〇九年第六期，北京）。〕

209. 《十年輪迴》，頁二七二。

210. 蒙代爾，〈亞洲統一貨幣不可行〉，中歐（瀋陽）經貿高層會議，二〇〇五年九月二十一日。

211. 唐雙寧，〈美元、人民幣和世界貨幣〉，中國《金融時報》，二〇〇八年十二月十日。

212. 英格蘭銀行在金價二五〇美元時賣掉一半的黃金儲備，至今還讓已任首相的布朗（時任財政大臣）難看。英國人在歷經冰島般的磨難之後，紛紛追問，是誰賣了我們的黃金？

213. 美國和西歐國家原本都是金本位或雙本位制度國家。

214. 一九二九年至二〇〇八年初，黃金價格從每盎司二十美元上漲到一千美元，即每年以五%的速度增長。

215. 一九四五年，德國戰敗後，全國已無黃金儲備，在前西德經濟恢復和起飛後，迅速增加黃金儲備，一九六〇年黃金儲備達二，六四〇噸，一九七〇年後上升到三，五〇〇噸左右，居美國之後。

216. 張宇哲，〈金價高峰陰影〉，《新世紀週刊》（二〇一〇年第十期，北京）。

217. 據有關統計，發達國家每年工業用金量是發展中國家的四倍以上。目前國際黃金業界的動向表明，開發黃金的新工業應用及發展其產業是科學界的重點和熱點，涉及化學、材料科學、奈米技術等領域。世界黃金協會估計，未來五年至十年工業的黃金用量，每年將增加三百至四百噸。

218. 直到一九八二年九月，中國政府在法律上正式解禁國內黃金飾品銷售，在國內恢復出售黃金飾品。一九八三年六月，國務院頒布《中華人民共和國金銀管理條例》，同年十二月二十八日，條例實施細則跟著發布實施，要求出境人員攜帶黃金飾品不得超過一市兩（一市兩約三一．二五克），回程攜帶黃金飾品不得超過五市錢（折合一五．六二五克）。在國內恢復出售黃金飾品。一九九七年亞洲暴發金融危機，韓國政府透過向民間收集了七千噸黃金用於國際金融支付，並穩定了韓元，化解了本國的金融危機。這一事例說明藏金於民的重要意義。對中國頗有啟發。一九九九年十一月二十五日，中國放開白銀市場，封閉了半個世紀的白銀自由交易開禁，為放開黃金交易市場奠定了基礎。二〇〇〇年十月，國務院發展研究中心課題組發表有關黃金市場開放的研究報告。同年，中國政府將建立黃金交易市場列入國民經濟和社會發展「十五」綱要年。二〇〇〇年四月，中國人民銀行行長戴相龍宣佈取消黃金「統購統配」的計畫管理體制，在上海組建黃金交易所。二〇〇一年六月十一日，中央銀行啟動黃金價格周報價制度。同年八月放開足金飾品、金精礦、金塊礦和金銀產品價格；十一月黃金交易所模擬試運行。二〇〇二年十月三十日，上海黃金交易所開業，黃金市場走向全面開放。

219. ETF 基金市場的運作過程大概為：由大型黃金生產商向基金公司寄售實物黃金，隨後由基金公司以此實物黃金為依託，在交易所內公開發行基金份額，銷售給各類投資者，商業銀行分別擔任基金託管行和實物保管行，投資者在基金存續期間內可以自由贖回。黃金 ETF 基金投資，免去了黃金的保管費、儲藏費和保險費等費用，只需交納約為〇．三—〇．四%的管理費用，相較於其他黃金投資管道平均二—三%的費用，優勢十分突出。湯普森在文章開頭所夢想的「非常便利地購買黃金」透過這種金融衍生產品得以實現。事實上，世界黃金理事會一直在贊助各種 ETF 基金，以促進黃金投資或投機的興盛。

220. 張庭賓，《黃金保衛中國》（北京：機械工業出版社，二〇〇九年），頁七二—七三，二四九—二六二。

221. 陳慧晶，〈堅強的黃金〉，《經濟觀察報》，二〇一一年九月五日。

222. 央行售金協議（Central Bank Gold Agreement, CBGA）又稱華盛頓協議，是一九九九年九月二十六日歐洲十四個國家央行加上歐盟央行聯合簽署的協定。

223. 李巍，〈增加黃金儲備，中國缺什麼〉，《中國經濟週刊》（二〇一一年第三十期，北京）。

224. 俄羅斯在二〇一一年前六個月都在增持黃金，多達四十八噸，外匯儲備占比升至八%左右。墨西哥央行二〇一一年第一季度購買近一百噸黃金，相當於該國外匯儲備的四%。二〇一一年八月二日，韓國央行宣佈過去兩個月買入了二十五噸黃金，而此前韓國的黃金儲備總量僅一四．四噸。這是韓國十年來首次買入黃金。

225. 〈長途運金，任務艱巨〉，中國《參考消息》，二〇一一年八月二十一日。原出處為英國《每日郵報》網站二〇一一年八月十九日的一則報導。

226. 代表國際大宗商品整體走勢的CRB指數暴跌二．八六%，單周跌幅達八．六七%，創出十個月來新低。黃金期貨主力合約下跌一〇一．九美元，兩天之內連破一千八百美元和一千七百美元兩道關口，報收於一六三九．八美元，為八月一日以來的收盤價新低，跌幅為五．九%，創五年來最大單日暴跌。黃金期價上周累計下跌九．六%。白銀的一日之內跌幅是一七．七%，單周下挫更是超過二六%。從近期來看，弱勢格局已經形成，黃金避險需求不復存在，貴金屬投資的風險上升，投資者在面臨著經濟增長的擔憂，也難以形成買入黃金需求。

227. 熊鋒，〈宋鴻兵：黃金回調是長期投資機會〉，《中國證券報》，二〇一一年九月七日。

228. 一九七三年五月，陳雲判斷如下：那時的世界黃金產量每年平均兩千萬兩，價值三十五億美元，而世界國民生產總值按每年增長一%計算，就是三百億美元，基金產量跟不上商品增長，何況基金還有它的工業用途。這年七月陳雲指出，中國外匯儲備較多，存銀行吃虧，除進口一部分必要生產資料之外，可考慮買進基金。故陳雲向李先念建議，與其把外匯存在銀行裡天天貶值，不如拿來買一批黃金保值增殖。針對買賣黃金可能有投機之嫌的疑慮，陳雲說，將來如果需要付款，再賣出黃金換回外匯。這樣以實際支付為目的買賣基金，並不是倒賣。李先念接受了這個建議。這次買入黃金，增加了中國的國家黃金儲備，中國的黃金儲備從一九七〇年的七百萬盎司增加到一九七四年的一，二八〇萬盎司。不但在美元貶值中保證了外匯儲備的價值，還為以後對外開放提供了基礎。資料來源：江長青和陳淵，〈陳雲曾提議加強黃金儲備〉，《環球視野》（二〇〇八年十二月三十日，廣州）；〈陳雲文革後期提議加強黃金儲備〉，《黨史博覽》，第十二期（二〇〇八年，河南）。

229. 胡曉煉就二〇〇八年《中國國際收支報告》接受新華社記者採訪，二〇〇九年四月二十五日。

230. 《輝煌的三十年》。

231. 美國紐約市是貯存黃金的重地，全球最大的金庫正位於華爾街的紐約聯邦儲備銀行大樓的地下，那裡存放的黃金占全球黃金儲備二五%。總值近兩千億美元。該金庫共有五層，於一九二一年興建，共有五層，深入紐約市地底，比紐約市地鐵系統還要低三十呎，周圍全被巨大的花崗石包圍，形成牢不可破的天然屏障，上面再興建紐約聯邦儲備銀行總部大樓，配備嚴密先進的保安措施，仿如一座「城市碉堡」。金庫內約有五十四萬條金條屬於四十八間外國央行和十二個國際組織，包括國際貨幣基金組織和國際結算銀行，反而美國只有約五%黃金儲備存放於此。金庫啟用至今八十多年來，從未有匪徒敢打它的主意。在大西洋對岸的英國，英格蘭銀行位於倫敦城總部的金庫，存放了多達四千六百噸純金，以目前市值計算，總值達九七一億英鎊（約一．二四兆港幣），但跟紐約儲備銀行一樣，英格蘭銀行金庫的黃金，大部分都是其他國家央行存放的。

232. Karim Rahemtulla, "China to consume 40% of global gold production", Commodity Online: http://www.commodityonline.com/news, 2009.4.24.

233. 中國黃金協會副會長侯惠民的建議，《搜狐新聞》，二〇〇九年四月二十五日。

234. 阮崇曉，《黃金誘惑》（重慶：重慶出版社，二〇一一年），頁二一七。

235. 〈中國黃金儲量全球第三〉，《南方日報》，二〇一一年六月一日。

236. 中國黃金生產成本極低。據中國最大的黃金生產企業紫金礦業的核算，該企業二〇〇六年礦產金的綜合成本僅為七二．九三元／克，折合二九〇美元／盎司，這不僅遠遠低於其他國家，即使與一九八〇年以來金價相比，多數時候盈利的。

237. 據〈二〇一一—二〇一五年中國黃金市場投資分析及前景預測報告〉。

238. 二〇〇八年十月六日，金價突破二〇〇八年三月創下的每盎司一〇三二．三五美元的前紀錄高位。

239. 中國民間經濟學家劉軍洛，代表著作：《被綁架的中國經濟：多角世界金融戰》（北京：中信出版社，二〇一〇年），《中國經濟大蕭條還有多遠》（北京：中信出版社，二〇一一年）。

240. 中國金礦企業開始談判入股或開採權的國家包括澳大利亞、秘魯、菲律賓等國家。

241. 資源問題研究會，《世界資源真相》（臺北：大是文化，二〇〇九年），頁二一六。

242. 國際金價以美元／盎司報價，中國金價則以人民幣／克報價。中國國內金價的公式如下：國內金價＝國際金價×美元兌人民幣匯率。

243. 史帝芬．李柏，《石油玩完了》（臺北：時報文化，二〇〇九年），頁一八。

244. 根據《BP世界能源統計二〇〇七》：中國已探明石油儲量僅可採一二．一年，全世界已探明石油儲量可採用四〇．五年。

245. 沈汝發、李曉慧、劉雪，〈中國原油進口依存度首超警戒線〉，《經濟參考報》，二〇一〇年三月三十日。根據中國學者和專家開發：國家的石油安全的底線是四〇％的依存度。

246. 前引文。

247. 資料來源：IMF《國際金融統計》進口數據取自國際經濟與合作事務司統計辦公室編寫的《聯合國貿易統計年鑑》各版本。

248. 二〇〇四年十一月，在新加坡上市的中國航油公司總裁陳久霖因進行投機性石油衍生交易，公司損失總計五．五億美元。公司最後宣告破產，震驚中外。

249. 魏一鳴等，《中國能源報告（二〇〇六年）戰略與政策研究》（北京：科學出版社，二〇〇六年）。

250. 根據德銀的報告還認為，受益於油價上張的產業板塊主要有石油開採、小型節油汽車、公共交通、能源替代產品，節能技術和高速公路，而利潤率受到高油價嚴重負面影響的板塊有石油冶煉、航空公司、石化、水泥、航運和鋼鐵。

251. 英國廣播公司／英國《獨立報》二〇〇八年十月八日：中國、巴西、印度俄羅斯與法國等正與中東多個產油國謀求在國際石油交易中以「一籃子貨幣」來取代美元。一籃子貨幣將包括人民幣、日圓、歐元和黃金，還有正在策劃中的海灣阿拉伯國家合作委員會成員國單一貨幣。伊朗幾年前已經宣佈拋棄美元，改以歐元來支付石油交易。過渡期間，參與計劃的各方可能首先改為以黃金支付石油交易的款項，這也許能解釋近日全球黃金價格為何突然急升。中國非常積極，中國目前從中東與俄羅斯進口其總石油需求的六〇%，中東各國目前至少有一〇%的進口貨品來自中國。

結語　走向不確定的中國貨幣經濟

當代中國以人民幣代表的貨幣經濟體系，只有六十年的歷史。頭三十年，貨幣經濟處於停滯、中斷、倒退和隔絕於世界狀態；第二個三十年，中國實現了貨幣經濟回歸和重建。但是，如同中國的經濟發展和制度改革，中國的貨幣經濟體系的轉型過程並沒有完結。在可以預見的未來，中國貨幣經濟會進入日趨不確定的歷史階段。主要表現在：

一、貨幣經濟的規模是繼續擴張，還是趨於穩定？衡量中國的貨幣經濟規模，有兩個基本指標：M_2和M_2 / GDP。自一九七八年至二〇〇八年世界金融危機，中國貨幣經濟膨脹的主要歷史階段，如下圖所示：

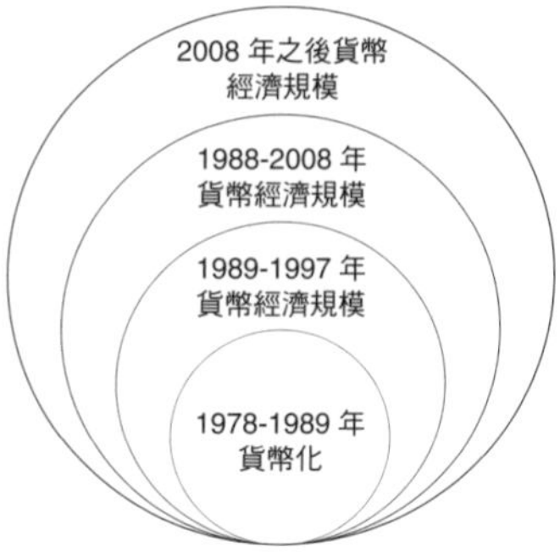

近年來，中國不僅是貨幣供給增長速度最高，絕對量最大的國家，而且是M_2 / GDP的比重最高的國家。在這個意義上說，中國是一個「超級貨幣」大國。不僅如此，中國已經和正在成為以實體財富為支點、以貨幣金融為槓桿、高度依賴於貨幣流動性的國家。貨幣供給的高增長、流動性溢價和通貨膨脹是支援中國經濟增長模式的要素。與此同時，中國始終難以擺脫在貨幣供給、通貨膨脹和經濟增長之間的一個悖論：維持高增長，需要出口導向型經濟，勢必增加外匯儲備；而增加外匯儲備導致基礎貨幣增加，引發經典通貨膨脹，人民幣貶值。問題是，中國貨幣經濟規模的膨脹過程沒有完結的跡象。未來貨幣存量和流量的增長是繼續近幾年的速率，還是趨於平緩呢，抑或大幅度下降，甚至發生短期的萎縮，不得而知。

二、實體經濟和「非實體經濟」的關係是融合，還是加劇分離？在一九八〇年代和一九九〇年代，中國處於貨幣經濟依附於傳統實體經濟的狀態。二〇〇〇年以後，「非實體經濟」、各種現代服務業（例如金融經濟、教育、旅遊）崛起，「非實體經濟」產品價格上漲。結果不僅是實體經濟和「非實體經濟」相互分離，而且是呈現「非實體經濟」在GDP中的比重超過實體經濟。與此同時，實體經濟的全面過剩會繼續下去。中國市場規模巨大，不缺乏數量大而相對廉價的勞動力儲備。大量廉價勞動力在支撐中國製造的價格優勢的同時，可以創造國內市場需求。因為中國實體經濟產能過剩，過大的貨幣供給量不得不傾向於流入非實體經濟，甚至海外。其後果是中國的實體經濟不但無法解決生產能力過剩問題，也喪失了推動技術進步和創新的資本。中國低價格產品出口，意味著其他國家產品價格昂貴，在抑制世界通貨膨脹的同時，也在刺激全球範圍的通貨膨脹。從長程看，埋下中國製造業衰退的「種子」，而製造業是提供就業和支撐出口的核心產業，是整個國民經濟的基礎所在。

三、貨幣經濟的「二元結構」是縮小，還是擴大？改革開放以來，中國的「二元經濟」有過弱化的時期，但是大趨勢是強化，並且造成了貨幣經濟的「二元結構」：國家控制的貨幣金融資源和不受國家控制的民間金融資源並存；國家主導的正規金融機構和民間主導的多元化金融機構並存；國有經濟資本過剩和民間資本短缺並存；中央銀行的利率和民間「高利貸」並存；與西方國家接軌的資本和完全封閉的本土資本並存；「電子化」、「數碼化」代表的現代貨幣信用工具和現金為主體的交易並存。二〇一一年下半年，整個溫州地區的「高利貸危機」就是貨幣經濟「二元結構」內在矛盾的反映。目前還看不到縮小貨幣經濟「二元結構」的制度性措施。

四、政府和市場在貨幣經濟領域的「博弈」：是走向自由化，還是政府權重繼續上升？中國現存的銀行和金融機構幾乎都是從原有計劃經濟體制中發展出來的，少有在市場環境下發展出來的自主的銀行和金融機構，始終得到政府的扶植和改造。自然，中國也少有真正的銀行家和金融家。這種「先天」缺陷導致了在中國貨幣經濟的回歸和重建過程中，缺少內在的能動和創造性。貨幣經濟領域成了市場和政府的主要博弈場。一九八〇年代之後，中國雖然已經建立了現代化貨幣制度的框架，與貨幣金融相關的「框架」「硬體」，似乎與發達的市場經濟國家差距日益縮小，在表面上甚至更先進。然而，內在「機制」和「軟體」則嚴重落後，貨幣市場、資本市場的發育「滯後」。特別是由於政府制定市場經濟規則，政府的作用不是趨於削弱，而是強化；是政府及其主導的銀行體系決定著中國貨幣經濟的走向，決定著中國進入市場的開放程度，人民幣匯率變動的幅度和節奏，阻礙人民幣的國際化和資本帳戶的開放進程。在中國過去三十年中，貨幣政策難以真正獨立。在貨幣經濟的發育過程中，很難分清哪些是客觀條件限制，哪些是政府立場、政策和法規所致。更嚴重的是，中國形成了政府—銀行—企業的「聯盟」，創造了中國式的新型國家壟斷資本主義。中國的宏觀經濟是否穩定，愈來愈決定於政府的經濟政策，特別是貨幣政策，政府成了經濟波動和不穩定的主要根源。人類並沒有到了「自由市場」氣數已盡，可以用政府計畫取而代之的時代。在中國，金融自由化過程遠遠沒有完結，政府和市場的博弈還會繼續。

五、中國與世界貨幣金融體系的關係是更加合作，還是更多衝突？無論如何思考中國貨幣經濟的未來，都不可能離開一個全球視角、世界貨幣經濟的走向。中國貨幣經濟體系依然是「脆弱」而落後的，這是歷史造成的。過去三十年，中國貨幣經濟回歸和重建是以現存的世界貨幣金融體系為前提，未來中國貨幣經濟的發展仍然要繼續以世界貨幣金融體系為前提。中國貨幣經濟取決於世界貨幣經濟，不存在獨立於世界的可能。長期利率最終由全球供給因素決定。在這個問題上，並不只是單純的經濟實力問題而已。誠然，當代世界貨幣金融體系，問題頗多。金融貨幣經濟結構日趨複雜，與實體經濟日益分離，對資訊可靠程度的判斷，確定經濟不確定性的類型和性質的差別難度更加困難。即使美聯儲、歐洲中央銀行的直接影響明顯在削弱。在二〇〇八年世界金融危機之前，經濟作為獨立經濟形態，以前所未見的規模膨脹，世界一度資本充裕，流動性過大，貨幣太多，儲蓄過剩。於是，多數國家的資本成本差異消失，長期利率普遍下降，全世界央行大舉降息，趨向「零基準利率」，導致世界性的資本產品價格膨脹和泡沫化。二〇〇八年的世界金融危機有利於世界貨幣經濟制度的調整和進步。中國既然不可能脫離世界貨幣經濟體系，意味著不可能只從中得到好處，而不付出代價。二〇一〇年之後，中國政府容許人民幣名義匯率升值，以求改善世界經濟的平衡。重視中國經濟和世界經濟平衡的關係，促進世界經濟趨於平衡，而不是失衡加劇，中國也會是收益者。在中國正在轉變為資本輸出國家，對世界依存度不斷提高的情況下，尤其如此。但是，中國與世界貨幣金融體系關係是否可以更多合作而少有衝突，除了受經濟因素的影響之外，還受到中國國內和國際政治的影響，例如，中國內部強烈改變國際金融體系和秩序的呼聲，實行「金融安全」、「金融主權」的壓力，人民幣匯率問題的政治化，反對美元霸權的情緒等等，都可能影響中國對於世界貨幣金融體系的合作。

六、人民幣的價值基礎是持續強勢，還是走向弱勢？中國過去三十年的崛起，集中體現為人民幣的崛起。從一個在世界貨幣經濟體系中完全沒有位置的幣種，演變為世人矚目且看好的貨幣。一九九七年的亞洲金融危機，對中國貨幣經濟衝擊很大，出現了消極接受此次危機教訓的傾向。二〇〇八年的世界金融危機之後，中國的主流經濟學家，一方面過分渲染此次危機的嚴重和危險，另一方面，為中國金融體系和全球金融體系的隔離，而擋住了金融危機真正蔓延到中國而慶幸。與此同時，中國一度彌漫著以為人民幣可以挑戰包括美元在內的所有硬通貨，進而成為世界貨幣的幻覺。其實，中國為數眾多的民眾和不少官員學者並不真正懂得當今世界貨幣的真諦：布林頓森林體系在一九七一年解體之後，全球進入到純紙幣體系，貨幣已經徹底蛻化為國家信用貨幣，而信用的核心是國家和政府信用。也就是說，任何國家的貨幣其實都以政治制度和政治結構為基礎。美元的地位是和美國國家和政府信用不可分割的。與美元比較，人民幣尤其依賴於中國的國家和政府信用，以及中國的外匯儲備。問題是，中國不僅經濟轉型沒有完成，政治轉型嚴重滯後，沒有人可以擔保中國已經進入「長治久安」的階段，也沒有人可以擔保中國的外匯儲備可以長久處於「居高不下」的狀態。這裡有兩個如果：如果中國發生政治和社會的動盪，如果中國外匯儲備嚴重和快速流失，意味著人民幣信用基礎的動搖，在那樣的背景下，人民幣匯率會急轉直下。在這樣的意義上說，人民幣其實是「紙老虎」。

七、中國經濟增長模式是可持續，還是不可持續？中國貨幣經濟是整個經濟的組成部分。中國貨幣經濟命運、人民幣命運，在很大程度上決定於中國過去二、三十年所形成的經濟增長模式的可持續性。中國的主流學者對於中國未來充滿樂觀，他們的根據是：歐洲國家債務風險蔓延，歐元區可能崩潰，全球經濟會發生「二次回落」；國際原材料價格的下降，會抑制中國輸入型通貨膨脹，而且令資源出口國經濟和財政狀況惡化。那時，中國可以憑藉豐富的外匯儲備在全球「二次探底」時找回「一次探底」時未能充分及時抓住的機會；中國的根本優勢就是中國自己的潛在大市場，只要中國以往的投資和內需得以釋放，中國在未來十年可以繼續九%以上的增長率，甚至將保持在未來三十年高速增長。中國可能會是所謂「後危機時代」的贏家。還有人提出：從二〇〇九年到二〇三〇年間，儘管中國脫離了高速增長區間，只要可以維持八%的增長速度，通貨膨脹率可以控制在三%，中國人的財富還會高速膨脹。至二〇三〇年，中國的GDP會達到三百零四兆。二〇三〇年，如果那時的人民幣兌換美元的比例為三比一，人民幣折合為一百零一兆美元，相較於美國當時的近四十兆美元的經濟規模總量，中國超過美國兩倍有餘。二〇三〇年，中國資本專案實現基本對外開放。中國資本市場成為全球第三大資本市場。大量中國資本海外佈局。但是，懷疑、甚至否定中國增長的可持續性，同樣是有根據的。諸如：生產能力過剩，工資成本上升，進口原材料價格上升，創新能力滯後，出口產品競爭力削弱；支撐中國增長的房地產業和汽車代表的耐用消費品部門過度成熟；城市化接近極限；貧富差距擴大，民眾儲蓄欲望低落，人口老齡化的人口紅利時代完結；環境惡化和對經濟社會的負面作用全面顯現，進入還債的時期。同時，長期以來有利於中國的世界大環境正在改變，不僅廉價石油時代一去不復返，而且所有原材料的低廉價格時代，持續多年的全球性廉價資本時代也要徹底結束；世界新生代開始傾向關注環境和減少消費；世界的新興市場正在走向分裂。總之，中國經濟的前景，並非僅僅存在一種可能性。

加爾布雷思曾經說過：貨幣具有獨立「性格」，現在整個獨立的性格已經被喚醒，其特質與表徵變得更難以琢磨，其不可預測性與日俱增，其權勢也不斷上升。「現代金錢的基本矛盾就是：那種如此難以琢磨的東西，竟可維持如此強大的力道。」中國經濟改革過程中，貨幣經濟得以發展，而且不斷「異化」，形成獨立的性格，不可預測性與日俱增，對整個國民經濟的影響力會繼續增長。所以，走向不確定的中國貨幣經濟，無疑加劇中國未來宏觀經濟的不確定性，甚至政治和社會發展的不確定性。弗里德曼則是這樣說：「貨幣是一件太重要的事情，故而不能僅僅交給中央銀行的銀行家們！」這是多麼感人的話！背後包含著深切的終極關懷。如果說經濟學家要遵循普世價值，這，就是普世價值。如果說經濟學家要有道德底線，這，就是道德底線。想一想中國那些主流經濟學家，在怎樣做著壟斷經濟的幫兇，而被民眾誤以為他們是自由市場經濟的代表。這真是中國這個歷史條件下天大的悲哀。

二〇一一年，當發生在華爾街的遊行示威蔓延到倫敦的時候，倫敦抗議者明確提出了「廢除貨幣」（Abolish Money）的口號。其實，歷史上的社會主義者和共產主義者都有過「廢除貨幣」的思想和實踐，中國的計劃經濟時代也做過嘗試，終究沒有成功。也可能是人類還沒有到達如同「廢除核武器」那樣「廢除貨幣」的階段。不過這並不妨礙世人思考：如果有一天真的實現「廢除貨幣」的理想，人類會更富裕、更平等、更幸福嗎？

後記

這是一次激動人心的旅程。雖然交出了書稿，但是並不輕鬆，頭腦裡無法擺脫「苦思冥想」。思想可以走多遠，它真的可以穿透歷史嗎？對此，我深信不疑。寫一本與貨幣有關的書，是長久以來的心願。有多長久呢，三十年，甚至更久。可是，那個促成這本書最原初的衝動又是什麼？看來，後記得從這裡開始。

壹

作為一個讀書人，一個經濟學家，我對經濟學的理解、對貨幣的理解，首先是從人生經歷中來，而不是從書本和課堂上開始。

從我有記憶之時，就面對著一個反差：家裡生活的拮据和母親口中的家族歷史。小時候讀的很多書，都是在新華書店裡讀的，比如吳晗主編的歷史小叢書，攢的每分錢都能變成書。「文革」期間，下鄉務農做工十年，始終無法擺脫貧窮。先去西藏軍區政治部農場，每月掙六塊錢工資。從西藏回北京，一路扒火車，為的是省錢；在黑龍江生產建設兵團，第一個月工資三十二塊錢，一拿到就寄給了在陝北農村的同學，因為他們靠工分活命；再到膠東做工，掙十六塊，不夠生活，常常跑到附近地裡偷吃的。貧窮，豈止是我一個人，那是中華民族刻骨銘心的記憶。

在熟讀馬克思《資本論》的年代，自然要思考勞動價值論的現實意義。我們辛勤勞動創造的財富到底去哪兒了？貧窮是怎麼發生的？中國人民在文化革命之後渴望改革開放的原始衝動就是擺脫貧窮。

很多年之後，讀到希歐多爾．威廉．舒爾茨所說：「世界上大多數人是貧窮的，所以如果懂得窮人的經濟學，我們也就懂得了許多真正重要的經濟學原理。」對我，有一種難以想像的撞擊力。同情、懂得、理解貧窮，關懷窮人，才能理解經濟學精髓，成為真正的經濟學家。

貳

我很幸運，沒有讀完初中、沒有上過高中、大學，於一九七八年直接考取中國社會科學院研究生。第一次，以學問的方式觸及貨幣和貨幣經濟問題，是一九七九年十二月，參加中國人民銀行在廣西南寧召開的一次大規模金融銀行問題研討會。老一輩對資本主義經濟運行有所瞭解，談到當代世界貨幣金融真相，對生在「新社會」、處在封閉世界中的我，留下很深的印象。貨幣及其貨幣經濟制度、運行，像一粒種子在我這裡埋下了，好像沒去管它，又無時無刻不在培育它。

貨幣究竟是什麼？貨幣是怎樣影響一部經濟史和決定著現實經濟的運行？這個簡單又尖端的問題，始終縈繞著我。隨著中國貨幣化過程開始，我意識到，從這裡出發，最終還是要回歸這裡。它既是一個現實問題，也是一個理論問題，還是一個哲學問題。這是原點，也是終點。

一九八二、八三年，我的老師、國務院技術經濟研究中心總幹事馬洪多次邀請我座談關於人民幣發行額問題；弗里德曼和世界銀行官員對中國的訪問和講話，開闊了我們的視野，慢慢形成關於貨幣化、經濟轉型的概念。

無論理論、政策多麼滯後，貨幣經濟在啟動著，貨幣供給增大，市場價格迅速形成，貫穿了一九八〇年代的中國經濟改革。我意識到它非常近似於西歐十六至十七世紀的價格革命。生逢其時，深入參與改革，逼迫我思考正在發生的經濟轉型、貨幣化過程。我始終沒有興趣參與諸如「計劃經濟」、「商品經濟」這些名詞概念的咬文嚼字，直接切入實際做事。到了八〇年代中期，我對中國經濟已經有了獨樹一幟的看法，比如對「經濟過熱」、「通貨膨脹」，二十多年過去，回過頭來看，我為自己的獨立思考和見識而感到自豪。

那時已經萌生了要寫一本關於貨幣經濟的書。第一次走出國門是一九八五年，去美國密西根和哥倫比亞大學做訪問學者。花了些精力蒐集關於金融史、貨幣史、黃金史、利息、價格革命方面的書籍。在那裡，還結識了一位老財富的代表大衛·洛克菲勒，一位新財富的代表索羅斯。索羅斯送給我一本他的著作《煉金術》。我對於貨幣經濟的內含和理解在逐步加深，回國後，寫過幾個提綱和一些零星的觀點。

一九八六年進入中國國際信託投資公司國際問題研究所工作，與中信董事長、「紅色資本家」榮毅仁的交往，使我獲得了新的視野。我一向在意經驗和實感。對於中國近代以來民族資本工商業、民間資本的角色都有了更為具體的瞭解。而參與中國改革開放基金會（常被簡稱為索羅斯基金會）工作，則是打開了另一扇窗。總之，貨幣經濟的歷史和現實對我產生著交叉影響。而現實體驗與理論思考都指向弗里德曼所言：貨幣是重要的。

值得提及的是，在一九八一年，因為參與上海寶鋼上馬還是下馬的論證，知道了一些內幕，政府、企業、跨國公司三者的利益之異同突顯，似乎不公正的財富分配悄然來臨。受日本電影《炎熱的夏天》啟發，我和《北京晚報》的朋友畢琪一起創作電影劇本，名字叫《財富》。我至今為這個作品沒有與世人見面而遺憾。

參

一九八九年六月我出走中國，選擇流亡。在最初十年的流亡生涯中，生活動盪不安。做學問、寫作，對我來講簡直太奢侈了。

一九九三年，進麻省理工學院斯隆管理學院讀書，那年四十二歲。對於我，讀書的真正目的是要理解世界貨幣經濟。畢業後，我選擇了創業。在澳大利亞、柬埔寨和其他東南亞國家白手起家，賣過土地，開過餐館，建過製衣廠，有過錢比命重要的體會。也做過一些今天看起來仍然值得做的努力，比如試圖在柬埔寨建一個貨幣交流中心。一九九七年柬埔寨發生政變後，為柬政府提出過關於重建經濟的系統建議，特別是貨幣制度，那就是以美元為主體貨幣，以柬幣為輔幣。因為經過戰亂的柬埔寨人民，經過非貨幣經濟時代，只相信美元。美元可以實現物價穩定，避免惡性通貨膨脹。因為柬埔寨政府沒有美元發行權，而物價相對穩定，才能實現政治穩定和社會穩定。我的意見被接受。實踐證明，這是對的。事實上，美元早已經不是美國人的美元，是世界貨幣，這裡沒有陰謀，這是歷史形成的結果。

二〇〇〇年，我受雇於到聯合國工業發展組織工作，作為經濟學家，主要研究世界最有活力地區的全球網路。這使我有一個國際視角，關心窮國和窮國的窮人。三年之後，我到維也納大學教書上。沒想到，一轉眼在歐洲生活了十一年。其間，經歷了前後歐元區時代；目睹了二〇〇一年從先令到歐元平靜的轉折，深深感到了貨幣的威力。

在我當初想寫貨幣經濟的書時，世界經濟離我很遠，虛無縹緲。如今，遊歷世界之後，對於我這個世界公民，地域根本不是我的限制，完全置身於天地之間，世界經濟就是我的經濟，中國經濟，反倒遠了起來。將中國貨幣經濟史上最大的謎：中國為什麼窮？財富到底上那裡去了？這個始終折磨我的問題放到世界貨幣經濟史中來思考，對於歷史的解讀和結論是完全不同的。

肆

在我海外流亡的二十餘年，是中國財富大爆炸的時代。必須指出：中國當下的很多財富的基礎是歷史的沉積。中國曾經是市場經濟國家，藏富於民，也就是說，一九四九年經歷了一個非貨幣化過程，三十年後，又開始貨幣化，使無價的土地有價，使無價的各種資源有價等等。

在民主國家，貨幣為國家壟斷，但是貨幣發行和稅收受到民主制度的制衡，金融主體是私人，央行獨立於政府；在中國，政府控制著財富的源泉，政府有雙重壟斷，不僅享有鑄幣權，人民幣是Fiat money，而且，國家是金融體系的主體，央行是政府的一部分。政府對財富的控制力是絕對的，是沒有邊界的，是不受制約的。在這樣的背景下，只有和掌握財富資源的政府某種形式的合作，才有成為富人的可能。中國像一個氣球，過去二十餘年，只要抓著不鬆手，氣球膨脹，你的佔有相應增大。擁有財富的多寡常常和辛勤努力與否無關。對某些人來講，實在是有原罪的。這個時期的我終於明白為什麼耶穌說：富人上天堂比駱駝穿過針眼還難。

這種將國有資產變為少數人佔有，是人類文明史上又一次不公平的分配。三十年河東，三十年河西。上一次，是以國家的名義掠奪私人和民間財富；這一次是以改革的名義把公共財產變為少數有權勢者的財產。中國成為製造富人的工廠、生產線。在中國的權貴階層中，不乏我一九八〇年代的朋友。有一次，一位朋友聊天時脫口而出：「我們富人……。」我為這個朋友悲哀。這更刺激我探討中國貨幣經濟沿革和財富分配歷史的激情。

伍

二〇〇七年提起筆來，拾起環繞我二十年，卻實實在在被中斷了的題目。如同得了一場「失憶症」，失而復得。本書第一稿的書名是「中國貨幣經濟沿革」。

這是在時空上，地域上超大範圍的一次書寫，世界範圍的寫作。維也納、香港、澳門、紐約、北京、銀川、臺北……。書籍、參考資料，從國內源源不斷地運到維也納，又從維也納帶回北京。浩瀚的題目，涉及範圍寬廣。我自認為具有駕馭大題目的能力，高屋建瓴、貫通是我所長，也是我喜歡的。在享受創造和發現的喜悅之時，其艱辛可想而知，常常處於夜不能寐，食不甘味，如癡如醉。

陸

感謝維也納大學。這個大學的校訓是自由研究。這裡出現了那麼多影響人類世界的精神人物。哈耶克、熊彼特是我們大學的驕傲。在這裡，思想創造會受到肯定和尊敬。人們甚至不關心你的成果，僅僅目睹這個過程就會產生尊敬。當我的系主任魏格林教授成為分管學術的大學副校長後，在她的新辦公室，可以看到掛著歷屆副校長的油畫肖像，讓人肅然起敬。你會感到歷史在延續。這是一個有七百餘年歷史的大學。它沒有因為政治變革、科學進步而影響學校的宗旨、傳統。大學的自由是神聖不可侵犯的，大學是精神的殿堂，是一片淨土，要抵制世俗喧囂的世俗干擾。經過黑死病和漫長的中世紀，歐洲文明得以延續的原因，很重要的在於大學精神，西方文明不能被商業文明所控制、所左右；不能被政治所控制、所左右。試想，沒有自由的大學，人類怎麼能創造出精神產品，又談什麼發展和進步？奧地利學派、哈耶克之所以誕生在這裡，要說他們出現的土壤有什麼特別之處，歸根結底就是自由。

中國啊，真的需要有這樣的大學。中國知識份子首先要成為讀書人。窮究原本和真理，超脫，有精神貴族感。中國很多人追求財富上的貴族，相當可悲。世界上真正的貴族首先是精神貴族。對精神世界純潔的堅守，對思想的迷戀。古今中外，莫不如此。

我不願意稱自己是知識份子，因為這個詞已經俗了，含義太多了。我願意說自己是讀書人。喜歡書。這一生和書在一起，讀書是我的生活、支撐、幸福。什麼都可以不遺憾，有些好書沒讀到就是遺憾。只要地球存在，人類沒有毀滅，精神和思想是唯一永恆的東西。韋伯認為中國是一個商業民族，其實很有道理。但是無論如何，中國的讀書人還是應當崇尚精神和思想的。

柒

從二〇〇八年一直到二〇一一年，我一直試圖努力在中國大陸出版這本書，那裡畢竟是我的國家，但是都失敗了。一部探討學術的著作，僅僅因為我的名字，而不能出版，這是比封建社會的文字獄更不可理喻的。畢竟，那是出版了，再封殺。這是根本不讓出世。讀書人寫書出書和小商販賣東西是一樣的。不讓人家賣，是斷人生路；不讓人家出書，其實更殘忍。

言論出版自由對於精神生產是多麼重要。否則人類文明怎麼能延續至今。對於一個知識份子，言論自由、出版自由是人權中最重要的。如果思想無罪，思想凝結成文、成書，就應是自由的。

二〇一一年五月受周渝先生、林慧峰女士邀請，參加紫藤廬紀念周德偉先生活動，我講哈耶克思想的現實意義，其間結識遠流出版社副總編吳家恆先生。他以極高的效率閱讀了書稿的電子版，並於二〇一一年六月四日簽訂合同。在過去一個多月中，家恆和他年輕的同事郭昭君，以及唐怡珍小姐，完成了六十萬字書稿的編輯加工。他們的敬業精神給我留下了深刻的印象。

作為中華民族文明的綿延，一是文字，一是貨幣。一本講中國貨幣經濟兩千年歷史的書首先用中國的繁體字呈現，這是十分美好的。

捌

加爾布雷斯在講述貨幣簡史時說過，這是他一生學習和思考的成果。我對於這本書，也有同感。它也可以算作對自己流亡生涯的一次交代。在相關領域中，我把讀書和思想的成果最大限度地表達出來了，接近邊界，然而，還是有很多寫不進去，整理不出來。

這是非一人之力可以完成的工作。從時間跨度上，跨越兩千年；從細節上，被歷史忽視的細節無數，總想一點一滴挖掘出來，因為，它們確實影響了歷史的方向。它是可以無限做下去的工作，精心打磨，五年、十年。然而，不行。所以，敬請讀者原諒，雖然有很多遺憾，有不少錯處和疏忽，還是把它出版，往前推進一步，再來修訂再版。

這是我第一次在電腦上用十個笨拙的手指頭打字成書，除了慢，阻擋了思想，還因為誤操作等等，帶來了難以彌補的遺憾和工作量。比如在大量修改中，常常把攜帶的註腳弄丟了，文獻出處丟失。原想編製文獻、人名、名詞索引，都因時間有限，只得作罷。還有，進入註解的書大概只是所讀書的一部分，很想跟讀者分享更多，沒能一一列出。為貨幣經濟所收集的相關圖書，也希望今後有機會給年輕人用起來。

有一個最大的遺憾：這是一部殘缺的貨幣經濟史。臺灣，作為民國的正宗，是一九三〇年代幣制改革的一條主流。然而，本書沒有涉及。畢竟我來自大陸，熟悉大陸，加之大陸經濟體的品質於世界舉足輕重，所以在下卷中專寫大陸貨幣經濟的中斷、重建、接軌。

玖

我充滿了感恩。給了我思想和知識的有很多很多，古今中外。說近的，在MIT遇到兩位對我影響至深的教授。一位是莫格迪里亞尼（Franco Modigliani），我的老師，給我很多支持和鼓勵。

感謝莫格迪里亞尼。我永遠被一件事情所激勵和鼓勵。第一天上國際金融課，講資本市場理論。當滿頭白髮的莫格迪里亞尼走進教室時，全體同學向他鼓掌。掌聲停下來，他說：我並不值得被鼓掌，你們應該為我們這裡有一位gentlemen鼓掌，他幽默地說著，指著我，為著一種精神和理想選擇了流亡。教室的空氣凝結了。他轉身在黑板上顫巍巍地寫出第一個公式。

感謝萊斯特．瑟羅（Lester C. Thurow）。離開MIT和他告別時，他的最後一句話是美國人常說的good luck（祝你好運！）。他是一位登山者，爬過世界很多高山。他理解人的有限，和登山的艱苦。Good luck，從他嘴裡說出來，有特殊的寓意。

感謝一位美國朋友Lee，在一九九〇年代中，他向我介紹美元的歷史，我談對人民幣的看法，彼此形成了一個意見：「有一天，人民幣和美元會是一種貨幣的兩面，其差別不過是一個紅紙，一個綠紙。」他始終記著我的話，鼓勵我寫作。我還說，與其說是中國買美元國債券，還不如說，是美元成為人民幣的價值基礎。

還有我在美國一位摯友的的兒子科瑞斯（Chris Lindstrom），他是區域貨幣運動（Local Currency Movement）的積極參與者。他使我看到在世界範圍內，還有這樣一個群體，他們在做著把貨幣和國家分離，使貨幣社區化的努力，他們是一群相信small is beautiful（小的是美好的）的人群。貨幣在非國家化，很多人在努力。迄今為止，有兩千五百多種貨幣在這個世界上運行著，在北美、南美和歐洲。

特別感謝魏格林。她不僅是第一個讀者，也是理解本書思想的人。她參與了某些歷史階段的深入討論，不斷有回饋、交流。比如對於民國幣制改革和共產主義在中國的崛起，她非常有興趣，我們做過多次討論。還有如何看待現階段的歐元區經濟，特別是在理解歐盟上面，從她那裡，我受到啟發。

感謝王巍。他是八十年代五道口（中國人民銀行研究生部）研究生，我們有很多淵源。兩年前重逢，當他的金融界同學紛紛退休的時候，他卻意氣風發，雄心勃勃，建立和籌畫著一系列金融博物館。我的工作得到他很大的理解和鼓勵。而他辦的雜誌，也幫助我瞭解當下中國金融體系。此次，他欣然作序，我很感動。當很多人像躲瘟疫一樣躲著我這個「持不同政見者」的時候，他卻熱情相助。

感謝許志明。我們的友誼維持三十年之久，從未間斷。他對我的這本書，抱以期待，提供幫助。

感謝李志峰、王進華。兩位是物理學博士，為本書的圖表做了很多工作。

特別要說的是感謝我的太太柳紅。五年前的二〇〇六年平安夜，我在維也納機場迎接剛剛承受喪子之痛的柳紅。沒有想到，那是一個新的起點，我們兩個人的人生軌跡匯入一條河流。五年來，我們一起經歷了很多：她辭去經濟學家吳敬璉的研究助手工作，是因為我的政治背景，從此她被從一件件「事業」中清除；她過去的一些朋友離她而去；她批評《吳敬璉傳》改動歷史，過分拔高，起訴吳曉波抄襲她的著作，而被流言中傷、官司敗訴；她獨立參選區人大代表；她所做的一切，都無法擺脫我的政治身份所帶來的陰影。她從喪子的苦難走向更大的苦難，跟我走上了一條艱辛的不歸路。在這樣的背景下，她幫助我編輯了三卷文集，更伴隨我寫這本書的全部過程。五年來，絕大多數時間她在北京，我在歐洲。第一稿，我用筆寫在紙上，託人帶到北京，或者傳真，或者照相郵傳，她幫我打字；她也曾來到維也納幫我日夜打字。她為我購買了數百本新書，淘了很多舊書；還利用各個圖書館，借書複印。沒有柳紅的貢獻，這本書不可能趕在二〇一二年聖誕之前付印。

其實還有很多很多要感謝的人，他們給了我直接間接的動力、啟發和幫助。

朱嘉明

二〇一一年平安夜

於臺北

綠蠹魚叢書 YLC67

從自由到壟斷——中國貨幣經濟兩千年（下）

作者／朱嘉明
主編／吳家恆
特約編輯／游常山
編輯助理／郭昭君

發行人／王榮文
出版發行／遠流出版事業股份有限公司
地址：台北市南昌路二段81號6樓
劃撥：0189456-1　傳真：(02)2392-6658
電話：(02)2392-6899

著作權顧問／蕭雄淋律師
法律顧問／董安丹律師
排　　版／中原造像股份有限公司
2012年1月 1 日　初版一刷
2013年4月16日　初版二刷
行政院新聞局局版台業字第1295號
新台幣售價480元（如有缺頁或破損，請寄回更換）

ISBN 978-957-32-6921-2

遠流博識網
http://www.ylib.com
E-mail: ylib@yuanliou.ylib.com.tw

國家圖書館出版品預行編目資料

從自由到壟斷——中國貨幣經濟兩千年 / 朱嘉明作 . --
初版 . -- 臺北市 : 遠流 , 2012.01
冊； 公分 . --（綠蠹魚叢書；YLC66-YLC68）

ISBN 978-957-32-6920-5(上卷 : 平裝). --
ISBN 978-957-32-6921-2(下卷 : 平裝). --
ISBN 978-957-32-6922-9(全套 : 精裝)
ISBN 978-957-32-6752-2（平裝）

1. 貨幣史 2. 中國 3. 經濟

561.092 100026237